Kosten-Nutzen-Analyse

Von

Dr. Holger Mühlenkamp
Universität Lüneburg

R. Oldenbourg Verlag München Wien

Die Deutsche Bibliothek – CIP-Einheitsaufnahme

Mühlenkamp, Holger:
Kosten-Nutzen-Analyse / von Holger Mühlenkamp. – München ;
Wien : Oldenbourg, 1994
ISBN 3-486-22847-1

Gesamtherstellung: R. Oldenbourg Graphische Betriebe GmbH, München

ISBN 3-486-22847-1

Vorwort

Öffentliche Projekte beanspruchen in der Bundesrepublik Deutschland - genauso wie in anderen Industrienationen - einen Großteil der gesellschaftlichen Ressourcen. Gleichwohl scheinen Wirtschaftlichkeitsberechnungen bei den Entscheidungen über öffentliche Vorhaben hierzulande eine eher untergeordnete Rolle zu spielen. Vor dem Hintergrund der in jüngerer Zeit rapide steigenden Haushaltsdefizite stellt sich die Frage, ob die Durchführung öffentlicher Vorhaben in Zukunft nicht verstärkt auf ökonomischen Überlegungen basieren sollte.

Ein "klassisches" Instrument zur Bewertung öffentlicher Maßnahmen ist die Kosten-Nutzen-Analyse. Sie wird in der deutschsprachigen Literatur gegenwärtig recht stiefmütterlich behandelt. Neben einigen überwiegend älteren Übersichtsartikeln [z.B. *Andel* (1977), *Hesse* (1980), *Arnold* (1980)] existiert in deutscher Sprache bisher nur ein Lehrbuch zu diesem Thema [*Hanusch* (1987)]. Eher am Rande wird die Kosten-Nutzen-Analyse auch in den Lehrbüchern zur Finanzwissenschaft [z.B. *Andel* (1993), *Blankart* (1991), *Brümmerhoff* (1991), *Zimmermann/Henke* (1990)] oder zu öffentlichen Verwaltungen [*Reichard* (1987)] diskutiert.

Vielleicht ist das "Schattendasein" dieser Methode auf ein bisher mangelndes Interesse an nachvollziehbaren Entscheidungskriterien zurückzuführen. Vielleicht überwiegt auch an mancher Stelle die Skepsis gegenüber dieser Methode. Interessanterweise wird der Kosten-Nutzen-Analyse aber im anglo-amerikanischen Sprachraum durch eine Vielzahl einschlägiger Aufsätze und Monographien [z.B. *Sugden/Williams* (1978), *Pearce/Nash* (1981), *Ray* (1984), *Mishan* (1988), *Gramlich* (1990)] erheblich mehr Aufmerksamkeit gewidmet.

In dieser Arbeit soll versucht werden, die Grundlagen der Kosten-Nutzen-Analyse in einer auch für den theoretisch weniger vorgebildeten Leser verständlichen Weise herauszuarbeiten, ohne jedoch eine oberflächliche Darstellung zu geben. Aus diesem Grunde wird des öfteren auf mikro- und wohlfahrtsökonomische Theoriebausteine zurückgegriffen. Da ein Großteil der von der öffentlichen Hand bereitgestellten Güter nicht auf Märkten gehandelt wird, bilden die Möglichkeiten zur ökonomischen Bewertung nichtmarktlicher Güter einen inhaltlichen Schwerpunkt am Ende der Arbeit.

Für wichtige Hinweise zu einer früheren Fassung des Manuskriptes danke ich Prof. Dr. Robert Linde. Herrn Dipl. Volkswirt Klaus Holst danke ich für Verbesserungsvorschläge zur vorliegenden Fassung. Das Kapitel zur Bewertung nichtmarktlicher Güter profitierte von hilfreichen Anmerkungen von Dr. Frank A. Schmid und Prof. Dr. Karlheinz Wöhler. Verbleibende Mängel gehen selbstverständlich zu meinen Lasten.

Holger Mühlenkamp

Inhaltsverzeichnis

Teil I: Allgemeine Grundlagen

Teil II: Ermittlung von Wohlfahrtsänderungen

Teil I: Allgemeine Grundlagen

1. Einführung

Bei der Planung staatlicher Maßnahmen (öffentlicher Projekte) stellt sich grundsätzlich die Frage, welche Vor- und Nachteile mit ihrer Durchführung verbunden sind. Es ist intuitiv einsichtig, daß es nicht sinnvoll sein kann, Projekte durchzuführen, deren Nachteile die Vorteile überwiegen. Falls nicht nur eine Maßnahme, sondern mehrere Projektalternativen zur Auswahl stehen, wird man mit der Frage konfrontiert, welches Projekt das Beste ist.

Bevor man Aussagen über den "Sinn" oder "Unsinn" von öffentlichen Maßnahmen treffen kann, müssen alle Vor- und Nachteile ermittelt und vergleichbar gemacht bzw. muß die vorteilhafteste Alternative identifiziert werden. Dazu benötigt man Bewertungsmethoden. Die vorliegende Arbeit befaßt sich mit einer ***ökonomischen*** Methode zur Bewertung öffentlicher Projekte - der Kosten-Nutzen-Analyse. Im Sprachgebrauch der Ökonomen werden im weitesten Sinne Vorteile als ***"Nutzen"*** und Nachteile als ***"Kosten"*** bezeichnet. Die "Messung" von Kosten und Nutzen erfolgt in der Regel in Geldeinheiten.

Warum sollen öffentliche Vorhaben aber ökonomisch betrachtet werden? - Die Notwendigkeit ökonomischer Überlegungen bei der Durchführung öffentlicher Projekte ergibt sich aus dem grundlegenden ***Problem knapper Ressourcen***. Mittel, die für einen bestimmten Zweck eingesetzt werden, stehen nicht mehr für andere Zwecke zur Verfügung. Eine Entscheidung zugunsten eines Projektes bedeutet zugleich immer auch eine Entscheidung gegen andere Vorhaben. Falls die öffentliche Hand eine bestimmte Summe z.B. für den Bau von Autobahnen aufwendet, kann dieser Betrag nicht mehr den Verwendungsbereichen "Gesundheit" oder "Bildung" zufließen.

Ganz allgemein bedeutet jeder Einsatz von Produktionsfaktoren (z.B. "Arbeit", "Kapital") zur Herstellung bestimmter Güter einen Verzicht auf andere Güter. Dem Nutzen aus dem "Mehr" eines Gutes steht gleichzeitig ein Nutzenverlust durch ein "Weniger" anderer Güter gegenüber. Die bei der Produktion eines Gutes an anderer Stelle auftretenden Nutzenverluste bezeichnet man als ***"Opportunitätskosten"***. Jede Produktionsentscheidung und jede Entscheidung über die Verwendung von öffentlichen Geldern ist damit unausweichlich eine Entscheidung über Kosten und Nutzen.

Aus gesellschaftlicher Perspektive scheint es sinnvoll, die Ressourcen so auf die verschiedenen Verwendungen zu verteilen, daß möglichst viele Bedürfnisse der Gesellschaftsmitglieder befriedigt werden bzw. der größtmögliche Nutzen für die Gesellschaft verwirklicht wird. Ökonomen sprechen in diesem Zusammenhang von der ***"optimalen Ressourcenallokation"***.[1] Öffentliche Projekte sollen dementsprechend zu einer größtmöglichen gesellschaftlichen Nutzensteigerung führen. Um dieses Ziel - wenigstens näherungsweise - erreichen zu können, sind - möglichst - genaue Kenntnisse der Projektkosten und -nutzen erforderlich.

Man kann sich auch ohne tiefergehende theoretische Vorbildung vorstellen, daß die Ermittlung von Kosten und Nutzen mit erheblichen Schwierigkeiten behaftet sein kann, vor allem dann, wenn öffentliche Maßnahmen sehr komplexe Folgewirkungen haben.

Bewertungsprobleme sprechen jedoch grundsätzlich nicht gegen die Durchführung von Bewertungen. Vielmehr ist es zunächst wichtig, die Schwierigkeiten zu erkennen, um sie anschließend zumindest teilweise beiseite räumen zu können. Außerdem stellt sich die Frage, ob es eine (vernünftige) Alternative zur ökonomischen Bewertung gibt. Wenn man nämlich eine Projektbewertung durch Kosten und Nutzen ablehnt, wird man ein anderes (möglichst besseres) Entscheidungskriterium wählen müssen. Beispielsweise könnte man aus einer Laune, einem Gefühl oder einer Intuition heraus entscheiden. Man könnte auch Münzen werfen. Dem Autor scheint die Durchführung von Kosten-Nutzen-Analysen im Zweifel als überlegene Vorgehensweise, weil dabei zumindest vielfältige Informationen über Ursache- und Wirkungszusammenhänge zutage gefördert werden, die in den weiteren Entscheidungsprozeß eingehen können.

Die Kosten-Nutzen-Analyse kann als ***"angewandte Wohlfahrtsökonomie"*** angesehen werden.[2] Daher sind zum Verständnis und zur "richtigen" Handhabung dieser Methode auch theoretische Kenntnisse aus der Mikroökonomie und der Wohlfahrtsökonomie erforderlich.[3] Aus diesem Grunde wird nach einigen allgemeinen Ausführungen im zweiten und dritten Kapitel zur Einordnung der Methode in den Kapiteln vier und fünf, wo es um die Ermittlung von Wohlfahrtsänderungen geht, auf

---

1 Die Verengung des Blickfeldes auf das Ziel der optimalen Ressourcenallokation wird von mancher Seite kritisiert, da bei gesellschaftlichen Entscheidungen auch Kriterien wie "Gerechtigkeit", "Freiheit" und "Sicherheit" eine Rolle spielen. Betrachtet man "Gerechtigkeit", "Freiheit" und "Sicherheit" aber ebenfalls als knappe Güter, sind sie bei der Lösung des Allokationsproblems mit zu berücksichtigen. M.a.W. sie sind Teil der Allokationsentscheidung. So gesehen, erscheint das Postulat der allokativen Effizienz als relativ leicht zu akzeptierendes (schwaches) Werturteil.

2 *Pearce/Nash* [(1981, S. 3] bezeichnen die KNA z.B. als "praktischen Arm der Wohlfahrtsökonomie".

3 Zur Mikroökonomie existiert mittlerweile eine so große Zahl von Lehrbüchern, so daß hier keine Auswahl genannt werden soll. Umfassende Darstellungen der Wohlfahrtsökonomie finden sich z.B. bei *Sohmen* (1976) und *Boadway/Bruce* (1984).

fundamentale Theoriebausteine Bezug genommen. Den mit guten Ökonomiekenntnissen ausgestatteten Lesern mögen sie zur Erinnerung dienen. Den weniger bewanderten Lesern sollen sie das Verständnis der relevanten Sachverhalte erleichtern. Die entsprechende Darstellung erfolgt sowohl in graphischer als auch in analytischer Form.

Das Kapitel sechs befaßt sich mit der Projektbewertung bei unveränderten Marktpreisen. Im siebten Kapitel wird das Konstrukt der Produzentenrente vorgestellt. In Kapitel acht wird untersucht, unter welchen Voraussetzungen der Informationsgehalt der Angebots- und Nachfragefunktionen auf den Märkten, die unmittelbar von staatlichen Projekten betroffen sind, zur vollständigen Projektbewertung ausreicht. Im neunten Abschnitt werden Marktunvollkommenheiten diskutiert. Das zehnte Kapitel ist dem Diskontierungsproblem gewidmet. Schließlich befaßt sich das elfte Kapitel mit der Bewertung nichtmarktlicher Güter.

2. Überblick

Bevor die theoretischen Grundlagen der Kosten-Nutzen-Analyse diskutiert werden, soll ein kurzer Überblick der gegenwärtigen Bestimmungen des öffentlichen Haushaltsrechts, der Stellung der Kosten-Nutzen-Analyse zu anderen Bewertungsmethoden und möglicher Anwendungsgebiete gegeben werden.

a) Haushaltsrechtliche Bestimmungen

In der Bundesrepublik Deutschland hat der Gesetzgeber offenbar die grundsätzliche Notwendigkeit einer Bewertung öffentlicher Projekte erkannt und im Haushaltsrecht entsprechende Bestimmungen verankert. In § 6 Abs. 2 des Haushaltsgrundsätzegesetzes (HGrG), welches die Haushaltsführung von Bund und Ländern vereinheitlicht, heißt es: "Für geeignete Maßnahmen von erheblicher finanzieller Bedeutung sind Kosten-Nutzen-Untersuchungen anzustellen". Diese Vorschrift ist wörtlich in § 7 Abs. 2 der Bundeshaushaltsordnung (BHO) und in die Landeshaushaltsordnungen übernommen worden. In den vorläufigen Verwaltungsvorschriften zur Bundeshaushaltsordnung (Vorl. VV-BHO) zu § 7 BHO vom 12.5.1973[4] - analoge Bestimmungen und Durchführungshinweise finden sich auf Länderebene[5] - wird unter den Begriff ***"Kosten-Nutzen-Untersuchungen"*** - zur Verwirrung des unbedarften Lesers - nicht nur die Methode der ***Kosten-Nutzen-Analyse*** (KNA) subsumiert. Vielmehr zählen auch die ***Nutzwert-Analyse*** (NWA) und die eng damit verwandte ***Kosten-Wirksamkeits-Analyse*** (KWA) zu den Kosten-Nutzen-Untersuchungen. Die drei genannten Methoden werden auch noch unter anderen Überschriften wie "Entscheidungstechniken" [*Rürup/Hansmeyer* (1984)], "Investitionsrechnungen" [*Lüder/Dubber* (1984)], "Wirtschaftlichkeitsrechnungen" [*Reichard* (1987)] zusammengefaßt.

Im kommunalen Haushaltsrecht wird die Durchführung von Kosten-Nutzen-Untersuchungen nicht prinzipiell gefordert. Andererseits wird die Durchführung auch nicht ausgeschlossen. Beispielsweise heißt es in § 10 Abs. 2 der niedersächsischen Gemeindehaushaltsverordnung (Nds. GemHVO): "Bevor Investitionen von erheblicher finanzieller Bedeutung beschlossen werden, soll unter mehreren in Betracht kommenden Möglichkeiten durch Vergleich der Anschaffungs- oder Herstellungskosten und der Folgekosten die für die Gemeinde wirtschaftlichste Lösung ermittelt werden."

---

4 Vgl. MinBlFin [(1973), S. 293], *Zavelberg* [(1990), S. 49 ff.].

5 Vgl. z.B. § 7 der Haushaltsordnung der Freien und Hansestadt Hamburg und dazu *Gührs* u.a. (o.J.). Zur Kritik an den administrativen Erläuterungen vgl. *Arnold* (1975).

Die genannten Bestimmungen eröffnen ganz offensichtlich einen breiten Interpretationsspielraum. Welche Projekte sind geeignet? Was sind kommunale Folgekosten? usw. In der Praxis bleiben die entsprechenden haushaltsrechtlichen Bestimmungen denn offenbar auch weitgehend unbeachtet, so daß erhebliche Defizite bei der Durchführung von Kosten-Nutzen-Untersuchungen zu beobachten sind.[6] Hier ist der Gesetzgeber zu exakteren Formulierungen und zur Durchsetzung der Bestimmungen aufgefordert.

b) Unterschiede zwischen Kosten-Nutzen-Analyse, Nutzwert-Analyse und Kosten-Wirksamkeits-Analyse

Die Kosten-Nutzen-Analyse unterscheidet sich von den beiden anderen Methoden in verschiedener Hinsicht. Während im Rahmen von Kosten-Nutzen-Analysen prinzipiell alle relevanten Kosten- und Nutzen-Kategorien in Geldeinheiten quantifiziert werden, um die Wohlfahrtswirkungen bzw. die Nettonutzen der untersuchten Projekte zu ermitteln, wird bei der Anwendung von Nutzwert-Analysen und Kosten-Wirksamkeits-Analysen auf die monetäre Nutzenerfassung verzichtet.

Die beiden letztgenannten Methoden konzentrieren sich zunächst auf die Ermittlung von Zielerreichungen eines meist mehrdimensionalen Zielsystems. Dabei können die Zielerreichungen (Wirksamkeiten) in unterschiedlichen Skalen (kardinal, nominal oder ordinal) ausgedrückt werden. Bei der KWA werden für jedes Projekt zusätzlich die direkten Kosten in Geldeinheiten bewertet. Indirekte Kosten werden (negativ) auf der Nutzenseite erfaßt. Der Projektvergleich erfolgt durch eine Gegenüberstellung der einzelnen Projektwirksamkeiten und -kosten (K). Über die relative Vorteilhaftigkeit eines Projektes lassen sich jedoch nur dann eindeutige Aussagen treffen, wenn eine Projektalternative hinsichtlich aller Wirksamkeiten besser ist als die übrigen Alternativen. Nur falls die verschiedenen Wirksamkeitsmaße eines jeden Projektes zu einem Gesamtindikator (W) aggregiert werden oder von vornherein nur eine eindimensionale Zielsetzung vorliegt, können Kosten-Wirksamkeits-Verhältnisse (K/W) bezogen auf ein Gesamtprojekt errechnet werden.

---

6 In einem vor relativ kurzer Zeit erschienen Gutachten zur Erfolgskontrolle finanzwirksamer Maßnahmen stellte der Präsident des Bundesrechnungshofes fest: "Die Ressorts haben somit die Bestimmungen der Vorl. VV zu § 7 BHO über die Erfolgskontrolle - von Ausnahmen abgesehen - weitgehend nicht beachtet" [*Zavelberg* (1990), S. 25]. "Nutzen-Kosten-Untersuchungen als Wirtschaftlichkeitsuntersuchungen im Sinne des § 7 Abs. 2 BHO oder auch nur finanz- und betriebswirtschaftliche Kosten- und Nutzenvergleiche nach Nr. 1.4 der Vorl. VV zu § 7 BHO, deren Annahmen im Wege der Erfolgskontrolle hätten überprüft werden können, lagen beschlossenen Maßnahmen nur ausnahmsweise zugrunde" (*ebenda*, S. 26).

Bei der NWA werden die einzelnen Wirksamkeiten (auch "Zielerträge" genannt) entsprechend einer (willkürlichen) Punktwertskala mit Punktwerten versehen und anschließend (ebenso willkürlich) gewichtet. Daraus erhält man "Teilnutzwerte", deren Summe den Gesamtnutzwert jedes Projektes ergibt. Die Projektauswahl erfolgt durch den Vergleich der Gesamtnutzwerte. Bei der NWA wird häufig von einer (ungefähren) Kostengleichheit der analysierten Projekte ausgegangen. Ist diese Voraussetzung nicht gegeben, werden Kosten häufig als negative Teilnutzwerte erfaßt.

Sowohl die KWA als auch die NWA sind lediglich in der Lage, verschiedene Projektalternativen einander gegenüberzustellen. Man kann also nur feststellen, welches der zur Auswahl stehenden Projekte am besten ist. Über die absolute Vorteilhaftigkeit einer Maßnahme erlauben beide Methoden keine Aussage. D.h. man ist nicht sicher, ob der Nutzen einer Maßnahme höher ist als die Kosten.[7]

Nutzwert- und Kosten-Wirksamkeits-Analysen bringen die persönlichen Präferenzen der Planer und Entscheidungsträger zum Ausdruck. Dies geschieht durch die Zielfestlegung und die mehr oder weniger willkürliche Auswahl der Zielgewichte. Bestenfalls haben die Entscheidungsträger Vorstellungen über die Interessen der Betroffenen und versuchen, diese zu berücksichtigen. Dagegen sollen nach der Philosophie der Kosten-Nutzen-Analyse die Präferenzen der Betroffenen ermittelt werden und allein für die Projektbewertung ausschlaggebend sein (vgl. Abschnitt 3).

Sowohl die NWA als auch die KWA erfordern deutlich weniger theoretisches Wissen als die Kosten-Nutzen-Analyse. Daher stellen sie geringere Anforderungen an die Qualifikation der Planer und Entscheidungsträger und sind eher von diesen selbst handhabbar. Wohl nicht zuletzt aus diesem Grunde sind beide Methoden unter Praktikern recht beliebt.

Viele Ökonomen stehen der Kosten-Wirksamkeits- und der Nutzwert-Analyse skeptisch gegenüber. Ein wesentlicher Kritikpunkt knüpft am Einfluß der persönlichen Vorstellungen der Entscheidungsträger an. Je weniger die entscheidenden Organe (demokratisch) legitimiert sind, desto problematischer ist vor diesem Hintergrund die Verwendung von KWA und NWA. "In Kosten-Wirksamkeitsanalysen [und Nutzwertanalysen - Anm. d. Verf.] entscheiden mithin im günstigsten Fall die von den Konsumenten per Wahlentscheid kontrollierbaren Politiker und im anderen, wahrscheinlicheren Fall beamtete, kaum zur Rechenschaft ziehbare Mitglieder der Verwaltung".[8]

7 Zur Nutzwert- und Kosten-Wirksamkeits-Analyse vgl. z.B. *Rürup/Hansmeyer* [(1984), S. 132 ff.], *Hanusch* [(1987), S. 153 ff.]. Ein kritischer Methodenvergleich findet sich bei *Arnold* (1975).

8 *Arnold* (1975), S. 427.

c) Kosten-Nutzen-Analyse versus betriebswirtschaftliche Investitionsrechnung

Man kann die Kosten-Nutzen-Analyse als gesellschaftliches Investitionsrechnungsverfahren begreifen, welches bei intertemporalen Betrachtungen rechentechnische Ähnlichkeiten mit der betriebswirtschaftlichen Investitionsrechnung aufweist. Auf jeden Fall ist die Sichtweise unterschiedlich. Anstelle aus dem betrieblich-einzelwirtschaftlichen Blickwinkel betrachtet der Kosten-Nutzen-Analytiker die Welt aus gesellschaftlicher Perspektive.[9] Während private Wirtschaftssubjekte in der Regel nicht oder nur partiell an den Auswirkungen ihrer Handlungen, die Dritte betreffen, interessiert sind, sind bei öffentlichen Vorhaben die Folgen für alle betroffenen Wirtschaftssubjekte zu berücksichtigen.

Während Abweichungen zwischen privaten und gesellschaftlichen Vorteilen aus betrieblicher Perspektive unbeachtlich sein mögen und einzelwirtschaftliche Kosten-, Rentabilitäts- oder Gewinnüberlegungen eine entscheidende Rolle spielen, ist der betriebswirtschaftlich verstandene Gewinn vom gesellschaftlichen Standpunkt als Entscheidungskalkül i.d.R. untauglich.

Für viele öffentlich bereitgestellte Leistungen bilden sich keine Märkte und daher können keine Einnahmen erzielt werden. Beispielsweise werden Verkehrswege, Bildung und Sicherheit weitestgehend "kostenlos" zur Verfügung gestellt. Betriebswirtschaftlich gesehen würden diese Güter - zumindest bei der gewünschten Angebotsmenge - keinen "Ertrag" abwerfen, gesellschaftlich betrachtet, stiften sie jedoch einen nicht unerheblichen "Nutzen". Daher ist die privatwirtschaftlich übliche Ermittlung von Aufwand und Ertrag, aber auch die in der öffentlichen Verwaltung verbreitete Gegenüberstellung von Einnahmen und Ausgaben, für öffentliche Investitionen nicht geeignet.

Um sämtliche gesellschaftlichen Vor- und Nachteile staatlicher Projekte berücksichtigen zu können, müssen im Kontext von Kosten-Nutzen-Analysen an die Stelle einzelwirtschaftlicher Kosten, Gewinne, Rentabilitäten etc. andere gesellschaftliche Nutzen- und Kostenmaße treten. Die Differenz zwischen gesellschaftlichen Nutzen und Kosten (=Nettonutzen) wird als ***"Wohlfahrt"*** bezeichnet, so daß die grundsätzliche Aufgabe der Kosten-Nutzen-Analyse in der Ermittlung von Wohlfahrtsänderungen besteht, die durch öffentliche Maßnahmen entstehen. Führt eine staatliche

9 Genaugenommen variiert natürlich auch die öffentliche Sichtweise. Z. B. werden einzelne Städte und Gemeinden einen anderen Betrachtungshorizont aufweisen als andere Kommunen, die Länder oder der Bund. Mögen der Bau einer Stadthalle oder bestimmte Wirtschaftsförderungsmaßnahmen aus der Sicht einer untergeordneten Staatsebene vorteilhaft erscheinen, können sie vom gesamtgesellschaftlichen Standpunkt gleichwohl abgelehnt werden und umgekehrt.

Maßnahme zur Wohlfahrtssteigerung ist sie grundsätzlich positiv zu bewerten, während sie im gegenteiligen Falle prinzipiell abzulehnen ist. In diesem Sinne kann die KNA als eine Art "gesellschaftlicher Investitions- bzw. Wirtschaftlichkeitsrechnung" angesehen werden.

d) Typen von Entscheidungssituationen und mögliche Anwendungsgebiete von Kosten-Nutzen-Analysen

Natürlich sollte nicht jedes Entscheidungsproblem mit Hilfe von umfangreichen Kosten-Nutzen-Untersuchungen gelöst werden. Bei der Durchführung einer KNA entstehen normalerweise relativ hohe Kosten der Informationsbeschaffung, -aufbereitung und -verarbeitung. Ist die potentielle gesellschaftliche Besserstellung durch ein Projekt nur sehr gering, lohnt keine KNA. Vor der Durchführung von Kosten-Nutzen-Untersuchungen ist daher manchmal zu überlegen, ob die KNA eine angemessene Methode ist und ob nicht andere Methoden zu (gleich) guten Entscheidungsergebnissen führen. "Kleinstprojekte", wie z.B. die Beschaffung von Büromaterialen für eine Amtsstube, dürften umfangreiche Kosten-Nutzen-Untersuchungen kaum rechtfertigen - man würde "mit Kanonen auf Spatzen schießen".

In Abbildung 2.1 sind einige Merkmale aufgeführt, nach denen zwischen "einfachen" und "komplexen" Entscheidungssituationen unterschieden werden kann. Grundsätzlich dürfte der Komplexitätsgrad einer Entscheidung mit zunehmendem Investitionsvolumen ("Wertigkeit"), erhöhter "Wirkungsvielfalt", dem Auftreten externer Effekte ("Reichweite") und der Länge der Nutzungs- bzw. Wirkungsdauer ("Zeitdauer") steigen.

In relativ einfach strukturierten Problemsituationen dürften einfache, aus der betriebswirtschaftlichen Investitionsrechnung bekannte und hier nicht näher zu diskutierende statische Verfahren wie die Kostenvergleichsrechnung, die Armortisationsrechnung oder die Rentabilitätsrechnung genügen (vgl. Abbildung 2.2).[10] Dagegen sind in komplexeren Situationen "anspruchsvollere" Methoden notwendig.

Der Komplexitätsgrad einer Entscheidungssituation wird darüber hinaus von der Zahl der zu untersuchenden Alternativen bestimmt. Manchmal stehen zur Erreichung eines Zieles mehrere Alternativen zur Wahl. Es kann also in diesem Zusam-

---

10 Zu den Details der statischen Investitionsrechnungsverfahren vgl. z.B. *Reichard* [(1987), S. 337 ff.], *Blohm/Lüder* [(1991), S. 156 ff.]. Die Bewertung von zu unterschiedlichen Zeitpunkten entstehenden Kosten und Nutzen kann mit Hilfe dynamischer Verfahren der Investitionsrechnung erfolgen (vgl. Abschnitt 10.4).

Abbildung 2.1: Typen von Entscheidungssituationen

Merkmale:	einfache Situationen	komplexe Situationen
Wertigkeit	gering	hoch
Wirkungsvielfalt	wenige gleichartige Wirkungen	zahlreiche unterschiedliche Wirkungen
Wirkungsreichweite	ohne externe Effekte	mit externen Effekten
Wirkungsdauer	kurzfristige Wirkungen	langfristige Wirkungen

Vgl. *Reichard* (1987), S. 332.

menhang zwischen zwei weiteren Arten von Entscheidungssituationen unterschieden werden:

1) Es steht zur Entscheidung, ob eine isoliert betrachtete Maßnahme durchgeführt werden soll oder nicht ("Entscheidungssituation vom Typ 1"). Falls eine Kommune beispielsweise überlegt, ohne Bezug zu irgendwelchen Alternativen eine Stadthalle zu bauen, müssen die Kosten und Nutzen des Baus gegenübergestellt werden. Sind die Wohlfahrtswirkungen insgesamt positiv, kann der Bau befürwortet werden. Ansonsten ist er zu verwerfen.

2) Zur Erreichung eines Zieles eröffnen sich mehrere Möglichkeiten, und es soll die beste Alternative ausgewählt werden ("Entscheidungssituation vom Typ 2"). Geht es z.B. um die Beurteilung verschiedener (sich gegenseitig ausschließender) Maßnahmen wie den Bau einer Stadthalle, eines Schwimmbades oder der Verbesserung des Nahverkehrs, müssen die Kosten und Nutzen jeder Alternative errechnet und miteinander verglichen werden. Zur Projektentscheidung sind in diesem Fall - neben dem Kriterium eines positiven Gesamteffekts - zusätzliche Entscheidungskalküle erforderlich (vgl. Abschnitt 10.4). Diese zweite Entscheidungssituation ist typisch für den Planungsprozeß öffentlicher Haushalte, denn im Rahmen der staatlichen Budgetplanung ist regelmäßig über alternative Verwendungszweck öffentlicher Haushaltsmittel zu entscheiden. Aus diesem Grunde werden Entscheidungstechniken wie die KNA häufig in Zusammenhang mit der staatlichen Haushaltsplanung diskutiert.[11]

11 Insbesondere im Rahmen des früher in den USA durchgeführten "Planning-Programming-Budgeting-Systems" war die Durchführung von Kosten-Nutzen-Untersuchungen vorgesehen [vgl. z.B. *Rürup/Hansmeyer* (1984)].

Abbildung 2.2: Systematisierung der Entscheidungsverfahren

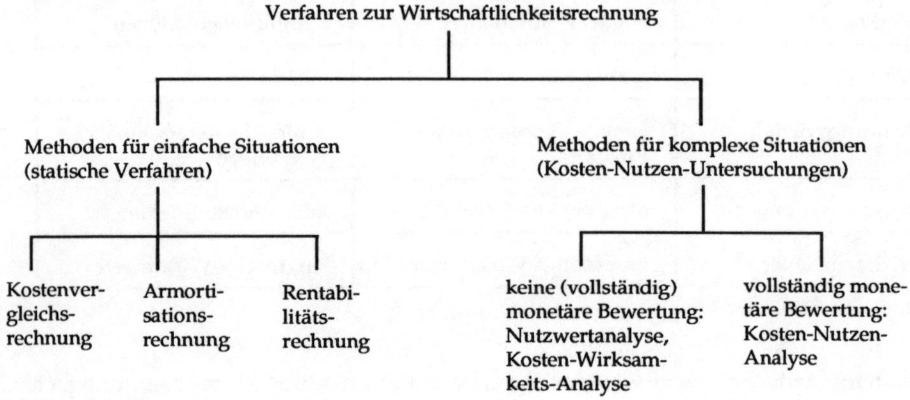

Vgl. *Reichard* (1987), S. 333.

Die potentiellen Anwendungsgebiete von Kosten-Nutzen-Analysen im öffentlichen Sektor sind nahezu unbegrenzt. Beispielhaft können der Verkehrssektor (Straßen-, Schiffahrts-, Hafen- oder Flughafen- und Eisenbahnbauvorhaben), die Landwirtschaft (z.B. Flurbereinigungs-, Bewässerungs-, "Preisstützungsmaßnahmen") und das Gesundheitswesen (z.B. Maßnahmen zur Krankheitsprävention) genannt werden. Auch Bildungs-, Arbeitsbeschaffungs, Forschungs- und Entwicklungsprogramme sind einer Kosten-Nutzen-Analyse zugänglich. Nicht zuletzt lassen sich umweltpolitische Maßnahmen (wie die Erhöhung von Benzinpreisen und Schaffung von Naturschutzgebieten) nennen. Selbst gesetzgeberische Maßnahmen (z.B. die Einführung von Gurt und Helmpflichten für verschiedene Gruppen von Verkehrsteilnehmern, die Einführung oder Änderung von Produkthaftungsbestimmungen sowie (de-) regulierende Eingriffe in Industrien) können mit Hilfe von Kosten-Nutzen-Analysen untersucht werden.

3. Werturteile

Die Beurteilung verschiedener Situationen (z.B. einer Situation "1" ohne Durchführung eines bestimmten Projektes und einer Situation "2", die bei Projektrealisation eintritt) kann nicht ohne vorherige Werturteile erfolgen. Werturteile lassen sich nicht als "richtig" oder "falsch" beweisen. Sie können bestenfalls eine möglichst große Zahl von Personen überzeugen und weitgehend akzeptiert sein. Man kann in diesem Zusammenhang zwischen ***"strengen"*** und ***"schwachen"*** Werturteilen unterscheiden. Beispielsweise ist die Aussage "eine Maßnahme ist dann zu befürworten, wenn sie einem oder mehreren Menschen Vorteile bringt, ohne jemandem zu schaden" weniger streng als die Forderung "ein Projekt ist durchzuführen, wenn es einen gesellschaftlichen Nettovorteil bringt - selbst dann, wenn es nur wenigen nützt und der Mehrheit schadet". Tendenziell sind "schwache Werturteile" eher konsensfähig als "strenge" Werturteile.[12] Deshalb sind sie auch vorzuziehen.

Bei Anwendung der Kosten-Nutzen-Analyse sollte man sich bewußt sein, daß sie - wie übrigens jedes andere Verfahren auch - auf Werturteilen basiert. Häufig werden Werturteile nicht ausgesprochen. Man sollte daraus aber nicht schließen, daß sie nicht vorhanden sind. Aufgrund dieser Tatsache sollen die grundlegenden Werturteile, auf den die Kosten-Nutzen-Analyse beruht, an dieser Stelle offengelegt werden.

Wichtige Werturteile im Rahmen von Kosten-Nutzen-Analysen betreffen die folgenden Fragen: a) Welche Wirkungen sollen berücksichtigt werden und wessen Präferenzen sollen zählen? b) Welches Abstimmungsverfahren soll der Entscheidung zugrunde liegen? c) Wie soll die gegebene Einkommens- und Vermögensverteilung behandelt werden?

ad a) Wirkungen und Präferenzen

In diesem Punkt liegen bei der Durchführung von Kosten-Nutzen-Analysen üblicherweise die beiden folgenden Werturteile zugrunde:

1) Das ***individualistische Werturteil***:
Die Entscheidung soll grundsätzlich an den Vor- und Nachteilen ausgerichtet werden, die Einzelpersonen aus einer bestimmten Maßnahme erwachsen. Das Staatswesen als Selbstzweck bleibt außerhalb der Betrachtung. Der "Staat" oder

---

12 Schwache Werturteile beruhen häufig auf "leicht einsehbaren Grundsätzen" (Axiomen). Starke Werturteile basieren zumeist auf weniger allgemein einsehbaren, relativ individualistischen Positionen.

die "Gesellschaft" ist in diesem Sinne nichts weiter als die Summe der Einzelwesen. Damit bleiben alle Vor- und Nachteile, die den Einzelpersonen aus der Existenz des Staates erwachsen, innerhalb der Betrachtung. "Der Staat an sich" hat jedoch keinen darüber hinausgehenden Wert. "Society is nothing more than the collection of individuals who make it up. There is to be no concern with entities such as the 'state', in the sense that shall not regard the 'state' or 'society' as being something in addition to the sum of people who comprise it".[13] Nach *Sen* (1977) wird diese Position auch als "welfarism" bezeichnet. Wenn beispielsweise in einem unbewohnten Gebiet (z.B. einer Wüste) extrem umweltschädliche Güter hergestellt werden, sind diese Effekte aus welfaristischer Sicht zu vernachlässigen, sofern kein menschliches Individuum betroffen ist.[14]

2) Die ***Konsumentensouveränität***:

Hier geht es um die Frage, wer über die Ressourcenallokation entscheiden soll. Das Postulat der Konsumentensouveränität billigt ausschließlich den Konsumenten bzw. den betroffenen Bürgern die Entscheidung über die Verwendung der knappen Ressourcen zur Güterproduktion zu. Weder die Präferenzen von Politikern, eines wohlmeinenden oder exzentrischen Diktators, noch einer Elite oder irgendwelcher Experten sollen für die Ressourcenverwendung ausschlaggebend sein. Die Individuen wissen demnach selbst am besten, was für sie gut ist. Deshalb entspricht die Akzeptanz der Konsumentensouveränität einer "nicht-paternalistischen" Haltung.

Als Folgerung aus den beiden eben genannten Werturteilen sind im Rahmen einer KNA zunächst alle von einer zu bewertenden Maßnahme betroffenen Personen bzw. Personengruppen zu ermitteln. Anschließend ist herauszufinden, in welchem Maße sie von dem Projekt betroffen sind, d. h. in welchem Umfang sie mehr oder weniger über einzelne Güter verfügen können.[15] In mathematischer Form läßt sich dieser Sachverhalt für n Güter und m Personen folgendermaßen abbilden,[16] wobei die Δx_{ij}

13 *Pearce* (1983), S. 2 f.

14 Aus welfaristischer Position wird damit grundsätzlich auch ein Artensterben in Kauf genommen. Falls die Individuen den vom Aussterben bedrohten Tier- und Pflanzenarten jedoch einen Nutzen z.B. in Form von Existenzwerten (vgl. Abschnitt 11.2.1) beimessen, sind diese Wirkungen der Umweltverschmutzung zu berücksichtigen.

15 An dieser Stelle sei explizit auf die dahinter stehende Prämisse hingewiesen, daß der Nutzen der Individuen durch Menge und Anzahl der verfügbaren Güter bestimmt wird (vgl. die formalen Ausführungen im Anhang "Analytische Ableitung der Wohlfahrtswirkungen öffentlicher Projekte"). Nach einer typischen Annahme der neoklassischen volkswirtschaftlichen Theorie steigt mit zunehmenden Konsummöglichkeiten der Individualnutzen - "mehr ist besser". Bei "Ungütern" ("bads") wie Lärm, Gestank, Dreck dürfte realistischerweise das Gegenteil gelten.

16 Vgl. *Hesse* (1980), S. 362.

die Änderung der Menge des i-ten Gutes bezeichnet, die die j-te Person durch ein Projekt erfährt:

$$
\begin{array}{l}
\Delta x_{11} + \Delta x_{12} + \ldots + \Delta x_{1m} = \Delta x_1 \\
\Delta x_{21} + \Delta x_{22} + \ldots + \Delta x_{2m} = \Delta x_2 \\
\;\;\cdot \qquad\quad \cdot \qquad\qquad\quad \cdot \qquad\quad \cdot \\
\;\;\cdot \qquad\quad \cdot \qquad\qquad\quad \cdot \qquad\quad \cdot \\
\;\;\cdot \qquad\quad \cdot \qquad\qquad\quad \cdot \qquad\quad \cdot \\
\Delta x_{n1} + \Delta x_{n2} + \ldots + \Delta x_{nm} = \Delta x_n
\end{array}
$$

Jede Zeile bezieht sich auf eines der n Güter, während sich jede Spalte auf eine der m betroffenen Personen bezieht. Aus den Zeilen läßt sich demzufolge die Verteilung der Mehr- oder Wenigerproduktion einzelner Güter (Δx_i) auf die Individuen ersehen. Durch eine Spaltenbetrachtung zeigt sich, inwieweit sich das jeder Person zur Verfügung stehende Güterbündel ändert. Nach Feststellung aller Betroffenen und der Konsumgütermengenänderungen sind die sich daraus für die Individuen ergebenden Vor- bzw. Nachteile zu ermitteln. Es muß also der Nutzen bzw. Nachteil, der mit den Änderungen der zur Verfügung stehenden Gütern korrespondiert, herausgefunden werden.

Insbesondere dem Werturteil der Konsumentensouveränität werden nicht alle Menschen zustimmen. Man könnte argumentieren, die Masse der Individuen sei "kurzsichtig", "dumm" und "verführbar". Bei individuellen Entscheidungen kommt nicht zwangsläufig "das Beste für die Gesellschaft" heraus. Die Akzeptanz dieses Werturteils erfordert auch Respekt vor Entscheidungen, die scheinbar "unsinnig" und "schädlich" sind. Zum Beispiel wäre es unter ökologischen Gesichtspunkten höchstwahrscheinlich besser, wenn die Konsumenten weniger Einwegverpackungen, Autos und Benzin kaufen würden. Billigt man den Wirtschaftssubjekten die Entscheidungssouveränität zu, sind die Präferenzen für solche Güter trotzdem zu respektieren.[17]

---

17 Schwierigkeiten bereitet dieses Werturteil zumindest in den Fällen, wo die Konsumenten vielleicht gar nicht souverän (selbstbestimmt) handeln können. Sind beispielsweise Süchtige souverän? Sind die Käufe von Zigaretten und Drogen das Ergebnis einer freien Willensentscheidung oder Ausdruck eines Zwanges?

ad b) Abstimmungsverfahren

Wie später noch deutlicher werden wird, impliziert die Entscheidung zugunsten kosten-nutzen-analytischer Betrachtungen eine Monetarisierung individueller Wertschätzungen. Damit wird ein ökonomisches Wahlverfahren eingeführt und gleichzeitig das alternativ zur Verfügung stehende politische Wahlverfahren ausgeschieden. Anstelle des politisch-demokratischen Wahlmechanismus "ein Wähler - eine Stimme " wird das ***ökonomisch-monetäre Abstimmungsverfahren*** "eine Mark ist eine Mark" eingeführt. Während im demokratischen Wahlverfahren alle Stimmen unabhängig vom Ansehen der Person gleich zählen, werden im marktwirtschaftlichen Wahlverfahren alle Geldeinheiten gleich bewertet, unabhängig davon, wer sie bezahlt oder erhält.

Ein Beispiel[18] mag den Unterschied demonstrieren: Angenommen von einem Projekt sind fünf Personen betroffen, deren - in Geldeinheiten ausgedrückte - Nutzen- und Kostenänderungen im nachfolgenden Tableau erfaßt sind.[19] Der individuelle Nettoeffekt drückt im Falle eines positiven Vorzeichens die maximale Zahlungsbereitschaft der "Gewinner" für das Projekt aus. Im gegenteiligen Fall eines negativen Nettoergebnisses wird der Geldbetrag ausgewiesen, der den "Verlierern" zum Ausgleich der subjektiv bewerteten Schlechterstellung gezahlt werden müßte, damit sie das Projekt akzeptieren.

Person:	Nutzen	Kosten	Nettoeffekt
Kunze	10	11	-1
Meier	10	7	3
Müller	12	2	10
Schmidt	7	10	-3
Schulze	6	13	-7
Σ	45	43	2

Man sieht, daß der Gesamteffekt positiv ist. Die Zahlungsbereitschaft von Meier und Müller übersteigt die notwendigen Ausgleichszahlungen für Kunze, Schmidt und Schulze um genau zwei Geldeinheiten. Aus kosten-nutzen-analytischer Sicht wäre - sofern keine Alternative zur Wahl stünde - das Vorhaben zu befürworten.

---

18 Vgl. *Pearce/Nash* (1981), S. 6.

19 Es ist zu beachten, daß es sich dabei um subjektive Bewertungen der durch das Projekt induzierten individuellen Kosten- und Nutzenänderungen mit Hilfe von Geld handelt. Damit werden keine Aussagen über das absolute individuelle Nutzenniveau getroffen.

Würden die Betroffenen in Kenntnis der Auswirkungen jedoch in einer einfachen demokratischen Wahl über das Projekt abstimmen, würde es vermutlich abgelehnt, denn es gibt drei "Verlierer" und nur zwei "Gewinner". Anhand dieses Exempels wird deutlich, daß die Ergebnisse ökonomischer und politischer Abstimmung divergieren können. Die Ursache liegt darin, daß das ökonomische Wahlverfahren die Intensität der Präferenzen bzw. der individuellen Vor- und Nachteile zum Ausdruck bringen kann, während sie bei einfacher Stimmabgabe unberücksichtigt bleiben.

Ein praktischer Nachteil der Anwendung des Demokratieprinzips ist in der Schwierigkeit ständiger Volksabstimmungen zu sehen. Kollektiv-demokratische Wahlentscheide verursachen relativ hohe Kosten (Wahlbenachrichtigung, Darstellung des Sachverhaltes, Auszählung, Ergebnisbekanntgabe, direkte Kosten der Wähler durch Informationsgewinnung Gang ins Wahlbüro u.v.m.) und dürften nur in begrenztem Maße durchführbar und akzeptiert sein. Dagegen können bei der Anwendung des ökonomischen Abstimmungsmechanismus Informationen verwendet werden (z.B. durch Beobachtung von Preisen), die im Rahmen marktwirtschaftlicher Abstimmungsprozesse ohnehin tagtäglich anfallen.

Häufig wird - analog zur o.g. Kritik an der Annahme souveräner Konsumenten - das Argument hervorgebracht, Wähler seien leicht manipulierbar und würden "nicht sachgerecht", sondern nach Sympathie für bestimmte Politiker und Parteien entscheiden. Dem ließe sich u.a. entgegenhalten, daß erstens die Rationalität des Wählerverhaltens genausowenig wie die Rationalität des Kaufverhaltens überprüfbar ist, da die "wahren" Präferenzen grundsätzlich unbeobachtbar sind.[20] Zweitens kann ein Wahlentscheid aufgrund von persönlichen Sympathien durchaus rational sein - nämlich dann, wenn die Individuen eine hohe Präferenz für Sympathie oder Antipathie haben.

Es lassen sich natürlich noch weitere Argumente für und wider beide Wahlverfahren anführen,[21] worauf hier aus Platzgründen verzichtet wird. Welcher der beiden diskutierten Abstimmungsmechanismen "besser" oder "schlechter" ist, kann objektiv nicht entschieden werden. Dazu bedarf es wiederum eines Werturteils.

---

20 Man kann lediglich beobachten, was die Leute sagen und wie sie handeln. Von außen läßt sich also nur die Übereinstimmung von verbalen Bekundungen und tatsächlichem Verhalten beurteilen.

21 Man denke z.B. an das möglicherweise bei Abstimmungsverfahren auftretende sog. "*Arrow*-Paradoxon" [vgl. *Arrow* (1963)].

ad c) Verteilungsfragen

In Zusammenhang mit dem obigen Beispiel treten Fragen auf, die die gesellschaftliche Einkommens- und Vermögensverteilung betreffen. Darf ein Projekt überhaupt durchgeführt werden, obwohl einzelne Individuen oder gar die Mehrheit der Betroffenen verlieren? Was soll mit dem "Gewinn" geschehen, falls es zur Realisierung kommt? Beide Fragen berühren zwei grundlegende wohlfahrtsökonomische Bewertungsmaßstäbe - das *Pareto*-Kriterium und das auf *Kaldor*[22] und *Hicks*[23] zurückgehende Kompensationskriterium.[24] Bei Anwendung des *Pareto*-Prinzips käme es nicht zu einer Realisierung des unter b) genannten Beispielvorhabens, denn nach diesem Kriterium ist eine Ressourcenreallokation nur dann zulässig, wenn dadurch mindestens eine Person besser gestellt wird, ohne jemanden anderen schlechter zu stellen. Die Akzeptanz des *Kaldor-Hicks*-Kriteriums dagegen würde zur Realisation des Projektes führen, denn die Gewinner (Meier und Müller) könnten die Verlierer (Kunze, Schmidt und Schulze) entschädigen (dies ist der sog. "*Kaldor-Hicks*-Kompensationstest") und es verbliebe immer noch ein Netto-Nutzengewinn. Allerdings erfordert das *Kaldor-Hicks*-Kriterium nicht die tatsächliche Durchführung der Umverteilung. Es sagt auch nichts über die Verteilung des Nettogewinns aus. Beispielsweise könnte der gesamte Gewinn bei Müller verbleiben oder Meier und Müller könnten ihn unter sich aufteilen. Auch könnte der Gewinn unter allen Individuen aufgeteilt werden.

Die bei Kosten-Nutzen-Analysen übliche geldliche Kosten- und Nutzenbewertung in Form von Zahlungsbereitschaften oder Entschädigungsforderungen werfen ein weiteres Problem auf, da beide Maße von der Höhe des Einkommens der Individuen abhängen. Personen mit höherem Einkommen erhalten ein größeres "geldliches Stimmgewicht" und damit einen stärkeren Einfluß auf die Entscheidung als Menschen, die ihre Nutzenänderungen nur mit weniger Geld zum Ausdruck bringen können. Im obigen Beispiel hat Herr Müller den größten geldlichen Nutzen und Herrn Schulze entstehen die größten in Geld gemessenen Nachteile. Beiden Personen kommt damit ein größerer Einfluß zu als den übrigen Betroffenen.

Die "klassische" oder "traditionelle" Kosten-Nutzen-Analyse zielt ausschließlich auf die Allokationseffizienz; Distributionseffekte bleiben - scheinbar - unberücksichtigt.[25] Es wird dann - zumindest unausgesprochen - davon ausgegangen, daß die

---

22 *Kaldor* (1939).

23 *Hicks* (1939).

24 Vgl. Abschnitt 5.4.

25 Z.B. unterscheiden *Pearce/Nash* (1981), S. 12 zwischen "konventionellen" und nicht "konventionellen" Kosten-Nutzen-Analysen. Bei ersteren wird von der gegebenen Verteilung ausgegangen,

jeweils bestehende Einkommens- und Vermögensverteilung "gerecht" ist. Man kann durchaus der Meinung sein, daß unterschiedliche Einkommen durch unterschiedliche Leistungen "verdient" sind und deshalb reichere Leute zu Recht mehr auf ökonomischen Märkten zu sagen haben als Arme. Auf der anderen Seite wird ein Egalitarist nur Verteilungen als zulässig empfinden, bei denen alle Menschen über die gleichen materiellen Ressourcen verfügen.

Der Nachweis über eine optimale oder "gerechte" Einkommensverteilung kann jedoch nicht geführt werden. Aus diesem Grunde scheint dem Verfasser ebenso wie anderen Autoren ein grundsätzlicher Verzicht auf die Behandlung von Verteilungsfragen bei der Beurteilung öffentlicher Maßnahmen nicht angezeigt.[26] Wird nämlich durch ein staatliches Projekt eine von vielen Menschen als ungerecht empfundene Güterverteilung hervorgerufen oder verstärkt, verliert die Gesellschaft ein häufig unbeachtetes aber trotzdem wichtiges Gut - den sozialen Konsens.[27]

Auch aus einer anderen Warte ist die Berücksichtigung von Verteilungswirkungen nicht ganz unproblematisch. Politiker sind sehr daran interessiert zu wissen, wer gewinnt und verliert. Sie werden zur Sicherstellung ihrer Wiederwahl geneigt sein, Projekte zu bevorzugen, die ihren Wählern oder noch unentschlossenen "Grenz"-Wählern nützen, dem gesellschaftlichen Kosten-Nutzen-Kalkül (Σ Kosten-Nutzen) jedoch zuwiderlaufen können.

Die bisherigen Ausführungen dürften hinreichend verdeutlicht haben, daß Werturteile bei der Betrachtung gesellschaftlicher Vorhaben - mancher mag sagen 'leider' - unvermeidbar sind. Die Frage ist nun, wie man mit den Werturteilen umgeht. An dieser Stelle wird das Postulat (Werturteil) erhoben, daß die einer KNA zugrunde liegenden Werturteile grundsätzlich offenzulegen sind. Unter dieser Voraussetzung kann die "Qualität" einer KNA u.a. an der logischen Konsistenz zwischen den Basiswerturteilen und der methodischen Vorgehensweise beurteilt werden.

---

während innerhalb der zweiten Kategorie mit (alternativen) Verteilungsgewichten gearbeitet wird. *Hanusch* (1987) spricht in diesem Zusammenhang von "traditionellen" und "erweiterten" Kosten-Nutzen-Analysen.

26 Vgl. Abschnitt 5.3.

27 Die KNA erfaßt Projektwirkungen auf Individuen. Sie erfaßt üblicherweise nicht die gesellschaftliche Akzeptanz der Ergebnisse und der Methode. Sich den Ergebnissen oder der Methode selbst zu unterwerfen, bedeutet für einige Individuen - außer im Falle der Einstimmigkeit - einen Verlust an Freiheit. Freiheit soll hier "Abwesenheit von Zwang" ("coercion") bedeuten. Abwesenheit von Zwang und sozialer Konsens dürften eng miteinander verknüpft sein.

Teil II: Ermittlung von Nutzen- und Wohlfahrtsänderungen

4. Bewertung individueller Nutzenänderungen

Die Aufgabe von Kosten-Nutzen-Analysen besteht in der Ermittlung der von öffentlichen Maßnahmen ausgehenden gesellschaftlichen Kosten- und Nutzen(änderungen). Letztere werden üblicherweise als "Wohlfahrt(sänderungen)" bezeichnet. Gemäß dem individualistischen Werturteil setzen sich die gesellschaftlichen Wohlfahrtsänderungen aus individuellen Kosten- und Nutzen(änderungen) zusammen.[28] Daher ist es sinnvoll, sich vor der Zusammenfassung individueller Präferenzen zunächst mit den Möglichkeiten der Erfassung individueller Präferenzen[29] zu beschäftigen.

Die Aufgabe der Nutzenerfassung wäre vermutlich leicht zu lösen, wenn menschlicher Nutzen direkt in kardinaler Form - z.B. mit Hilfe eines Nutzenmaßes "util" - gemessen und verglichen werden könnte, so wie die Länge und das Gewicht von Gütern durch Längen- und Gewichtsmaße bestimmt werden können. Menschliche Nutzenänderungen[30] sind jedoch nicht unmittelbar von außen beobachtbar, geschweige denn direkt meßbar. Um Aussagen über Nutzenvariationen treffen zu können, ist der Kosten-Nutzen-Analytiker auf Beobachtungen und gewisse Annahmen angewiesen. Eine Annahme besteht darin, daß die Menschen das Ziel verfolgen, ihren persönlichen Nutzen zu maximieren.[31] Ferner sind Annahmen über die individuellen Präferenzordnungen notwendig, um Nutzen(index)funktionen[32] bilden zu können.[33]

Aber nicht nur Analytiker sind mit dem Problem der Nutzenmessung konfrontiert. Sogar die Betroffenen selbst werden nur schwerlich in der Lage sein, ihr Nutzenniveau und dessen Änderungen exakt zu quantifizieren. Aus diesem Grunde

---

28 Hierbei wird entsprechend dem individualistischen Werturteil unterstellt, daß die gesellschaftliche Wohlfahrt (W) von den individuellen Nutzen U_i bestimmt wird:

$$W = f(U_1, U_2, \dots, U_n).$$

Mit n ist die Zahl der Mitglieder einer Gesellschaft bezeichnet.

29 Häufig werden anstelle von Einzelpersonen (private) Haushalte betrachtet.

30 Im folgenden wird nur noch von *Nutzen*änderungen gesprochen, da individuelle Kosten als negativer Nutzen bzw. als Nutzenminderung verstanden werden können.

31 "Utility is the subjective satisfaction of the household and cannot observed directly. It must be inferred from observable attributes of household consumption behaviour and the hypothesis of utility maximation" [*Boadway/Bruce* (1984), S. 39].

32 In der Literatur wird sowohl von "Nutzenfunktionen" als auch von "Nutzenindexfunktionen" gesprochen.

33 Danach müssen Präferenzordnungen vollständig, reflexiv, transitiv und stetig sein. Ferner wird von der (z.T. modifizierten) Unersättlichkeitshypothese und einer strikten Quasi-Konvexität der Indifferenzkurven ausgegangen [vgl. z.B. *Varian* (1984), S. 111 ff.].

wird in der Ökonomie - soweit wie möglich - auf kardinale Nutzenmessungen verzichtet. Ordinale Nutzenmessungen werden bevorzugt, weil sie weniger strenge Modellannahmen erfordern. Im Rahmen einer ***ordinalen Bewertung*** müssen die Individuen nämlich nur eine Aussage darüber treffen, welche Situation sie unter gegebenen Umständen einer anderen Situation vorziehen; sie brauchen aber nicht - wie bei einer ***kardinalen Bewertung*** - genau festlegen, um wie viele "Nutzeneinheiten" die vorgezogene Situation der als schlechter empfundenen Lage überlegen ist.

Im Prinzip geht es bei der KNA immer um Situationsvergleiche. Handelt es sich z.B. um die Entscheidung, ob ein Projekt durchgeführt werden soll oder nicht, entspricht dieses Problem einem Vergleich zwischen einer Situation "1" ohne Projekt und einer Situation "2" mit Projekt.[34]

Ein solcher Situationsvergleich wird in Abbildung 4.1 skizziert. Dort sind - entsprechend der in der Mikroökonomie üblichen Darstellungsweise durch Budgetgeraden und Indifferenzlinien - drei fiktive Situationen gegenübergestellt, in denen ein Haushalt mit verschiedenen Preisen und Haushaltseinkommen "konfrontiert" ist. Auf der Abszisse sind die Menge eines Gutes x_1 und auf der Ordinate das Haushaltseinkommen abgetragen.[35] Jeder Preis-Einkommens-Kombination entspricht eine andere Budgetgerade (Y^1, Y^2, Y^3). In Situation "1" verfügt der Haushalt über das Einkommen Y^1, Situation "2" ist durch ein Einkommen in Höhe von Y^2 charakterisiert und Situation "3" ist durch das Einkommen Y^3 gekennzeichnet. Ein nutzenmaximierender Haushalt realisiert bei gegebenem Budget jeweils die Güterkombination, welche den höchsten Nutzen stiftet. Das Nutzenmaximum bei gegebenem Einkommen und gegebenen Preisen wird jeweils im Tangentialpunkt von Budgetgeraden und Indifferenzlinie erreicht. Solche Punkte werden als ***"Haushaltsoptimum"*** bezeichnet. Demzufolge würde der betreffende Haushalt in Abbildung 4.1 bei den drei verschiedenen Preis-Einkommens-Kombinationen die Punkte "1", "2" oder "3" verwirklichen. In Punkt "1" wird das Nutzenniveau U^1, in Punkt "2" das Nutzenniveau U^2 und in Zustand "3" das Nutzenniveau U^3 erreicht.

---

34 Nach *Boadway/Bruce* [(1984), S. 195] geht es bei der angewandten Wohlfahrtsökonomie um "... measures of the change in the well-being for an individual household between two situations where, for simplicicty, the two situations refer to different bundles of commodities consumed."

35 Da das Einkommen hier der Summe mit Preisen bewerteter Güter entspricht, kann Y auch als das Bündel aller übrigen Güter interpretiert werden, wenn man Y durch den Preisvektor "normiert": $\hat{Y} = \sum_{i=1}^{n} \frac{p_i \cdot x_i}{p_i} = \sum_{i=1}^{n} x_i$, wobei $\hat{Y}$ das "normierte" Einkommen ist.

Abbildung 4.1: Nutzenniveaus eines privaten Haushalts bei verschiedenen Preis-Einkommens-Kombinationen

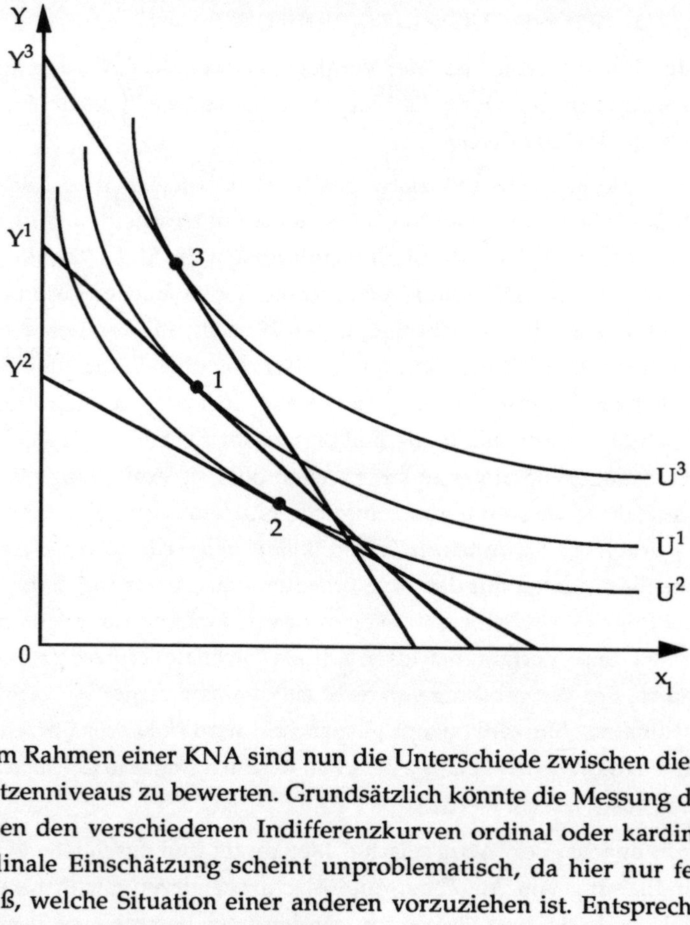

Im Rahmen einer KNA sind nun die Unterschiede zwischen diesen verschiedenen Nutzenniveaus zu bewerten. Grundsätzlich könnte die Messung des Abstandes zwischen den verschiedenen Indifferenzkurven ordinal oder kardinal erfolgen.[36] Die ordinale Einschätzung scheint unproblematisch, da hier nur festgestellt werden muß, welche Situation einer anderen vorzuziehen ist. Entsprechend den üblichen Annahmen gilt in unserem Beispiel:

$$U(1) > U(2) \text{ bzw. } U^1 > U^2 \text{ und } U(3) > U(1) \text{ bzw. } U^3 > U^1 .$$

Bei einer kardinalen Bewertung müßte dagegen festgestellt werden, wie groß der jeweilige "Mehrnutzen" von U(1) gegenüber U(2) bzw. U(3) gegenüber U(1) ist. Auch kann nur mittels einer kardinalen Bewertung eine Aussage darüber getroffen wer-

36 Der Begriff "Messung" scheint in diesem Kontext etwas unglücklich gewählt. Im Grunde wird nach "Indikatoren" für Nutzen gesucht. Der an der Nutzenmeßbarkeit tiefer interessierte Leser sei z.B. auf *Cooter/Rappoport* (1984) verwiesen.

den, ob die Veränderung von "1" nach "3" der Veränderung von "2" nach "1" vorzuziehen ist oder umgekehrt, gilt also

$$U(3) - U(1) > U(1) - U(2) \quad \text{oder} \quad U(3) - U(1) < U(1) - U(2)?$$

Man sieht schon an diesem Beispiel, daß der Vergleich verschiedener Änderungen wesentliche strengere Anforderungen an die Nutzenmeßbarkeit stellt, als die Frage, ob ein Zustand besser ist als ein anderer.[37]

Entsprechend der beiden genannten Skalierungen ist zwischen zwei grundlegend verschiedenen wohlfahrtsökonomischen Meßansätzen zu unterscheiden. Auf der einen Seite werden zur Erfassung von Wohlfahrtsänderungen die Maße ***"Zahlungswilligkeit"*** und ***"Konsumentenrente"*** unter Verwendung "gewöhnlicher", nicht einkommensvariierter (*Marshall*scher) Nachfragekurven benutzt. Im Rahmen dieser Verfahrensweise werden implizit Situationen mit unterschiedlichen individuellen Nutzenniveaus verglichen. Andererseits werden die aus einer Maßnahme resultierenden Vor- oder Nachteile erfaßt, indem die Einkommensbeträge ermittelt werden, die bestimmten Nutzenänderungen genau entsprechen oder sie exakt ausgleichen. Gedanklich bleibt auf diese Weise das ursprüngliche Nutzenniveau unverändert. Diese Geldbeträge werden als ***"äquivalente"*** oder ***"kompensierende" Einkommensvariation*** bezeichnet. Sie stimmen mit den Konsumentenrenten unter sog. "einkommensvariierten Nachfragekurven" überein. Wegen des gedanklich unveränderten Nutzenniveaus werden diese Verfahrensweisen z.T. als "ordinale" Nutzenkonzepte bezeichnet, während bei der Verwendung von nicht einkommensvariierten Nachfragekurven vom "kardinalen" Nutzenkonzept gesprochen wird.[38] Dieser Sprachgebrauch führt jedoch leicht in die Irre, da in jedem Fall kardinal skalierte Geldbeträge zur Projektbewertung ausgewiesen werden.

Nachfolgend wird zunächst der "*Marshall*sche" Meßansatz und anschließend die grundsätzliche Handhabung von Angebots- und Nachfragekurven zur Projektbewertung am Beispiel von Preis- und Einkommensänderungen beschrieben. Darauffolgend werden die theoretischen Schwierigkeiten des *Marshall*schen Ansatzes vorgestellt, um anschließend die von *Hicks* entwickelte Methodik der Einkommensva-

---

37 Noch problematischer ist ein intersubjektiver Nutzenvergleich. Zwar sind ordinale Ansätze - die Kompensationskriterien von *Kaldor* und *Hicks* - zur Umgehung des Problem entwickelt worden, aber *Scitovsky* (1941) und *Boadway* (1974) konnten zeigen, daß sich damit keine vollständigen und transitiven Ordnungen gesellschaftlicher Zustände aufstellen lassen. *Arrow* (1963) bewies mit seinem "Unmöglichkeitstheorem" sogar, daß auf der Basis individueller ordinaler Präferenzordnungen generell keine vollständigen, stetigen und transitiven gesellschaftlichen Präferenzordnungen existieren.

38 Vgl. *Hesse* (1980), *Hanusch* (1987).

riation zu diskutieren. Anschließend werden die Voraussetzungen vorgestellt, unter denen sich die Ergebnisse der verschiedenen Meßkonzepte einander annähern bzw. übereinstimmen. Schließlich werden die genannten Konzepte auch auf den Fall von Änderungen der zur Verfügung stehenden Gütermengen übertragen.

4.1 Zahlungsbereitschaft und Konsumentenrente bei *Marshall*schen Nachfragefunktionen

Bevor Konsumentenrenten als Instrument der Kosten-Nutzen-Bewertung vorgestellt werden, soll zunächst der Grundgedanke des Konzeptes der Zahlungsbereitschaft (Zahlungswilligkeit) erläutert werden, da das Konstrukt der Konsumentenrente darauf aufbaut. Aus den marginalen Zahlungsbereitschaften für ein Gut ergibt sich die zugehörige Nachfragefunktion. Nachfragefunktionen enthalten für wohlfahrtsökonomische Zwecke nutzbare Informationen. Sie signalisieren nämlich einerseits den in Geld bewerteten Grenznutzen eines Gutes und andererseits den gesamten Betrag, den ein Haushalt für eine bestimmte Menge eines Gutes höchstens zu zahlen bereit ist.

Die Grundidee des Konzepts der Zahlungswilligkeit ist einfach. Der Nutzen, den Menschen durch den Verbrauch eines Gutes realisieren, ist nicht direkt beobachtbar. Man kann aber den Geldbetrag erforschen, den ein Individuum höchstens bereit ist, für den Kauf bestimmter Güter auszugeben. Diese sog. ***"maximale Zahlungsbereitschaft"*** kann als Indikator für den Nutzen angesehen werden, den der Konsum eines Gutes bei einem Individuum stiftet. Ein sich rational verhaltendes Individuum wird nämlich höchstens soviel Geld für ein Gut ausgeben, wie es aus dem Konsum dieses Gutes Nutzen empfängt. Diese Idee wurde zuerst von *Dupuit* (1844) veröffentlicht und von *Marshall* (1920) weiterentwickelt. Danach entspricht die maximale Zahlungsbereitschaft eines Konsumenten für ein Gut exakt der Fläche unter der sog. ***"Marshall-Dupuit-Nachfragefunktion"***. Sie wird auch als "gewöhnliche" Nachfragefunktion bezeichnet.

4.1.1 Graphische Herleitung

Abbildung 4.2 veranschaulicht, wie sich aus der Nutzenindexfunktion und der Budgetrestriktion eines Haushalts sein Nachfrageverhalten bei Preisvariationen des Gutes x_1, konstanten Preisen der übrigen Güter x_n sowie unverändertem Haushaltseinkommen graphisch ableiten läßt. Preisänderungen von x_1 führen unter den genannten Umständen im oberen Teil der Abbildung zur "Drehung" der Budgetgera-

Abbildung 4.2: Graphische Herleitung von Marshallscher Nachfragekurve, Zahlungsbereitschaft und Konsumentenrente

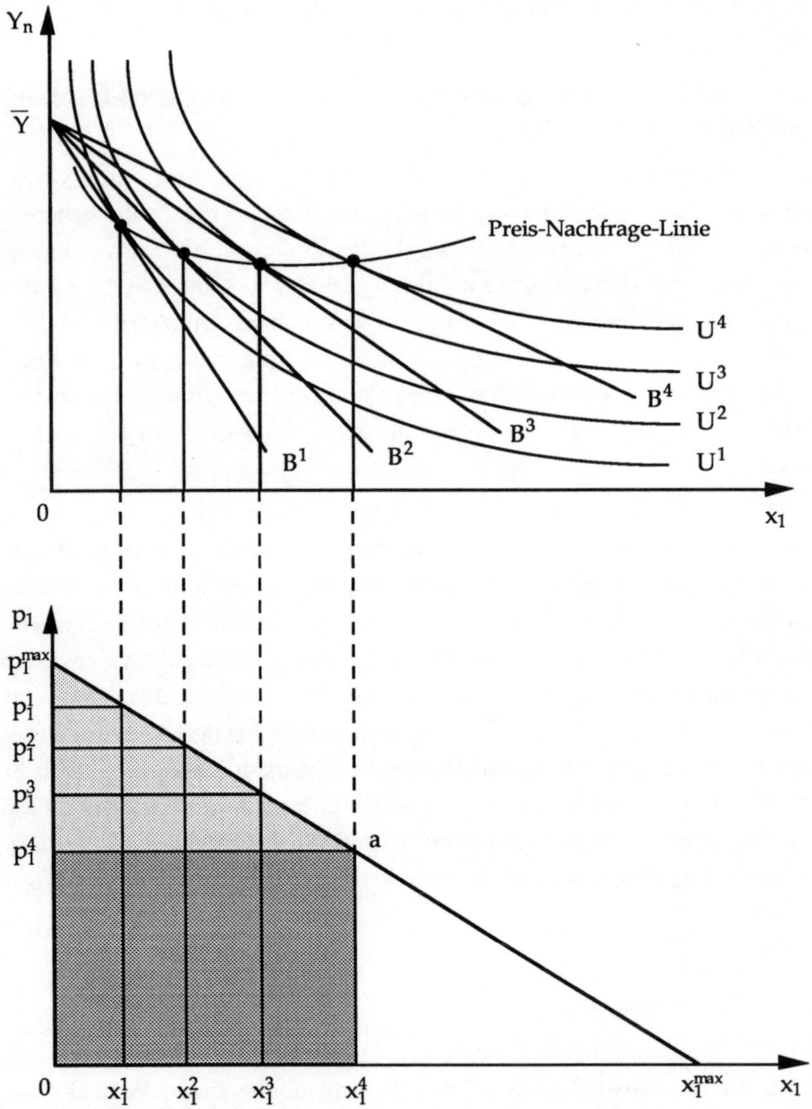

den. Je höher der Preis von x_1, desto weiter nach links dreht sich die Budgetlinie und umgekehrt. Durch beliebige Preisvariationen läßt sich eine "Preis-Nachfrage-Linie" konstruieren. Zieht man von allen Punkten dieser Linie ein Lot zum unteren Abbildungsteil, erhält man alle Preis-Nachfragemengen-Relation des betrachteten Haushalts. Sie entsprechen der gewöhnlichen Nachfragekurve.[39]

Der Punkt p^{max} stellt den Preis dar, zu dem der Konsument gerade keine einzige Einheit des betrachteten Gutes kaufen würde - man bezeichnet ihn auch als ***"Höchstpreis"***. Die Zahlungsbereitschaft des Haushalts für die erste Gütereinheit ist also geringer als der Preis p^{max}. Bei allen darüber liegenden Preisen würde er natürlich auch nicht kaufen. Würde für das Produkt anstelle von p^{max} der Preis p_1^1 verlangt, entspräche seine Nachfrage der Menge x_1^1. Er müßte dafür einen Geldbetrag in Höhe von $p_1 \cdot x_1^1 = (x_1^1 - 0) \cdot p_1^1$ bezahlen. Fiele der Preis weiter auf p_1^2, würde sich die Nachfragemenge auf x_1^2 erhöhen. Für die nächste Gütereinheit wäre der Betrag $p_1^2 \cdot x_1^2 = (x_1^2 - x_1^1) \cdot p_1^2$ zusätzlich zu zahlen. Diese schrittweise Preissenkung läßt sich nun bis zur kostenlosen Abgabe des Gutes wiederholen. Dabei besteht die Möglichkeit, daß der weitere Konsum eines Gutes ab einer gewissen Nachfragemenge überhaupt keinen Zusatznutzen mehr bringt, so daß auch keine zusätzliche Zahlungsbereitschaft mehr existiert.[40] Sich "rational" verhaltende Konsumenten kaufen nur solange, bis die marginale Gütereinheit genauso viel Nutzen stiftet wie sie kostet.[41]

Man kann die gesamte Zahlungsbereitschaft (ZB) für ein beliebiges Gut x_1 bei den eben beschriebenen schrittweisen Preissenkungen durch folgenden Ausdruck abbilden:

$$ZB(x_1) = \sum_{i=1}^{g} \Delta x_1^g \cdot p_1^g = \sum_{i=1}^{g} (x_1^g - x_1^{g-1}) \cdot p_1^g . \qquad (4.1)$$

Der Index g bezieht sich auf die Zahl der Preisänderungsschritte. $\Delta x_1^g = (x_1^g - x_1^{g-1})$ bezeichnet die absolute Änderung der Nachfragemenge beim g-ten Preisänderungsschritt, wobei $x_1^0 = 0$. Setzt man $\Delta x_1^g = (x_1^g - x_1^{g-1}) = 1$, vereinfacht sich der Ausdruck (4.1) zu:

---

39 Bei "normalen Gütern" nimmt - ausgehend von einem bestimmten Konsumniveau - der zusätzlich durch den Verbrauch eines Gutes entstehende Nutzen mit jeder weiteren Mengeneinheit ab. Dieser sog. "abnehmende Grenznutzen" des Konsums läßt auch die marginale Zahlungsbereitschaft mit steigendem Güterverbrauch sinken. Deshalb verläuft im Normalfall die Nachfragekurve im Preis-Mengen-Diagramm von links oben nach rechts unten.

40 In diesem Fall handelt es sich um eine Abweichung von der sog. "Unersättlichkeitshypothese". Bei Unersättlichkeit hat jede weitere Mengeneinheit einen - wenn vielleicht auch nur infinitesimal kleinen - Zusatznutzen. Graphisch bedeutet dies eine beliebig kleine Annäherung der Nachfragekurve an die Mengenachse, ohne daß die Mengenachse "berührt" wird.

41 Vgl. Abschnitt 4.1.2.

$$ZB(x_1) = \sum_{i=1}^{g} p_1^g . \qquad (4.1a)$$

Bei einer hinreichend (infinitesimal) feinen Abstufung der Nachfragemengen und Preise, läßt sich die marginale Zahlungsbereitschaft (MZB) für x_1 durch die (stetige) ***inverse Nachfragefunktion*** $N(x_1) = MZB(x_1) = p_1(x_1)$ approximieren. Der Geldbetrag, den die betrachtete Person maximal bereit wäre, für das relevante Gut zu zahlen, entspricht in der graphischen Darstellung von Abbildung 4.2 der (endlichen) Fläche unter der inversen Nachfragefunktion zwischen Preis- und Mengenachse.[42] Die Fläche kann durch eine Integration dieser Funktion nach x_1 in den Grenzen x^{max} und Null berechnet werden:

$$MZB(x_1) = \int_0^{x_1^{max}} p_1(x_1)\, dx_1 . \qquad (4.2)$$

Es ist leicht einzusehen, daß die Zahlungsbereitschaft üblicherweise den tatsächlich zu zahlenden Betrag überschreitet, da für die einzelnen Mengeneinheiten von x_1 nicht unterschiedliche Preise, sondern ein einheitlicher Preis gezahlt wird.[43] Beispielsweise würde bei einem Preis von p_1^4 die Menge x_1^4 nachgefragt, so daß der Konsument den Gesamtbetrag $p_1^4 \cdot x_1^4$ zu entrichten hätte, der in Abbildung 4.2 durch die dunkel schraffierte Fläche angedeutet ist. Die Differenz zwischen der gesamten Zahlungsbereitschaft (also der Fläche unter der Nachfragekurve) und dem tatsächlich zu zahlenden Betrag $p_1^4 x_1^4$ ist der Überschuß der Zahlungswilligkeit über die realen Ausgaben. Sie entspricht dem hell schraffierten Dreieck $p_1^{max} p_1^4 a$. Dafür existiert der Begriff der ***"Konsumentenrente"***.

Dieser Begriff läßt sich folgendermaßen definieren: ***Die Konsumentenrente ist der Überschuß der gesamten Zahlungsbereitschaft eines oder mehrerer Konsumenten für eine bestimmte Menge eines von ihm oder von ihnen konsumierten Gutes über den***

---

42 Falls der Grenznutzen des Gutes x_1 ab einer bestimmten Nachfragemenge x^{max} nicht den Wert Null annähme und stattdessen die Unersättlichkeitshypothese gelten würde, wäre der Wert des Integrals unbestimmt, weil die Nachfragefunktion nicht die Abszisse berühren würde. In diesem Fall wäre die Fläche unter der Nachfragefunktion "offen". Der Wert eines bestimmten Integrals kann jedoch problemlos geometrisch als "geschlossene" Fläche unter einer Funktion interpretiert werden [vgl. z.B. *Chiang* (1984), S. 448 ff.].

43 Diese Erkenntnis erklärt übrigens auch das Bestreben von Anbietern, eine Preisdiskriminierung durchzuführen, da auf diese Weise ein höherer Gewinn erzielt werden kann. Gelänge eine vollständige Preisdifferenzierung, müßten die Konsumenten für jede Gütereinheit einen Preis entsprechend ihres Grenznutzens zahlen. Die Konsumentenrente würde dann von den Anbietern vollständig "abgeschöpft". Instrumente einer Preisdifferenzierung wären z.B. Marktsegmentierungen und Produktdifferenzierungen.

Geldbetrag, den der Konsument oder die Konsumenten für diese Menge tatsächlich zahlt bzw. zahlen. [44]

Die Konsumentenrente stellt also ein Maß für den "Nettonutzen" dar, der durch den Verbrauch eines Gutes entsteht. Der Gesamtnutzen eines Gutes entspricht der gesamten Zahlungsbereitschaft bzw. einer Fläche unter der Nachfragekurve. Davon ist der Kaufbetrag abzuziehen (denn die Zahlung des Kaufbetrages bedeutet einen Nutzenverlust). Damit läßt sich die Konsumentenrente (KR) einer bestimmte Konsumgütermenge - z.B. x_1^4 in Abbildung 4.2 - mathematisch bestimmen aus:

$$KR(x_1^4) = \int_0^{x_1^4} p_1(x_1)\,dx_1 - p_1^4 \cdot x_1^4 . \tag{4.3a}$$

Eine zweite Möglichkeit zur Berechnung der Konsumentenrente bietet die Integration der ***Nachfragefunktion*** $N(p_1) = x_1(p_1)$ nach dem Preis in den Grenzen des Höchstpreises p^{max} und des Marktpreises p_1^*. Für den Beispielfall gilt:

$$KR(p_1^4) = \int_{p_1^4}^{p^{max}} x_1(p_1)\,dp_1 . \tag{4.3b}$$

Da die Konsumentenrente und die maximale Zahlungsbereitschaft - sofern man die relevanten Nachfragefunktionen kennt oder schätzen kann - (mathematisch) relativ leicht handhabbare Meßkonzepte sind, können sie auch in empirischen Arbeiten verwendet werden.

Anhand der Abbildung 4.3 läßt sich veranschaulichen, wie man mit diesen Konzepten Wohlfahrtsänderungen ermitteln kann, die durch Preis- und/oder Einkommensänderungen verursacht werden (die mathematische Herleitung findet sich in Abschnitt 4.1.2). Betrachten wir zunächst isoliert eine Preisänderung eines Gutes. Nehmen wir z.B. an, daß der Preis des Gutes (x_1) bei unverändertem Haushaltseinkommen und Konstanz aller übrigen Güterpreise sinkt (hierzu ist zunächst nur die linke Seite von Abb. 4.3 zu betrachten). In der Ausgangslage (vor der Preissenkung) bewertet der Haushalt den Nutzen der letzten konsumierten Gütereinheit mit dem Preis p_1^1. Die ursprünglich nachgefragte Menge ist x_1^1. Bei fallenden Preisen ist dieser Haushalt bereit, weitere Gütereinheiten zu kaufen. Reduziert sich der Preis auf p_1^2,

44 *Marshall* [(1920), S. 103] definiert die Konsumentenrente als "the excess of the price which would he be willing to pay rather than go without the thing, over that he actually does pay". Mit "price" sind die Gesamtausgaben gemeint.

Abbildung 4.3: Ermittlung von Wohlfahrtsänderungen durch Konsumentenrenten bei einer Preissenkung für ein Gut

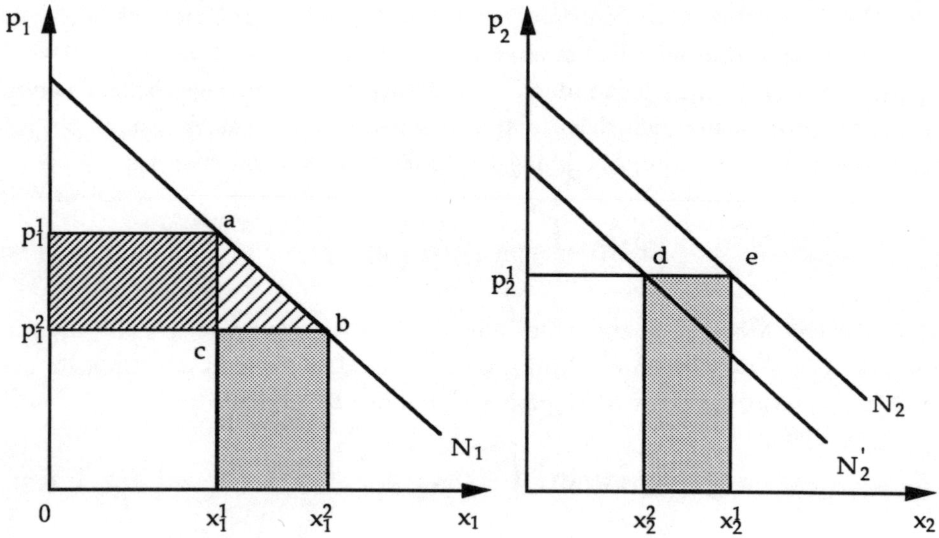

dehnt der Haushalt seine Nachfrage bis zur Menge x_1^2 aus, bei der Preis p_1^2 und Grenznutzen wieder übereinstimmen.

Der Grenznutzen jeder infinitesimal kleinen zusätzlichen Konsumgütereinheit läßt durch den (vertikalen) Abstand zwischen der Mengenachse und der Nachfragekurve abbilden. Durch Aufaddieren aller Werte der zusätzlich gekauften Mengeneinheiten erhält man die Fläche unter der Nachfragekurve $x_1^1abx_1^2$. Diese Fläche korrespondiert mit dem Betrag, den der konsumierende Haushalt maximal für den Mehrkonsum von x_1 ($=\Delta x_1 = x_1^2 - x_1^1$) zahlen würde.

Tatsächlich ist für die zusätzliche ("inframarginale") Gütermenge jedoch nur der Geldbetrag $x_1^1cbx_1^2$ zu zahlen. Auf diese Weise resultiert aus der Nachfrageausweitung um $\Delta x_1 (= x_1^2 - x_1^1)$ ein "Nutzenüberschuß", dem das Dreieck abc entspricht. Darüber hinaus muß aber auch weniger für die schon vor der Preisermäßigung nachgefragte ("intramarginale") Gütermenge bezahlt werden. Dieser "Ersparnis" entspricht die Fläche $p_1^1acp_1^2$. Insgesamt ergibt sich aus der Preissenkung für das betrachtete Wirtschaftssubjekt ein zusätzlicher Nutzenüberschuß (= zusätzliche Konsumentenrente) von $p_1^1abp_1^2$, der sich aus zwei Bestandteilen zusammensetzt: Erstens der reduzierten Rechnung für die intramarginale Gütermenge $p_1^1acp_1^2$ und zweitens dem aus der inframarginalen Nachfrage entstehenden Nutzenüberschuß abc.

Die durch die Konsumentenrente ermittelte Wohlfahrtsänderung läßt sich noch auf anderem Wege geometrisch ableiten, was bei der praktischen Durchführung einer Kosten-Nutzen-Analyse sinnvoll sein kann. Die alternative Vorgehensweise wird als ***"total benefit method"*** bezeichnet.[45] Dabei werden anstelle einer direkten Berechnung der Konsumentenrente auf einem Gütermarkt die Wirkungen auf allen betroffenen Märkten beobachtet und zusammengefaßt.

Betrachten wir zur Verdeutlichung diesmal gleichzeitig die linke und rechte Seite von Abbildung 4.3. Auf der rechten Seite ist zusätzlich der Markt für ein weiteres Gut x_2 aufgeführt. Man stelle sich zunächst vor, daß nur die beiden Güter x_1 und x_2 angeboten werden und die Nachfrage beider Güter voneinander abhängig ist.

In der Ausgangssituation seien die Nachfragefunktionen N_1 und N_2 zu beobachten. Nehmen wir an, eine Preisermäßigung für x_1 von p_1^1 auf p_1^2 führe neben einer Nachfragesteigerung nach x_1 gleichzeitig zu einer Reduktion der Nachfrage von x_2, weil die Käufer wegen des gesunkenen x_1-Preises x_2 durch x_1 substituieren.[46] In der graphischen Darstellung führt dies zu einer Linksverschiebung der x_2-Nachfrage zu N_2'.

Geht man von einem unveränderten Haushaltseinkommen aus, müssen die Mehrausgaben für das Gut 1 (= $x_1^1cbx_1^2 - p_1^1acp_1^2$) den Minderausgaben für das Gut 2 (= $x_2^2dex_2^1$) entsprechen. Diese Erkenntnis ermöglicht einige kleine algebraische Umformungen. Da sich die Konsumentenrente (KR) aus zwei Bestandteilen zusammensetzt, kann man schreiben:

$$KR = p_1^1abp_1^2 = p_1^1acp_1^2 + abc \ . \qquad \text{(a)}$$

Wegen

$$x_1^1cbx_1^2 - p_1^1acp_1^2 = x_2^2dex_2^1 \ ,$$

folgt durch Einsetzen in (a):

$$p_1^1abp_1^2 = x_1^1cbx_1^2 - x_2^2dex_2^1 + abc \ . \qquad \text{(b)}$$

45 Vgl. *Boadway/Wildasin* (1984), S. 35 ff.

46 Formal bedeutet dies, daß die ***Kreuzpreiselastizität der Nachfrage*** nach x_2 bezüglich des Preises von x_1 größer als Null ist:

$$\frac{dx_2}{dp_1} \cdot \frac{p_1}{x_2} > 0 \ .$$

Die Kreuzpreiselastizität der Nachfrage nach einem Gut i hinsichtlich des Preises eines anderen Gutes j gibt das Verhältnis der relativen Änderung der Nachfrage nach Gut i zur sie verursachenden relativen Preisänderung von Gut j an [vgl. z.B. *Linde* (1992), S. 41].

Wegen
$$x_1^1 cbx_1^2 + abc = x_1^1 abx_1^2$$
gilt ferner:
$$p_1^1 abp_1^2 = x_1^1 abx_1^2 - x_2^2 dex_2^1 . \tag{c}$$

Der erste Term auf der rechten Seite von (c) entspricht der maximalen Zahlungsbereitschaft für die Zusatznachfrage $\Delta x_1 = x_1^2 - x_1^1$. Sie entspricht dem Nutzenzuwachs durch den Mehrkonsum. Der zweite Term korrespondiert mit der Ausgabenreduktion für x_2. Sie spiegelt die Nutzeneinbuße durch die weniger konsumierte Menge von Gut 2 wider. Da der Preis im gewählten Beispiel unverändert geblieben ist, beträgt der Wert (Grenznutzen) jeder von x_2 weniger zur Verfügung stehenden Gütereinheit weiterhin p_2.

Das eben beschriebene Prinzip der "total benefit method" (TBM) besitzt auch im allgemeinen Fall Gültigkeit, wo x_2 den Vektor aller übrigen Guter außer x_1 darstellt. Die durch eine Preisänderung von x_1 hervorgerufene Wohlfahrtsänderung Δw läßt sich durch die Formel
$$\Delta w = x_1^1 abx_1^2 - \sum_{i=2}^{n} p_i \Delta x$$
darstellen, wobei p_i den Preis aller n übrigen Waren x_i bezeichnet. Diese Verfahrensweise ist in der beschriebenen Form aber nur dann anwendbar, falls die Einkünfte und die Preise aller übrigen Güter <u>konstant</u> bleiben.[47]

Erweitern wir nun unser Modell um Einkommensänderungen. Im einfachsten Fall einer Einkommenserhöhung bei konstanten Güterpreisen verschiebt sich die Budgetgerade des Haushalts nach außen, wodurch sich im "Normalfall"[48] die Nachfrage nach allen Gütern erhöht, was gegenüber der Ursprungssituation zur einer Rechtsverschiebung der Nachfragekurven führt. Die individuelle Wohlfahrtsänderung ist

---

47 Wegen der Identität der Änderung der Konsumentenrente und der Änderung des "total benefit" brauchen Folgeeffekte einer Maßnahme in Form von Outputmengenänderungen auf anderen Märkte normalerweise nicht berücksichtigt zu werden, es sei denn, die Preise auf den indirekt betroffenen Märkten entsprechen nicht den Grenzkosten der Produktion. Nur bei Abweichungen der Preise von den Grenzkosten sind indirekte Kosten und Nutzen in die Bewertung miteinzubeziehen [vgl. auch *Boadway/Wildasin* (1984), S. 212 f.].

48 Unter "Normalfall" soll hier verstanden werden, daß die ***Einkommenselastizität der Nachfrage*** nach den betrachteten i Gütern größer als Null ist:
$$\frac{dx_i}{dY} \cdot \frac{Y}{x_i} > 0 .$$
D.h. bei steigendem Einkommen steigt c.p. auch die Nachfrage nach i. Anders verhält sich die Lage im Fall ***"inferiorer" Güter***. Bei inferioren Gütern ist eine negative Einkommenselastizität der Nachfrage zu beobachten. Mit steigendem Einkommen geht dann die Nachfrage sogar zurück.

Abbildung 4.4: Individuelle Wohlfahrtsänderung bei simultan auftretender Preissenkung und Einkommenserhöhung

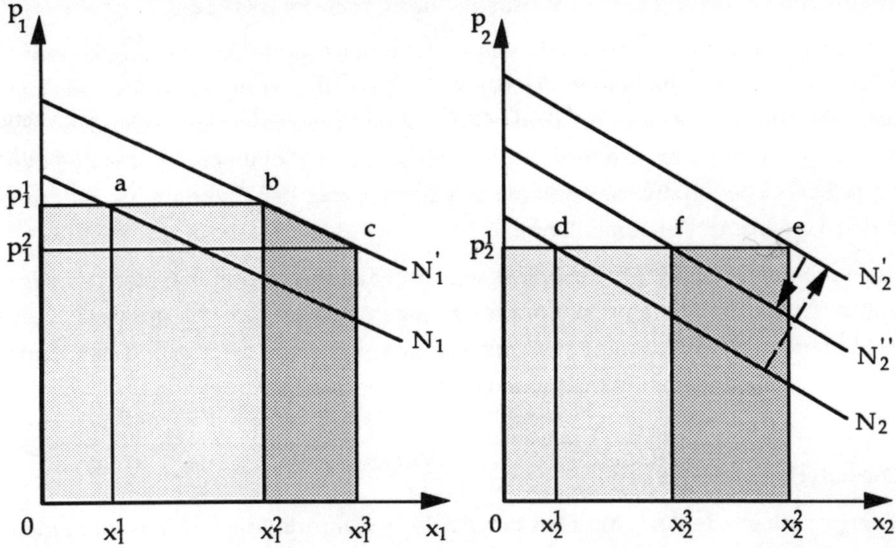

mit der Summe der Ausgabensteigerungen für alle Güter identisch. Wegen der Konstanz aller Preise entsteht keine zusätzliche Konsumentenrente.

Nehmen wir stattdessen den Fall einer gleichzeitigen Einkommens- und Preisänderung, ist zur Verdeutlichung der Einzeleffekte eine schrittweise Betrachtung notwendig. Zunächst werden die Wirkungen der Einkommenserhöhung betrachtet, um dann den Preissenkungseffekten einige Aufmerksamkeit zu schenken. Werfen wir zur Illustration einen Blick auf die Abbildung 4.4, wo wieder ein 2-Güter-Fall dargestellt ist.

In der Ursprungssituation sei die Nachfrage nach beiden Gütern durch N_1 und N_2 charakterisiert. Induziert durch eine Erhöhung der Einkünfte verlagern sich zunächst die Nachfragefunktionen nach N_1' bzw. nach N_2'. Auf dieser Stufe entspricht der Wohlfahrtsgewinn (der Einkommenssteigerung) der Summe der zusätzlichen Ausgaben für beide Güter, also den Flächen $x_1^1abx_1^2 + x_2^1dex_2^2$. Auf dem höheren Einkommensniveau sinke jetzt der Preis für x_1 von p_1^1 auf p_1^2. Durch die Preisermäßigung weitet sich die Nachfrage weiter von x_1^2 nach x_1^3 aus. Dies bewirkt auf dem zweiten Gütermarkt eine Rückverschiebung der Nachfragekurve von N_2' nach N_2''.

Analog zur in Abbildung 4.3 beschriebenen Situation führt die x_1-Preissenkung zu einer Vergrößerung der Konsumentenrente auf dem x_1-Markt um $p_1^1bcp_1^2$ oder einer gleich großen Steigerung des "total benefits" um $x_1^2bcx_1^3 - x_2^3fex_2^2$.

Der gemeinsame Wohlfahrtseffekt von Einkommens- und Preiswirkung kommt in Abbildung 4.4 durch die beiden Flächen $x_1^1abcx_1^3 + x_2^1dfx_2^3$ zum Ausdruck. Dies entspricht der Summe aus dem für beide Güter ohne Preisänderung verwendeten Zusatzeinkommen in Höhe von $(x_1^1abx_1^2 + x_2^1dex_2^2)$ und dem "total benefit" der Preissenkung $(x_1^2bcx_1^3 - x_2^3fex_2^2)$ bzw. der Summe aus dem Betrag der Einkommensänderung und dem Gewinn an Konsumentenrente.

Das aufgeführte 2-Güter-Beispiel läßt sich auf Fälle mit mehreren Gütern verallgemeinern. Unter den genannten Voraussetzungen addiert sich die gesamte Wohlfahrtsänderung eines Konsumenten aus der Einkommensänderung und den Änderungen der Konsumentenrenten auf den betroffenen Märkten.

4.1.2 Analytische Herleitung

Eine grundlegende Annahme bei der Analyse von individuellen Wohlfahrtswirkungen besteht darin, daß das Nutzenniveau u der privaten Haushalte bei freien Konsumwahlmöglichkeiten von den konsumierbaren Gütern x_i (i=1, ... , n) bestimmt wird. Nimmt man Einkommen und Güterpreise als gegeben, läßt sich dieser Zusammenhang durch folgende ordinale Nutzen(index)funktion beschreiben:

$$u = u(x_1, x_2, \ldots, x_n), \text{ mit } \frac{\partial u}{\partial x_i} > 0 \text{ für alle } x_i . \tag{4.4}$$

Bei einem Geldeinkommen y und der weiteren Prämisse, daß das gesamte Einkommen für den Güterkonsum verwendet wird, gilt für die Haushalte folgende Budgetrestriktion:

$$y = \sum_{i=1}^{n} p_i x_i . \tag{4.5}$$

Mit p_i sind die Preise der n Güter bezeichnet. Weiterhin wird unterstellt, alle Haushalte folgten dem Leitbild des homo oeconomicus - strebten also nach der Maximierung ihres Nutzens. D. h. die privaten Haushalte setzen sich zum Ziel, die Güterkombination auszuwählen, welche bei gegebenen Einkünften und Preisen den maximalen Nutzen erbringen. Dieses Optimierungsproblem der Haushalte läßt sich durch folgende *Lagrange*-Funktion abbilden:

$$L = u\,(x_1, \ldots, x_n) + \lambda \cdot \left[y - \sum_{i=1}^{n} p_i x_i \right] . \tag{4.6}$$

Daraus ergeben sich folgende Optimalbedingungen erster Ordnung:

$$\frac{\partial u}{\partial x_i} - \lambda p_i = 0 \quad \text{bzw.} \tag{4.7}$$

$$\frac{\partial u}{\partial x_i} = \lambda p_i \quad \text{bzw.} \tag{4.7a}$$

$$\lambda = \frac{\partial u}{\partial x_i} \cdot \frac{1}{p_i}. \tag{4.7b}$$

Der *Lagrange*-Multiplikator λ kann als Einkommensgrenznutzen interpretiert werden.[49] Damit entspricht die Ableitung der Nutzenfunktion nach x_i dem mit dem Einkommensgrenznutzen gewichteten Güterpreis (vgl. 4.7a).

Aus (4.7) und (4.5) können die nutzenmaximalen Güterverbrauchsmengen berechnet werden. Diese sind ihrerseits abhängig von den Güterpreisen p_i und dem Einkommen y:

$$x_i = x_i(p_1, p_2, \dots, p_n, y). \tag{4.8}$$

Schreibt man die Güterpreise p_i als Vektor P, erhält man anstelle von (4.8):

$$x_i = x_i(\mathbf{p}, y). \tag{4.8a}$$

Die Gleichungen (4.8) bzw. (4.8a) sind nun nichts weiter als die (nicht einkommenskompensierte, *Marshall*sche) Güternachfragefunktionen der privaten Haushalte.

Durch Einsetzen der durch (4.8) ausgedrückten nutzenmaximalen Gütermengen in die Ausgangsformel (4.4) läßt sich die ***indirekte Nutzenfunktion*** u* entwickeln:

$$u^*(\mathbf{p}, y) = u[x_1(\mathbf{p}, y), x_2(\mathbf{p}, y), \dots, x_n(\mathbf{p}, y)]. \tag{4.9}$$

Der Haushaltsnutzen wird also indirekt von den Güterpreisen und dem Einkommen determiniert (Man beachte, daß u* eine ordinale Funktion ist, da u selbst ordinal ist. Sie ist ferner homogen vom Grade 0 in den Güterpreisen und dem Einkommen, d.h. Veränderungen von Preisen und Einkommen um einen konstanten Faktor heben sich auf, so daß keine Nutzenniveauänderung eintritt).

Es läßt sich zeigen, daß die *Marshall*sche Nachfragefunktion unmittelbar aus der indirekten Nutzenfunktion abgeleitet werden kann.[50]

---

49 Es gilt: $\frac{\partial u^*(\mathbf{p}, y)}{\partial y} = \lambda$ (vgl. F4.7 in der nachfolgenden Fußnote).

50 Der entsprechende Nachweis findet sich bei *Varian* [(1984), S. 127 f.]:

Es gilt für die indirekte Nutzenfunktion: $u^*(\mathbf{p}, y) \equiv u[x(\mathbf{p}, y)]$. Durch Differenzieren nach den Güterpreisen p_i ergibt sich zunächst:

Verursacht ein öffentliches Projekt Veränderungen der Güterpreise und/oder des Haushaltseinkommens, führt dieses zu Anpassungsreaktionen. Zur neuerlichen Erreichung seines Maximalnutzens wird der Haushalt eine andere Güterkombination wählen. Aus der indirekten Nutzenfunktion (4.9) geht nämlich hervor, daß Preis- und Einkommenswirkungen in der Regel (Ausnahme: Die Preis- und Einkommensänderungen gleichen sich exakt aus) auch ein anderes Nutzenniveau ergeben. Diese Nutzenänderung entspricht dem totalen Differential von (4.9):

$$du^* = \sum_{i=1}^{n} \frac{\partial u^*}{\partial p_i} dp_i + \frac{\partial u^*}{\partial y} dy. \tag{4.10}$$

$$\frac{\partial u^*(p, y)}{\partial p_j} = \sum_{i=1}^{n} \frac{\partial u(x)}{\partial x_i} \cdot \frac{\partial x_i}{\partial p_j}. \tag{F4.1}$$

Durch Einsetzen von (4.7a) in (F4.1) erhält man:

$$\frac{\partial u^*(p, y)}{\partial p_j} = \lambda \sum_{i=1}^{n} p_i \cdot \frac{\partial x_i}{\partial p_j}. \tag{F4.2}$$

Ferner erfüllt die Haushaltsnachfrage annahmegemäß die Budgetrestriktion $px(p, y) \equiv y$. Leitet man diesen Ausdruck nach p_j ab, erhält man als Optimalbedingung:

$$x_j(p, y) + \sum_{i=1}^{n} p_i \cdot \frac{\partial x_i}{\partial p_j} = 0. \tag{F4.3}$$

Durch Einsetzen von (F4.3) in (F4.2) kommt schließlich folgender Ausdruck zustande:

$$\frac{\partial u^*(p, y)}{\partial p_j} = -\lambda x_j(p, y). \tag{F4.4}$$

Leitet man im nächsten Schritt die indirekte Nutzenfunktion nach y ab, folgt:

$$\frac{\partial u^*(p, y)}{\partial y} = \lambda \sum_{i=1}^{n} p_i \cdot \frac{\partial x_i}{\partial y}. \tag{F4.5}$$

Die Ableitung der Budgetrestriktion nach y ergibt:

$$\sum_{i=1}^{n} p_i \cdot \frac{\partial x_i}{\partial y} = 1. \tag{F4.6}$$

Durch Substituieren ergibt sich:

$$\frac{\partial u^*(p, y)}{\partial y} = \lambda. \tag{F4.7}$$

Dividiert man (F4.4) durch (F4.7) kommt folgender Ausdruck zustande:

$$x_j(p, y) = \frac{-\dfrac{\partial u^*(p,y)}{\partial p_j}}{\dfrac{\partial u^*(p,y)}{\partial y}} \qquad \text{für } j = 1, \dots, n. \tag{F4.8}$$

Formel (F4.8) wird als ***Roy's Identität*** bezeichnet. Sie besagt, daß durch die Bestimmung der partiellen Ableitungen der indirekten Nutzenfunktion nach den Güterpreisen und nach den Einkünften die (unkompensierte) *Marshall-Dupuit*-Nachfragefunktion berechnet werden kann.

Durch Anwendung von Roy's Identität bzw. wegen (F4.4) und (F4.7)[51] kann diese Gleichung zu:

$$du^* = -\lambda\sum_{i=1}^{n} x_i\,(\mathbf{p}, y)\,dp_i + \lambda dy\,. \tag{4.11}$$

umgeformt werden. Die Gleichung (4.11) ist die **grundlegende Formel zur Messung von Nutzenänderungen** im Rahmen der Kosten-Nutzen-Analyse.

Betrachtet man die mit einem öffentlichen Projekt verbundenen, durch Preis- und/oder Einkommensänderungen hervorgerufenen - mit du* bezeichneten - diskreten Nutzenänderungen, kann man folgende Formel verwenden:

$$\Delta u^* = u^{*2} - u^{*1} = \int_c du^* = -\int_c \lambda\left[\sum_{i=1}^{n} x_i(\mathbf{p}, y)\,dp_i - dy\right]. \tag{4.12}$$

Sie mißt die **absolute Änderung des individuellen Nutzenniveaus** Δu^*. Mit u^{*1} werden das ursprüngliche und mit u^{*2} das neue, nach Realisation eines Projektes erwartete, Nutzenniveau benannt. c bezeichnet den Integrationspfad.

Die Integration erfolgt sowohl über Preis- als auch über Einkommensänderungen. Daraus entsteht das anschließend in Abschnitt 4.1.3 beschriebene **Pfadabhängigkeitsproblem**.

Wie Gleichung (4.10) zeigt, bestimmen Preis- und Einkommensniveau gleichzeitig den Grenznutzen des Einkommens λ. Da λ aber unbekannt ist, läßt sich (4.12) nicht ohne weitere Annahmen berechnen. In der Literatur wird zumeist von einem **konstanten Einkommensgrenznutzen** ausgegangen.[52] Mit Hilfe dieser Prämisse kann λ aus dem Integral herausgezogen und (4.12) zu

$$dw = \frac{\Delta u^*}{\lambda} = -\int_c \sum_{i=1}^{n} x_i(\mathbf{p}, y)\,dp_i + \Delta y, \text{ mit } \Delta y = \int_c dy\,. \tag{4.13}$$

---

51 Vgl. die vorangehende Fußnote.

52 Ein konstanter Einkommensgrenznutzen - auch "Grenznutzen des Geldes genannt" - bedeutet, daß die indirekte Nutzenfunktion linear bezüglich des Einkommens verläuft: $u^*(\mathbf{p}, y) = \lambda y + f(\mathbf{p})$.
Die Annahme eines gleichbleibenden Einkommensgrenznutzen ist sehr problematisch. Ein konstanter Grenznutzen des Einkommens steht erstens in Widerspruch zur Annahme, daß die Haushalte ihren Nutzen lediglich ordinal skalieren könnten. Demnach könnten sie z.B. nicht sagen, ein doppeltes Einkommen stifte einen doppelten Nutzen. Genau diese Aussage impliziert aber die Unterstellung konstanter Einkommensgrenznutzen.
Zweitens ist sie nicht sehr realistisch. So wird z.B. in der Theorie der Besteuerung häufig von einem mit steigendem Einkommen sinkendem Einkommensgrenznutzen ausgegangen.

umgeformt werden.

Man sieht leicht, daß sich die Wohlfahrtswirkungen eines Projektes aus der Änderung der Konsumentenrenten $\sum_{i=1}^{n} x_i(\mathbf{p}, y)dp_i$ und der Einkommensänderung Δy zusammensetzen.

Die Einkommensänderung Δy entspricht der Ausgabendifferenz für alle relevanten Güter zwischen neuem (u^{*2}) und altem (u^{*1}) Nutzenniveau. Also läßt sich auch schreiben:

$$\Delta y = \sum_{i=1}^{n} p_i^2 x_i^2 - \sum_{i=1}^{n} p_i^1 x_i^1. \tag{4.14}$$

Wenn man anstelle der Konsumentenrente die **maximale Zahlungsbereitschaft** als Maß für die individuelle Nutzenänderung verwendet (vgl. Gleichung 4.3a), muß man die inversen Nachfragefunktionen nach x_i integrieren. Das totale Differential der Budgetrestriktion (4.5) ist:

$$dy = \sum_{i=1}^{n} p_i(x_i)\, dx_i + \sum_{i=1}^{n} x_i(\mathbf{p}, y)\, dp_i\,. \tag{4.15}$$

Durch Einsetzen von (4.15) in (4.13) ergibt sich:

$$\frac{\Delta u^*}{\lambda} = -\int_C \sum_{i=1}^{n} p_i(x_i)\, dx_i\,. \tag{4.16}$$

Hier werden die Nutzenänderungen nicht mehr über Preisänderungen erfaßt; stattdessen werden Mengenänderungen als Maßstab verwendet. Das Problem der Pfadabhängigkeit bleibt bestehen.

4.1.3 Probleme bei der Verwendung der *Marshall*schen Konsumentenrente

Das auf den ersten Blick klare Konzept der *Marshall*schen Konsumentenrente birgt bei näherem Hinsehen nicht unerhebliche Probleme in sich. Eine Schwierigkeit resultiert daraus, daß auftretende Einkommenseffekte nicht ausgeschaltet werden (können). Ferner können Bewertungsschwierigkeiten auftreten, wenn es nicht nur zu einer Preisänderung auf einem einzelnen Markt kommt, sondern Preisänderungen auf mehreren Märkten ausgelöst werden.

a) Einkommenseffekte

Das *Marshall*sche Konzept der Konsumentenrente ist an die Voraussetzung gebunden, daß der Einkommensgrenznutzen (oder auch Grenznutzen des Geldes) für jeden Nachfrager konstant ist.[53] Nach *Marshall* ist diese Voraussetzung (näherungsweise) dann erfüllt, wenn die Ausgaben für das jeweils betrachtete Gut nur einen kleinen Teil der Gesamtausgaben des Konsumenten betragen.[54] Diese Überlegung ist etwas unbefriedigend, da erstens eine "objektive" Grenze für den Fall gefunden werden muß, daß die Ausgaben für ein Gut i nur einen geringen Teil des Einkommens betreffen. Zweitens umfassen die Ausgaben für zumindest einige Güter sicherlich mehr als nur einen kleinen Teil des Einkommens des Durchschnittskonsumenten (z.B. Mietausgaben, Ausgaben für Autokäufe und Urlaubsreisen).

Der Grenznutzen des Einkommens kann sich logischerweise bei unveränderten Präferenzen nur dann ändern, wenn sich das (Real)Einkommen eines Haushalts - sei es durch Einkommensänderungen bei konstanten Güterpreisen, sei es durch Preisänderungen bei konstantem Nominaleinkommen oder durch eine Kombination von Einkommens- und Preisänderungen - verändert. Daher scheint es besser, sich der Interpretation von *Hicks* (vgl. Abschnitt 4.2) anzuschließen, wonach die *Marshall*sche Konsumentenrente nur dann ein korrekter Indikator für Nutzenänderungen ist, wenn von der analysierten Maßnahme keine Einkommenseffekte ausgehen.

Die Notwendigkeit der Ausschaltung von Einkommenseffekten läßt sich anhand des Beispiels einer Preissenkung leicht einsehen:

> "Angenommen, der Konsument habe bisher pro Periode 10 Einheiten von x konsumiert und der Preis sinke nun von 5 auf 4 DM, was ihn veranlaßt, seinen Konsum auf 12 Einheiten auszudehnen. Allein durch die Verbilligung der bisher konsumierten 10 x-Einheiten um je 1 DM erlangt der Konsument bereits einen Vorteil, der einer Einkommenserhöhung um 10 DM entspricht. Würde man ihm diesen Vorteil nehmen, indem z.B. nur der Preis für die 11. und 12. Einheit auf 4 DM gesenkt wird, während für die ersten 10 Einheiten nach wie vor 5 DM zu zahlen sind, so würde der Konsum von x wahrscheinlich etwas geringer ausfallen, z.B. nur um 1 auf nunmehr 11 Einheiten steigen. Die Zahlungsbereitschaft für die 12. Einheit hängt also in diesem Fall offenbar davon ab, daß die ersten 10 bzw. 11 Einheiten billiger werden, und somit kann die Gesamtzahlungsbereitschaft für 12 x-Einheiten nicht einfach durch Integration der Marshallschen Nachfragekurve gewonnen werden. Dies ist nur möglich, wenn der sog. Einkommenseffekt gleich Null ist, d.h. wenn die 12. Einheit zum Preis von 4 DM konsumiert wird, egal, ob die übrigen Einheiten gleichfalls billiger werden oder nicht."[55]

---

53 *Samuelson* [(1942), S. 141 ff.] konnte in diesem Zusammenhang übrigens zeigen, daß der Einkommensgrenznutzen nicht gleichzeitig in bezug auf Veränderungen aller Preise <u>und</u> des Einkommens konstant sein kann.

54 Vgl. z.B. auch *Pearce/Nash* (1981), S. 90.

b) Das Pfadabhängigkeitsproblem

Erinnern wir uns daran, daß die Aufgabe der KNA in einem Vergleich verschiedener Zustände besteht. Grundsätzlich ist eine Situation "1", die ohne Verwirklichung der untersuchten Maßnahme eintreten würde, mit der Situation "2", die sich infolge der Projektrealisierung ergeben würde, zu vergleichen. Falls sich die Wirkungen eines Projektes nicht auf einen Markt beschränken und stattdessen auch Folgeeffekte auf anderen Märkten zu beobachten sind, existieren mehrere Möglichkeiten zur Analyse des gesamten Anpassungsprozesses. In Abhängigkeit von der Reihenfolge, mit der die durch ein Projekt hervorgerufenen Einzelwirkungen analysiert werden, kann das Konzept der *Marshall*schen Konsumentenrente unterschiedliche Ergebnisse liefern. Verschiedene "Wege", auf dem die Einzelwirkungen gedanklich verfolgt werden, können zu voneinander abweichenden Analyseergebnissen führen, obwohl tatsächlich nach Abschluß aller Anpassungsprozesse ein bestimmter Endpunkt realisiert wird.

Man spricht in diesem Kontext vom ***"Pfadabhängigkeitsproblem"***. Dieses Phänomen ist mit Hilfe von Abbildung 4.5 für den 2-Güter-Fall charakterisiert. Dabei wird angenommen, daß das betrachtete Projekt im Endeffekt zu einem Rückgang der Preise auf beiden dort dargestellten Märkten führt. Infolgedessen treten auch Konsumentenrentenänderungen auf beiden Märkten auf, die beide zu berücksichtigen und irgendwie zusammenzufassen sind. Eine Analysemöglichkeit (Pfad 1) besteht darin, zuerst eine Preisminderung von x_1 zu unterstellen, die anschließend eine Nachfrage- und Preisreduktion von x_2 bewirkt. In diesem Fall wäre zuerst die Konsumentenrentenänderung auf Markt 1 und dann - nach Verschiebung der x_2-Nachfragekurve - die Konsumentenrentenänderung auf Markt 2 zu berechnen. Der zweite Rechenweg (Pfad 2) verliefe genau entgegengesetzt; zuerst würde eine Preissenkung von x_2 angenommen, welche dann zu einem x_1-Nachfragerückgang führt. In diesem Szenario müßte zuerst die Änderung der Konsumentenrente auf Markt zwei ermittelt werden. Anschließend wäre die Veränderung der Konsumentenrente unter der neuen, nach links verschobenen x_1-Nachfragekurve zu berechnen.

Abbildung 4.5: Pfadabhängigkeit der Marshallschen Konsumentenrente im Zwei-Güter-Fall

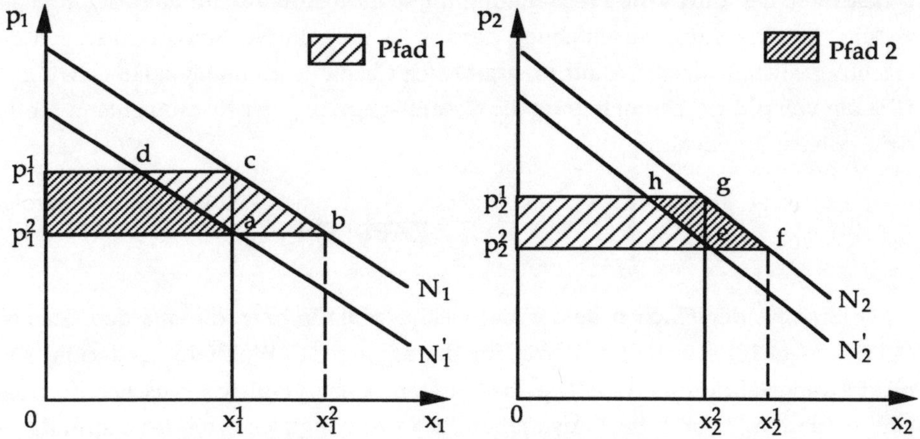

Betrachten wir zur Verdeutlichung dieses Sachverhalts die Abbildung 4.5 etwas näher. In der Ausgangssituation beträgt der Preis für Gut 1 p_1^1 und der Preis für Gut 2 ist p_1^2. Entsprechend des ersten Entwicklungspfades geht zunächst der Preis von Gut 1 auf p_1^2 zurück. Die Nachfragekurve N_1 bleibt dabei unverändert. Die Konsumentenrente auf dem ersten Markt steigt um den Betrag $p_1^1cbp_1^2$. Reagiert die Nachfrage nach Gut 1 preiselastisch, verringert sich bei konstantem Einkommen im nächsten Schritt die Nachfrage nach Gut 2, d.h. die Nachfragekurve von Gut 2 verschiebt sich nach links auf N_2'. Kommt es auf dem zweiten Markt wegen des Nachfragerückgangs ebenfalls zu einem Preisverfall von p_2^1 nach p_2^2, resultiert daraus ein weiterer Gewinn an Konsumentenrente in Höhe von $p_2^1hep_2^2$. Die Wohlfahrtsänderung Δw errechnet sich durch folgende Addition der Konsumentenrentengewinne auf beiden Märkten:

$$\Delta w = \int_1 \sum_{i=1}^{n} x_i(p_i, y)\, dp_i = p_1^1cbp_1^2 + p_2^1hep_2^2 \,.^{56} \tag{4.17}$$

56 Der Index am Integralzeichen bezeichnet den Pfad. Sofern die Konsumentenrente - wie im vorliegenden Beispiel - unter mehreren Nachfragefunktionen ermittelt werden muß, handelt es sich um ein Linienintegral, d.h. um die Summe mehrerer aufeinanderfolgender Integrale

$$\sum_{i=1}^{n} \int x_i(p, y)\, dp_i \,.$$

Verläuft der Anpassungsprozeß gemäß (Pfad 2), fällt zunächst der x_2-Preis. Auf dem x_2-Markt ist dann ein Zuwachs an Konsumentenrente in Höhe von $p_2^1 g f p_2^2$ zu beobachten. Der durch die Preissenkung für x_2 induzierte Nachfragerückgang nach x_1 führt zu einer Linksverschiebung der x_1-Nachfragekurve. Senkt sich wegen des Nachfrageausfalls der Preis auf p_1^2, ergibt sich für die Konsumenten ein Gewinn im Umfang von $p_1^1 d a p_1^2$. Damit beträgt die Gesamtsteigerung der Konsumentenrente auf dem zweiten Entwicklungspfad:

$$\Delta w = \int_2 \sum_{i=1}^{n} x_i(p_i, y)\, dp_i = p_2^1 g f p_2^2 + p_1^1 d a p_1^2 \,. \tag{4.18}$$

Die Summe der Flächen beider Entwicklungspfade bzw. die aus den Formeln (4.17) und (4.18) ermittelten Werte für die aggregierte Wohlfahrtsänderung sind nicht zwangsläufig identisch. Dies bedeutet, daß der Vergleich zwischen der Ausgangssituation "1" und der Endsituation "2" in Abhängigkeit von der zugrunde gelegten Wirkungsabfolge bzw. der Reihenfolge der Integration unterschiedliche Ergebnisse erbringen kann. Anders formuliert: Obwohl am Ende beider Entwicklungspfade für den betroffenen Haushalt das gleiche Ergebnis bzw. identische Preisverhältnisse erreicht werden, können die errechneten Wohlfahrtsänderungen voneinander abweichen.

Die Konsumentenrente unter gewöhnlichen Nachfragekurven stellt - sofern es zu Preisänderungen auf mehreren Märkte kommt - keinen eindeutigen Maßstab zur Beurteilung von individuellen Nutzenänderungen dar. Vielmehr können die berechneten Wohlfahrtsänderungen je nach Entwicklungspfad variieren. Das Pfadabhängigkeitsproblem stellt damit die uneingeschränkte Anwendung der "normalen" Konsumentenrente in Frage.

Nur unter ganz bestimmten Voraussetzungen erbringt das herkömmliche Konzept der Konsumentenrente eindeutige Ergebnisse. Dazu müssen die Kreuzableitungen der Nachfragefunktionen nach den Preisen symmetrisch sein, d.h. im n-Güter-Fall muß gelten:

$$\frac{\partial x_i}{\partial p_j} = \frac{\partial x_j}{\partial p_i} \quad (i \neq j = 1, \ldots, n)\,. \tag{4.19}$$ [57]

Die Bedingung (4.19) wird ***Pfadunabhängigkeitsbedingung*** genannt.

Der Wert jedes Integrals unter einer bestimmten Nachfragefunktion hängt von den exogen gegebenen Preisen der übrigen Güter und vom Einkommen ab. Von einer "Pfadabhängigkeit" wird dann gesprochen, wenn die Reihenfolge der Integration das Ergebnis beeinflußt.

57 Vgl. *Boadway/Bruce* (1984), S. 199.

Die Pfadunabhängigkeitsbedingung ist immer erfüllt, wenn die Nutzenindexfunktion eines Haushalts homothetisch ist.[58] In diesem Fall sind die Einkommenselastizitäten der Nachfrage nach allen Gütern identisch und nehmen den Wert Eins an:

$$\frac{\partial x_i}{\partial y} \cdot \frac{y}{x_i} = \frac{\partial x_j}{\partial y} \cdot \frac{y}{x_j} = 1 \quad (i \neq j = 1, \ldots, n) . \tag{4.20}$$

Die Vermutung homothetischer Nutzenfunktionen dürfte sich empirisch aber nur selten bestätigen. Daher muß das Problem der Abhängigkeit der Konsumentenrenten vom Entwicklungspfad grundsätzlich als relevant angesehen werden.[59]

Das Pfadabhängigkeitsproblem in der beschriebenen Form tritt nicht in Erscheinung, sofern lediglich die Änderung des Einkommens oder eines einzigen Preises zu untersuchen ist. Die aus einer alleinigen Einkommensveränderung resultierende Wohlfahrtsänderung entspricht der Einkommensdifferenz ($\Delta w = \Delta y$) und die Wohlfahrtsänderung einer einzigen Preisvariation wird - vorbehaltlich der Vernachlässigung von Einkommenseffekten - durch die Konsumentenrentenänderung unter der *Marshall*schen Nachfragekurve des betroffenen Marktes ausgedrückt.

---

58 Vgl. *Takayama* (1984). Homothetische Nutzenindexfunktionen sind dadurch gekennzeichnet, daß ihre Isoklinen als Strahlen aus dem Nullpunkt des Indifferenzkurvensystems verlaufen [vgl. z.B. *Linde* (1992), S. 20 ff.].

59 *Pearce/Nash* [(1981), S. 97] schlagen zur Umgehung dieser Schwierigkeit vor, einfach eine simultane Änderung aller Preise zu unterstellen. Durch eine lineare Approximation der Nachfragekurven kann in diesem Fall die absolute Veränderung der Konsumentenrente (ΔKR) auf allen Gütermärkten näherungsweise durch die Formel

$$\Delta KR = \sum_{i=1}^{n} x_i \Delta p_i + \frac{1}{2} \sum_{i=1}^{n} \Delta p_i \Delta x_i$$

abgebildet werden.

Dieser Vorschlag läuft auf die Verwendung von "de-facto-Nachfragekurven" hinaus (vgl. Abschnitt 8).

4.2 Einkommensvariierte (*Hick*sche) Nachfragefunktionen[60]

Die Probleme mit der *Marshall*schen Konsumentenrente - die Abhängigkeit der Bewertung vom Einkommensgrenznutzen und das Pfadabhängigkeitsproblem - sind im vorausgehenden Abschnitt diskutiert worden. Zur Vermeidung der mit der *Marshall*schen Konsumentenrente verknüpften Schwierigkeiten sind andere Konzepte zur Wohlfahrtsmessung entwickelt worden, die auf der Idee einer Einkommensvariation basieren.

Auf *Hicks* (1943) gehen zwei Wohlfahrtsmaße zurück, bei denen (gedanklich) die Nutzenänderungen, die als Projektwirkung entstehen, durch ***Einkommensvariationen*** ausgeglichen werden. Einkommenseffekte werden damit ausgeschaltet. Diese zum Ausgleich der Nutzenänderungen (hypothetisch) notwendigen Geldbeträge lassen sich zur Projektbewertung heranziehen.

Allerdings bestehen bei der Wahl der Ausgangssituation zwei Möglichkeiten: Einerseits kann das ***vor*** der zu untersuchenden Maßnahme gegebene Nutzenniveau als Ausgangspunkt der Betrachtung dienen. Zum anderen kann das ***nach*** einer Maßnahmenrealisierung eintretende Nutzenniveau als Maßstab herangezogen werden. Im ersten Fall werden nutzenäquivalente Geldbeträge und im zweiten Fall nutzenkompensierende Beträge gesucht.

4.2.1 Einkommensvariationen bei Preisänderungen

Bei der ***kompensierenden Einkommensvariation*** ("compensating variation" = CV) handelt es sich um den Geldbetrag, der die mit einem (gedanklich stattfindenden) Projekt verknüpften Nutzenänderung exakt ausgleicht (kompensiert). Es geht also darum, einen Geldbetrag zu finden, der geeignet ist, einen Haushalt nach einer erfolgten Nutzenänderung auf sein ursprüngliches Nutzenniveau zurückzuführen.

Fall a): Der Haushalt wird bessergestellt: Erzielt ein Haushalt aufgrund eines staatlichen Projektes einen Nutzengewinn, ist der ausgleichende Geldbetrag negativ. Dem Haushalt müßte in dieser Situation Einkommen "weggenommen" werden, weil er ohne das Projekt schlechter gestellt wäre. Die CV entspricht im Falle einer Besserstellung des Haushalts dem Einkommen, das er maximal aufgeben würde, um in den Genuß der Verbesserung zu kommen. Dieser Betrag ist damit nichts anderes als seine maximalen Zahlungsbereitschaft dafür, daß das Projekt durchgeführt wird.

60 Vgl. z.B. *Layard/Walters* [(1978), S. 150 ff.], *Pearce/Nash* [(1981), S. 89 ff.], *Just/Hueth/Schmitz* [(1982), S. 84 ff.], *Boadway/Bruce* [(1984), S. 201 ff.], *Hanusch* [(1987), S. 36 ff.], *Linde* [(1992), S. 46 ff.].

Fall b) Der Haushalt wird schlechtergestellt: Erleidet ein Haushalt umgekehrt einen Nutzenverlust, muß der Kompensationsbetrag positiv sein, d.h. dem Haushalt müßte zum Ausgleich etwas gezahlt werden. Bei einer Schlechterstellung entspräche die CV dem Geldbetrag, der dem Haushalt mindestens gezahlt werden müßte, damit er dem Projekt zustimmt.

Andererseits kann man auch fragen, wieviel eine Nutzenänderung durch eine (gedanklich noch nicht realisierte) Maßnahme wert ist. Es geht um die Bestimmung der Summe, die ein Individuum auf das gleiche Nutzenniveau führen würde wie die zu untersuchende (hypothetische) Maßnahme. Dieser Geldbetrag entspricht der ***äquivalenten Einkommensvariation*** ("equivalent variation" = EV).

Fall a) Der Haushalt wird bessergestellt: In diesem Fall ist nach der Geldsumme zu suchen, die die gleiche Nutzensteigerung wie die Verwirklichung der untersuchten Maßnahme hervorrufen würde. M.a.W. wäre dies der Geldbetrag, den der Haushalt mindestens erhalten müßte, damit er der Erhaltung des alten Zustandes bzw. dem Verzicht auf die Maßnahme zustimmen würde.

Fall b) Der Haushalt wird schlechtergestellt: Würde ein Haushalt durch eine neue Situation benachteiligt, wäre die Summe zu bestimmen, die der Haushalt zur Verhinderung der Veränderung maximal zahlen würde bzw. die ihm zur Erreichung des niedrigeren Nutzenniveaus abgenommen werden müßte.

Die beiden ebengenannten Formen der Einkommensvariation sind eng miteinander verknüpft: ***Die Äquivalenzvariation einer Besserstellung entspricht der Kompensationsvariation einer korrespondierenden Schlechterstellung. Umgekehrt stimmt die EV einer Schlechterstellung mit der CV einer entsprechenden Besserstellung überein.*** Bezeichnet man die CV einer Bewegung von Zustand "1" zum Zustand "2" mit CV_2^1 sowie die CV der gegenläufigen Bewegung von Zustand "2" nach Zustand "1" mit CV_1^2 und verwendet man analoge Indizes für die EV gilt allgemein:

$$CV_1^2 = EV_2^1 \quad \text{bzw.} \quad CV_2^1 = EV_1^2.$$

Es ist wichtig, sich den Unterschied zwischen den Einkommensvariationen deutlich zu machen.[61] Abbildung 4.6 gibt eine graphische Erläuterung für den Fall einer

61 Anhand des folgenden (drastischen) Beispiels dürfte der Unterschied zwischen CV und EV klar werden: Angenommen, Sie gehen spätabends im Anschluß an einen Lokalbesuch nach Hause. Unterwegs begegnet Ihnen ein Betrunkener, der Streit sucht. Man stelle sich zwei Situationen vor:
Situation a) Es gibt einen Wortwechsel zwischen Ihnen und dem Betrunkenen. Dabei schlägt der unangenehme Fremde zu und verletzt Sie (z.B. könnten Sie ein blaues Auge davontragen). Anschließend überkommen den Schläger aber Reuegefühle und er fragt, wie er sein Handeln wie-

Abbildung 4.6: Äquivalente und kompensierende Einkommensvariation bei Preisänderungen

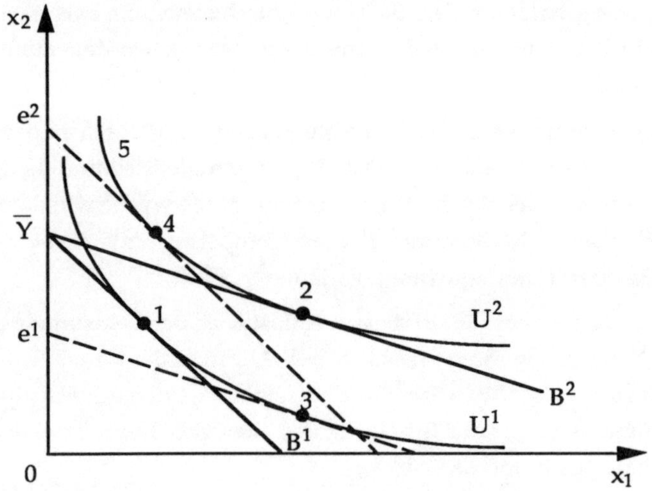

Preisänderung. Dort sind wiederum Budgetgeraden und Indifferenzlinien für den 2-Güter-Fall eingetragen. Zunächst wird angenommen, daß der Haushalt in der Ausgangssituation bei gegebenen Einkünften und fixen Preisen die optimale Nachfragekombination der beiden angebotenen Güter x_1 und x_2 realisiert. Sie ist mit "1" bezeichnet. In diesem Haushaltsoptimum wird das Nutzenniveau U^1 erreicht.

Betrachten wir die kompensierende und äquivalente Einkommensvariation bei Preisänderungen, die als Konsequenz einer öffentlichen Maßnahme einträten und die Budgetgerade sowie das Nutzenniveau veränderten. Angenommen, infolge des Projektes sinkt der x_1-Preis. Daraus resultiert anstelle der ursprünglichen Budgetlinie B^1 eine neue Budgetrestriktion B^2. Sie erlaubt dem Haushalt die Wahl eines neuen Haushaltsoptimums in Punkt "2", welches mit dem höheren Nutzenniveau U^2 korrespondiert.

Wieviel Geld ist nun notwendig, um den Haushalt nach erfolgter Preis- und Nutzenänderung wieder zurück auf das ursprüngliche Nutzenniveau, also von U^2 nach

---

dergutmachen kann. Falls Sie einen Geldbetrag nennen, der exakt Ihrem Nutzenverlust durch das blaue Auge entspricht, handelt es sich um eine kompensierende Einkommensvariation. Situation b) Es gibt einen Wortwechsel und der Betrunkene droht damit, daß er Ihnen ein blaues Auge verschafft; es sei denn, Sie zahlten ihm einen Geldbetrag. Der Geldbetrag, der genau Ihrem Nutzenentgang entspricht, der aufträte, falls der sehr bedrohlich aussehende Fremde zuschlagen würde, ist der nutzenäquivalente Geldbetrag.

U^1, zu bringen? Dies ist die Frage nach der kompensierenden Einkommensvariation. Um die Antwort herauszufinden, verschieben wir die neue, durch die Preisänderung entstandene Budgetgerade soweit parallel in Richtung Ursprung, bis sie die ursprüngliche Indifferenzlinie U^1 tangiert. Der Tangentialpunkt ist "3". Dieser Punkt bildet die Güterkombination ab, die der Haushalt realisieren würde, wenn er trotz des veränderten Preises von x_1 auf seinem ursprünglichen Nutzenniveau verbleiben müßte. Die parallel verschobene Budgetgerade durch "3". schneidet die x_2-Achse im Punkt e^1, während die sich nach Projektrealisation ergebende Budgetgerade die Abszisse im Punkt $\overline{Y}$ schneidet. Graphisch stellt nun die Differenz zwischen $\overline{Y}$ und e^1 den Einkommensbetrag dar, der nötig ist, um den betrachteten Haushalt wieder in seine Ausgangslage und damit auf sein ursprüngliches Nutzenniveau zurückzuversetzen. Da die Preissenkung einen Nutzenzuwachs bedeutet, ist der Kompensationsbetrag negativ. Die Strecke $\overline{Y}$ - e^1 (= CV) mißt den Unterschied zwischen dem neuen Einkommensniveau und dem Einkommen, das nötig wäre, um bei neuen Preisrelationen das alte Nutzenniveau zu realisieren.

Wie kann nun der nutzenäquivalente Geldbetrag gefunden werden? Oder anders gefragt, welcher Geld- bzw. Einkommensbetrag ist mit der Preissenkung gleichwertig? Da die Preissenkung ja einen Vorteil darstellt, können wir uns schon denken, daß die äquivalente Einkommensvariation in diesem Fall positiv sein muß. Welches Einkommen müßten wir dem Betroffenen im Falle dieser Preissenkung also zusätzlich bieten, damit er zwischen dem erhöhten Einkommen und dem niedrigeren Preis genau unentschieden (indifferent) wäre?

In Abbildung 4.6 kann auch diese Summe leicht ermittelt werden, indem die alte Budgetgerade soweit nach rechts außen verschoben wird, bis sie die neue Indifferenzlinie U^2 tangiert. Der Tangentialpunkt ist "4". Der Abstand zwischen den Schnittpunkten der nach außen verschobenen Parallele der alten Budgetgeraden durch den Punkt "2" und der alten Budgetgeraden mit der Ordinate - das ist die Strecke $\overline{Y}e^2$ - stellt die äquivalente Einkommensvariation dar. Die "equivalent variation" mißt den Abstand zwischen den beiden Nutzenniveaus durch den Unterschied zwischen dem Einkommen, mit dem bei den alten Preisen das neue Nutzenniveau verwirklicht werden könnte, und dem Status Quo.

Man sieht, daß in diesem Beispiel die zur äquivalenten und kompensierenden Einkommensvariation benötigten Geldbeträge nicht gleich sind. Die Strecken $\overline{Y}e^1$ und $\overline{Y}e^2$ sind nicht identisch, obwohl die verglichenen Nutzenniveaus bzw. die Nutzendifferenz übereinstimmt.

Bezüglich des Konzeptes der kompensierenden Einkommensvariation ist noch ein weiterer Hinweis angebracht.[62] Die Anwendung dieses Konzeptes kann nämlich Schwierigkeiten bereiten, wenn mehr als zwei Situationen miteinander verglichen werden sollen. Beispielsweise könnten Preis- und Einkommensänderungen auch zur Realisation von Punkt "5" in Abbildung 4.6 führen. Angenommen man möchte "2" und "5" miteinander vergleichen. Dazu kann man sich fragen, ob eine Bewegung von "1" nach "2" einer Bewegung von "1" nach "5" vorzuziehen ist oder nicht. Da die Punkte "5" und "2" auf dem gleichen Nutzenniveau liegen, wären beide Punkte gleich zu bewerten, d.h. die CV einer Bewegung von "1" nach "2" müßte mit der CV einer Bewegung von "1" nach "5" (nicht eingezeichnet) übereinstimmen. Die kompensierenden Einkommensvariationen zwischen "1" und "2" sowie "1" und "5" können aber voneinander abweichen und dadurch zu einer fehlerhaften Bewertung führen. Die Ursache liegt in der Verwendung unterschiedlicher relativer Preise. Das geschilderte Problem wird jedoch vermieden, wenn man die in Frage stehenden Zustände nicht indirekt mit Situation "1", sondern direkt miteinander vergleicht. Berechnet man die CV für die Bewegung von "2" nach "5", bekommt man in jedem Fall ein korrektes Ergebnis.

Die EV ist nicht mit diesem Problem behaftet; sie gibt auch bei der Bewertung mehrerer Zustände eindeutige Ergebnisse, weil immer mit dem gleichen - in der Ausgangssituation geltenden - Preisvektor gearbeitet wird. Manche Autoren halten daher die äquivalente Einkommensvariation für das überlegene Wohlfahrtsmaß. Bei einer "richtigen" Handhabung der CV, wird das genannte Problem jedoch vermieden.

4.2.2 Graphische Ableitung der einkommensvariierten Nachfrage

Die im vorausgehenden Abschnitt beschriebene Variation der Einkünfte hat natürlich Auswirkungen auf die Güternachfrage, so daß sich die einkommensvariierte Nachfrage normalerweise von der gewöhnlichen, *Marshall*schen Nachfrage unterscheidet. Im folgenden Abschnitt soll untersucht werden, welche konkreten Konsequenzen Einkommensvariationen auf das Konsumverhalten haben. Zur Demonstration werden in diesem Abschnitt kompensierend und äquivalent variierte Nachfragekurven konstruiert. Ferner wird gezeigt, unter welchen Umständen die verschiedenen Nachfragefunktionen übereinstimmen.

---

62 Vgl. *Boadway/Bruce* (1984), S. 201 f.

Abbildung 4.7: Graphische Herleitung der einkommensvariierten Nachfrage

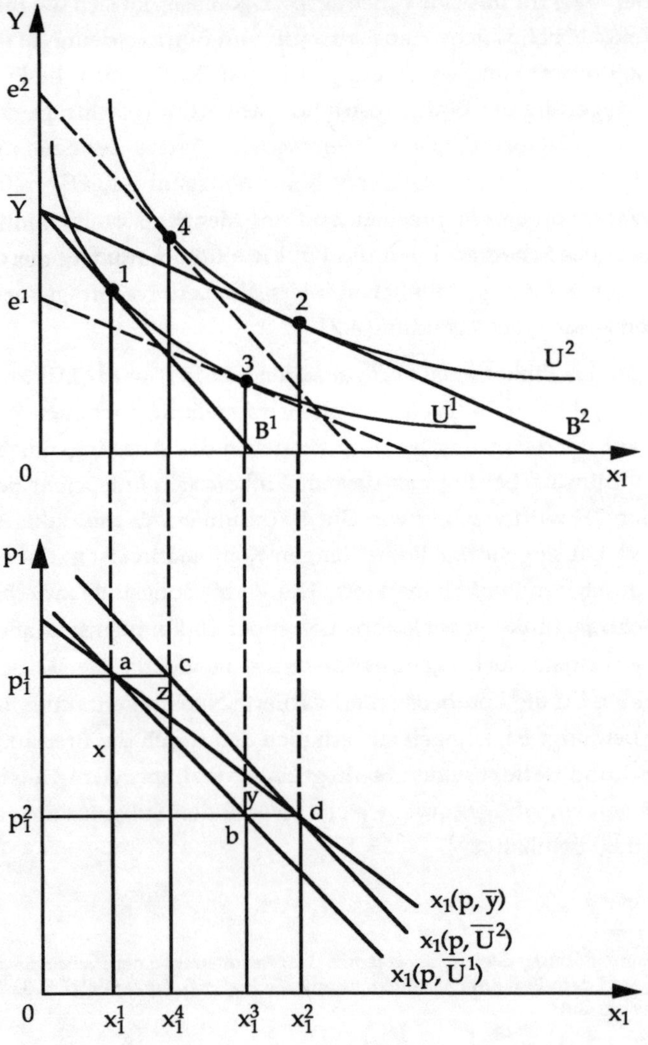

Abbildung 4.7 illustriert, wie sich aus einer Budgetrestriktion, einer Nutzenfunktion und einer Preisänderung für ein Gut (in der oberen Hälfte des Schaubildes) die mit der Art der Einkommensvariation unterschiedlichen Nachfragefunktionen (in der unteren Schaubildhälfte) graphisch ableiten lassen. Dabei wird unterstellt, daß die Einkünfte und Preise aller übrigen Güter unverändert bleiben.

In der Ausgangssituation verfügt der exemplarisch betrachtete Haushalt über Einkünfte in Höhe von $\overline{Y}$. Der Preis für das Gut x_1 beträgt p_1^1. Daraus ergibt sich die Budgetgerade B^1. Das in Punkt "1" befindliche Haushaltsoptimum führt zu dem Nutzenniveau U^1. Tritt nun eine Preissenkung von p_1^1 auf p_1^2 in Kraft, "dreht" sich die Budgetgerade auf B^2. Die Verlagerung der Budgetrestriktion steigert die Nachfragemenge von x_1^1 auf x_1^2. Anstelle des ursprünglichen Güterbündels "1" wird der neue nutzenmaximale Warenkorb "2" realisiert, wodurch das höher Nutzenniveau U^2 erreicht wird. Die den beiden Warenkörben entsprechenden Preis-Mengen-Kombinationen sind in der unteren Hälfte des Schemas durch die Punkte a und d wiedergegeben. Diese beiden Punkten liegen auf der gewöhnlichen (*Marshall*schen) Nachfragekurve. Soweit entspricht die Darstellung der Abbildung 4.2.

Was passiert aber, wenn das Einkommen kompensierend variiert wird? Das kompensierende Einkommen ergibt sich durch eine Parallelverschiebung der neuen Budgetlinie B^2 in Richtung auf den Ursprung bis zum Erreichen des Ausgangsnutzenniveaus. Das Haushaltsoptimum bei kompensiertem Einkommen entspricht dem Punkt "3". In der Situation "3" wird weniger von Gut 1 konsumiert als in Punkt "2" - nämlich nur die Menge x_1^3. Die zugehörige Preis-Mengen-Kombination ist in der unteren Abbildungshälfte durch den Punkt b markiert. Die Verbindungslinie zwischen a und b bildet die x_1-Nachfragefunktion bei kompensierender Einkommensvariation. Sie verläuft steiler als die normale Nachfragefunktion und schneidet die *Marshall*sche Nachfragekurve in Punkt a. Da die kompensierend variierte Nachfragefunktion um den Einkommenseffekt bereinigt ist, spiegelt sie lediglich den durch die Preisänderung verursachten Substitutionseffekt wider. Sie liegt daher (bei normalen Gütern) links von der gewöhnlichen Nachfragekurve, welche sowohl den Substitutions- als auch den Einkommenseffekt beinhaltet.[63]

---

63 Entsprechend der bekannten *Slutsky*-Gleichung setzt sich der Gesamteffekt einer Preisänderung aus dem Substitutions- und dem Einkommenseffekt zusammen [vgl. z.B. *Linde* (1992), S. 35 ff.]. Es gilt allgemein für das i-te Gut:

$$\left(\frac{\partial x_i}{\partial p_i}\right)_{\overline{Y}} = \left(\frac{\partial x_i}{\partial p_i}\right)_{\overline{U}} - x_i \cdot \left(\frac{\partial x_i}{\partial Y}\right)_{\overline{P}}.$$

Der Gesamteffekt einer Preisänderung auf die Nachfrage von x_i bei unverändertem Einkommen (linke Seite der Gleichung) entspricht dem Substitutionseffekt (der x_i-Nachfrageänderung bei unverändertem Nutzenniveau) abzüglich dem Einkommenseffekt, der angibt, wie sich die x_i-Nachfrage bei unveränderten relativen Preisen ändert. Der Substitutionseffekt ist - abgesehen von vollkommen komplementären Gütern - immer negativ. Der Einkommenseffekt ist mit Ausnahme von inferioren Gütern positiv. Das Zusammenwirken beider Effekte hat zur Folge, daß die Nachfrage nach einem normalen Gut mit zunehmendem Preis zurückgeht, während sie mit sinkendem Preis steigt. Nur wenn der Einkommenseffekt negativ und gleichzeitig stärker als der entgegenwirkende Substitutionseffekt ist, führt eine Preissenkung - paradoxerweise - zu einem

Die Ausschaltung des Einkommenseffektes kann auch folgendermaßen interpretiert werden: Die einkommenskompensierte Nachfragefunktion bildet die Nachfrage ab, die sich ergibt, wenn der Konsument für jede Gütereinheit einen Preis entsprechend seiner marginalen Zahlungsbereitschaft zahlen müßte - während mit der gewöhnlichen Nachfragefunktion die Nachfrage gemessen wird, die zu beobachten ist, falls der Konsument für alle Gütereinheiten einen einheitlichen Preis entsprechend seiner marginalen Zahlungsbereitschaft für die letzte konsumierte Gütereinheit zahlen muß. Folglich ist die einkommenskompensierte Güternachfrage ceteris paribus geringer als die gewöhnliche Nachfrage.

Aus der unteren Hälfte von Abbildung 4.7 geht auch hervor, daß sich die Konsumentenrenten unter der *Marshall*schen und der einkommenskompensierten Nachfragekurve unterscheiden. Die *Marshall*sche Konsumentenrente beträgt $p_1^1adp_1^2$ (Fläche x + y) und übersteigt die kompensierend variierte Konsumentenrente $p_1^1abp_1^2$ (Fläche x).[64] Falls Preisänderungen auf mehreren Märkten eintreten, können die kompensierend variierten Konsumentenrenten unabhängig von der Reihenfolge der Preisänderungen addiert werden, da das Ergebnis bei Anwendung des CV-Prinzips nicht vom Pfadabhängigkeitsproblem berührt ist.

Jetzt hat noch die graphische Herleitung der Nachfrage bei äquivalenter Einkommensvariation zu erfolgen. Dazu wird im oberen Teil von Abbildung 4.7 die "alte" Budgetlinie soweit nach außen verschoben, bis das Nutzenniveau U^2 erreicht ist. Bei höherem Einkommen, aber unveränderten Preisverhältnissen entspricht das mit U^2 korrespondierende Haushaltsoptimum dem Punkt "4". Die zugehörige Nachfragemenge x_1^4 wird im unteren Schaubildbereich durch den Punkt c abgebildet. Durch die Verbindung der Punkte c und d erhält man die äquivalent kompensierte Nachfragefunktion. Sie verläuft ebenfalls steiler als die normale Nachfragekurve, schneidet sie aber weiter rechts in Punkt d. Sie spiegelt wegen der Preiskonstanz ausschließlich den Einkommenseffekt wider. Da der Einkommenseffekt zumeist positiv ist, ist die

---

Nachfragerückgang und eine Preissteigerung zu einer Nachfrageerhöhung. In diesem Fall spricht man - benannt nach dem Entdecker dieses Effekts - von "*Giffen*-Gütern".

Wegen des negativen Substitutionseffekts ist eine einkommenskompensierte Nachfragefunktion immer negativ (in der üblichen Darstellung von links oben nach rechts unten) geneigt, während gewöhnliche Nachfragefunktionen in Ausnahmefällen (bei stark negativem Einkommenseffekt = *Giffen*-Fall) positiv geneigt sein können.

64 Man kann sich die Ursache klar machen, wenn man beachtet, daß die Wanderung vom Punkt "1" nach Punkt "2" bei der CV auf einem anderen "Pfad" erfolgt als bei der Ermittlung der Wohlfahrtsänderung Δw. Während letztere der in Abbildung 4.2 eingetragenen "Preis-Konsum-Linie" folgt, findet bei der Evaluation der CV zunächst eine Wanderung entlang der Indifferenzlinie U^1 und anschließend eine Bewegung auf dem Einkommensexpansionspfad von "3" nach "2" statt [vgl. *Boadway/Bruce* (1984), S. 205].

äquivalent variierte Nachfrage normalerweise größer als die gewöhnliche Nachfrage. Dieser Effekt findet seinen Niederschlag auch in einer im Vergleich zur *Marshall*-schen Konsumentenrente größeren Konsumentenrente unter der äquivalent variierten Nachfragefunktion. In Abbildung 4.7 unten beträgt die Konsumentenrente unter der äquivalent variierten Nachfragefunktion $p_1^1 c d p_1^2$ (Fläche x + y + z). Damit ist sie um das Dreieck acd (Fläche z) größer als die Konsumentenrente unter der *Marshall*-schen Nachfragefunktion.

Die Konsumentenrenten unter den einkommensvariierten Nachfragefunktionen entsprechen exakt der kompensierenden bzw. äquivalenten Einkommensvariation.[65]

4.2.3 Analytische Ableitung der einkommensvariierten Nachfrage

a) Kompensierende Einkommensvariation ("compensating variation" = CV)

Die kompensierende Einkommensvariation läßt sich aus der "Umkehrung" des in Abschnitt 4.1.2 dargelegten Nutzenmaximierungsproblems ableiten. Anstelle der Nutzenmaximierung bei gegebenem Einkommen kann man die Ausgaben zur Erzielung eines gewünschten Nutzenniveaus minimieren. Hier handelt es sich also um folgendes Ausgabenminimierungsproblem:

$$\min_x \; y = \sum_{i=1}^{n} p_i \cdot x_i \, . \tag{4.21}$$

Die Nebenbedingung lautet:

$$u = u(x_1, x_2, \ldots, x_n) \, .$$

Aus den Ableitungen erster Ordnung lassen sich bei gegebenem Preisvektor und gegebenem Nutzenniveau die optimalen Nachfragemengen nach allen Gütern bestimmen:

$$x_i = x_i(p_i, \overline{u}) \qquad i = 1, \ldots, n \, . \tag{4.22}$$

Gleichung 4.22 gibt ***die einkommenskompensierten Nachfragefunktionen*** nach den Gütern x_i bei verschiedenen Preisen p_i und einem bestimmten Nutzenniveau $\overline{u}$ wieder. Durch Einsetzen der kompensierten Nachfragefunktionen in die Zielfunktion (4.21) erhält man die ***Ausgabenfunktion***

65 Die einkommensvariierten Nachfragefunktionen ergeben sich aus den Ableitungen der zugehörigen Ausgabenfunktionen [*Hotellings*-Lemma - vgl. Gleichung (4.24)]. Demzufolge führt die Integration der einkommensvariierten Nachfragefunktionen wieder auf die Ausgabenfunktionen zurück.

$$e(\mathbf{p}, \overline{u}) = \sum_{i=1}^{n} p_i \cdot x_i(\mathbf{p}, \overline{u}) . \tag{4.23}$$

Die Ausgabenfunktion ("expenditure function" - daher die Kurzform "e") drückt aus, über welches Einkommen ein Haushalt verfügen muß, um bei bestimmten Güterpreiskombinationen ein bestimmtes Nutzenniveau aufrechterhalten zu können. Eine für wohlfahrtsökonomische Anwendungen wichtige Eigenschaft der Ausgabenfunktion besteht darin, daß man aus ihren partiellen Ableitungen nach den Güterpreisen die einkommenskompensierten Nachfragefunktionen errechnen kann:

$$\frac{\partial e(\mathbf{p}, \overline{u})}{\partial p_i} = x_i(\mathbf{p}, \overline{u}). \tag{4.24}$$

Dieser Sachverhalt ist unter der Bezeichnung ***"Hotellings Lemma"*** bekannt.

Die compensating variation ist als Differenz zwischen dem Einkommen y^2, welches bei neuen Preisverhältnissen - ausgedrückt durch den Vektor $\mathbf{p}^2$ - das neue Nutzenniveau u^2 reflektiert und den Ausgaben, die zur Realisierung des alten - vor Maßnahmendurchführung herrschenden - Nutzenniveaus u^1 bei veränderten Preisen erforderlich sind, definiert. Da wir in den Schaubildern 4.6 und 4.7 von einem unveränderten Einkommensniveau $\overline{Y} = y^2$ ausgegangen sind, läßt sich die CV in diesem Fall schreiben als:

$$CV = \overline{Y} - e(\mathbf{p}^2, u^1) = \overline{Y} - e^1 . \tag{4.25}$$

Bezeichnet man die diskrete Einkommensänderung $\overline{Y} - e^1$ mit Δy, kann man anstelle von (4.25) auch schreiben:

$$\begin{aligned} CV &= e^1 - e(\mathbf{p}^2, u^1) + \Delta y \\ &= e(\mathbf{p}^1, u^1) - e(\mathbf{p}^2, u^1) + \Delta y . \end{aligned} \tag{4.26}$$

$e(\mathbf{p}^1, u^1)$ entspricht dem Einkommen, das ausreicht, um bei den Preisen $\mathbf{p}^1$ das Nutzenniveau u^1 zu erreichen, d.h. $e(\mathbf{p}^1, u^1) = y^1$. Wird eine hinsichtlich der Güterpreise stetige Ausgabenfunktion unterstellt, kann die compensating variation in Integralschreibweise ausgedrückt werden:

$$CV = \int_{p^2}^{p^1} \sum_{i=1}^{n} \frac{\partial e(\mathbf{p}, u^1)}{\partial p_i} dp_i + \Delta y . \tag{4.27}$$

Unter Berücksichtigung von *Hotellings* Lemma und Umkehrung der Integrationsfolge kann man auch schreiben:

$$CV = -\int_{p^1}^{p^2} \sum_{i=1}^{n} x_i(\mathbf{p}, u^1)\, dp_i + \Delta y \ . \tag{4.28}$$

Die Formel (4.28) erinnert an die Gleichung (4.13) zur Messung von Wohlfahrtsänderungen. Allerdings beschreibt (4.28) im Gegensatz zu (4.13) eine einkommenskompensierte Nachfragefunktionen. Zudem folgt aus *Hotellings* Lemma eine Symmetrie der Kreuzableitungen der Ausgabenfunktionen nach den Güterpreisen

$$\partial x_i(\mathbf{p}, u^1)/\partial p_j = \partial x_j(\mathbf{p}, u^1)/\partial p_i \, ,$$

so daß die Pfadunabhängigkeitsbedingung bei Verwendung des Konzepts der kompensierenden Einkommensvariation immer erfüllt ist. Somit ist die compensating variation dem *Marshall*schen Konzept der Konsumentenrente nicht nur in bezug auf den Einkommenseffekt überlegen.

b) Die äquivalente Einkommensvariation ("equivalent variation" = EV)

Die äquivalente Einkommensvariation ist der (positive oder negative) Geldbetrag, welcher dem Einkommen in der Ausgangssituation y^1 (=$\overline{Y}$ in den Abbildungen 4.6 und 4.7) hinzuzufügen ist, damit bei alten Preisverhältnissen - ausgedrückt durch den Preisvektor $\mathbf{p}^1$ - das neue Nutzenniveau u^2 realisiert werden kann. Damit läßt sich die equivalent variation als Differenz zwischen den zur Erreichung von u^2 benötigten Einkünften und dem ursprünglichen Einkommen schreiben:

$$EV = e(\mathbf{p}^1, u^2) - \overline{Y}. \tag{4.29}$$

Wegen $\Delta y = y^2 - \overline{Y}$ ist für (4.29) auch folgende Schreibweise zulässig:

$$\begin{aligned} EV &= e(\mathbf{p}^1, u^2) - y^2 + \Delta y \\ &= e(\mathbf{p}^1, u^2) - e(\mathbf{p}^2, u^2) + \Delta y \ . \end{aligned} \tag{4.30}$$

Falls die Ausgabenfunktion bezüglich der Preise stetig ist, kann die durch die Änderung der Preisverhältnisse von $\mathbf{p}^1$ nach $\mathbf{p}^2$ notwendige Ausgabenänderung wiederum als Integral formuliert werden:

$$EV = \int_{p^2}^{p^1} \sum_{i=1}^{n} \frac{\partial e(\mathbf{p}, u^2)}{\partial p_i}\, dp_i + \Delta y \ . \tag{4.31}$$

Durch eine Umkehrung der Integrationsfolge ergibt sich analog zur Herleitung der compensating variation:

$$EV = -\int_{p^1}^{p^2} \sum_{i=1}^{n} x_i(p, u^2)\, dp_i + \Delta y\,. \tag{4.32}$$

Die Integrale (4.28) und (4.32) unterscheiden sich lediglich durch das Nutzenniveau. Während sich die CV auf das Nutzenniveau u^1 bezieht, bildet u^2 das Referenzniveau für die EV. Das Integral (4.32) ist ebenfalls ein pfadunabhängiges Linienintegral und damit ein unzweideutiger Ausdruck der äquivalenten Einkommensvariation.

4.2.4 Vergleich von *Marshall*scher Konsumentenrente und einkommensvariierten Konsumentenrenten

In Abschnitt 4.2.2 wurde deutlich, daß (normalerweise) die Konsumentenrenten unter der gewöhnlichen Nachfragekurve und unter den einkommensvariierten Nachfragefunktionen voneinander abweichen. Im folgenden sollen die Richtung der Abweichung und die Umstände, unter denen alle Maße (ausnahmsweise) übereinstimmen, verdeutlicht werden.

Die Höhe der ermittelten Konsumentenrente hängt von der Art der verwendeten Nachfragefunktion ab. ***Kompensierend variierte und äquivalent variierte Nachfragefunktionen ergeben im Normalfall andere Konsumentenrenten als Marshallsche Nachfragefunktionen.*** Auf Märkten für normale Güter gelten für die durch Preissenkungen ausgelösten Wohlfahrtswirkungen folgende Relationen:

$$|CV| < \Delta M < |EV|,$$

wobei ΔM die absolute Änderung der *Marshall*schen Konsumentenrente darstellt.[66]

Die "normalen" Konsumentenrenten(-änderungen) sind größer als die unter kompensiert variierten Nachfragefunktionen gemessenen Konsumentenrenten. Letztere werden noch von den unter äquivalent variierten Nachfragefunktionen berechneten Konsumentenrenten übertroffen. Umgekehrt erhält man bei Preissteigerungen über äquivalent variierte Nachfragekurven niedrigere Konsumentenrenten(-änderungen) als über die normale Nachfragefunktion. Deren "consumer's surplus" ist unter den

66 Da die Konsumentenrenten unter den einkommensvariierten Nachfragefunktionen mit der kompensierenden Einkommensvariation ("compensating variation" = CV) bzw. der äquivalenten Einkommensvariation ("equivalent variation" = EV) übereinstimmen, werden hier gleich die einkommensvariierenden Geldbeträge eingesetzt.

genannten Umständen aber noch kleiner als bei einkommenskompensierter Güternachfrage.[67] Es gilt:

$$|CV| > \Delta M > |EV|.$$

Werden anstelle normaler Güter inferiore Güter betrachtet, kehren sich die beschriebenen Effekte um.

Während die CV, ΔM und EV im Regelfall nicht übereinstimmen, existieren jedoch auch Sonderfälle, wo diese Maße identisch sind. ***Dazu müssen die Nutzenindexfunktionen der Individuen vom Marshall-Typ sein.*** Nutzenindexfunktionen dieser Art haben - für den Zwei-Güter-Fall - folgenden "Aussehen":[68]

$$U = U(cx_2 + f(x_1)), \tag{4.33}$$

mit $c > 0$, $f' > 0$ und $f'' < 0$.

In diesem Fall verlaufen alle Isoklinen[69] parallel zur x_2-Achse.[70] Ferner unterliegt die Nachfrage nach x_1 keinem Einkommenseffekt, d.h. für die Einkommenselastizität der Nachfrage nach x_1 gilt:

---

67 Die unterschiedlichen Wirkungsrichtungen entstehen aus der bereits angedeuteten "Dualität" der beiden Einkommensvariationen. So entspricht die Einkommenskompensation einer Preissenkung der Äquivalenzvariation einer Preiserhöhung und vice versa.

68 Vgl. z.B. *Linde* (1992), S. 55 ff.
Einen Sonderfall der Nutzen(index)funktion vom *Marshall*-Typ stellen sog. "quasi-lineare Nutzenfunktionen" dar. Sie haben die Form:

$$u^*(p, y) = u(x) + m, \quad \text{mit } x \geq 0 \text{ und } m \geq 0.$$

x sei der Vektor aller nachgefragten Güter mit Ausnahme eines einzigen anderen nachgefragten Gutes m, dessen Preis auf den Wert 1 normiert sei. Es gelte ferner die Budgetrestriktion $y = px + m$. Während unterstellt sei, daß alle in x enthaltenen Güter einen abnehmenden Grenznutzen verursachen, sei der Grenznutzen von m konstant. In diesem Fall werden solange die Güter x_i nachgefragt bis die Grenznutzen aller Güter einschließlich m identisch sind. Darüber hinaus wird nur noch m nachgefragt. D. h. ab einem bestimmten Einkommensniveau wird jede Einheit von zusätzlichem Einkommen für m verwandt [Eine ausführlichere Darstellung findet sich bei *Varian* (1984), S. 278 ff.]. Die beschriebene Hypothese ist nicht unplausibel, denn es ist vorstellbar, daß bestimmte Haushalte ab Überschreiten eines gewissen Wohlstandsniveaus jedes weitere Einkommen nur noch für ausgewählte "Luxusgüter" verwenden.

69 Eine Isokline verbindet die Punkte aller Indifferenzkurven mit gleicher Steigung. Wenn eine Isokline - in einem Zwei-Güter-Diagramm - parallel zu einer Mengenachse verläuft, bedeutet dies, daß die Nachfrage nach dem anderen Gut vollkommen einkommensinelastisch ist.

70 Für alle Punkte auf einer Indifferenzkurve gilt:

$$dU = \frac{\partial U}{\partial x_1} \cdot dx_1 + \frac{\partial U}{\partial x_2} \cdot dx_2 = 0.$$

Daraus folgt:

$$\left|\frac{dx_2}{dx_1}\right| = \frac{\partial U}{\partial x_1} \Big/ \frac{\partial U}{\partial x_2}.$$

Die Grenzrate der Substitution ist also bei der genannten Nutzenfunktion (Gleichung 4.33) unabhängig von x_2:

$$\frac{\partial x_1}{\partial y} \cdot \frac{y}{x_1} = 0.$$[71]

Graphisch läßt sich der durch den beschriebenen Nutzenfunktionstyp hervorgerufene Effekt durch Abbildung 4.8 veranschaulichen. Die Ausgangssituation vor Beginn des zu analysierenden Projektes ist mit der in Abbildung 4.6 dargestellten Lage vergleichbar. Durch eine Senkung des Preises von x_1 dreht sich die Budgetgerade von B^1 nach B^2. Durch den Einkommens- und den Substitutionseffekt der Preissenkung ändert sich die nutzenmaximale Güterkombination von "1" zu "2" und es wird das neue, höhere Nutzenniveau U^2 erreicht. Fände nun eine Einkommenskompensation statt - das zur Realisation des alten Nutzenniveaus benötigte Einkommen wäre e^1 -, entspräche bei veränderten Preisen das Güterbündel "3" auf der alten Indifferenzlinie dem Nutzenmaximum. Wie zu ersehen ist, bleibt die einkommenskompensierte Nachfrage x_1^2 konstant - die Nachfrage nach x_1 stimmt in den Punkten "2" und "3" überein. Wenn alle Indifferenzlinien bei der Nachfragemenge x_1^2 die gleiche Steigung aufweisen - angedeutet durch die parallel zur Ordinate verlaufende Isokline (IKL^1)-, hat jede beliebige Einkommenskompensation keinerlei Einfluß auf die Nachfrage von Gut eins.

Ebenso lassen unter der genannten Voraussetzung alle nutzenäquivalenten Einkommensbeträge die in der Ausgangssituation beobachtbare Nachfragemenge x_1^1 unbeeinflußt, denn auch in allen auf der Linie IKL^2 liegenden Punkten weisen die Indifferenzlinien identische Steigungen auf. Eine äquivalente Einkommensvariation ($e^2 - \overline{Y}$) würde zum Punkt "4" führen. Die Nachfrage nach x_1 in den Punkten "1" und "4" ist wiederum gleich.

Insgesamt bleibt festzuhalten, daß die äquivalent variierte, die kompensierend variierte und die gewöhnliche Nachfragefunktionen übereinstimmen (d.h. EV = ΔM = CV), wenn Nutzenindexfunktionen vom *Marshall*-Typ vorliegen. Ferner bedingen Nutzenfunktionen des genannten Typs eine Einkommenselastizität der Nachfrage von Null.

$$\frac{dx_2}{dx_1} = \frac{f'(x_1)}{c}.$$

71 Einen anderen Sonderfall bilden homothetische Nutzenfunktionen. In diesem Fall stimmen die kompensierende und die äquivalente Einkommensvariation zwar nicht in absoluten Beträgen überein, aber es besteht eine relative Übereinstimmung. D.h. einer x-prozentigen Veränderung der CV entspricht eine prozentual gleich hohe Veränderung der EV.

Abbildung 4.8: Nutzenindexfunktionen bei völlig einkommensunelastischer Nachfrage

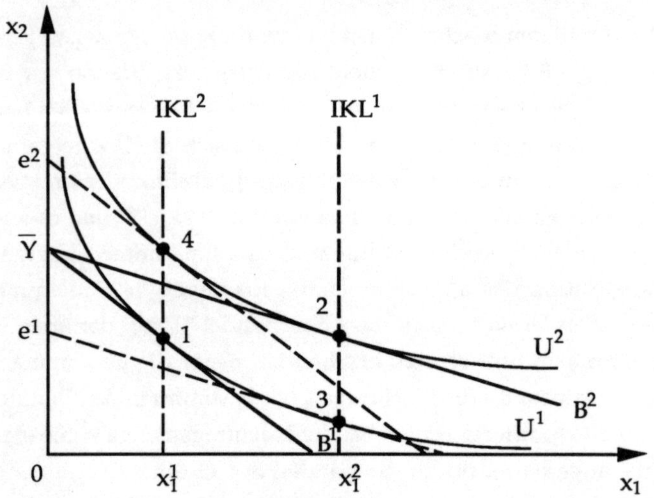

Falls ein staatliches Projekt die Preise auf mehreren Gütermärkten ändert, muß - wie bei der Anwendung des *Marshall*schen Konzepts der Konsumentenrente - die Summe der auf verschiedenen Märkten auftretenden Einkommensvariationen berechnet werden. Der Gedanke der Einkommensvariation besitzt auch in dieser Hinsicht gegenüber der *Marshall*schen Konsumentenrente einen großen Vorteil: Bei Verwendung von einkommensvariierten Nachfragefunktionen ist es nämlich gleichgültig, in welcher Reihenfolge die Preisänderungen stattfinden. M.a.W.: ***Bei der Bestimmung der Konsumentenrente unter einkommensvariierten Nachfragefunktionen tritt keine Pfadabhängigkeit auf*** (vgl. Abschnitt 4.2.3).

4.2.5 Einkommensvariationen bei Mengenänderungen

Die bisher diskutierten Konzepte bezogen sich ausschließlich auf Preisänderungen. Öffentliche Projekte führen jedoch nicht zwangsläufig zu Preisänderungen. Vielmehr verändern viele öffentliche Vorhaben - bei konstanten Preisen - das den Individuen zur Verfügung stehende Güterbündel. Beispielsweise lassen umweltpolitische Maßnahmen zur Erhaltung vom Aussterben bedrohter Tier- und Planzenarten oder zur Erhaltung einzigartiger Naturschauspiele durch Nutzungs- und Zutrittsbeschränkungen die bestehenden Preisverhältnisse häufig unangetastet. Durch staatliche Maßnahmen der beschriebenen Art werden aber Spezies und Landschaftsgebiete entweder ganz aus dem Set der den Konsumenten bisher (häufig kostenlos) zur Verfügung stehenden Güter entfernt oder die für "Konsumzwecke" bereitstehende Menge wird reduziert. Auch Maßnahmen zur Erhaltung von unwiederbringlichen Kunst- und Bauwerken beeinträchtigen vielfach deren Nutzungsmöglichkeiten, was ebenfalls als Rückgang der zur Verfügung stehenden Gütermenge interpretiert werden kann.

Ferner ist denkbar, daß Preisänderungen in Kombination mit Mengenrestriktionen erfolgen. Z.B. könnte gleichzeitig der Eintrittspreis für ein Naturschutzgebiet erhöht und die Zahl der (vorher unbeschränkten) Besuche beschränkt werden.

Grundsätzlich lassen sich alle staatlichen Ver- und Gebote in diesem Sinne interpretieren. Verbote (bzw. demeritorische Staatseingriffe - wie z.B. bei Rauschgiften[72]) verringern die Gütermenge oder nehmen bestimmte Güter ganz aus dem Bündel aller verfügbarer Güter heraus. Umgekehrt erhöhen Gebote (bzw. meritorische Staatseingriffe - z.B. die Schulpflicht) die Menge der (zwangsweise) konsumierten Güter.

Ein wichtiges Kennzeichen vieler staatlicher Maßnahmen - insbesondere von Ver- und Geboten - besteht darin, daß Substitutionsmöglichkeiten ausgeschlossen werden. Wenn z.B. vorgeschrieben wird, wieviel ein Konsument von einem Gut konsumieren darf bzw. muß, ist ihm die Möglichkeit eines Tausches dieses Gutes gegen andere Güter genommen. Fehlende Substitutionsmöglichkeiten können auch aufgrund von Unteilbarkeiten oder wegen der grundsätzlichen Unmöglichkeit einer Substitution bestehen. Ein typisches Beispiel ist das menschliche Leben. Es läßt sich (zumindest nach herrschender Auffassung) nicht durch andere Güter ersetzen.

---

72 Ein gute Diskussion der "Theorie" (de)meritorischer Güter wird dem interessierten Leser u.a. bei *Erlei* (1992) geboten.

Wie anschließend zu zeigen ist, sind die kompensierende und die äquivalente Einkommensvariation bei fehlenden Substitutionsmöglichkeiten bzw. Mengenrestriktionen keine geeigneten Maße für Nutzenänderungen. Von *Hicks* wurden für diesen Fall zwei andere Meßkonzepte - der "kompensierende Überschuß" bzw. der "äquivalente Überschuß" - entwickelt.[73] Diese Konzepte werden in der Standardliteratur zumeist vernachlässigt.[74]

Die Unterschiede zwischen der *Marshall*schen Konsumentenrente und den vier *Hick*schen Maßen der Einkommensvariation lassen sich mit Hilfe der Abbildung 4.9 veranschaulichen. Im oberen Teil sind verschiedene Budgetgeraden und Indifferenzlinien eingezeichnet, während im unteren Abbildungsteil die daraus abgeleiteten Nachfragefunktionen aufgeführt sind. In der Ausgangssituation "1" fragt der betrachtete Haushalt bei einem Preis von p_1^1 die Menge x_1^1 nach. Angenommen es kommt nun zu einem "Staatseingriff", der die Konsummenge auf x_1^2 reduziert. Die Menge x_1^2 würde - bei Gültigkeit der *Marshall*schen Nachfragekurve - ebenfalls konsumiert, wenn anstelle der Mengenrestriktion eine Preissteigerung auf p_1^2 stattfände. Dies hätte eine Drehung der Budgetgeraden von B^1 nach B^2 zur Folge, so daß der Haushalt dann das neue Haushaltsoptimum "2" realisieren würde. Nehmen wir im weiteren an, daß die Mengenbeschränkung tatsächlich mit einer Preissteigerung einhergeht. Der Verlust an "gewöhnlicher" Konsumentenrente entspräche im unteren Teil der Abbildung der Summe aus den Flächen b + c + d. Die äquivalente Einkommensvariation (EV) entspricht dagegen b + c und die kompensierende Einkommensvariation (CV) stimmt mit der Fläche b + c + d + e überein. Damit beträgt die Abweichung zwischen der EV und der Änderung der gewöhnlichen Konsumentenrente d. Die Differenz zwischen CV und der gewöhnlichen Konsumentenrente beläuft sich auf e.

Im Falle von Mengenrestriktionen führt die Verwendung der EV bzw. CV jedoch zu Meßfehlern. Falls der Konsument nach der Preiserhöhungen keine Anpassungen mehr vornehmen darf, ist er noch schlechter gestellt als durch die einfache Preiserhöhung. Ihm wird nämlich die Realisation eines neuen Haushaltsoptimums verwehrt. Ohne Mengenvorschrift könnte er nach erfolgter Kompensation das Haushaltsoptimum "3" verwirklichen. Die CV entspricht in diesem Fall der Strecke $Y^2 - Y^1$ im oberen Teil der Abbildung. Da der Haushalt aber auf die Menge x_1^2 festgelegt ist, kann ihn nur eine höhere Kompensationszahlung auf das ursprüngliche Nutzenni-

---

73 Im Original finden sich die Formulierungen "quantity-compensating variation" und "quantity-equivalent variation" [vgl. *Hicks* (1943), S. 35 ff.].

74 Eine Ausnahme bildet das Werk von *Just/Hueth/Schmitz* (1982).

Abbildung 4.9: Kompensierender und äquivalenter Überschuß bei Preisänderungen mit Mengenrestriktionen

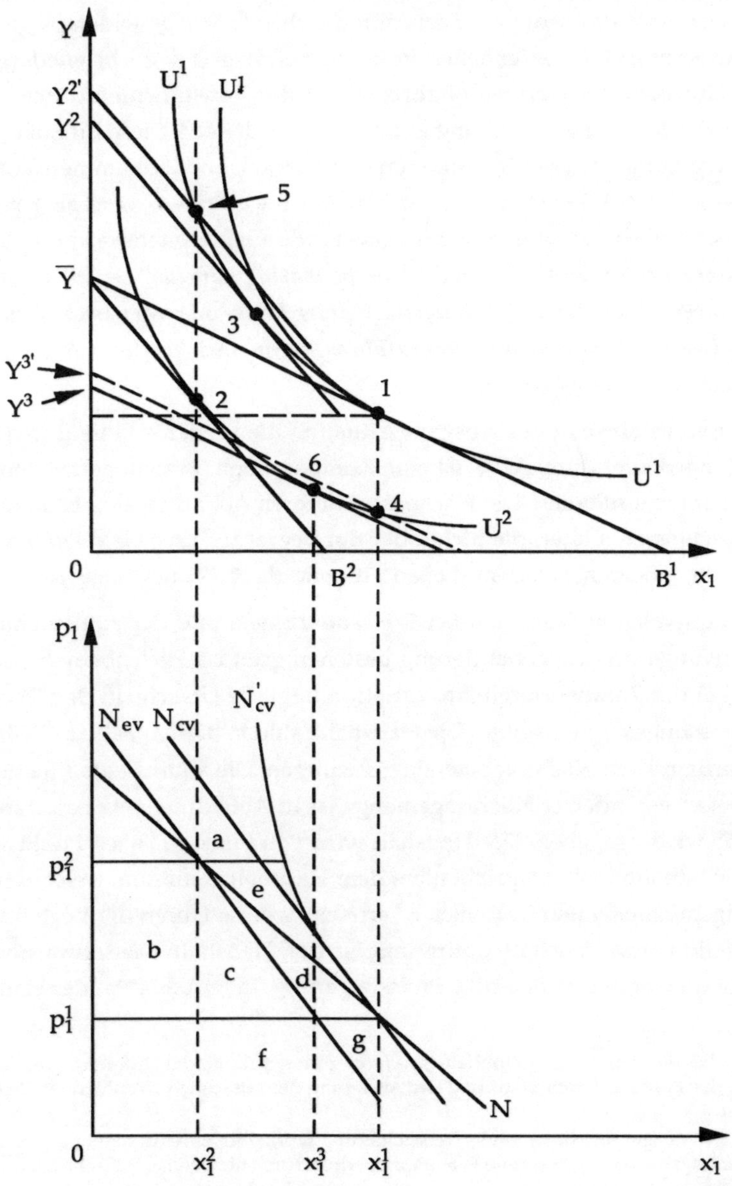

Vgl. *Just/Hueth/Schmitz* (1982), S. 138.

veau zurückversetzen. Dies ist genau im Punkt "5" der Fall. Die korrespondierende Kompensation entspricht der Strecke $Y^{2'} - \overline{Y}$. Dieser Geldbetrag läßt sich auch als Fläche unter der kompensierend variierten Nachfragefunktion (a + c + d + e + f + g) - die die Zahlungsbereitschaft für die zur Disposition stehende Menge widerspiegelt - abzüglich der Änderung des tatsächlichen Zahlungsbetrages (f + g - b) wiedergeben.[75] Damit beläuft sich der Nettowohlfahrtsverlust des Konsumenten durch die Preiserhöhung inkl. Mengenbeschränkung auf a + b + c + d + e.[76] Diese Einbuße ist um a größer als die kompensierende Einkommensvariation. Die Einkommenskompensation bei Mengenrestriktionen - hier $Y^{2'} - \overline{Y}$ bzw. a + b + c + d + e - wird als kompensierender Überschuß bzw. mengenkompensierende Einkommensvariation bezeichnet. ***Der kompensierende Überschuß ("compensating surplus" = CS) ist der Geldbetrag, der nötig ist, um ein Individuum nach einer Preis- oder Mengenänderung auf das ursprüngliche Nutzenniveau zurückzuführen, wenn nach erfolgter Änderung keine Mengenanpassungen möglich sind.***

Wenn die Indifferenzkurve in der Ausgangssituation die vertikale Linie durch x_1^2 nicht schneidet (angedeutet durch U^{1*}), ist eine Kompensation "erzwungener" Mengenänderungen gar nicht möglich. Die Fläche a im unteren Abbildungsteil ist in diesem Fall nicht geschlossen. Güter, die nicht oder nur begrenzt durch Geld aufgewogen werden können, mögen neben dem "Leben", "Gesundheit", "Glück" usw. sein.

Zwischen der äquivalenten Variation bei Preisänderungen und der äquivalenten Variation bei erzwungenen Mengenänderung bestehen grundsätzlich ebenfalls Unterschiede. Wie bei der kompensierenden Variation liegt die Ursache in der "Wegnahme" von Anpassungsmöglichkeiten. Die Haushalte sind in diesem Fall zur Beibehaltung der ursprünglichen Nachfragemenge gezwungen. Die äquivalente Einkommensvariation bei unveränderter Nachfragemenge ist in Abbildung 4.9 oben durch die Strecke $\overline{Y} - Y^{3'}$ wiedergegeben. Der Haushalt wird von Punkt "1" nach Punkt "4" "gezwungen". Die Situation "4" entspricht nicht dem Haushaltsoptimum, welches bei freien Anpassungsmöglichkeiten in Punkt "6" erreicht würde. Durch die Verhinderung der Realisation des Haushaltsoptimums ist der Haushalt wiederum noch schlechter gestellt als durch eine alleinige Preissteigerung. In Punkt "4" ist der Haus-

---

75 Man bedenke, daß die individuelle Wohlfahrtsänderung immer durch die Differenz zwischen der Änderung der Zahlungsbereitschaft und der Änderung des tatsächlich zu zahlenden Betrages definiert ist.

76 Bei einer "reinen" Mengenrestriktion ohne Preissteigerung würde der unter der kompensierend variierten Nachfragefunktion gemessene Wohlfahrtsverlust durch die (kleinere) Fläche a + c + d + e angezeigt. Die Zahlungsbereitschaft für die Gütermenge $x_1^1 - x_1^2$ beträgt - nach wie vor - a + c + d + e + f + g. Davon ist die Summe f + g abzuziehen, die durch den erzwungenen Nachfragerückgang eingespart wird.

halt gezwungen, mehr von x_1 zu kaufen als er zur Aufrechterhaltung des Nutzenniveaus U^2 freiwillig kaufen würde. Er muß also für jede Einheit der Menge $x_1^1 - x_1^3$ tatsächlich mehr zahlen als er freiwillig zahlen würde. Dies drückt die Fläche g im unteren Teil der Abbildung aus. Aus diesem Grunde braucht dem Haushalt nur ein geringerer Einkommensbetrag als bei freien Wahlmöglichkeiten genommen werden. Graphisch kommt dieser Sachverhalt dadurch zum Ausdruck, daß die - die mengenäquivalente Variation wiedergebende - Strecke $\overline{Y} - Y^{3'}$ kürzer ist als die - die preisäquivalente Kompensation abbildende - Strecke $\overline{Y} - Y^3$.

Diese Ausführungen machen deutlich, daß die (preis)äquivalente Einkommensvariation (EV) nicht der richtige Indikator für Wohlfahrtsänderungen ist, bei denen die ursprüngliche Konsummenge eines Gutes (zwangsweise) unverändert bleibt. Im unteren Teil der Abbildung 4.9 ist die EV gleichzusetzen mit der Fläche b + c, während der tatsächliche durch die äquivalent variierte Nachfragekurve gemessene Wohlfahrtsverlust geringer ist und durch die Fläche b + c - g abgebildet werden kann.

Diese Fläche bzw. die Strecke $\overline{Y} - Y^{3'}$ bezeichnet man als äquivalenten Überschuß bzw. mengenäquivalente Einkommensvariation. ***Der äquivalente Überschuß ("equivalent surplus" = ES) ist der Einkommensbetrag, der benötigt wird, um ein Individuum anstelle einer Situationsänderung auf ein neues Nutzenniveau zu führen, wenn die ursprüngliche Gütermenge nicht verändert werden kann.***

Wohlfahrtsänderungen, die - bei konstanten Preisen - ausschließlich durch Mengenvariationen eines Gutes x_1 verursacht werden, lassen sich aus der Fläche unter der Nachfragekurve in den Grenzen zwischen "alter" (x_1^1) und "neuer" (x_1^2) Gütermenge berechnen. Für den kompensierenden Überschuß eines Gutes bei einer Mengensteigerung gilt:

$$CS = \int_{x_1^1}^{x_1^2} \frac{\partial e(p, x, u^1)}{\partial x_1} dx_1 . \tag{4.34}$$

Für den äquivalenten Überschuß gilt entsprechend:

$$ES = \int_{x_1^1}^{x_1^2} \frac{\partial e(p, x, u^2)}{\partial x_1} dx_1 . \tag{4.35}$$

Bei einem Mengenrückgang sind die Integrationsgrenzen zu vertauschen.

Abbildung 4.10 liefert eine graphische Illustration der Konsumentenrente unter der gewöhnlichen Nachfragekurve (KR), des "compensating surplus" und des "equi-

Abbildung 4.10: "Compensating surplus" und "equivalent surplus"

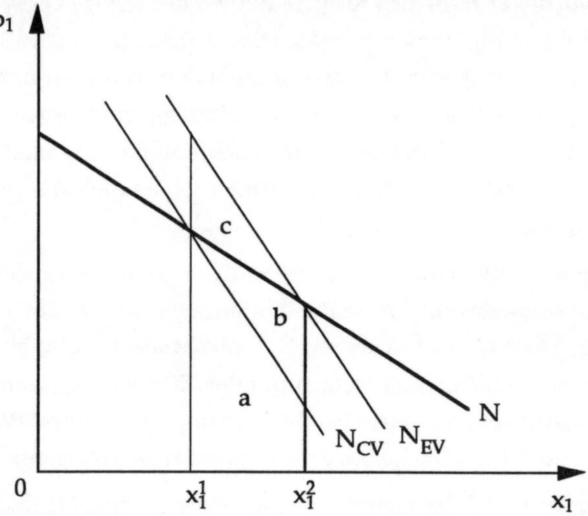

valent surplus". Die "normale" (*Marshall*sche) Nachfragekurve ist mit N bezeichnet. N_{EV} ist die äquivalent variierte Nachfrage, während N_{CV} die kompensierend variierte Nachfrage darstellt. Die durch die Angebotssteigerung $x_1^2 - x_1^1$ hervorgerufene Änderung der normalen Konsumentenrente beträgt a + b. Die Variation des einkommenskompensierten Überschusses beträgt a. Der äquivalent variierte Überschuß ändert sich um a + b + c. Bei einer Mengensteigerung gilt CS < KR < ES, während bei einer Mengenreduktion umgekehrt CS > KR > ES gilt. Bei einer Mengenerhöhung (senkung) gilt ferner CS < CV (CS > CV) und ES > EV (ES < EV).

4.2.6 Die Anwendung von kompensierenden und äquivalenten Einkommensvariationen

Bei der Anwendung der *Hick*schen Einkommensvariationen stellt sich (zumindest bei größeren Abweichungen zwischen den verschiedenen Maßen - vgl. Abschnitt 4.2.7) die Frage: Wann ist welches der vorgestellten Konzepte anzuwenden, insbesondere wann ist die kompensierende Einkommensvariation und wann ist die äquivalente Einkommensvariation anzuwenden?[77]

77 Eine andere - hier nicht vertiefend diskutierte - Frage in diesem Kontext lautet: Sollen die sich aus dem *Hick*schen Konzept ergebenden Ausgleichszahlungen tatsächlich stattfinden oder nicht? In der Theorie spricht einiges für die tatsächliche Abschöpfung entstehender "Renten" [vgl. *van Suntum* (1986), S. 44 ff.]. In der Praxis dürfte sich zumindest ein vollständiger "Ausgleich" selten durchführen lassen.

Auf den ersten Teil dieser Frage läßt sich folgende Antwort geben: a) Bei "reinen" Preisänderungen ist entweder die kompensierende oder äquivalente Einkommensvariation zu verwenden. b) Bei "reinen" Mengenänderungen ist der kompensierende oder äquivalente Überschuß das angemessenen Konzept. c) Bei simultan auftretenden Preis- und Mengenänderung ist ein "Mischkonzept" aus kompensierender Einkommensvariation und kompensierendem Überschuß bzw. aus äquivalenter Einkommensvariation und äquivalentem Überschuß angebracht.

Für die kompensierende Einkommensvariation (den kompensierenden Einkommensüberschuß) und die äquivalente Einkommensvariation (den äquivalenten Einkommensüberschuß) werden häufig die Begriffe ***"willingness to pay"*** (WTP) und ***"willingness to accept"*** (WTA) verwendet.[78] Die WTP entspricht der (maximalen) Zahlungsbereitschaft für ein Gut (für das Herbeiführen eines Zustandes) oder der (maximalen) Zahlungsbereitschaft zur Verhinderung eines Gutes (eines Zustandes). Die WTA entspricht dem Betrag, den jemand als Entschädigung erhalten muß, damit er auf ein Gut (einen Zustand) verzichtet oder der Entschädigung, die notwendig ist, damit er ein Gut (einen Zustand) akzeptiert. Die Korrespondenzen zwischen der willingness to pay und der willingness to accept sowie den Einkommensvariationen sind in Tabelle 4.1 zusammengefaßt.

Beispielsweise entspricht die maximale Zahlungsbereitschaft eines Haushalts für eine Preissenkung (WTP) genau der kompensierenden Einkommensvariation (CV). Falls der Haushalt nämlich einen Geldbetrag in Höhe seiner Zahlungsbereitschaft für die Preissenkung tatsächlich hergeben muß, wird er auf sein ursprüngliches Nutzenniveau zurückgeführt: Dem Nutzengewinn durch die Preissenkung steht ein gleich hoher Nutzenverlust durch den Verlust an Einkommen (Kaufkraft) gegenüber. Die kompensierende Einkommensvariation einer Preissteigerung (CV) stimmt dagegen mit der willingness to accept (WTA) überein. Da die Preissteigerung eine Verschlechterung darstellt, wird der Haushalt sie nur akzeptieren, wenn ihm eine ausgleichende Summe gezahlt wird.

Der zweite Teil der oben gestellten Frage ist schwieriger zu beantworten (vgl. hierzu Abschnitt 11.2.4). Sofern nur einzelne Haushalte betrachtet werden oder es gleichzeitig keine "Gewinner" und "Verlierer" von staatlichen Maßnahmen gibt, dürfte die willingness to pay der willingness to accept vorzuziehen sein. Bei einer Preissenkung beispielsweise wäre demzufolge die CV und bei einer Preissteigerung die EV zu verwenden. In beiden Fällen bildet die schlechtere Lage den Bezugspunkt, wobei der

---

78 Vgl. Abschnitt 11.2.

Tabelle 4.1: Beziehungen zwischen den Hickschen Einkommensvariationen und der "willingness to pay" (WTP) und der "willingness to accept" (WTA)

	WTP	WTA
Mengenerhöhung	CS	ES
Preissenkung	CS*, CV	ES*, EV
Mengenreduktion	ES	CS
Preiserhöhung	ES*, EV	CS*, CV

Vgl. *Mitchell/Carson* (1989), S. 25.

Erläuterungen zu Tabelle 4.1:

WTP = willingness to pay (Zahlungsbereitschaft)
WTA = willingness to accept (Akzeptanzbereitschaft)
CS = compensating surplus (kompensierender Einkommensüberschuß)
CV = compensating variation (kompensierende Einkommensvariation)
ES = equivalent surplus (äquivalenter Einkommensüberschuß)
EV = equivalent variation (äquivalente Einkommensvariation)

* bei kombinierten Preis- und Mengenänderungen im Sinne von Abbildung 4.9.

Haushalt jeweils den Betrag artikulieren müßte, den zu zahlen er bereit wäre, um in die bessere Lage versetzt zu werden.[79]

4.2.7 Möglichkeiten der Approximation einkommensvariierter Maße

Bei der praktischen Durchführung von Kosten-Nutzen-Analysen dürfte die Findung von einkommensvariierten Nachfragefunktionen erhebliche Schwierigkeiten

---

79 Die Verwendung der besseren Lage als Bezugspunkt läßt sich durch folgende Argumentation *van Suntums* [(1986), S. 44] ad absurdum führen: "Würde nämlich die günstigere Position zum Maßstab des Situationsvergleichs erhoben, so liefe dies auf eine Verpflichtung des Staates hinaus, ein einmal erreichtes Wohlstandsniveau seiner Bürger in jedem Fall aufrechtzuerhalten, indem z.B. Defizite im öffentlichen Personennahverkehr so lange toleriert werden, wie ihr Betrag nicht höher ist als der Betrag, der den Benutzern gezahlt werden müßte, um sie für die Einstellung des Betriebs zu entschädigen. Dieser Betrag kann aber sehr hoch (im Extremfall unendlich hoch sein) und jedenfalls viel höher liegen als der Betrag, den die Benutzer selbst opfern würden, um die Einstellung der Linie zu verhindern. Andererseits werden sie aber in ihrer Eigenschaft als Steuerzahler letztlich doch gezwungen (wenn man von Verteilungseffekten absieht - Anm. des Verf.), das Defizit zu decken, mit der Konsequenz, daß sie möglicherweise einen Betrag opfern müssen, der höher liegt, als es ihrer freiwilligen Zahlungsbereitschaft entspricht."

mit sich bringen, da das Konsumverhalten der Haushalte unter Einkommensvariationen nicht direkt beobachtbar ist. Man kann in der Praxis nur gewöhnliche Nachfragefunktionen beobachten (bzw. schätzen).[80] Daher ist es von großer Bedeutung zu wissen, wie groß der Meßfehler bei der Verwendung der *Marshall*schen Nachfrage ist. Es konnte von einigen Autoren gezeigt werden, daß der Meßfehler unter bestimmten Voraussetzungen "klein" ist, so daß dann die gewöhnliche Nachfragefunktion zur Ermittlung guter Näherungswerte für die einkommensvariierte Nachfrage geeignet ist. Allerdings existieren auch Umstände, unter denen die Differenzen "sehr groß" werden, so daß die *Marshall*sche Nachfrage in diesen Fällen kein geeignetes Maß zur Bestimmung der einkommensvariierten Nachfrage ist.

a) Approximation bei Preisänderungen

Wie wir gesehen haben, sind grundsätzlich zwischen der CV, der *Marshall*schen Konsumentenrente (M) und der EV Unterschiede zu erwarten. *Willig* (1976) konnte jedoch zeigen, daß die Abweichung zwischen der normalen Konsumentenrente und den beiden anderen Wohlfahrtsindikatoren unter bestimmten Umständen bei Preisänderungen "relativ gering" sind. Unter diesen Bedingungen kann man die Grenzen der Abweichungen zwischen den einzelnen Maßen bestimmen. Mit relativ geringen Fehlern lassen sich dann die einkommensvariierten Maße durch die normale Konsumentenrente approximieren.

Angenommen man bezeichnet mit Y das Haushaltseinkommen und mit η (sprich "eta") die Einkommenselastizität der Nachfrage. Falls der Ausdruck $\eta M/2Y$ kleiner als 0,05 ist und M/Y einen Wert kleiner als 0,9 annimmt, gelten folgende Ungleichungen:

$$\frac{M - CV}{|M|} < \frac{\eta|M|}{2Y} < 0{,}05 \text{ und} \tag{4.36}$$

$$\frac{EV - M}{|M|} < \frac{\eta|M|}{2Y} < 0{,}05\,. \tag{4.37}$$

Unter den genannten Voraussetzungen betragen die Abweichungen also weniger als 5%.[81] Der Fehler dieser Näherungslösung dürfte geringer sein als die Ungenauigkeiten einer empirischen Ermittlung der gewöhnlichen Konsumentenrente.

---

80 Eine Möglichkeit zur Umgehung des Problems, bei der auf die Bestimmung von Marktnachfragefunktionen verzichtet werden kann, besteht in der Durchführung von Befragungen. Die Leistungsfähigkeit von Befragungen wird ausführlich in Abschnitt 11.2 diskutiert.

81 Da diese Voraussetzungen häufig erfüllt sein dürften, folgert *Willig* [(1976, S. 589]: "... the results imply that consumers's surplus is usually a very good approximation to the appropriate welfare measures".

Man sieht aus den Formeln, daß die Differenz zwischen den einkommensvariierten Maßen von der Einkommenselastizität η und dem Verhältnis der Ausgaben für das betrachtete Gut bzw. der Konsumentenrente zum Einkommen M/Y bestimmt wird. Die Abweichungen sind um so kleiner (größer) je geringer (größer) die Einkommenselastizität der Nachfrage ist[82] und je geringer (größer) die Ausgaben für das betrachtete Gut bzw. die Konsumentenrente im Verhältnis zum Einkommen sind.[83]

b) Approximation bei Mengenänderungen

Randall/Stoll (1980) konnten zeigen, daß sich auch im Falle von Mengenänderungen bestimmte Fehlertoleranzen berechnen lassen und die *Marshall*sche Konsumentenrente unter bestimmten Umständen auch hier als Näherungswert brauchbar ist. Nach *Randall/Stoll* (1980) gelten folgende Beziehungen:

$$\frac{M - WTP}{|M|} \approx \frac{\xi M}{2Y} \quad \text{bzw.} \tag{4.38}$$

$$WTA - WTP \approx \frac{\xi M^2}{Y}. \tag{4.39}$$

ξ (sprich "xi") bezeichnen *Randall/Stoll* als "Preisflexibilität des Einkommens":

$$\xi = \frac{\partial p}{\partial Y} \cdot \frac{Y}{p}.$$

Bei Mengenvariationen hängen die Abweichungen zwischen der "willingness to pay" (WTP) und der *Marshall*schen Konsumentenrente (M) bzw. zwischen der WTP und der "willingness to accept" (WTA) von der "Preisflexibilität" des Einkommens und dem Verhältnis zwischen der Konsumentenrente und dem Einkommen (Y) ab: Je größer (kleiner) ξ und je größer (kleiner) M/Y, desto größer (kleiner) ist die Differenz zwischen der einkommensvariierten Nachfrage und M bzw. der Unterschied zwischen der WTP und der WTA.

Hanemann (1991) bestätigte im Prinzip die Resultate von *Randall/Stoll*, wies aber darauf hin, daß bei Mengenänderungen neben den Einkommenseffekten auch Substitutionseffekte zur Erklärung der Differenzen zwischen CV und EV eine Rolle spielen.

---

82 Dieses Ergebnis entspricht den Erkenntnissen aus der graphischen Ableitung oben in Abschnitt 4.2.4.

83 Hinweis: Da η häufig von der Höhe des Einkommens abhängt und infolgedessen nicht konstant ist, sollte man den höchsten Wert im relevanten Untersuchungsbereich einsetzen.

Hanemann konnte nämlich zeigen, daß sich ξ aus zwei Teil-Elastizitäten zusammensetzt. Es gilt:

$$\xi = \frac{\eta}{\sigma}. \tag{4.40}$$

η ist die Einkommenselastizität der Nachfrage, während σ (sprich "sigma") die Substitutionselastizität darstellt. Mit zunehmenden Substitutionsmöglichkeiten eines Gutes geht σ gegen unendlich, d.h. ξ geht gegen Null. Eingesetzt in die Formeln (4.38) und (4.39) wird dann der Unterschied zwischen M, WTP und WTA unendlich klein. Umgekehrt wird der Unterschied um so größer, je geringer die Substitutionselastizität ist. Analog dazu beeinflußt die Einkommenselastizität σ das Ergebnis. Falls die Einkommenselastizität gegen Null geht, gehen auch ξ und die Unterschiede zwischen M, WTP und WTA gegen Null. Nimmt σ einen unendlich großen Wert an, werden ξ und die WTP-WTA-Differenzen unendlich gering.

Die Ergebnisse von *Willig* (1976) und *Randall/Stoll* (1980) wurden lange Zeit so gedeutet, daß die willingness to pay und die willingness to accept unter "normalen" Umständen relativ dicht beieinander liegen. Viele empirische Ergebnisse, die durch Befragungsmethoden erzielt wurden, ergaben aber sehr große Unterschiede zwischen beiden Maßen.[84] Im Kontext der ökonomischen Theorie ist dieses Ergebnis auf mangelnde Substitutionsmöglichkeiten zurückzuführen.[85] *Haneman* (1991) nennt als Beispiel das - nicht substituierbare menschliche Leben. Die Zahlungsbereitschaft für den Erhalt des eigenen Lebens wird durch die Höhe des verfügbaren Einkommens begrenzt, während die für die Aufgabe des Lebens geforderte Entschädigung - normalerweise - unendlich hoch sein dürfte.

---

84 Vgl. z.B. *Kahnemann/Knetsch/Thaler* (1990).

85 Es gibt noch eine Reihe weiterer Erklärungsansätze. Erste Erklärungen für die WTP-WTA-Unterschiede lieferten Psychologen wie *Kahneman/Tversky* (1979) im Rahmen ihrer "prospect theory". Danach werden Verluste subjektiv höher bewertet als objektiv gleichwertige Gewinnmöglichkeiten. Sobald ein Individuum ein Gut besitzt, steigt der subjektiv empfundene Wert im Vergleich zu der Situation, in der das Individuum nicht über dieses Gut verfügt. Dies mag damit zu tun haben, daß die Individuen die Hergabe eines in ihrem Besitz befindlichen Gutes als "erzwungen" empfinden, während sie den Erwerb eines noch nicht in ihrem Besitz befindlichen Gutes als freiwillige Handlung werten. Die Präferenzen der Individuen sind damit abhängig von der gegebenen Güterausstattung ("endowment"), die offenbar als Referenzpunkt dient. Von *Thaler* (1980) wurde dazu der Begriff "endowment effect" geprägt.

Das beschriebene Phänomen läßt sich noch durch eine Reihe anderer Theorien und Hypothesen - wie durch die Theorie kognitiver Dissonanz - erklären, die hier nicht weiter aufgeführt werden {vgl. *Mitchell/Carson* [(1989), S. 34 ff.], *Schmid* (1992)}. Selbst "sunk costs" können ursächlich für die WTP-WTA-Abweichungen sein [vgl. *Schmid* (1992)].

4.3 Zusammenfassung

Grundlegende Indikatoren für die Bewertung von individuellen Nutzenänderungen (auf der Nachfrageseite) sind die Konsumentenrente und die maximale Zahlungsbereitschaft. Zur Berechnung von (gewöhnlichen) Konsumentenrenten genügt es, gewöhnliche (*Marshall*sche) Nachfragefunktionen zu kennen. Diese lassen sich normalerweise durch Marktbeobachtungen oder ökonometrische Schätzungen ermitteln. Gewöhnliche Nachfragefunktionen sind jedoch mit zwei nicht zu vernachlässigenden Problemen behaftet. Erstens können die durch Preisänderungen eintretenden Einkommenseffekte nicht ausgeschaltet werden. Zweitens tritt bei der Analyse mehrerer Märkte das Phänomen der Pfadabhängigkeit auf. Beide Probleme stellen die Zuverlässigkeit der *Marshall*schen Konsumentenrente in bezug auf die Messung von Nutzenänderungen in Frage.

Theoretisch sind einkommensvariierte Maße besser zur Erfassung von individuellen Nutzenänderungen geeignet. Preisänderungen können mit Hilfe der kompensierenden bzw. äquivalenten Einkommensvariation bewertet werden, während Mengenänderungen durch den kompensierenden bzw. äquivalenten Überschuß zu bewerten sind. Der Vorteil der einkommensvariierten Nachfrage liegt in der Vermeidung der beiden genannten Probleme in Zusammenhang mit der gewöhnlichen Konsumentenrente. Ihr Nachteil besteht darin, daß es empirisch kaum möglich sein dürfte, einkommensvariierte Nachfragefunktionen zu ermitteln.

Bei einer geringen Einkommenselastizität der Nachfrage und einer hohen Substitutionselastizität nähern sich die Werte der verschiedenen individuellen Wohlfahrtsindikatoren einander an, so daß die gewöhnliche Konsumentenrente unter diesen Voraussetzungen befriedigende Näherungswerte für die einkommensvariierten Wohlfahrtsindikatoren abgibt. Unter bestimmten Umständen - insbesondere einer geringen Substitutionselastizität - werden die Abweichungen zwischen den kompensierenden und äquivalenten Einkommensvariationen bzw. der WTP und WTA allerdings "sehr groß". In diesem Fall kann die Projektbewertung sehr stark von dem gewählten Indikator für Nutzenänderungen beeinflußt werden.

Falls aber nur die bei einzelnen Haushalten auftretenden Wohlfahrtswirkungen betrachtet werden und/oder keine Gewinner und Verlierer durch die gleiche staatliche Maßnahme auftreten, scheint die willingness to pay der willingness to accept als Wohlfahrtsindikator überlegen, so daß sich das Auswahlproblem in diesem Fall nicht stellt.

5. Ermittlung gesellschaftlicher Wohlfahrtsänderungen

Bei den bisherigen Betrachtungen stand die Ermittlung von Nutzenänderungen einzelner Personen im Vordergrund. Das Ziel von Kosten-Nutzen-Analysen besteht jedoch in der Bewertung von gesellschaftlichen Nutzenänderungen bzw. der Nutzenänderungen aller von einem Projekt betroffenen Personen. Folglich müssen die individuellen Nutzenänderungen zu einem Kollektivmaß zusammengefaßt (aggregiert) werden. Man benötigt ein Kriterium, welches die Beurteilung verschiedener gesellschaftlicher Zustände erlaubt. Da der Nutzen der Individuen annahmegemäß durch die Menge der ihnen zur Verfügung stehenden Güter bestimmt wird, sind verschiedene, der gesamten Gesellschaft (= Summe der Individuen) zur Verfügung stehende, Güterbündel und ihre Verteilung miteinander zu vergleichen.

5.1 Das *Pareto*-Kriterium und die Aufstellung von Wohlfahrtsfunktionen

Zur Bewertung verschiedener gesellschaftlicher Zustände benötigt man einen Maßstab, der im Idealfall eine vollständige[86] und konsistente[87] Rangung aller gesellschaftlichen Güterallokationen erlaubt. Ein solcher Maßstab läßt sich als soziale Wohlfahrtsordnung ("social welfare ordering") bezeichnen. Ist eine solche Wohlfahrtsordnung stetig, kann sie in eine soziale Wohlfahrtsfunktion ("social welfare function") überführt werden.

Ein klassisches Kriterium zur Beurteilung unterschiedlicher, der Gesellschaft zur Verfügung stehenden, Güterbündel ist das ***Pareto-Kriterium***[88]. Auf diesem Denkmodell basiert ein wichtiger Zweig der Wohlfahrtsökonomie - die sog. "paretianische" Wohlfahrtsökonomie. Bei Anwendung des *Pareto*-Prinzips ist eine Situation genau dann verbesserungsfähig, wenn es möglich ist, durch eine andere "Güteraufteilung"[89] mindestens ein Individuum besser zu stellen, ohne gleichzeitig ein anderes Individuum schlechter zu stellen.[90] Eine ***Pareto-optimale Situation*** ist erreicht, falls von dort ausgehend, durch eine andere Güterverteilung keine neue Situation mehr

---

86 Vollständigkeit bedeutet, daß die Gesellschaft alle Situationen in eine Rangfolge bringen kann. Jede Situation kann dann mit jeder anderen Situationen verglichen werden.

87 Konsistenz erfordert die Eigenschaften der Reflexivität und Transitivität.

88 Benannt nach dem Italiener *Vilfredo Pareto*.

89 Dies betrifft sowohl die Allokation als auch die Distribution.

90 Genaugenommen ist damit das "strenge" *Pareto*-Kriterium beschrieben. Das "schwache" *Pareto*-Prinzip erfordert eine Besserstellung aller Betroffenen.

erreicht werden kann, in der nicht mindestens eine Person in eine schlechtere Lage versetzt wird.

Die Vorteile des *Pareto*-Prinzips gegenüber anderen Kriterien liegen einerseits in der relativ geringen Strenge dieses Werturteils und andererseits in den recht geringen Informationsanforderungen - es ist kein intersubjektiver Nutzenvergleich und keine Aufstellung einer gesellschaftlichen Wohlfahrtsfunktion nötig. Eine ordinale Erfassung der Individualnutzen reicht aus.[91] Der Nachteil des paretianischen Wohlfahrtsbegriffes liegt in seiner Unvollständigkeit. Seine Anwendung impliziert einerseits die Möglichkeit einer Vielzahl verschiedener Optimalsituationen, die untereinander nicht *Pareto*-vergleichbar sind.[92] Zweitens ist seine Anwendung auf Maßnahmen beschränkt, in denen niemand schlechter gestellt wird. Die weitaus überwiegende Zahl aller Entscheidungssituationen dürfte dadurch gekennzeichnet sein, daß es bei der Realisation einer Maßnahme Gewinner und Verlierer gibt. Aus diesem Grunde dürfte das *Pareto*-Kriterium für praktische Entscheidungen nur selten zu gebrauchen sein.

Eine andere Vorgehensweise zur Abbildung der Beziehungen zwischen den individuellen Nutzen(niveaus) und der gesellschaftlichen Wohlfahrt besteht in der Aufstellung von ***Wohlfahrtsfunktionen***.[93] Im Rahmen wohlfahrtsökonomischer Betrachtungen sind ***Wohlfahrtsfunktionen vom Bergson-Typ*** am meisten verbreitet.[94] Sie lassen sich in allgemeiner Form als

$$W = W[u_1, u_2, \dots, u_m], \tag{5.1}$$

mit $j = 1, \dots, m$, wobei $\partial W/\partial u_j > 0$, schreiben.

---

91 Vielleicht hat auch *Helmut Kohl* den vordergründigen Charme des *Pareto*-Kriteriums erkannt als er anläßlich des Bundestagswahlkampfes kurz vor der deutschen Wiedervereinigung (sinngemäß) behauptete: "Niemandem wird es schlechter gehen, aber vielen wird es besser gehen ... ".

92 In der in der Mikroökonomie üblichen *Edgeworth*-Darstellung stellen alle Punkte auf einer Kontraktkurve jeweils ein *Pareto*-Optimum dar. Es ist jedoch nicht möglich, eine Aussage darüber zu treffen, ob ein *Pareto*-Optimum "besser" oder "schlechter" ist als die übrigen Optima.

93 Zur ausführlicheren Diskussion von Wohlfahrtsfunktionen vgl. z.B. *Ng* (1981).

Mit der Verwendung von Wohlfahrtsfunktionen ist ein grundsätzliches Problem verbunden. Wohlfahrtsfunktionen, die nicht einstimmig vereinbart werden, verstoßen gegen das Postulat der Konsumentensouveränität. Sie sind aber vereinbar mit dem demokratischen Mehrheitsprinzip.

94 Eine andere Art von Wohlfahrtsfunktion stellt die von *Leontieff* und *Learner* im Rahmen der Außenhandelstheorie verwendete sog."*Leontieff-Learner*-Wohlfahrtsfunktion" dar:

$$W = W(x_1, \dots, x_n), \text{ mit } \partial W/\partial x_i > 0.$$

Danach wird die gesellschaftliche Wohlfahrt von den der Gesellschaft insgesamt zur Verfügung stehenden Gütern bestimmt. Die Individualnutzen spielen dabei keine Rolle.

Bei den Funktionen vom *Bergson*-Typ ist die Wohlfahrt (W) übereinstimmend mit dem individualistischen (welfaristischen) Werturteil abhängig von den Nutzen der einzelnen Haushalte (u_j). *Bergson*-Wohlfahrtsfunktionen sind auch konform zum *Pareto*-Prinzip, da die Wohlfahrt wegen $\partial W / \partial u_j > 0$ steigt, wenn bei unveränderten Nutzenniveaus der anderen Individuen wenigstens ein Wirtschaftssubjekt besser gestellt wird. Darüber hinausgehend werden aber auch Bewertungen ermöglicht, wenn es zu Nutzenumverteilungen kommt, da dieser Funktionstyp grundsätzlich einen Ausgleich von Nutzeneinbußen einiger Wirtschaftssubjektes durch eine Nutzenerhöhung anderer Individuen erlaubt.

Die Existenz von "Gewinnern" und "Verlierern" wirft jedoch ***Gerechtigkeitsfragen*** auf. Soll überhaupt zugelassen werden, daß einige Individuen schlechter gestellt werden, während andere gewinnen? Wenn das häufig verwendete Axiom der ***"Anonymität"*** eingeführt wird, kann sie mit "ja" beantwortet werden. Hinter der Anonymität steckt die Handlungsanweisung, daß alle Haushalte gleich zu behandeln sind. Bei Gleichbehandlung aller Individuen ist eine Maßnahmenbewertung unabhängig davon vorzunehmen, wer gewinnt oder verliert. Gewinner und Verlierer bleiben anonym; es nicht von Interesse, ob willkürlich ausgewählte Haushalte profitieren oder Vorteilseinbußen erleiden. Ob Anonymität zulässig ist - darüber läßt sich allerdings streiten.

Obwohl über Gerechtigkeit vielfältige und kontroverse Vorstellungen existieren, kann grob zwischen zwei (konkurrierenden) Gerechtigkeitskonzepten (-schulen) unterschieden werden.[95] Der ***"Wohlfahrtsphilosophie"*** (social welfare philosophy - auch "utilitaristische Philosophie" genannt) stehen Gerechtigkeitsvorstellungen gegenüber, die auf dem von *Kant* entwickelten Gedanken unantastbarer Rechte aufbauen. Allerdings werden die als unantastbar angesehenen Rechte sehr unterschiedlich ausgelegt. Während *Kant* z.B. das Recht auf ein Existenzminimum als unverrückbar ansah, zählen andere das Recht auf Freiheit (im Sinne der Abwesenheit von Zwang) oder das Recht auf Besitzstandswahrung zu den unantastbaren Persönlichkeitsrechten. Ein Zweig der *Kant*schen Philosophierichtung stellt eine hier als ***"Anspruchstheorie"*** (entitlement theory) bezeichnete Auffassung dar, die vor allem von konservativen Philosophen und Ökonomen vertreten wird.

Im Zentrum der Wohlfahrtsphilosophie steht der sog. "asset egalitarianism". Danach steht das gesellschaftliche Gesamtvermögen (inkl. Arbeit, Ausbildung, Fähigkeiten) prinzipiell zur Maximierung der gesellschaftlichen Wohlfahrt zur Verfügung

95 Vgl. im folgenden *Boadway/Bruce* (1984), S. 176 ff.

und liegt damit auch in der Dispositionsgewalt der gesellschaftlichen Entscheidungsträger. Eine Umverteilung ist immer dann erwünscht, wenn sie zur Steigerung der Wohlfahrt beiträgt. Das Prinzip der Besteuerung nach der wirtschaftlichen Leistungsfähigkeit gilt als typische Implikation der Wohlfahrtsphilosophie.[96]

Die "entitlement theory" billigt dagegen jedem Haushalt das unverrückbare Recht zu, die Menge an Gütern zu konsumieren, die er produziert.[97] Eine - prinzipiell unerwünschte - Umverteilung ist in diesem Sinne nur dann zulässig, wenn *Pareto*-Verbesserungen herbeigeführt oder "Anspruchsungerechtigkeiten" beseitigt werden können. Die Vertreter dieser Position neigen bei der Besteuerung dem Äquivalenzprinzip zu.

Die Wohlfahrtsphilosophie und die Philosophie unverrückbarer Rechte scheinen auf den ersten Blick miteinander unvereinbar. Als Kritik an der "social welfare theory" wird hervorgebracht, daß sie die Abschaffung von allgemein als unantastbar geltenden Rechten und Einrichtungen erlaubt, sofern damit eine Wohlfahrtssteigerung verbunden ist. Grundsätzlich könnten dann einzelne Gesellschaftsmitglieder (die Minderheit) zugunsten anderer Individuen (der Mehrheit) bevormundet werden. Damit seien "Grundrechte" wie z.B. das Recht auf freie Meinungsäußerung gefährdet. Wenn man aber bedenkt, daß die Gesellschaftsmitglieder normalerweise aus der Existenz gesellschaftlicher Regeln und Normen (wie z.B. den Grundrechten) einen Nutzen ziehen und sich dadurch die Wohlfahrt erhöht, steht die Wohlfahrtsphilosophie grundsätzlich nicht in Widerspruch zur Existenz unverrückbarer Rechte. Die soziale Wohlfahrtsphilosophie wird daher von den meisten Wohlfahrtsökonomen akzeptiert. Sie wird durch Wohlfahrtsfunktionen vom *Bergson*-Typ repräsentiert und bildet den Ausgangspunkt wohlfahrtsökonomischer Gerechtigkeitsüberlegungen.

Zwei Theorien der Gerechtigkeit, die auf der Wohlfahrtsphilosophie aufbauen, wurden von *Harsanyi* [(1953), (1955)] und *Rawls* (1971) entwickelt.[98] Eine Grundidee beider Ansätze ist der ***"Schleier der Unkenntnis"***[99] ("veil of ignorance"). Dieser Schleier ermöglicht eine Unterscheidung zwischen "persönlichen" und "moralischen" Präferenzen. ***Persönliche Präferenzen*** ergeben sich vor dem Hintergrund der Kennt-

96 Zu den verschiedenen Prinzipien der Besteuerung vgl. z.B. *Musgrave/Musgrave* [(1989), S. 218 ff.], *Musgrave/Musgrave/Kullmer* [(1988), S. 10 ff.].

97 Diese Philosophie impliziert, daß die individuell bei Geburt biologisch und historisch zufällige "Anfangsausstattung" mit Ressourcen und Fähigkeiten im Prinzip unantastbar ist. Danach stünde Behinderten kein Recht auf Konsum zu. Die ethische Problematik dieser Folgerung ist augenfällig.

98 Vgl. *Harsanyi* [(1953), (1955), (1975)] und *Rawls* (1971).

99 Häufig auch als "Schleier der Ungewißheit" übersetzt.

nis der Individuen über ihre zukünftige Position. Falls den Individuen jedoch keine Informationen über ihre Zukunft vorliegen, agieren sie entsprechend ihrer ***moralischen Präferenzen***. Wenn einem Haushalt bekannt ist, ob er zu den Gewinnern oder Verlierern eines Projektes zählt, entscheidet er aufgrund persönlicher Präferenzen. Weiß er dagegen nicht, ob er zu den Nutznießern oder Benachteiligten zählt, fällt sein Votum auf der Basis moralischer Präferenzen.

Harsanyi unterstellt, daß die Individuen Entscheidungen über alternative gesellschaftliche Zustände unter Unsicherheit treffen. Sie verhalten sich rational, indem sie ihren Erwartungsnutzen maximieren. Da die Haushalte annahmegemäß a priori nicht wissen, in wessen Rolle sie ex post schlüpfen, müssen sie sich in die (mögliche) Lage aller Haushalt bei verschiedenen Gesellschaftszuständen versetzen. Dabei schätzen sie jede Wahrscheinlichkeit, in die Lage eines bestimmten Haushaltes zu geraten, gleich ein.

Harsanyis Schlußfolgerungen implizieren die Verwendung einer einfachen ***utilitaristischen Wohlfahrtsfunktion*** (*Bentham*sche Nutzenfunktion), wonach sich die Wohlfahrt aus der Summe der Individualnutzen zusammensetzt:

$$W = \sum_{i=1}^{m} u_j \, . \tag{5.2}$$

Rawls geht davon aus, daß die Individuen ihre zukünftige gesellschaftliche Position nicht kennen und risikoavers sind. Jedes Individuum hält es für wahrscheinlich, in die schlechteste Position zu geraten. Aus diesem Grunde werden sich alle Individuen für eine Wohlfahrtsregel einsetzen, die die gesellschaftliche Wohlfahrt vom Wohlergehen des am schlechtesten gestellten Individuum abhängig macht. Es gilt das sog. Maximin-Kriterium, wonach der Nutzen des Haushalts mit dem geringsten Nutzen maximiert werden soll.[100] Daraus ergibt sich die *Rawl*sche Wohlfahrtsfunktion:

$$W = \min(u_1, u_2, \ldots, u_m). \tag{5.3}$$

Diese Funktion steht insofern im Gegensatz zur *Bergson*-Wohlfahrtsfunktion als letztere Wohlfahrtssteigerungen ermöglicht, indem das Wohlbefinden der Gutgestellten stärker steigt als das Wohlbefinden der Unterprivilegierten abnimmt. Nach

100 Konsequent zu Ende gedacht, ergibt sich aus den Gedanken von *Rawls* eine Nutzengleichverteilung, da es immer möglich ist, das Wohlfahrtsniveau der Gesellschaft zu steigern, solange ein Individuum schlechter gestellt ist als alle anderen Individuen. *Rawls* Ideen sind - auch aus anderen Gründen - von verschiedener Seite heftig kritisiert worden [vgl. z.B. *Harsanyi* (1975)].

der *Rawl*schen Wohlfahrtsfunktion kann die Wohlfahrt nur durch die Besserstellung des Individuums mit dem jeweils geringsten Nutzenniveau erhöht werden.

Während *Harsanyi*s Theorie die Möglichkeit einer kardinalen Nutzenmessung und eines kardinalen Nutzenvergleichs voraussetzt, erfordert die *Rawls*sche Theorie nur eine ordinale Nutzeneinschätzung und -vergleichbarkeit. Nutzenvergleiche über verschiedene Haushalte lassen sich jedoch nur dann eindeutig durchführen, wenn alle Haushalte die gleichen Präferenzen aufweisen.[101]

Neben den bereits vorgestellten Wohlfahrtsfunktionen existiert noch eine Vielzahl anderer Funktionen. Zwei weitere Sonderfälle der *Bergson*-Wohlfahrtsfunktion seien genannt. Zunächst die allgemeine Form der utilitaristischen Wohlfahrtsfunktion:

$$W = \sum_{j=1}^{m} g_j u_j , \qquad j = 1, 2, \ldots , m. \tag{5.4}$$

Hier ergibt sich die Wohlfahrt als gewichtete Summe der einzelnen Haushaltsnutzen u_j. Die Gewichte g_j können variieren. Nehmen sie alle den Wert Eins an - wie das Werturteil der Anonymität implizieren würde, verwandelt sie sich in die einfache *Bentham*sche Nutzenfunktion.

Ferner soll noch die allgemeine *Bernoulli-Nash*-Wohlfahrtsfunktion erwähnt werden:

$$W = \prod_{j=1}^{m} (u_j)^{g^j} , \qquad j = 1, 2, \ldots , m. \tag{5.5}$$

Danach setzt sich die Wohlfahrt aus dem Produkt der (gewichteten) Individualnutzen zusammen. Durch Logarithmieren erhält man aus (5.5) übrigens eine utilitaristische Nutzenfunktion.[102]

Es läßt sich zeigen, daß die Auswahl der zur Verfügung stehenden Wohlfahrtsfunktionen von den zugrunde liegenden Werturteilen und bestimmten Annahmen beeinflußt wird. Das Set der logisch konsistenten Wohlfahrtsfunktionen vergrößert

---

101 Vgl. *Boadway/Bruce* (1984), S. 184 ff.

102 Die utilitaristischen Nutzenfunktionen, Wohlfahrtsfunktionen vom *Bernoulli-Nash*-Typ und die *Rawl*sche Wohlfahrtsfunktion lassen sich auf die allgemeinere Form einer isoelastischen Funktion zurückführen [vgl. *Boadway/Bruce* (1984), S. 141]:

$$W = \frac{\sum_{j=1}^{m} a_m (u^m)^{1-\rho}}{1-\rho} . \tag{F5.1}$$

sich, je strenger die getroffenen Werturteile und je umfangreicher die vorliegenden Informationen sind.[103]

5.2 Aggregation von *Marshall*schen Konsumentenrenten mit Hilfe einer Wohlfahrtsfunktion vom *Bergson*-Typ

Verwendet man *Marshall*sche Nachfragefunktionen stellt die Aggregation der individuellen Nutzenänderungen (Änderungen der *Marshall*schen Konsumentenrenten) mit Hilfe von Wohlfahrtsfunktionen einen denkbaren Weg zur Ermittlung von gesellschaftlichen Wohlfahrtswirkungen dar. Bei Verwendung einer Wohlfahrtsfunktion vom *Bergson*-Typ können gesellschaftliche Wohlfahrtsänderungen aus der Summe der mit den individuellen Nutzenänderungen (du_j) gewichteten partiellen Ableitungen der Wohlfahrtsfunktion nach den Individualnutzen ($\partial W / \partial u_j$) gewonnen werden. Dies entspricht der Bildung des totalen Differentials der Wohlfahrtsfunktion:

$$dW = \sum_{j=1}^{m} \frac{\partial W}{\partial u_j} \cdot du_j \ . \tag{5.6}$$

Die individuellen Nutzenniveauänderungen du_j werden - wie in Abschnitt 4.1.2 ausgeführt - direkt von den Variationen der Güterverbrauchsmengen der Haushalte oder indirekt von den Änderungen der Güterpreise, der Einkommen und der individuellen Einkommensgrenznutzen bestimmt. Setzt man statt der direkten Nutzenänderung du_j in (5.6) die indirekte Nutzenfunktion (4.11) du^* ein, nach der

$$du_j^* = -\lambda_j \left[\sum_{i=1}^{n} x_i(\mathbf{p}, y_j)\, dp_i \right] + \lambda_j dy_j \ ,$$

kann man für (5.6) auch

$$dW = \sum_{j=1}^{k} \frac{\partial W}{\partial u^*_j} \cdot \lambda_j \cdot \left[dy_j - \sum_{i=1}^{n} x_{ij}(\mathbf{p}, y_j)\, dp_i \right] \tag{5.7}$$

schreiben. Dabei bezeichnen $j = 1, \ldots, m$ den Haushaltsindex und $i = 1, \ldots, n$ den Güterindex. Die durch ein Projekt induzierte diskrete Wohlfahrtsänderung ΔW läßt sich wegen (5.7) auch als Differenz zwischen der Wohlfahrt in Situation "2" (W^2) bei Durchführung des Projektes und der Wohlfahrt in Situation "1" (W^1) bei Nichtdurchführung des Projektes ausdrücken:

103 Einen sehr guten Überblick über dieses Thema bieten *Boadway/Bruce* (1984), S. 137 ff.

$$\Delta W = W^2 - W^1 = \int_c dW = \int_c \sum_{j=1}^{m} \frac{\partial W}{\partial u_j^*} \cdot \lambda_j \cdot \left[dy_j - \sum_{i=1}^{n} x_{ij}(\mathbf{p}, y_i)\, dp_i \right] . \qquad (5.8)$$

Bei der Bewertung des Einflusses individueller Nutzenänderungen auf die Änderung der Gesamtwohlfahrt besteht ein gravierendes Problem. Es ist nämlich zu klären, welches Gewicht den einzelnen Personen zugestanden wird. Sollen die Nutzenänderungen jeder einzelnen Person gleichgewichtig oder individuell unterschiedlich gewichtet in das gesellschaftliche Nutzenmaß eingehen? Dies ist gleichbedeutend mit der Frage, wie der soziale Grenznutzen aller Individualnutzen ($\partial W / \partial u_j^*$) einzuschätzen ist. Schließt man sich z.B. dem Werturteil der Anonymität an, müssen alle Individuen das gleiche Gewicht erhalten, d.h.

$$\frac{\partial W}{\partial u_j^*} = \frac{\partial W}{\partial u_k^*} \text{, für alle } j \neq k .$$

Vertritt man dagegen die Position von *Rawls*, müßte die am schlechtesten gestellte Person ein unendliches Gewicht erhalten.

Wegen $\lambda_j = \partial u_j^* / \partial y_j$ kann man schreiben:

$$\frac{\partial W}{\partial u_j^*} \cdot \lambda_j = \frac{\partial W}{\partial u_j^*} \cdot \frac{\partial u_j^*}{\partial y_j} = \frac{\partial W}{\partial y_j} . \qquad (5.9)$$

Dieser Ausdruck wird häufig als ***"sozialer Einkommensgrenznutzen"*** (genauer: "sozialer Grenznutzen des individuellen Einkommens") bezeichnet. Er ist das Produkt aus dem individuellen Einkommensgrenznutzen λ_j und dem Faktor $\partial W / \partial u_j^*$.

Falls Anonymität herrscht und die individuellen Einkommensgrenznutzen aller Individuen übereinstimmen ($\lambda_j = \lambda_k$), ist auch der soziale Einkommensgrenznutzen aller Individuen identisch:

$$\frac{\partial W}{\partial u_1^*} \lambda_1 = \ldots = \frac{\partial W}{\partial u_j^*} \lambda_j = \mu . \qquad (5.10)$$

Unter dieser Voraussetzung kann der soziale Einkommensgrenznutzen μ als Konstante angesehen werden, die den Wert Eins annimmt. Setzt man μ in Gleichung (5.8) ein, ergibt sich:

$$\Delta W = \int_c \sum_{j=1}^{m} \mu \cdot \left[dy_j - \sum_{i=1}^{n} x_{ij}(\mathbf{p}, y_i) dp_i \right] . \tag{5.11}$$

Durch Umformung vereinfacht sich Gleichung (5.11) zu:

$$\frac{\Delta W}{\mu} = \int_c \sum_{j=1}^{m} dy_j - \int_c \sum_{j=1}^{m} \sum_{i=1}^{n} x_{ij}(\mathbf{p}, y_j) dp_i . \tag{5.12}$$

Setzt man ferner

$$\Delta Y = \int_c \sum_{j=1}^{m} dy \text{ und}$$

$$\sum_{j=1}^{m} \sum_{i=1}^{n} x_{ji}(\mathbf{p}, y_j) = \sum_{i=1}^{n} \sum_{j=1}^{m} x_{ij}(\mathbf{p}, y_j) = \sum_{i=1}^{n} X_i(\mathbf{p}, Y),$$

ergibt sich aus (5.12):

$$\frac{\Delta W}{\mu} = -\int_c \sum_{i=1}^{n} X_i(\mathbf{p}, Y) dp_i + \Delta Y . \tag{5.13}$$

Unter der Voraussetzung eines für alle Haushalte konstanten sozialen Einkommensgrenznutzen setzt sich die gesellschaftliche Wohlfahrtsänderung aus der kollektiven Einkommensänderung (ΔY) und den unter gewöhnlichen Nachfragefunktionen ermittelten Änderungen der Konsumentenrente ($= \int_c x_i(\mathbf{p}, y) dp_i$) zusammen.[104] Wie bei der Betrachtung der Konsumentenrente einzelner Haushalte, hängen die Resultate auch hier vom Integrationspfad c ab.

---

104 Sofern ein Projekt keine Preisänderungen induziert, hängen die Wohlfahrtseffekte ausschließlich von Einkommensänderungen ab. Dann kann zur Ermittlung der Wohlfahrtsänderung (ΔW) anstelle der Konsumentenrente das Konzept der Zahlungsbereitschaft verwendet werden. Gleichung (5.13) vereinfacht sich in diesem Fall zu:

$$\frac{\Delta W}{\mu} = \sum_{j=1}^{m} \Delta u_j^* = \sum_{j=1}^{m} \Delta y_j = \sum_{j=1}^{m} \sum_{i=1}^{n} p_i \Delta x_{ij} . \tag{F5.2}$$

(vgl. auch Abschnitt 6).

5.3 Die Verwendung von Distributionsgewichten

Die Annahme gleicher (sozialer) Einkommensgrenznutzen ist zwar - wie im vorangehenden Abschnitt gezeigt - sehr "praktisch". Sie erlaubt die Berechnung von Wohlfahrtsänderungen aus der Konsumentenrente unter gesamtwirtschaftlichen Nachfragefunktionen sowie aus eventuellen Einkommensänderungen und erspart dem Analytiker die kaum zu lösende Aufgabe der Feststellung aller individuellen gesellschaftlichen Einkommensgrenznutzen. Die Vermutung eines über alle Individuen konstanten Einkommensgrenznutzens ist jedoch sehr fragwürdig. Sie bedeutet, daß eine DM Einkommensänderung bei "Reichen" die gleiche Wohlfahrtsänderung bewirkt wie eine DM Einkommensänderung bei "Armen". Dazu müßte ***die in der Realität zu beobachtende Einkommensverteilung optimal*** sein. Ansonsten könnte nämlich die Wohlfahrt durch verteilungspolitische Maßnahmen gesteigert werden.

Manche Autoren begründen die Existenz einer wohlfahrtsoptimalen Einkommensverteilung damit, daß die Haushalte durch politische Wahlen für eine andere Distribution sorgen würden, wenn kein Optimalzustand gegeben wäre. Viele Autoren plädierten daher für die Ausklammerung von Verteilungsfragen und den Verzicht auf Verteilungsgewichte. Die Berücksichtigung von Distributionsaspekten im Kontext von Kosten-Nutzen-Analysen war jedoch unter Ökonomen zumindest in der Vergangenheit sehr umstritten. Aus diesem Grunde sollen einige Argumente kurz beleuchtet werden.

Erstens stellt das Argument, eine herrschende Einkommensverteilung sei optimal, weil sie ansonsten geändert würde und sie würde nicht geändert, weil sie optimal sei, eine Tautologie dar.

Zweitens sind die Unvollkommenheiten des politischen (Wahl)Systems zu bedenken, die - abgesehen von logischen Problemen wie dem *Arrow*-Paradoxon - berechtigte Zweifel an der Vermutung aufkommen lassen, daß sich in politischen Entscheidungen tatsächlich immer die (mehrheitlichen) Wählerpräferenzen wiederfinden. Beispielsweise sind die Wähler mit erheblichen Informationskosten konfrontiert, wenn sie sich einen fundierten Überblick über Parteiprogramme verschaffen wollen. Zudem müssen sie über komplexe politische Programme und nicht über Einzelaspekte abstimmen. Ferner sei auf die vielen unterschiedlich starken Interessengruppen (Verbände) hingewiesen, die einen überproportionalen Einfluß einzelner, teilweise recht kleiner Bevölkerungsgruppen auf politische Entscheidungen ausüben.[105]

---

105 Die ökonomische Analyse des politischen Systems bildet einen besonderen Zweig der Ökonomie - der Politischen Ökonomie [vgl. z. B. *Bernholz/Breyer* (1984)].

Drittens können Verteilungsgewichte ja nicht nur der Berücksichtigung unterschiedlicher individueller Einkommensgrenznutzen dienen, sondern auch Ausdruck einer politisch gewollten Umverteilung (im Sinne einer Abweichung von der Anonymität) sein (vgl. Gleichung 5.9). Es ist in der Realität zu beobachten, daß bestimmte staatliche Maßnahmen überwiegend oder ausschließlich im Dienste der Verteilungspolitik stehen. Eine kosten-nutzen-analytische Betrachtung derartiger Projekte muß folglich sogar schwerpunktmäßig auf die Untersuchung von Verteilungswirkungen gerichtet sein. Schließlich berühren die von öffentlichen Projekten ausgehenden Verteilungswirkungen auch ein wichtiges gesellschaftliches Gut - den sozialen Konsens. Daher führt die Vernachlässigung von Distributionsaspekten zu einer unvollständigen Analyse.[106]

Viertens ist die Nichtbeachtung von Verteilungsfragen gleichbedeutend mit der unausgesprochenen Verwendung identischer Verteilungsgewichte. Die dahinter stehende Annahme, daß die jeweils herrschende Einkommensverteilung optimal ist, und daß alle Individualnutzen gleich zu gewichten sind, ist selbst ein Werturteil. Somit ist eine in bezug auf Verteilungsfragen werturteilsfreie Beurteilung öffentlicher Projekte gar nicht möglich.[107]

Die Verwendung gleicher Gewichte für alle Betroffenen bzw. die Ausklammerung von Verteilungsfragen, scheint insgesamt wenig befriedigend. Mittlerweile dürfte die explizite Analyse der Distributionswirkungen öffentlicher Projekte auch weitgehend akzeptiert sein.[108]

Die entscheidende Frage im Zusammenhang mit der Verwendung von Verteilungsgewichten lautet: Wie bestimmt man bzw. wer bestimmt die Verteilungsgewichte? Hierzu existieren mehrere Möglichkeiten. Prinzipiell lassen sich zwei Vorgehensweisen unterscheiden.[109] Erstens könnte man die Gewichtungen aus philosophischen Gerechtigkeitsüberlegungen ableiten oder von ausgewählten Persönlich-

---

106 Man würde Projekte quasi auf der Basis einer "falschen" Wohlfahrtsfunktion beurteilen. *Weisbrod* [(1968), S. 179 f.] bemerkt in diesem Kontext: "If 'costs' and 'benefits' are regarded as synonyms for 'advantages' and 'disadvantages' - as they should be - then it is clear that there is no logical basis for the separation of efficiency from equity."

107 Diese Auffassung vertreten auch *Pearce/Nash* [(1981), S. 34]: "Moreover, a decision to adopt no weighting system is itself equivalent to adopting a particular value judgement, namely, that the existing distribution of income is optimal. In other words, there is no such thing as a 'purely economic' appraisal; in any appraisal, one has to introduce some value judgement about distribution".

108 Vgl. *Brent* (1984), S. 213.

109 *Brent* [(1984), S. 221] ordnet die Verfechter der beiden hier diskutierten Vorgehensweisen der "a priori weighting school" und der "imputational school" zu.

keiten festlegen lassen. Stimmt man z.B. dem Werturteil der Anonymität zu, erhalten alle Gewichte (bei gleichem Einkommensgrenznutzen) den Wert Eins. Befürwortet man dagegen *Rawls* Überlegungen, bekommt das am schlechtesten gestellte Individuum ein unendliches Gewicht. Die Entscheidung über Verteilungsgewichte könnte auch von Experten getroffen werden. In einer demokratischen Gesellschaft sind jedoch nur (ab)wählbare Politiker oder die Bevölkerung zur endgültigen Entscheidung über Verteilungsgewichte legitimiert.

Zweitens bleibt die Alternative, aus empirischen Beobachtungen auf implizite Werturteile zu schließen und auf diese Weise Verteilungsgewichte zu erhalten. Beispielsweise könnte man Verteilungsgewichte aus früheren staatlichen Investitionsentscheidungen oder aus dem bestehenden Einkommensteuersystem ableiten.[110]

Die Idee einer Analyse vergangener öffentlicher Investititionsentscheidungen beruht auf *Weisbrod* (1968) und ist unter der Bezeichnung ***"revealed preference approach"*** bekannt. *Weisbrod* folgerte aus der Beobachtung, daß viele von der öffentlichen Hand durchgeführten Projekte unter dem Gesichtspunkt der allokativen Effizienz nicht zu rechtfertigen wären und zu ihren Gunsten auf allokativ effizientere Programme verzichtet wurde, daß verteilungspolitische Kriterien bei der Entscheidung zugunsten der realisierten Projekte ausschlaggebend waren.[111] Aus diesem Grunde schlug er vor, Verteilungsgewichte aus der Analyse vergangener Vorhaben abzuleiten.

Dazu benötigt man eine hinreichend große Zahl von vergangenen Projekten, deren Wirkungen auf einzelne Bevölkerungsgruppen ermittelbar sind. Analytisch erfordert die Bestimmung der Verteilungsgewichte (g) nach der *Weisbrod*schen Methode die Lösung eines (Un)Gleichungssystems folgender Art:

---

110 Hier kommen die Werturteile von Entscheidungsträgern, damit zumeist Politikern - indirekt - zum Ausdruck. Daher stellt sich die Frage, warum die politischen Entscheidungsträger nicht gleich unmittelbar befragt werden.

111 Diese Vermutung *Weisbrods* ist keinesfalls zwangsläufig. Es ist z.B. durchaus möglich, daß die Entscheidungsträger ganz persönliche Zielsetzungen verfolgten oder in Unkenntnis der distributiven Wirkungen agierten. Ferner stellt sich - falls die Verteilungswirkungen explizit beachtet wurden - die Frage, ob die sich in den Projektentscheidungen niederschlagenden Wertmaßstäbe der Verantwortlichen in Einklang mit demokratischen Wertmaßstäben stehen. Es könnten z.B. gezielt die Maßnahmen bevorzugt werden, die ganz bestimmte Wählergruppen gegen den Willen der Mehrheit begünstigen. In diesem Fall wäre die nachfolgend beschriebene Art der Bestimmung von Verteilungsgewichten gesellschaftlich eher unerwünscht, da sich in ihnen lediglich die Präferenzen einzelner Interessengruppen widerspiegelten.

$$
\begin{array}{l}
g_1B_{11} + g_2B_{12} + g_3B_{13} + \ldots + g_kB_{1k} = B_1 \\
g_1B_{21} + g_2B_{22} + g_3B_{23} + \ldots + g_kB_{2k} \geq B_1 \\
g_1B_{31} + g_2B_{32} + g_3B_{33} + \ldots + g_kB_{3k} \geq B_1 \\
\quad . \quad\quad . \quad\quad . \quad\quad . \quad\quad . \\
\quad . \quad\quad . \quad\quad . \quad\quad . \quad\quad . \\
g_1B_{l1} + g_2B_{l2} + g_3B_{l3} + \ldots + g_kB_{lk} \geq B_1
\end{array}
$$

$g_1, g_2, g_3, \ldots, g_k$ sind die zu bestimmenden Verteilungsgewichte für die k ausgewählten Bevölkerungsgruppen. Mit B_{lk} ist der Nutzen, den die k-te Bevölkerungsgruppe aus dem l-ten Projekt empfängt, bezeichnet. In der obersten Zeile steht ein Projekt, welches nicht durchgeführt wurde. Der errechnete Gesamtnutzen dieses Projektes beläuft sich auf B_1. Demzufolge müssen - sofern man Irrationalität ausschließt - die anderen realisierten Projekte einen höheren Nutzen abwerfen als Projekt 1.[112]

Das Gleichungssystem ist nur lösbar, falls es identifiziert ist, d.h. die Zahl der unbekannten Gewichte muß exakt mit der Zahl der (voneinander unabhängigen) Gleichungen übereinstimmen. Folglich wird die Zahl der ermittelbaren Verteilungsgewichte von der Anzahl der bekannten Projekte begrenzt.

Bei der Gruppenbildung befürwortet *Weisbrod* Kriterien wie Einkommen, Alter, Geschlecht, ethnische und räumliche Herkunft. Während *Weisbrod* die Verteilungsgewichte lediglich aus der Nutzenverteilung staatlicher Projekte ableitet, wären aber bei einer vollständigen Betrachtung auch die von der Kosten- bzw. Finanzierungsseite ausgehenden Verteilungswirkungen und damit die gruppenspezifischen Nettoverteilungseffekte zu berücksichtigen.[113]

Mit den Untersuchungsergebnissen alter Kosten-Nutzen-Analysen "bewaffnet", könnten ex ante die vollständigen Wirkungen neuer Projekte ermittelt werden. *Weisbrod* verwendet in diesem Zusammenhang den Begriff ***"grand-efficiency"***. Die "grand-efficiency"-Werte (GE) jeder Alternative berechnen sich aus:

$$GE = a_1g_1(N\text{-}K)_1 + a_2g_2(N\text{-}K)_2 + \ldots + a_kg_k(N\text{-}K)_k\,. \qquad (5.15)$$

112 Hierbei wird eine Kostengleichheit aller Projekte angenommen. Bei nicht kostengleichen Maßnahmen ist dieser Ansatz leicht modifizierbar, indem z.B. anstelle der Nutzen Kosten-Nutzen-Relationen verwendet werden.

113 Vgl. auch die Kritik von *Haveman* [(1968), S. 209] an *Weisbrods* Ansatz.

N-K stellt den durchschnittlichen Nettoeffekt (Begünstigung oder Belastung) eines öffentlichen Projektes für die Mitglieder der k-ten Personengruppe dar. Während mit g_k das Distributionsgewicht, welches der k-ten Bevölkerungsklasse beigemessen wird, bezeichnet ist, drückt a_k die Zahl der Personen in dieser Gruppe aus.

Weisbrods Ansatz ist verschiedenen Kritikpunkten ausgesetzt. Erstens erfordert die beschriebene Vorgehensweise umfangreiche finanzwissenschaftliche Inzidenzanalysen.[114] Es müßten für jede der gebildeten k Personenkategorien die Nutzen (N_k) und Kosten (K_k) bzw. die Nettonutzen (N_k - K_k) separat ermittelt werden. Tabelle 5.1 skizziert das nötige Zahlenwerk für einige willkürlich gebildete Einkommens- und Altersklassen bei getrennter Betrachtung von Männern und Frauen. Man sieht dort, daß selbst bei einer sehr groben Klassifizierung bereits für 18 Personengruppen jeweils Kosten und Nutzen bekannt sein müßten.[115]

Tabelle 5.1: Mögliche Klassifikation bevölkerungsgruppenspezifischer Verteilungswirkungen öffentlicher Projekte

Einkommen:	0 - 40 000		40 001 - 80 000		80 001 - ∞	
Geschlecht:	männlich	weiblich	männlich	weiblich	männlich	weiblich
Alter:						
- 30	$N_1 - K_1$	$N_2 - K_2$	$N_3 - K_3$	$N_4 - K_4$	$N_5 - K_5$	$N_6 - K_6$
31- 60	$N_7 - K_7$	$N_8 - K_8$	$N_9 - K_9$	$N_{10} - K_{10}$	$N_{11} - K_{11}$	$N_{12} - K_{12}$
> 60	$N_{13} - K_{13}$	$N_{14} - K_{14}$	$N_{15} - K_{15}$	$N_{16} - K_{16}$	$N_{17} - K_{17}$	$N_{18} - K_{18}$

Ein Kennzeichen dieser Klassenbildung ist die bezüglich der Einzelkriterien diskrete Gewichtung. Für alle Zugehörigen einer Personenkategorie wird das gleiche Nutzengewicht unterstellt. Personen mit dicht beieinanderliegenden Einkünften erhalten u.U. sehr verschiedene Gewichte, wenn sie in den Grenzbereich von zwei ver-

114 Beispiele für die Bundesrepublik Deutschland sind die Untersuchungen von *Hanusch* (1976) und *Grüske* (1978).

115 Mit zunehmender Zahl der Unterscheidungskriterien und Feingliederung der Einzelkriterien erreicht die Gesamtzahl der zu untersuchenden Gruppen leicht nicht mehr handhabbare Ausmaße. Dies erkennt auch *Weisbrod* und schlägt als Kompromiß ein Grundtableau mit jeweils drei Einkommens-, Alters- und Regionalklassen und für jede Einkommensgruppe einen getrennten Zahlenausweis für weiße und farbige Bevölkerungsgruppen vor. Selbst bei dieser - willkürlichen - Restriktion verbleiben immerhin noch 54 (!) Personenkategorien.

schiedenen benachbarten Kategorien fallen. Im durch Tabelle 5.1 wiedergegebenen Beispiel erhielte eine Frau mit einem Einkommen von 40.000 DM vielleicht ein gänzlich anderes Gewicht als eine Dame mit Einkünften von 40.001 DM. Ein solches Ergebnis wäre aber wenig plausibel.

Die Gewinnung von "vertretbaren" Verteilungsgewichten aus Beobachtungen der Realität setzt in jedem Fall voraus, daß die Verteilungswirkungen der beobachteten Projekte von den Entscheidungsträgern beabsichtigt bzw. ihnen vollständig bekannt sind. Dieser Sachverhalt ist jedoch zu bezweifeln. Sieht man ferner die staatliche (Verteilungs)Tätigkeit im Gesamtzusammenhang, müßten die Gewichte aus allen staatlichen Projekten zusammen abgeleitet werden.

Ein anderer Weg der Bestimmung von Verteilungsgewichten aus empirischen Beobachtungen besteht in einer Analyse der Einkommensbesteuerung. Unter bestimmten Voraussetzungen läßt die Einkommensbesteuerung tatsächlich Rückschlüsse auf Verteilungsgewichte zu. Grundlegende Voraussetzung für dieses Verfahren ist die Kenntnis des der Einkommenbesteuerung zugrunde liegenden ***Opferprinzips***[116]. Sofern - wie z.B. von *Eckstein* (1961) vermutet - eine Besteuerung nach dem Prinzip des gleichen individuellen Grenzopfers erfolgt, lassen sich die Gewichte aus einer Transformation der individuellen marginalen Einkommensteuersätze ableiten.[117] In diesem Fall gilt z.B. für zwei Haushalte j, k:

$$\frac{g_j}{g_k} = \frac{t_k^{'}}{t_j^{'}}, \tag{5.15}$$

d.h. die individuellen Einkommensgewichte g_k verhalten sich umgekehrt proportional zu den Grenzsteuersätzen t'.[118] Wenn z.B. der Haushalt k ein zu versteuerndes

---

116 Die Anwendung der Opfertheorie entspricht einer Besteuerung nach der individuellen Leistungsfähigkeit. Dabei ist zwischen drei Varianten der Opfertheorie zu unterscheiden: Erstens einer Besteuerung, die allen Individuen das ***gleiche absolute Opfer*** (Nutzenentgang) abverlangt. Zweitens der Variante, die allen Personen das ***gleiche relative Opfer*** auferlegt und drittens die Besteuerung, bei der alle besteuerten Individuen das ***gleiche marginale Opfer*** tragen müssen [vgl. z.B. *Musgrave/Musgrave* [(1989), S. 228 ff.], *Musgrave/Musgrave/Kullmer* [(1988), S. 29 ff.]).

117 Eine Anwendung dieser Verfahrensweise findet sich z.B. bei *Havemann* (1965).

118 Aus einer progressiven Einkommensbesteuerung folgt implizit, daß der Gesetzgeber den Einkommensänderungen von Haushalten mit hohen Einkünften ein geringeres Gewicht beimißt als den Einkommensänderungen von Haushalten mit geringen Einkünften. Die Gewichte g_k lassen sich damit als Inverse der Einkommensgrenzsteuersätze darstellen. Für zwei Haushalte j, k gilt:

$$g_j = \frac{\partial u_j}{\partial y_j} = \frac{1}{t_j^{'}} \text{ und } g_k = \frac{\partial u_k}{\partial y_k} = \frac{1}{t_k^{'}}.$$

Jahreseinkommen in Höhe von 130.000 DM mit einem Grenzsteuersatz von 53% und der Haushalt j ein Einkommen in Höhe von 6500 DM mit einer Grenzsteuerlast von 19% vorweist, beträgt der Quotient beider Einkommensgewichte: $\frac{g_j}{g_k} = \frac{0{,}53}{0{,}19} \approx 2{,}789$. Demzufolge würde eine DM Einkommen, die dem Niedrigverdienerhaushalt zukommen würde, rund 2,8 mal so hoch bewertet, wie eine dem Gutverdienerhaushalt zufließende DM.

Bei identischen (oder ähnlichen) Nutzenfunktionen aller Individuen müßte eine Besteuerung nach dem Prinzip des gleichen Grenzopfers zunächst ausschließlich die oberen Einkommensklassen treffen und im Extremfall zu gleichen Nettoeinkünften (nach Steuern) führen. Diese Besteuerungstechnik ist jedoch empirisch nicht zu beobachten, so daß Zweifel am Vorherrschen dieser Art der Einkommensbesteuerung erlaubt sind.

Ein anderer Ansatz zur Ableitung von Verteilungsgewichten aus dem Steuersystem basiert auf der Berechnung von (Einkommens)Nutzen-Elastizitäten. In diesem Fall lassen sich die Verteilungsgewichte der Haushalte g_j durch folgenden Ausdruck bestimmen:

$$g_j = \frac{\partial u_j}{\partial y_j} = \left(\frac{y_j}{\bar{y}}\right)^{\beta} . \quad (5.16)$$ [119]

Daraus folgt:

$$\frac{g_j}{g_k} = \frac{\frac{\partial u_j}{\partial y_j}}{\frac{\partial u_k}{\partial y_k}} = \frac{t_k'}{t_j'} .$$

119 Normiert man Gleichung (5.8) mit dem Einkommensgrenznutzen des k-ten Individuums λ_k und unterstellt man ferner, daß $\frac{\partial W}{\partial u_j^*} = \frac{\partial W}{\partial u_k^*} = 1$, mit $j \neq k$, ergibt sich aus (5.8):

$$\frac{\Delta W}{\lambda_k} = \int_c \sum_{j=1}^{m} \frac{\lambda_j}{\lambda_k} \cdot \left[dy_j - \sum_{i=1}^{n} x_{ij}(p, y_i)\, dp_i \right] . \quad (F5.3)$$

Unterstellt man ferner, daß für alle Individuen die gleiche Funktion des Einkommensgrenznutzen $\lambda_j = \alpha y_j^{\beta}$ gilt, woraus folgt, daß $\frac{\lambda_j}{\lambda_k} = \left(\frac{y_j}{y_k}\right)^{\beta}$, kann man für (F5.3) auch schreiben:

$$\frac{\Delta W}{\lambda_k} = \int_c \sum_{j=1}^{m} \left(\frac{y_j}{y_k}\right)^{\beta} \cdot \left[dy_j - \sum_{i=1}^{n} x_{ij}(p, y_j)\, dp_i \right] . \quad (F5.4)$$

So erhält man das Verteilungsgewicht $\left(\frac{y_j}{y_k}\right)^{\beta}$.

Mit $\overline{y}$ ist ein willkürlich gewähltes Referenzeinkommen - z.B. das Durchschnittseinkommen aller Haushalte - und mit y_j das Einkommen der j-ten Person bzw. der j-ten Einkommensgruppe bezeichnet. β ist die Nutzenelastizität des Einkommens. Es ist leicht ersichtlich, daß sich aus (5.16) in Abhängigkeit von den individuellen Einkünften und der Nutzenelastizität sehr unterschiedliche Distributionsgewichte ergeben. Beispielsweise zeigten *Holm-Müller u.a.* (1991) in einer Untersuchung der Zahlungsbereitschaft für Umweltgüter die Implikationen von vier - willkürlich gewählten - Einkommensnutzen-Elastizitäten anhand folgender Tabelle 5.2 auf:

Tabelle 5.2: Der Einfluß von Einkommensnutzen-Elastizitäten auf Verteilungsgewichte

Einkommensklasse	Klassendurchschnittseinkommen ($\overline{y}$ = 3213 DM)	β = -0,5	β = -1,0	β = -1,5	β = -2,0
< 1000 DM	750 DM	2,07	4,28	8,87	18,32
1000 - 1500 DM	1250 DM	1,60	2,57	4,12	6,60
1500 - 2000 DM	1750 DM	1,35	1,84	2,49	3,39
2000 - 3000 DM	2500 DM	1,13	1,29	1,46	1,66
3000 - 4000 DM	3500 DM	0,96	0,92	0,88	0,85
> 4000 DM	5000 DM	0,80	0,64	0,52	0,41

Vgl. *Holm-Müller u.a.* (1991), S. 101.

Während die zur Gewinnung von Distributionsgewichten benötigten Einkommensdaten leicht aus Einkommenstatistiken oder Erhebungen entnommen werden können, ist zur empirischen Bestimmung von β ein größerer Aufwand nötig. *Mera* (1969) gelangte aufgrund einer Untersuchung der US-Einkommensteuer unter der Annahme einer Besteuerung nach dem gleichen absoluten Opfer zu einem Wert von -1,5 für die Nutzenelastizität des Einkommens. *Theil/Brooks* (1970) ermittelten einen Wert von ungefähr -2.

Ein Vorteil der steuerbestimmten Verteilungsgewichte liegt in ihrer relativ einfachen Berechnungsweise, wenn man auf die empirische Ableitung der Nutzenelastizitäten aus dem Einkommensteuersystem verzichtet und willkürliche Nutzenelastizitäten einsetzt. Die empirische Ableitung der Nutzenelastizitäten aus dem Ein-

So erhält man das Verteilungsgewicht $\left(\frac{y_j}{y_k}\right)^{\beta}$.

kommensteuersystem setzt voraus, daß die Einkommensbesteuerung tatsächlich entsprechend einer der genannten Opfertheorien durchgeführt wird und kein Zufallsergebnis eines politischen Prozesses ist. Außerdem kann bei einem dergestaltigen Verfahren nicht berücksichtigt werden, daß in real beobachtbaren Steuersystemen Distributionsüberlegungen auch bei der Ausgestaltung der Besteuerung der Einkommensverwendung, des Vermögens und der Preispolitik öffentlicher Institutionen sowie bei Sozialtransfers eine Rolle spielen. Damit können aus dem Einkommensteuersystem hergeleitete Verteilungsgewichte nur einen Teil der staatlichen Transferabsichten wiedergeben.

Allen empirischen Bestimmungsversuchen der Verteilungsgewichte haftet ein gemeinsames Problem an: Die Gewichte hängen von vergangenen Projekten (bzw. von alten Steuersystemen) ab, so daß bei Anwendung dieser Gewichte politische Präferenzen der Vergangenheit in die Zukunft projiziert werden. Die Verfahrensweise zeigt auf, wie die Präferenzen in der Vergangenheit gestaltet waren, aber nicht, welche Gewichte für weitere Entscheidungen angemessen sind.

Eine weiterer Aspekt ist zu bedenken: Die empirischen Untersuchungen zur Bestimmung der Verteilungsgewichte erlauben keine Trennung zwischen Verteilungsgewichten, die aufgrund unterschiedlicher Einkommensgrenznutzen zustande kommen oder auf anderen Motivationen beruhen. In der Realität dürfte sich lediglich ein Konglomerat beider Motivationen beobachten lassen.

Betrachtet man zusammenfassend die Möglichkeiten der Entwicklung und Anwendung von Verteilungsgewichten, müssen erhebliche Schwierigkeiten konstatiert werden. Weder durch Gerechtigkeitsüberlegungen noch durch die Beobachtung von in der Vergangenheit getroffenen Entscheidungen oder durch eine Analyse der Besteuerung kann zweifelsfrei bestimmt werden, wie individuelle Nutzenänderungen zu gewichten sind. Dieses Dilemma läßt sich zumindest nach derzeitigem Wissen nicht vermeiden.

Mancher Leser und Analytiker mag durch diese Tatsache dazu verleitet sein, gänzlich auf die Beachtung von Verteilungswirkungen zu verzichten, in der Hoffnung auf diese Weise allen einschlägigen Problemen entgehen zu können. Es wurde aber deutlich, daß der (scheinbare) Verzicht auf die Einbeziehung distributiver Gesichtspunkte keine Lösung darstellt, denn auch hinter dieser Handlungsweise verbergen sich Werturteile.

An dieser Stelle kann nur wiederholt empfohlen werden, die Werturteile der Projektbewertung zu offenbaren. Werden Verteilungsgewichte gebraucht, sollte deren Ableitung transparent werden. Auf jeden Fall sollte auch eine "ungewichtete" Projektbewertung ("1 DM ist 1 DM, egal von wem sie stammt") vorgenommen werden.[120] Anschließend können die Auswirkungen verschiedener Verteilungsgewichte auf das Bewertungsergebnis aufgezeigt werden. So läßt sich die Informationsbasis der Entscheidungsträger mit der Hoffnung auf "bessere" Entscheidungen verbreitern.[121]

5.4 Aggregation der Einkommensvariationen

Wie wir oben gesehen haben, erfordert die Verwendung von Wohlfahrtsfunktionen zur Beurteilung alternativer gesellschaftlicher Zustände zumindest einen interpersonellen Nutzenvergleich und i.d.R. zusätzlich eine kardinale Nutzenmessung. Durch die anschließend diskutierte Aggregation der Einkommensvariationen kann aber auf Wohlfahrtsfunktionen verzichtet und können die damit zusammenhängenden strengen Annahmen vermieden werden.

Die Aggregation von Einkommensvariationen ist mathematisch einfach. Man addiert lediglich die individuellen Einkommensvariationen zu einer gesellschaftlichen Einkommensvariation. Die Summe der nutzenkompensierenden Einkommensbeträge läßt sich durch den Ausdruck

$$\sum_{j=1}^{m} CV_j = -\int_{p1}^{p2} \sum_{j=1}^{m} \sum_{i=1}^{n} x_i(\mathbf{p},u^1)\, dp_i + \sum_{j=1}^{m} \Delta y_j \tag{5.17}$$

wiedergeben, während die nutzenäquivalenten Geldsummen durch

$$\sum_{j=1}^{m} EV_j = -\int_{p1}^{p2} \sum_{j=1}^{m} \sum_{i=1}^{n} x_i(\mathbf{p},u^2)\, dp_i + \sum_{j=1}^{m} \Delta y_j \tag{5.18}$$

120 Damit wird auch der gelegentlich gegen die Verwendung von Verteilungsgewichten vorgetragene Einwand, daß sie eine Vergleichbarkeit verschiedener Projektbewertungen verhindern, entkräftet [vgl. auch *Pearce/Nash* (1981), S. 34].

121 Gerade an dieser Stelle sei auf *Krutillas* [(1961), S. 234] Schlußfolgerung in Zusammenhang mit den wohlfahrtsökonomischen Grundlagen der Kosten-Nutzen-Analyse verwiesen: " Since the alternative is not to retire to inactivity but, rather, to reach decisions in the absence of analysis, we may take some comfort from the belief that thinking systematically about problems and basing decisions on such analysis are likely to produce consequences superior to those that would result from purely random behavior."

ausgedrückt werden können.[122] $x_i(p, u^1)$ ist die kompensierte Nachfragefunktion nach dem Gut i, bei Konstanthaltung des ex-ante-Nutzenniveaus u^1. Analog ist $x_i(p, u^2)$ als x_i-Nachfragefunktion bei konstantem ex-post-Nutzenniveau u^2 zu interpretieren. p^1 ist der Preis des i-ten Gutes ohne und p^2 der Preis nach Projektdurchführung. Die Summe aller individuellen Einkommensvariationen entspricht also der Konsumentenrente unter den einkommensvariierten Gesamtnachfragefunktionen plus der gesellschaftlichen Einkommensänderung.

Die Einkommensvariationen lassen sich nun in einen Zusammenhang mit dem *Pareto*-Kriterium bringen. Das *Pareto*-Kriterium erlaubt keine Ressourcenreallokation, wenn dadurch auch nur ein Individuum schlechter gestellt wird. Aus diesem Grunde liefert es nur eine sehr unvollständige Ordnung möglicher gesellschaftlicher Zustände. Um auch Zustände beurteilen zu können, bei deren Erreichung es "Gewinner" und "Verlierer" gibt, wurde das sog. ***"Kaldor-Hicks-Kriterium"*** entwickelt. Dieses Kriterium zielt auf die Frage, ob die (potentiellen) Gewinner die (potentiellen) Verlierer entschädigen können oder nicht.

Genaugenommen handelt es sich aber um zwei verschiedene Kriterien. Nach *Kaldor* (1939) ist eine - neue - Situation B einer Ausgangslage A dann vorzuziehen, wenn ausgehend von B die potentiellen "Gewinner" dieser Zustandsänderung in der Lage sind, die potentiellen "Verlierer" zu kompensieren. Die kompensierende Einkommensvariation der Gewinner muß also größer sein als die kompensierende Einkommensvariation der Verlierer, d.h. $\Sigma\, CV > 0$.

Nach *Hicks* (1939) ist B gegenüber A zu präferieren, wenn die potentiellen "Verlierer" die potentiellen "Gewinner" durch eine monetäre Kompensation nicht zum Verzicht ihrer Zustimmung zur Änderung bewegen können. In diesem Fall muß die äquivalente Einkommensvariation der Gewinner die der Verlierer übersteigen: $\Sigma\, EV > 0$.

Bei der Anwendung des *Kaldor-Hicks*-Kompensationskriteriums kommt es auf die tatsächliche Durchführung der Entschädigung nicht an; es genügt, wenn es prinzipiell möglich wäre, den Nutzenverlust der Benachteiligten durch (kostenlose) Pro-Kopf-Transfers auszugleichen. Mit anderen Worten ist eine Situation gegenüber einer anderen Situation vorzuziehen, wenn sie ***potentielle Pareto-Verbesserungen*** ermöglicht. Falls die notwendigen Ausgleichszahlungen durchgeführt werden, entspricht dies der Anwendung des *Pareto*-Kriteriums.

---

122 Vgl. *Hanusch* (1987), S. 42 ff. Auf die mathematisch analoge Aggregation der kompensierenden und äquivalenten Überschüsse wird hier verzichtet.

Gegen das Kompensationskriterium können verschiedene Einwände erhoben werden. Ein Kritikpunkt besteht darin, daß die Anwendung dieses Kriteriums ohne Gerechtigkeits- oder Gleichheitsannahmen nicht legitimiert ist. Ein anderer Einwand ergibt sich aus der Vermutung, daß die nötigen Umverteilungsmaßnahmen nicht kostenlos sein können und zumindest einen Teil der möglichen Wohlfahrtsgewinne wieder aufzehren würden.

Akzeptiert man das Kompensationskriterium dennoch, ist genauer zu prüfen, ob die eben beschriebene Aggregation von Kompensationsbeträgen eindeutige Indikatoren für Wohlfahrtsänderungen sind und positive Summen der CV bzw. EV tatsächlich hinreichende Kriterien für die Möglichkeit von *Pareto*-Verbesserungen sind. Wie gleich noch deutlich werden wird, wird das Ergebnis dieser Untersuchung vom Verlauf der gesellschaftlichen Indifferenzlinien - die auch als ***Scitovsky-Indifferenzlinien*** bezeichnet werden[123] - bestimmt.

Bevor der Aussagegehalt des Kompensationstests näher diskutiert werden kann, sind noch einige Bemerkungen zur Herleitung und zur Bedeutung gesellschaftlicher Indifferenzkurven vonnöten. *Scitovsky*-Indifferenzlinien zeigen alle Güterkombinationen an, die allen Individuen gleichzeitig ein bestimmtes, konstantes Nutzenniveau sichern. Dabei sind alle Punkte auf einer gesellschaftlichen (*Scitovsky*)-Indifferenzkurve (GI) tauscheffizient. Die graphische Herleitung für den Zwei-Personen-Zwei-Güter-Fall erfolgt in Abbildung 5.1. Angenommen, eine Gesellschaft (bestehend aus Person A und Person B) produziert die Güter 1 und 2 in den jeweiligen Mengen $\overline{x_1}$ und $\overline{x_2}$. Das Tauschproblem von A und B ist mittels des Schachteldiagramms (der *Edgeworth*-Box[124]) in Abbildung 5.1 wiedergegeben. Ein (willkürliches) *Pareto*-Optimum wäre der Punkt "1", wobei mit I_a^1 und I_b^1 die individuellen Präferenzen bezeichnet sind. Wenn man nun - ausgehend von "1" - alle möglichen Kombinationen finden will, die die Nutzenniveaus beider Personen unverändert lassen, braucht man nur die Indifferenzlinie einer Person - z.B. die von B - tangential zur Indifferenzkurve der anderen Person - A - zu verschieben. Zu beachten ist, daß sich - wegen des konstanten Nutzenniveaus - damit auch der Ursprung - hier 0_b - verschiebt. Die Linie, auf der 0_b durch die Tangentialverschiebung wandert, ist die gesellschaftliche Indifferenzlinie (GI). Sie bildet alle Kombinationen von x_1 und x_2 ab, die zu einem konstanten Nutzenniveau beider Individuen führen.

---

123 Nach *Tibor Scitovsky*.

124 Nach *F.Y. Edgeworth*.

Abbildung 5.1: Graphische Herleitung einer gesellschaftlichen Indifferenzlinie (Scitovsky-Indifferenzkurve)

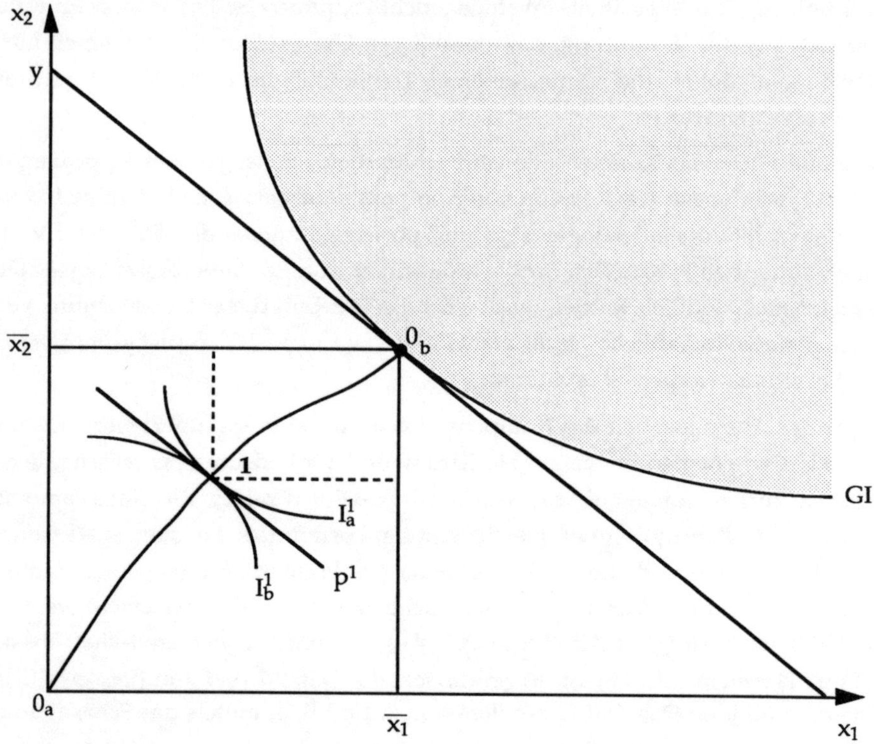

Gesellschaftliche Indifferenzkurven (GI) verfügen über folgende Eigenschaften:

- Die Steigung einer GI entspricht in jedem Punkt der Steigung der zugehörigen Tangentialpunkte der individuellen Indifferenzkurven. Z.B. ist die Steigung der GI im Punkt 0_b in Abbildung 5.1 mit der Steigung der individuellen Indifferenzkurven im Punkt "1" identisch. Da die Steigung in "1" dem Preisverhältnis beider Güter entspricht, reflektiert eine GI die jeweiligen Preisverhältnisse in den Tangentialpunkten der individuellen Indifferenzlinien.
- Jedem Punkt auf der Kontraktkurve in der *Edgeworth*-Box entspricht eine andere GI. D.h. durch 0_b verlaufen genauso viele GI wie Punkte auf der Kontraktkurve existieren. Jede GI repräsentiert eine unterschiedliche Zusammensetzung der Nutzenniveaus beider Personen. Üblicherweise werden sich die verschiedenen GI schneiden. Nur wenn die Individuen identische, (quasi)homothetische Präferenzen aufweisen, verläuft die Kontraktkurve linear und die GI schneiden sich demzufolge nicht.

- Jeder Punkt rechts von der GI (innerhalb der schraffierten Fläche, die auch als "*Scitovsky*-Set" bezeichnet wird) zeigt ein Güterbündel an, das bei entsprechender Verteilung zu *Pareto*-Verbesserungen führt und deshalb jedem Punkt auf der GI vorzuziehen ist. Umgekehrt führen alle Punkte unterhalb der GI zu Situationen, in denen mindestens eine Person schlechter gestellt ist.
- Das Gesamteinkommen beider Personen, welches bei gegebenen Preisverhältnissen notwendig ist, um die individuellen Nutzenniveaus I_a^1 und I_b^1 zu erreichen, ist y. y entspricht der Summe der individuellen Ausgabenfunktionen: $y = e(p^1, u_a^1) + e(p^1, u_b^1)$.

Werfen wir nun einen Blick auf das Schaubild 5.2 um die Bedeutung der *Scitovsky*-Indifferenzlinien für die Projektbewertung zu ergründen. Dort wird - wie auch in Abbildung 5.3 - das Zwei-Personen-Zwei-Güter-Beispiel beibehalten. Nehmen wir an, eine staatliche Maßnahme würde eine Änderung der Güterproduktion verursachen. Bei effizienter Produktion und unveränderter Ressourcenausstattung könnte der staatliche Eingriff zu einer "Wanderung" auf der Transformationskurve TT' - sie spiegelt die (maximalen) Produktionsmöglichkeiten beider Güter wider - vom Ausgangspunkt "1" zum Endpunkt "2" führen. Dadurch ergibt sich eine neue *Edgeworth*-Box und eine neue Kontraktkurve. Sofern der Gütertausch auch im neuen Zustand effizient erfolgt, tangiert die Ex-post-Indifferenzkurve GI^2 die Transformationskurve in Punkt "2". Das Ex-post-Preisverhältnis ist p^2 und das neue Einkommensniveau bei diesem Preisverhältnis gleicht Y_2^2. e^1 stellt nun das Einkommen dar, welches zur Aufrechterhaltung des alten Nutzenniveaus bei neuen Preisverhältnissen notwendig ist. Die Summe der CV entspricht folglich $Y_2^2 - e^1 > 0$. Nach diesem Kompensationstest wäre die Situation "2" dem Zustand "1" vorzuziehen.

Wird umgekehrt eine staatlich induzierte Verschiebung des Güterangebots von "2" nach "1" unterstellt, beträgt die dem Zustand "1" entsprechende Summe der Einkünfte - beim Preisverhältnis p^1 - Y_1^1. Zur Aufrechterhaltung des gesellschaftlichen Ausgangsnutzenniveaus in "2" wären beim Preisverhältnis p^1 jedoch nur ein Einkommen in Höhe von e^2 notwendig. Die Summe der CV ist in diesem Fall $Y_1^1 - e^2 > 0$. Im vorliegenden Beispiel ist also sowohl der Zustand "1" dem Zustand "2" vorzuziehen und umgekehrt - ein offensichtlicher Widerspruch. Dieser Widerspruch wird auch als das "***Scitovsky-Paradoxon***" bezeichnet.

Dieses Phänomen tauchte hier auf, indem das *Kaldor*-Kriterium sowohl zur Analyse der Änderung von "1" nach "2" als auch zur Beurteilung der Änderung von "2" nach "1" angewandt wurde. Zur Vermeidung des Widerspruchs wurde von *Scitovsky* (1941) vorgeschlagen, einen "Doppeltest" durchzuführen. Danach ist eine Situation einer anderen nur dann eindeutig vorzuziehen, wenn gleichzeitig das *Kaldor*-Krite-

Abbildung 5.2: Kompensationskriterium bei sich schneidenden Scitovsky-Indifferenzlinien

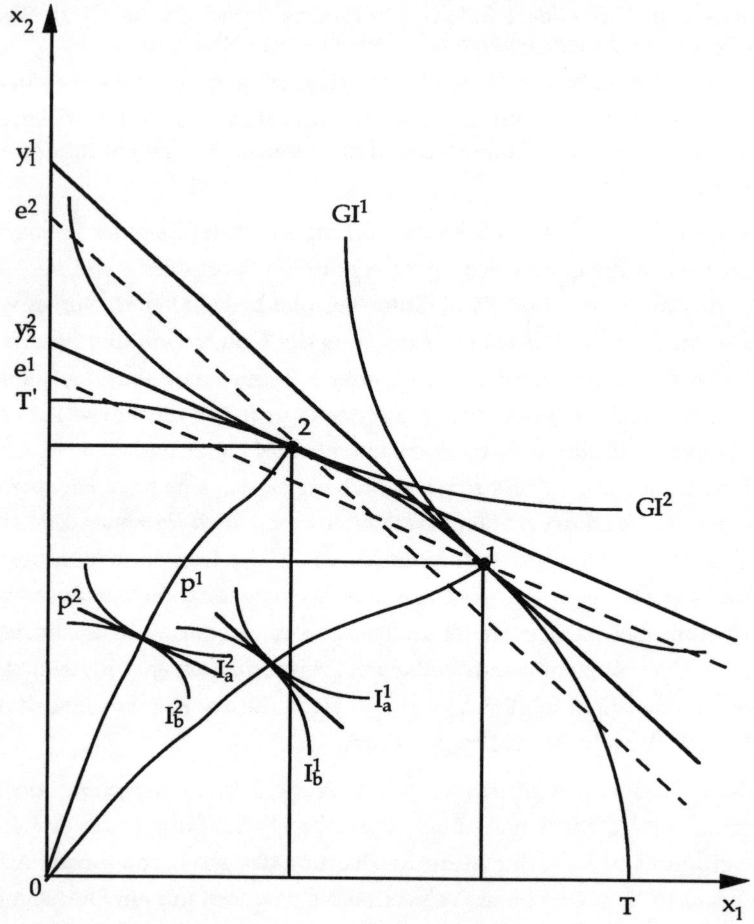

rium und das *Hicks*-Kriterium erfüllt sind. Damit z.B. "2" gegenüber "1" eindeutig besser ist, müssen - ausgehend von "2" - die Gewinner dieser Maßnahme die Verlierer kompensieren können (dies wäre der *Kaldor*-Test) und gleichzeitig - ausgehend von "1" - die Zahlungsbereitschaft der Verlierer nicht ausreichen, um die Gewinner zum Verzicht auf die Maßnahme zu bewegen (dies entspräche dem *Hicks*-Test). Die simultane Anwendung beider Tests wird als ***"Scitovsky-(Doppel)-Test"*** bezeichnet.

Es stellt sich nun die Frage, ob positive Summen der Kompensationsbeträge ein sicheres Indiz für potentielle *Pareto*-Verbesserungen darstellen.[125] Diese Frage muß leider mit "nein" beantwortet werden. Die Abbildungen 5.3 und 5.4 dienen zur Verdeutlichung dieses Sachverhalts.

Der (schwache) *Kaldor*-Test ist erfüllt, wenn die Transformationskurve, die sich nach Durchführung eines Projektes ergibt, durch den Raum möglicher *Pareto*-Verbesserungen vor Durchführung des Projektes führt. In Abbildung 5.3 ist diese Situation skizziert. Angenommen, die Durchführung einer Maßnahme würde von der Ausgangssituation "1" zur Endsituation "2" führen. Zwar liegt "2" außerhalb des durch GI^1 eingegrenzten, ursprünglichen Raums der *Scitovsky*-Lösungen, aber durch eine Reallokation der Ressourcen und eine Güterumverteilung wäre das Erreichen eines Zustandes mit höherer Wohlfahrt möglich. Wohlfahrtsverbesserungen könnten auf allen Punkten der Ex-post-Transformationskurve $T^2T^{2'}$ zwischen den Schnittpunkten A und B mit der Ex-ante-Indifferenzlinie GI^1 realisiert werden. Alle diese Güterbündel liegen nämlich innerhalb des alten *Scitovsky*-Sets.

Aus Abbildung 5.3 geht ferner hervor, daß eine positive Summe der kompensierenden Einkommensvariation ($\sum CV > 0$) zum Bestehen des schwachen *Kaldor*-Testes notwendig ist. Wie man sieht, ist die Differenz $Y_2^2 - e^1 = \sum CV > 0$. Es ist offensichtlich, daß die Summe der CV immer positiv ist, wenn der schwache *Kaldor*-Test bestanden wird. Umgekehrt ist eine negative Summe der CV für das Nichtbestehen des Testes hinreichend. Das Bestehen des schwachen *Kaldor*-Tests selbst ist für eine potentielle *Pareto*-Verbesserung sowohl hinreichend als auch notwendig.

Leider ist eine positive Summe der CV nicht hinreichend für das Bestehen des Testes, d.h. es sind Fälle denkbar, in denen zwar $\sum CV > 0$ gilt, aber trotzdem der *Kaldor*-Test nicht bestanden wird. Richten wir zur Illustration unser Augenmerk auf Abbildung 5.4. Dort liegt der Punkt "2" außerhalb des ursprünglichen *Scitovsky*-Sets und die neue Produktionsmöglichkeitenkurve führt auch nicht durch den *Scitovsky*-Set. Es ist demzufolge nicht möglich, einen Zustand auf der neuen Transformations-

125 Genaugenommen existieren zwei Versionen des Kompensationsprinzips. In der "strengen" Version werden mögliche Kompensationsmaßnahmen auf der Basis eines festen Güterbündels beurteilt. Bei der "schwachen" Testvariante werden dagegen auch andere Güterbündel, die sich auf der selben Transformationskurve befinden, zum Situationsvergleich herangezogen. Die letztgenannte Variante des Kompensationstests ermöglicht eine vollständigere Ordnung als die erstgenannte, "strenge" Auslegung des Tests. Der schwache Kompensationstest bewertet jedes *Pareto*-Optimum besser als nicht Pareto-optimale Zustände, während der strenge Test dies nicht zu leisten vermag [vgl. *Boadway/Bruce* (1984), S. 97]. Aus diesem Grunde wird im folgenden nur die schwache Testvariante betrachtet.

Abbildung 5.3: Beispiel für das Bestehen des (schwachen) Kaldor-Tests

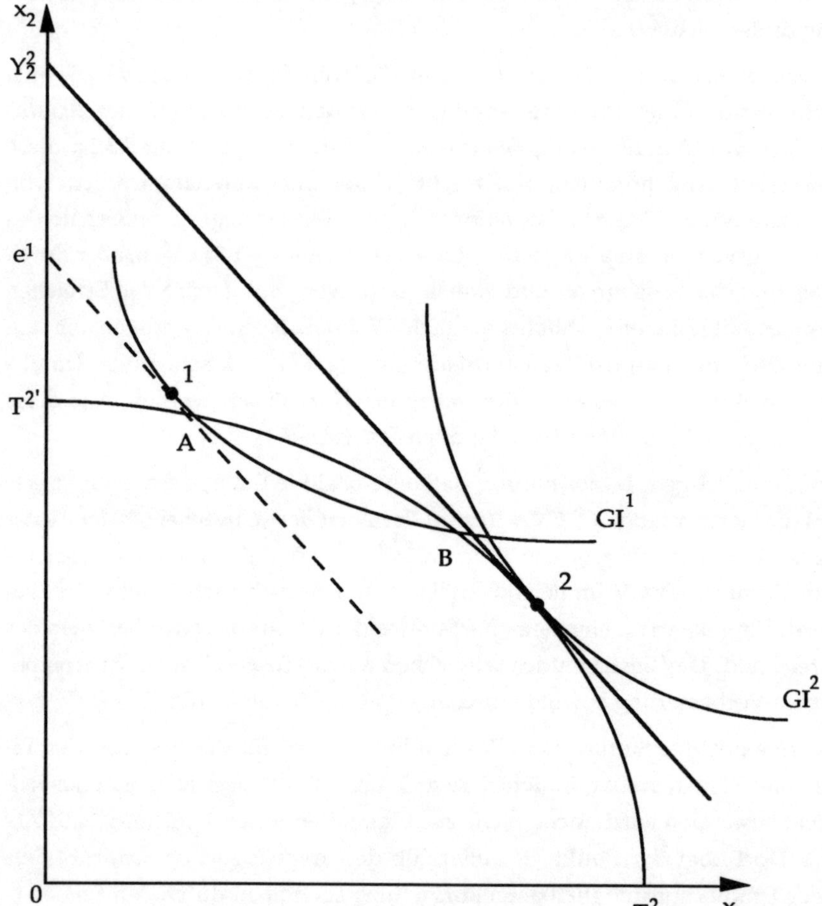

kurve $T^2T^{2'}$ zu realisieren, ohne eine Person schlechterzustellen. Trotzdem ist $Y_2^2 - e^1 = \Sigma\, CV > 0$.[126]

126 Das Ergebnis in Abbildung 5.4 wird natürlich durch die Annahme bestimmt, daß die (neue) Transformationskurve streng konvex ist. Würde sie linear verlaufen, wäre eine positive Summe der CV notwendig und hinreichend zum Bestehen des *Kaldor*-Testes.

Abbildung 5.4: Positive Summe der CV bei Nichtbestehen des schwachen Kaldor-Testes

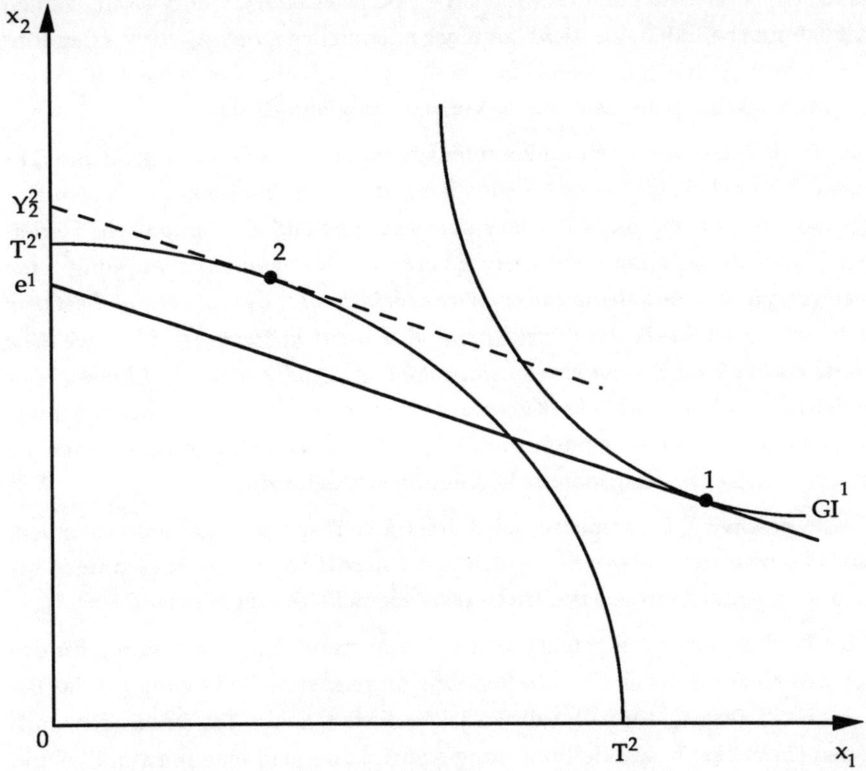

Es ergibt sich folgende Behauptung:[127] ***Eine positive aggregierte kompensierende Einkommensvariation (Σ CV) ist bei sich schneidenden Scitovsky-Indifferenzkurven notwendig, aber nicht hinreichend, damit das Bestehen des (schwachen) Kaldor-Testes gewährleistet ist. Eine negative Σ CV ist dagegen hinreichend, um das Nichtbestehen des Kaldor-Testes anzuzeigen.*** Schneiden sich die gesellschaftlichen Indifferenzkurven nicht,[128] und/oder liegen lineare Transformationskurven vor, reicht eine positive Σ CV aus, um sicherzustellen, daß eine potentiell *pareto*-superiore Lage erreicht wird.

---

127 Vgl. *Pearce/Nash* (1981), S. 94 f. und *Boadway/Bruce* (1984), S. 269.

128 Sich nicht schneidende gesellschaftliche Indifferenzkurven treten nur dann auf, falls alle Haushalte lineare und parallele Einkommensexpansionspfade (*Engel*-Kurven) aufweisen. Dazu müssen die individuellen Präferenzen identisch und homothetisch oder quasihomothetisch sein. Diese heroischen Annahmen dürften in der Realität kaum erfüllt sein.

Wird also eine positive $\sum$ CV ermittelt, garantiert dieses Ergebnis nicht das Bestehen des *Kaldor*-Tests. Unter den Projekten, die eine positive $\sum$ CV aufweisen, können sich Maßnahmen befinden, die nicht zur einer potentiellen *Pareto*-Verbesserung führen. Wird eine negative $\sum$ CV berechnet, handelt es sich aber auf jeden Fall um ein Projekt, welches keine potentielle *Pareto*-Verbesserung herbeiführt.

Analog zur kompensierenden Einkommensvariation ist auch die äquivalente Einkommensvariation bei sich überschneidenden *Scitovsky*-Indifferenzkurven kein eindeutiger Indikator für mögliche *Pareto*-Verbesserungen (auf eine graphische Herleitung wird aus Platzgründen verzichtet). Es ergibt sich folgende Behauptung: ***Eine positive aggregierte äquivalente Einkommensvariation ($\sum$ EV) ist für das Bestehen des (schwachen) Hicks-Testes hinreichend aber nicht notwendig. Eine negative aggregierte äquivalente Einkommensvariation ist notwendig, aber nicht hinreichend für das Nichtbestehen des Hicks-Kompensationstestes.***[129] Falls sich die *Scitovsky*-Indifferenzkurven nicht schneiden und/oder lineare Transformationskurven zu beobachten sind, ist die letztgenannte Bedingung hinreichend.

Wird eine positive $\sum$ EV ermittelt, wird der *Hicks*-Test mit Sicherheit bestanden. Allerdings können sich unter den abgelehnten Alternativen einige Maßnahmen befinden, die den Anforderungen des *Hicks*-Tests ebenfalls genügt hätten.

Aus den beiden Behauptungen ergeben sich eine notwendige Bedingung für das Bestehen des *Kaldor*-Tests ($\sum$ CV > 0) und eine hinreichende Bedingung für das Bestehen des *Hicks*-Tests ($\sum$ EV > 0). Falls Projekte, die den *Kaldor*-Test bestünden, auch immer den *Hicks*-Test bestünden und umgekehrt, hätte man eine notwendige und hinreichende Bedingung für eine potentielle *Pareto*-Verbesserung, falls sowohl die $\sum$ CV > 0 als auch die $\sum$ EV > 0 wären. Das möglicherweise auftretende *Scitovsky*-Paradoxon verhindert aber, daß mit Hilfe der aggregierten Einkommensvariationen notwendige und hinreichende Bedingungen für *pareto*-superiore Situationen im Sinne von *Kaldor* und *Hicks* gefunden werden können.

Gegen die Unwägbarkeiten der Handhabung aggregierter Einkommensvariationen wäre man nur gefeit, wenn die individuellen Präferenzen identisch und (quasi) homothetisch - so daß keine sich schneidenden gesellschaftlichen Indifferenzkurven aufträten - oder immer die Bedingungen des *Scitovsky*-Doppeltestes erfüllt wären. Diese Annahmen lassen sich aber generell nicht aufrechterhalten. Manche Autoren

129 Positive $\sum$ EV sind bei sich überschneidenden *Scitovsky*-Indifferenzlinien weder notwendig noch hinreichend für das Bestehen des *Kaldor*-Testes. Umgekehrt sind positive $\sum$ CV weder notwendig noch hinreichend für das Bestehen des *Hicks*-Testes [vgl. *Boadway/Bruce* (1984), S. 271].

schlagen deshalb vor, diese Maße als vorläufigen Versuch zur Bewertung gesellschaftlicher Zustände anzusehen.[130]

Nicht zu vernachlässigen sind die verteilungspolitischen Implikationen des *Kaldor-Hicks*-Kriteriums. Sofern eine Kompensation stattfindet, besteht z.B. die Möglichkeit, daß "Arme" auf ihrem ursprünglichen Nutzenniveau verbleiben und "Reiche" gewinnen. Wird keine Kompensation durchgeführt, werden die Armen u.U. noch ärmer, während die Reichen noch reicher werden. Daher ist auch hier zu überlegen, ob Verteilungsgewichte eingeführt werden sollen. Mit der Einführung von Distributionsgewichten verbindet sich allerdings ein interpersoneller Nutzenvergleich, der durch die Verwendung der Einkommensvariation gerade vermieden werden sollte.

Ferner implizieren das *Kaldor-* und das *Hicks*-Kriterium jeweils eine ganz spezifische ***Zuweisung von Eigentumsrechten***.[131] Bei Verwendung des *Kaldor*-Kriteriums müssen die Gewinner einer Maßnahme die Verlierer ex-post entschädigen (können), während bei Anwendung des *Hicks*-Kriteriums die Verlierer die Gewinner ex-ante entschädigen müssen. Wie in Abschnitt 4.2.2 deutlich wurde, ist im Normalfall die die individuelle CV einer Besserstellung (Preissenkung) kleiner als die individuelle EV der gleichen Besserstellung. Umgekehrt ist die individuelle CV einer Schlechterstellung (Preiserhöhung) größer als die individuelle EV der gleichen Schlechterstellung. Die Gewinner werden also für die Anwendung der EV plädieren, während die Verlierer die Anwendung der CV vorziehen werden. Die beiden Kompensationskriterien sind also nicht verteilungsneutral.

130 "We conclude ... with a general caveat. The use of the unweighted sum of household compensating or equivalent variations as a necessary and sufficient indicator of potential Pareto improvement is rife with difficulties. At best such measures can be used as a preliminary attempt to rank social states" [*Boadway/Bruce* (1984), S. 271].

131 Vgl. ausführlicher Abschnitt 10.2.3.

6. Projektbewertung bei konstanten Marktpreisen

Wie in den vorherigen Abschnitten deutlich wurde, können die von einem Projekt ausgehenden Wohlfahrtsänderungen auf preisbedingte Änderungen der Konsumentenrente, auf Einkommensänderungen oder auf beides zurückgehen. Aber nicht jede Maßnahme ändert das volkswirtschaftliche Preisgefüge. Keine Preisänderungen ergeben sich, wenn die Nachfrage oder das Angebot auf den betroffenen Märkten vollkommen preiselastisch reagieren. Auch in Relation zur Gesamtwirtschaft "kleine" Projekte führen nicht unbedingt zu Änderungen der Güter- und Faktorpreise.

Manchmal wird in diesem Zusammenhang argumentiert, daß kommunale Maßnahmen wie die Errichtung eines Hallenbades keinen meßbaren Einfluß auf die sich in der gesamten Volkswirtschaft bildenden Marktpreise haben.[132] Vor dieser Ansicht sei jedoch gewarnt, da die Absatzmärkte (und Faktormärkte) kommunaler Einrichtungen normalerweise regional begrenzt sein dürften. Folglich sind nicht die - irrelevanten - Effekte auf die Gesamtwirtschaft, sondern die Projektwirkungen auf die regionalen Märkte zu untersuchen. So dürften auch - aus gesamtwirtschaftlicher Sicht - kleine Vorhaben häufig die regionalen Marktpreise beeinflussen.

Lediglich öffentliche Projekte, deren Angebots- oder Nachfragewirkungen so gering sind, daß sie tatsächlich keine Preiswirkungen haben - z.B. weil die Angebots- oder die Nachfrageänderung in Relation zu einer bereits bestehenden Nachfrage oder eines bestehenden Angebots verschwindend gering ist, entfalten keine (meßbaren) Preiswirkungen. Dieser Sachverhalt dürfte in der Realität jedoch nicht so häufig vorkommen. Wenn z.B. in der Bundesrepublik Deutschland ein kleiner Staudamm zur Elektrizitätserzeugung errichtet werden sollte, wäre zu erwarten, daß die Strompreise davon unberührt bleiben.

Bleiben die Preise und damit auch die Konsumentenrenten unverändert, beschränken sich die Projektwirkungen auf eine Einkommens- bzw. Mengenänderung. In diesem Fall vereinfacht sich die Analyse. Gleichung (5.12) reduziert sich in diesem Fall zu:

$$\frac{\Delta W}{\mu} = \int_c \sum_{j=1}^{m} dy_j = \int_c \sum_{j=1}^{m} \sum_{i=1}^{n} p_i \, dx_{ij} = \int_c \sum_{i=1}^{n} p_i \, dX_i = \sum_{i=1}^{n} p_i \int_c dX_i = \sum_{i=1}^{n} p_i \, \Delta X_i \,. \qquad (6.1)$$

132 Diese Argumentation findet sich bei *Hanusch* (1987), S. 57.

Danach lassen sich die Wohlfahrtswirkungen eines Projektes einfach über die mit den Preisen bewerteten projektinduzierten Mengenänderungen ermitteln. Diese Vorgehensweise erfordert weiterhin die Annahmen der kardinalen Nutzenmeßbarkeit und der Möglichkeit interpersoneller Nutzenvergleiche, umgeht aber das Pfadabhängigkeitsproblem.

Unterstellt man Vollbeschäftigung, sind die durch ein öffentliches Projekt ausgelösten Mengenänderungen auf einigen Märkten positiv und auf anderen Märkten negativ, da in diesem Fall die Mehrproduktion eines oder mehrerer Güter durch eine Minderproduktion anderer Güter erkauft werden muß.

Unterscheidet man in Gleichung (6.1) zwischen positiven und negativen Mengenänderungen, ergibt sich:

$$\sum_{i=1}^{n} p_i \, \Delta X_i = \sum_{i=1}^{k} p_i \, \Delta X_i + \sum_{i=k+1}^{n} p_i \, \Delta X_i \, . \tag{6.2}$$

Dabei ist k der Index der Güter, deren Menge sich erhöht. Folglich vermindert sich das Angebot der n-k Güter. Während normalerweise bekannt ist, welche Güter mit Hilfe eines Projektes zusätzlich produziert werden, bleibt in der Realität zumeist unklar, auf welche Güter die Gesellschaft verzichten muß. Dieses Problem ist jedoch nicht unlösbar, weil man versuchen kann, die verdrängte Güterproduktion indirekt zu bewerten. Dieses geschieht, indem anstelle der zurückgehenden Gütermengen $\sum_{i=k+1}^{n} p_i \, \Delta X_i$ die zur Produktion dieser Güter eingesetzten Produktionsfaktoren bewertet.

Angenommen, die von einem Produktionsrückgang betroffenen Güter X_i werden unter Einsatz von h Inputfaktoren v_h (h = 1, ... , l) hergestellt. Dieses läßt sich für jedes Gut i mit Hilfe folgender Produktionsfunktion ausdrücken:

$$X_i = X_i(v_{1i}, v_{2i}, \ldots, v_{hi}). \tag{6.3}$$

Das totale Differential dieser Produktionsfunktion lautet:

$$dX_i = \sum_{h=1}^{l} \frac{\partial X_i}{\partial v_{hi}} dv_{hi} \, . \tag{6.4}$$

Summiert man die mit den Güterpreisen multiplizierten totalen Differentiale aller Produktionsfunktion, ergibt sich:

$$\sum_{i=k+1}^{n} p_i \, dX_i = \sum_{i=k+1}^{n} \sum_{h=1}^{l} p_i \cdot \frac{\partial x_i}{\partial v_{hi}} dv_{hi} \, . \tag{6.5}$$

Der Ausdruck $p_i \cdot \frac{\partial X_i}{\partial v_{hi}}$ bezeichnet das Wertgrenzprodukt des h-ten Produktionsfaktors bei der Herstellung des i-ten Gutes. Aus (6.5) folgt damit, daß der Wert der verdrängten Güter der Summe der mit ihrem Wertgrenzprodukt multiplizierten Inputmengen entspricht.

Unterstellt man auf Seiten der Unternehmen das Ziel der Gewinnmaximierung und vollkommene Konkurrenz auf allen Märkten, werden die Produktionsfaktoren gemäß ihrem Wertgrenzprodukt entlohnt:

$$p_i \cdot \frac{\partial X_i}{\partial v_{hi}} = w_h \; . \tag{6.6}$$

w_h ist der Faktorpreis.

Durch Einsetzen von (6.6) in die Gleichung (6.5) erhält man:

$$\sum_{i=k+1}^{n} p_i \, \Delta X_i = \sum_{i=k+1}^{n} \sum_{h=1}^{l} w_h \, \Delta v_{hi} \, , \tag{6.7}$$

wobei $\Delta v_{hi} = \int_c dv_{hi}$.

Durch Einsetzen von Gleichung (6.7) in Gleichung (6.2) ergibt sich:

$$\sum_{i=1}^{n} p_i \, \Delta X_i = \sum_{i=1}^{k} p_i \, \Delta X_i + \sum_{i=k+1}^{n} \sum_{h=1}^{l} w_h \, \Delta v_{hi} \, . \tag{6.8}$$

Aus Gleichung (6.7) geht hervor, daß die Wohlfahrtswirkungen eines öffentlichen Projektes, welches keine Preisänderungen verursacht, unter den genannten Voraussetzungen einfach aus zwei Komponenten errechnet werden können. Der Nutzen kann durch die mit den (konstanten) Marktpreisen bewertete mehr produzierte Menge erfaßt werden, während die (Opportunitäts)Kosten durch die mit ihren Faktorpreisen multiplizierten Inputmengen reflektiert werden. Da alle in der Gleichung (6.8) enthaltenen Größen direkt beobachtbar sind, kann diese Formel auch in der Praxis verhältnismäßig leicht verwendet werden.

Allerdings ist nochmals darauf hinzuweisen, daß die zu dieser Vorgehensweise notwendigen Voraussetzungen in der Realität vermutlich nur selten erfüllt sind.

7. Produzenten- und Faktorrenten

Gegen das in den vorangehenden Abschnitten diskutierte Konzept der Konsumentenrente als alleinigen Indikator für Wohlfahrtsänderungen lassen sich verschiedene Einwände erheben.[133] Vor allem stellt es einseitig auf die Betrachtung der Nachfragernutzen ab. Müssen nicht auch die Nutzen(änderungen) der Anbieter berücksichtigt werden, wenn man ein vollständiges Wohlfahrtsmaß erhalten möchte? Nachfolgend wird gezeigt, daß die Konsumentenrente allein in der Tat kein ausreichender Maßstab für Wohlfahrtsänderungen ist. Auch die Renten auf der Anbieterseite sollten nach der hier vertretenen Auffassung einbezogen werden.

7.1 Das Konzept der Produzentenrente

Die Produzentenrente kann man als logisches Pendant zur Konsumentenrente auf der Angebotsseite ansehen. Während die Konsumenten - abgesehen vom Sonderfall vollständiger Preisdiskriminierung - davon profitieren, daß ihre Gesamtausgaben für ein bestimmtes Gut niedriger sind als ihre gesamte Zahlungsbereitschaft, erzielen die Produzenten - bei steigendem Verlauf der Angebotskurve - einen Vorteil daraus, daß ihre gesamten Einnahmen (der Preis multipliziert mit der Absatzmenge) höher sind als ihre gesamten Produktionskosten. Den Überschuß des (Gesamt)Erlöses über den Erlös, der mindestens notwendig ist, um ein Unternehmen zum Angebot einer vorgegebenen Menge zu bewegen, bezeichnet man als ***"Produzentenrente"***.

Zur Veranschaulichung dient Abbildung 7.1. Dort ist eine von links nach rechts aufsteigend verlaufende Grenzkostenkurve eines Unternehmens zu beobachten. Im Modell der vollständigen Konkurrenz und unternehmerischem Mengenanpasserverhalten entspricht die Angebotsfunktion der Unternehmen für ein Gut x [A(p(x))] der entsprechenden Grenzkostenfunktion [K'(x)]. Die Unternehmen bieten unter den genannten Voraussetzungen die Menge an, bei der Preis und Grenzkosten übereinstimmen.

Falls ein Marktpreis in Höhe von p^1 gezahlt wird, wird ein (gewinnmaximierendes) Unternehmen bei gegebener Angebotsfunktion die Menge x^1 anbieten. Die Gesamterlöse des Unternehmens (= Preis · Absatzmenge) lassen sich bei diesem Preis durch das Viereck $0p^1bx^1$ wiedergeben. Das Unternehmen würde aber jede Mengeneinheit des betrachteten Gutes anbieten, für die es mindestens die Grenzkosten erstattet bekäme. Damit das Unternehmen die Menge x^1 anböte, wären Mindesterlöse

133 Vgl. auch Abschnitt 8.

notwendig, die durch die Fläche p^1ba beschrieben werden können. Die Differenz zwischen den tatsächlichen Einnahmen und den Mindesterlösen - hier die Fläche leicht schraffierte Fläche p^1ba - entspricht der Produzentenrente (PR).[134]

Abbildung 7.1: Produzentenrente

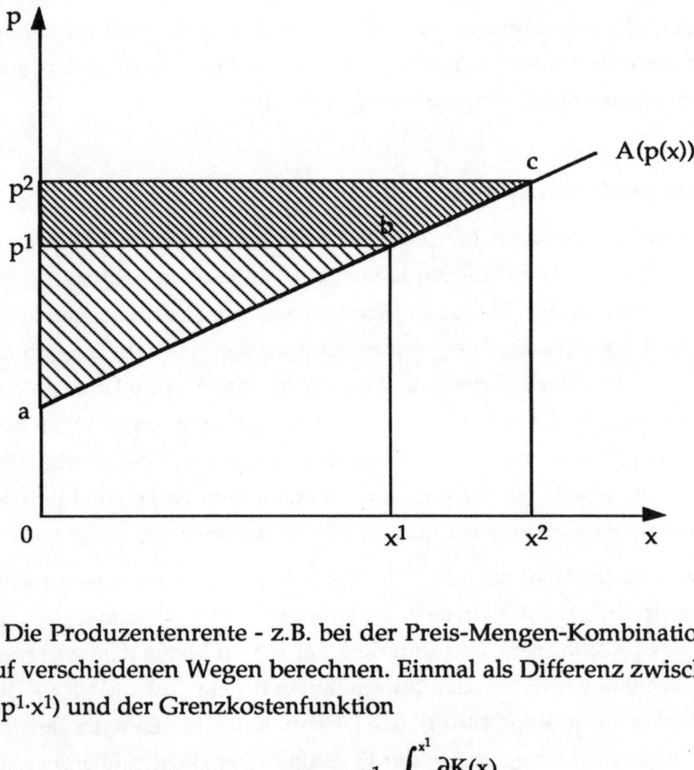

Die Produzentenrente - z.B. bei der Preis-Mengen-Kombination (p^1, x^1) - läßt sich auf verschiedenen Wegen berechnen. Einmal als Differenz zwischen den Erlösen ($E^1 = p^1 \cdot x^1$) und der Grenzkostenfunktion

$$PR = E^1 - \int_0^{x^1} \frac{\partial K(x)}{\partial x} dx \tag{7.1}$$

und zum zweiten als Integral der Angebotsfunktion in den Grenzen zwischen p^1 und a:

134 Es gibt bestimmte Situationen, in denen die Fläche zwischen der Preislinie und der Angebotsfunktion nicht als Produzentenrente zu interpretieren ist. Beispielsweise argumentieren *Pearce/ Nash* [(1981), S. 98], daß keine Produzentenrente anfällt, wenn man von einer langfristigen Angebotsfunktion ausgeht. Das langfristige Angebot richtet sich nach der Durchschnittskostenentwicklung. In diesem Fall steht hinter jeder Preiserhöhung eine entsprechende Durchschnittskostensteigerung, so daß bei den Unternehmen keine Renten verbleiben.

$$PR = \int_{a}^{p^1} A(p(x))\, dp\,. \tag{7.2}$$

Falls keine Fixkosten (F) vorliegen, entspricht die Produzentenrente dem Unternehmensgewinn (G).[135] Existieren dagegen Fixkosten, bildet die Differenz aus Produzentenrente und Fixkosten den Gewinn (PR - F = G) bzw. Gewinn plus Fixkosten entsprechen der Produzentenrente (G + F = PR). Eine Zunahme der Produzentenrente infolge einer Preiserhöhung - z.B. auf p^2 - bedeutet eine Erhöhung des Unternehmensgewinns bzw. eine Verringerung des Verlustes bei hohen Fixkosten.

Die Angebotsfunktionen einzelner Unternehmen A_i können entlang der Horizontalen addiert werden, so daß man die gesamtwirtschaftliche Angebotsfunktion A erhält:[136]

$$\sum_{i=1}^{n} A_i(p(x)) = A(p(x)). \tag{7.3}$$

Die Bestimmung der aggregierten Produzentenrente kann dann analog zur Berechnung der individuellen Konsumentenrente erfolgen.

Eigentümer der den Unternehmen zufließenden Produzentenrenten in Form von Unternehmensgewinnen sind die Anteilseigner bzw. Kapitalgeber. Dies sind im Endeffekt private Haushalte. Genau besehen, verstecken sich aber in den Produktionskosten (mehrstufiger Produktionsprozesse) auch die Produzentenrenten vorgelagerter Produktionsstufen. Vorgelagerte Produzentenrenten entstehen bei Unternehmen oder ganz allgemein bei Anbietern von Produktionsfaktoren. Produktionsfaktoren werden letztlich immer von privaten Haushalten angeboten. Der Begriff "Produzentenrente" kann daher in diesem Zusammenhang leicht in die Irre führen. Man spricht deshalb in diesem Kontext auch von ***"Faktorrenten"***.

Mehrstufige Produktionsprozesse erschweren die - im Rahmen von Kosten-Nutzen-Analysen wichtige - Trennung von "echten" Kosten und Renten.[137] Beispielsweise steigen durch eine Lohnerhöhung zweifellos die Kosten der betroffenen Unternehmen, gleichzeitig erhöhen sich jedoch auch die Faktorrenten auf der Arbeitnehmerseite.

---

135 Eine "angemessene" Kapitalrendite und Unternehmerlöhne werden üblicherweise zu den Kosten gezählt.

136 Vgl. z.B. *Henderson/Quandt* (1980), S. 141.

137 Vgl. *van Suntum* (1986), S. 124.

Private Haushalte treten also nicht nur - wie eine alleinige Betrachtung der Konsumentenrente implizieren würde - als Nachfrager auf. Sie sind gleichzeitig Anbieter von Produktionsfaktoren wie "Arbeit", "Wissen", Geld- und Sachkapital. Entgolten werden die Produktionsfaktoren in Form von Arbeits- und Unternehmerlöhnen, Zinsen usw.

Ebenso wie die privaten Haushalte auf der Nachfrageseite von der Konsumentenrente profitieren, erzielen sie folglich einen Vorteil (in Form von Faktorrenten) dadurch, daß ihr Faktorangebot insgesamt höher entlohnt wird als unbedingt notwendig wäre, um sie zur Bereitstellung bestimmter Faktormengen zu veranlassen. Folglich müssen zur vollständigen Erfassung aller Wohlfahrtswirkungen neben den Veränderungen von Konsumentenrenten grundsätzlich auch die Veränderungen der angebotsseitigen Renten ermittelt werden.

Die Summe von Konsumentenrente und Produzentenrente wird als ***"sozialer Überschuß"*** bezeichnet. Der soziale Überschuß erfaßt individuelle Wohlfahrtsänderungen sowohl auf der Nachfrageseite als auch auf der Angebotsseite. Dieses Konzept steht in Einklang mit dem - oben erläuterten - individualistischen Werturteil.

7.2 Faktorangebot und Faktorrente eines privaten Haushalts

In diesem Abschnitt werden beispielhaft das Arbeitsangebot privater Haushalte und die Erhöhung der Faktorrente, die aus Lohnsteigerungen resultiert, graphisch abgeleitet.

Nehmen wir an, ein Haushalt verfügt über ein exogenes (arbeitsunabhängiges) Einkommen in Höhe von Y_{ex} und er kann darüber hinaus durch den Einsatz seiner Arbeitskraft ein Arbeitseinkommen in Höhe von $w \cdot L$ erzielen, wobei mit w der Lohnsatz und mit L die eingesetzte Arbeitszeit bezeichnet werden. Das Gesamteinkommen Y beträgt also $Y_{ex} + w \cdot L$. Mit dem Gesamteinkommen kann ein Bündel von nutzenstiftenden Gütern (Warenkorb) **x** gekauft werden. Je höher das Einkommen ist, desto mehr Güter können gekauft werden und desto höher ist auch das Nutzenniveau des Haushalts. Der "Verkauf" der Arbeitskraft führt aber gleichzeitig zu Nutzenverlusten, weil Freizeit aufgegeben werden muß und Arbeitsleid entsteht. So ist der Haushalt (wieder) mit einem Wahlproblem konfrontiert: Er muß Einkommen und Güterkonsum gegen einen Verlust von Freizeit und Bequemlichkeit abwägen.

In Abbildung 7.2 sind auf der Ordinate das Güterbündel **x** und auf der Abszisse die Arbeitsmenge L abgetragen. Die Indifferenzkurven U geben die Kombinationen

Abbildung 7.2: Graphische Ableitung einer Arbeitsangebotsfunktion

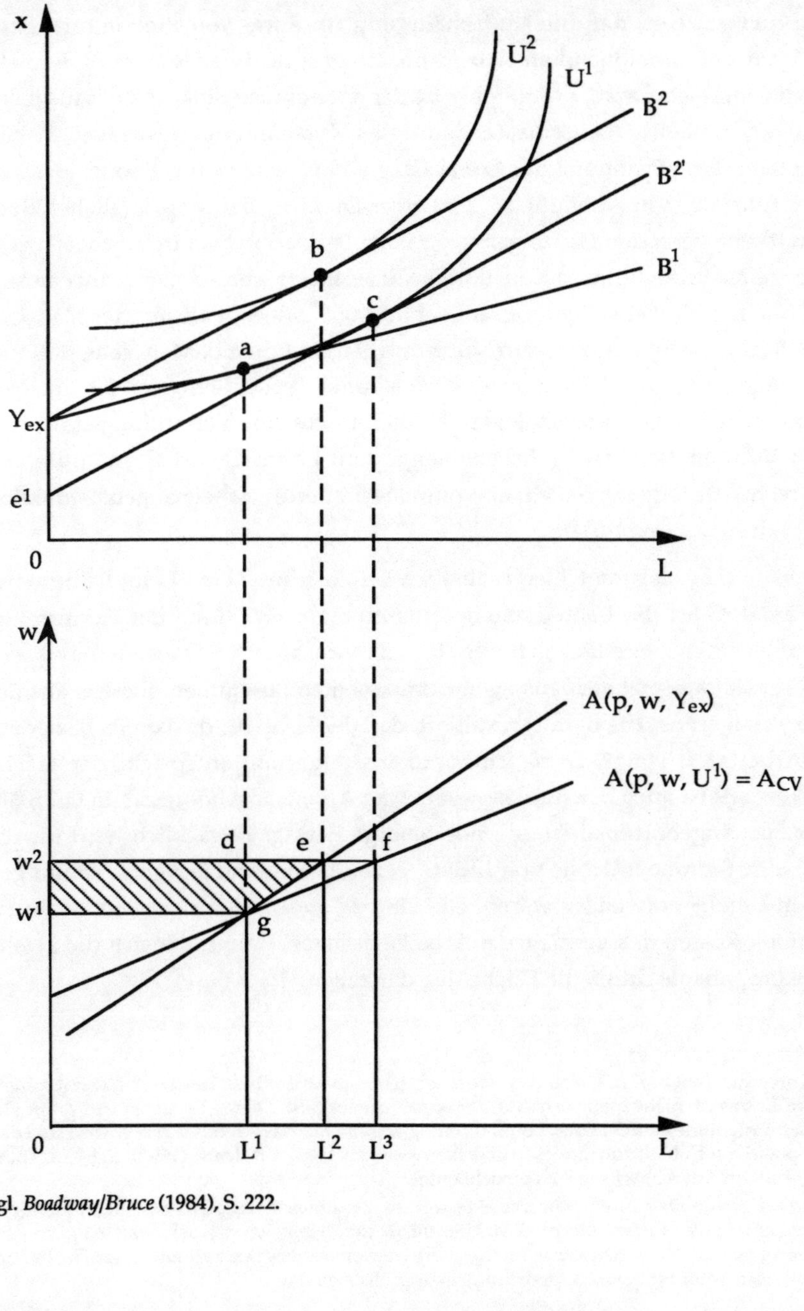

Vgl. *Boadway/Bruce* (1984), S. 222.

des durch das erzielte Einkommen zur Verfügung stehenden Warenkorbs und der Arbeitszeit an, zwischen denen der Haushalt indifferent ist. Der konvexe Verlauf der Indifferenzkurven zeigt, daß die "Entschädigung" in Form von Einkommen bzw. Konsumgütern mit zunehmendem Arbeitseinsatz progressiv steigen muß: Je mehr Arbeit bereits eingesetzt wird, desto höher ist der notwendige Einkommensausgleich für jede weitere Einheit Arbeitseinsatz, damit das Nutzenniveau des Haushalts unverändert bleibt. Eine Erhöhung des Lohnsatzes von w^1 auf w^2 unter sonst gleichen Umständen führt oben in Abbildung 7.2 zu einer Drehung der ursprünglichen Budgetgeraden B^1 entgegen den Uhrzeigersinn z.B. zu B^2. Dadurch kann bei jeweils gleichem Arbeitseinsatz ein höheres Konsumniveau realisiert werden. Dies führt annahmegemäß zu einer Nutzensteigerung. In Abbildung 7.2 oben realisiert der Haushalt ein neues Gleichgewicht auf höherem Nutzenniveau im Punkt b. Man sieht, daß sich das Arbeitsangebot im Vergleich zum Ausgangspunkt a erhöht hat, weil die Entschädigung für den Arbeitseinsatz gestiegen ist. Bildet man eine Verbindungslinie zwischen allen Kombinationen von Arbeitsmenge und Lohnsatz, erhält man die von links nach rechts ansteigende - nicht einkommensvariierte - Arbeitsangebotsfunktion A (vgl. Abbildung 7.2 unten).[138]

Falls - was in den meisten Fällen realistisch sein dürfte - keine Lohndiskriminierung stattfindet, führt die Lohnsatzsteigerung zu einer Erhöhung der Faktorrente. Die Erhöhung dieser Rente läßt sich mit Hilfe der schraffierten Fläche w^2egw^1 darstellen. Dieser Betrag setzt sich aus zwei Komponenten zusammen. Erstens aus der Einkommenssteigerung, die daraus resultiert, daß der Lohn für die bereits bisher angebotene Arbeitszeit steigt. Diese Einkommenssteigerung entspricht der Fläche w^2dgw^1. Zweitens ist auch der für das zusätzliche Arbeitsangebot gezahlte Lohn höher als der zur Angebotsausdehnung notwendige Betrag. Tatsächlich wird für die Mehrarbeit eine Summe in Höhe von L^1deL^2 gezahlt, während lediglich Zahlungen in Höhe von L_1geL_2 notwendig wären. Die Fläche L_1geL_2 entspricht den "wahren" (Opportunitäts)Kosten des vermehrten Arbeitseinsatzes. Damit läßt sich die zweite Überschußkomponente durch die Fläche deg darstellen.[139]

---

138 Es ist durchaus denkbar, daß sich das Arbeitsangebot ab einem bestimmten Punkt mit zunehmendem Lohnsatz nicht mehr erhöht oder sogar zurückgeht. Dieses Ergebnis tritt dann ein, wenn der Einkommenseffekt einer Lohnerhöhung negativ auf das Arbeitsangebot wirkt und den immer positiven Substitutionseffekt (über)kompensiert [vgl. z.B. *Linde* (1992), S. 84 f.]. Diese Möglichkeit wird in Abbildung 7.2 vernachlässigt.

139 Bei der Diskussion über öffentliche Projekte werden projektinduzierte Arbeitseinkommenssteigerungen häufig als Nutzen interpretiert. Hier dürfte deutlich geworden sein, daß lediglich Rentensteigerungen als Nutzenzuwachs interpretiert werden dürfen. Der vermutlich größte Teil der Mehreinkünfte stellt hingegen (Opportunitätskosten)Kosten dar.

Analog zur Nachfrageseite lassen sich nun auch kompensierte Angebotsfunktionen ableiten. Der Übersichtlichkeit wegen beschränkt sich die Darstellung in Abbildung 7.2 auf die kompensiert variierte Angebotsfunktion A_{CV}. Man braucht zu ihrer Ermittlung lediglich den Geldbetrag bestimmen, der den Haushalt auf das alte Nutzenniveau (vor der Lohnsteigerung) zurückführt. Dies geschieht einfach durch eine Parallelverschiebung der neuen Budgetgeraden (B^2) bis sie die alte Indifferenzkurve tangiert ($B^{2'}$). Im oberen Teil der Abbildung 7.2 ist dies in Punkt c der Fall. Die einkommenskompensierte Arbeitsangebotsfunktion A_{CV} verläuft deshalb flacher als die normale Angebotsfunktion, weil das "normale" Arbeitsangebot durch den Einkommenseffekt negativ beeinflußt wird, der ja beim kompensierten Faktorangebot ausgeschaltet ist. Folglich ist die normale Faktorrente kleiner als die unter der kompensierend variierten Nachfragefunktion gewonnenen Faktorrente w^2fgw^1. Die Faktorrente unter der kompensierten Angebotsfunktion stimmt mit der compensating variation, ausgedrückt durch $Y_{ex} - e^1$ (hier > 0), im oberen Abbildungsteil überein.

7.3 Zusammenführung von Produzenten- bzw. Faktorrenten verschiedener Produktionsstufen

Aus den vorangehenden Ausführungen wurde deutlich, daß Renten auf der Anbieterseite sowohl in Form von Unternehmensgewinnen (Produzentenrente i.e.S.) - die letztlich bei den Anteilseignern (Kapitalgebern) verbleiben - als auch bei den Anbietern von sonstigen Produktionsfaktoren in Form von Faktorrenten entstehen können.[140] Nun stellt sich die Frage, wie diese beiden Arten von Renten zusammengeführt werden können. Anders formuliert: Erlauben Angebotsfunktionen auf Gütermärkten gleichzeitig Rückschlüsse auf Produzentenrenten i.e.S. und die vorgelagerten Renten der Anbieter von Produktionsfaktoren oder müssen Produzenten- und Faktorrenten getrennt auf Güter- und Faktormärkten ermittelt werden?

Zur Beantwortung dieser Frage ist es hilfreich, sich die (möglichen) Ursachen von steigenden Grenzkostenfunktionen (=Angebotsfunktionen) der Unternehmen zu verdeutlichen.[141] Üblicherweise wird in diesem Zusammenhang in der Literatur zwischen "ricardianischen" Renten[142] und Faktorrenten unterschieden. Die ***ricardianische Rente*** im ursprünglichen Sinne entsteht durch eine abnehmende Grenzpro-

140 Natürlich kann man auch die Produzentenrente i.e.S. als Rente des Faktors "Kapital" interpretieren. Aus Veranschaulichungsgründen wird hier jedoch die o.g. Differenzierung durchgeführt.

141 Sonderfälle wie unternehmensexterne Skalenvorteile, die sogar zu fallenden Angebotsfunktionen führen können [vgl. z.B. *Henderson/Quandt* (1980), S. 143 ff.] bleiben außerhalb der Betrachtung.

142 Nach *David Ricardo*.

duktivität der nicht allen Anbietern in gleicher Qualität zur Verfügung stehenden Produktionsfaktoren. So haben die intramarginalen[143] Anbieter bei einer Produktionsausdehnung gegenüber den neu auf den Markt tretenden (inframarginalen) Anbietern - die annahmegemäß nur über Produktionsfaktoren in schlechterer Qualität verfügen - Wettbewerbsvorsprünge, woraus ihnen eine (ricardianische) Rente erwächst.[144] Im allgemeinen resultieren Renten bei den Unternehmen aber aus sinkenden (technischen) Skalenerträgen. Diese Renten werden hier als "Produzentenrenten" (i.e.S.) bezeichnet.

Faktorrenten fließen den Anbietern von Produktionsfaktoren zu. Sie entstehen (außer bei völlig elastischem Faktorangebot) dadurch, daß ein steigendes Faktorangebot nur durch eine Anhebung der Faktorpreise erreicht werden kann (vgl. Abschnitt 7.2). Dies dürfte generell nur bei relativ großen Projekten der Fall sein. Allerdings können auch bei regional wirksamen Maßnahmen Faktorpreisänderungen auftreten, wenn die Produktionsfaktoren regional immobil sind, was insbesondere beim Faktor "Arbeit" zu beobachten ist.

Die Summe aus Produzentenrente i.e.S. und Faktorrente wird im folgenden als "Produzentenrente i.w.S." bzw. "gesamte Produzentenrente" bezeichnet. Es läßt sich zeigen, daß die gesamte Produzentenrente, die beim Absatz eines Gutes entsteht, aus einer speziellen Angebotsfunktion berechnet werden kann.[145] Dazu muß zwischen "ceteris paribus (c.p.)-Angebotsfunktionen" und "de facto (d.f.)-Angebotsfunktionen" unterschieden werden.

Eine ***c.p.-Angebotsfunktion*** bezeichnet die Grenzkosten eines Unternehmens bei einem ganz bestimmten Faktorpreis (w), der wiederum abhängig von einer bestimmten Ausbringungsmenge x_s ist. Sie ist definiert als

$$A_s(x) = L'(x) \cdot w(x_s). \qquad (7.4)$$

L' ist der marginale (physische) Faktorverbrauch bei der Produktion des Gutes x. In Abbildung 7.3 ist die c.p.-Angebotsfunktion A_s für einen Faktorpreis, der sich bei der Absatzmenge x_s ergibt, eingezeichnet. Unter diesen Umständen zahlen die Unternehmen für alle bei der Produktion der Menge x_s eingesetzten Faktoren L den einheitlichen Faktorpreis $w(x_s)$. Die dunkel schraffierte Fläche $p_s cb$ zwischen der c.p.-

143 Die schon vor der Angebotsausweitung auf dem Markt befindlichen Anbieter.

144 *Ricardos* Originalbeispiel bezieht sich auf den Produktionsfaktor "Boden". Danach werden bei steigenden Preisen für landwirtschaftliche Produkte nach und nach auch Böden mit zunehmend schlechterer Qualität bewirtschaftet.

145 Der Nachweis findet sich bei *van Suntum* (1986), S. 126 ff.

Abbildung 7.3: Ceteris paribus-Angebotsfunktion und de facto-Angebotsfunktion

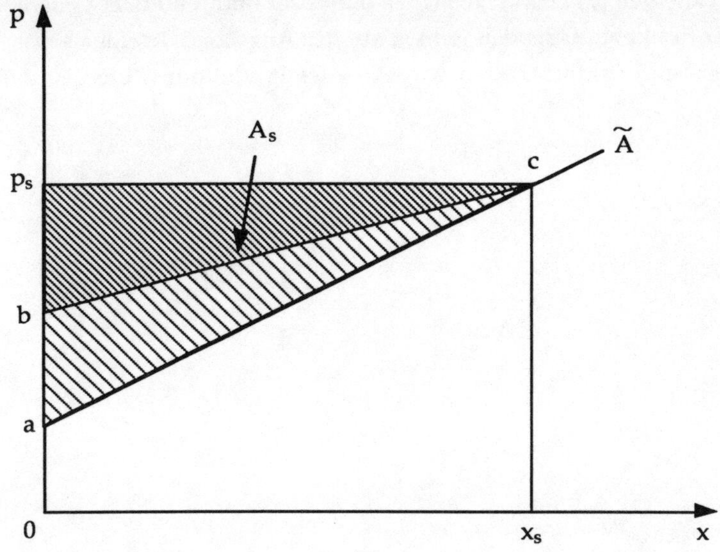

Angebotsfunktion und der Produktpreisgeraden durch p_s spiegelt die Produzentenrente i.e.S. wider.

Die ***d.f.-Angebotsfunktion*** $\widetilde{A}(x)$ bezeichnet die Grenzkosten eines Unternehmens, wenn für jede Einheit der eingesetzten Produktionsfaktoren genau der marginale Preis zu zahlen ist:

$$\widetilde{A}(x) = L'(x) \cdot w(x). \tag{7.5}$$

Da der Faktorpreis annahmegemäß mit zunehmender Ausbringungsmenge steigt, muß für die zuerst eingesetzten Faktoreinheiten ein geringerer Preis als für die später eingesetzten Faktoreinheiten gezahlt werden. Aus diesem Grunde liegt die d.f.-Angebotsfunktion unterhalb der c.p.-Angebotsfunktion (vgl. Abbildung 7.3).[146] Die hell schraffierte Fläche (abc) zwischen den beiden Angebotsfunktionen zeigt die bei der Produktionsmenge x_s entstehenden Faktorrenten an.

Folglich zeigt die Fläche ($p_s$ca) zwischen der parallel zur Abszisse verlaufenden Preisgeraden und der d.f.-Nachfragekurve die Gesamtheit aller bei der Produktion von x anfallenden Anbieterrenten an. Verwendet man also anstelle von normalerwei-

146 Jede c.p.-Angebotsfunktion stimmt in einem Punkt mit der d.f.-Angebotsfunktion überein.

se betrachteten c.p.-Angebotsfunktionen (wie in Abbildung 7.1) d.f.-Angebotsfunktionen, erfaßt man alle den privaten Haushalten entweder (indirekt) über Unternehmensgewinne oder direkt zufließenden Renten auf der Angebotsseite. Eine separate Analyse von Güter- und Faktormärkten vorgelagerter Produktionsstufen ist dann unnötig.

8. Informationsgehalt von Nachfrage- und Angebotsfunktionen auf Primärmärkten[147]

Die Aufgabe einer Kosten-Nutzen-Analyse besteht in der Erfassung der ökonomischen *Gesamt*wirkung einer Maßnahme. Demzufolge sind die Veränderungen der Konsumenten- und Produzentenrenten auf allen direkt und indirekt betroffenen Märkten zu ermitteln. Dabei ist man nicht nur u.U. mit dem Pfadabhängigkeitsproblem konfrontiert. Häufig sind die indirekt betroffenen Märkte gar nicht bekannt. Selbst, wenn man über diese Kenntnisse verfügen sollte, dürfte eine vollständige Untersuchung mit einem erheblichen Aufwand verbunden sein.

Daher wird im folgenden ein Modell vorgestellt, welches die Analyse unter bestimmten Annahmen vereinfacht. Es berücksichtigt die von einem Projekt induzierten Opportunitätskosten und damit seine "realwirtschaftlichen" Implikationen. Es kann gezeigt werden, daß unter bestimmten Voraussetzungen alle Projektwirkungen durch eine Analyse des unmittelbar von einem Projekt betroffenen Marktes (im folgenden als "Primärmarkt" bezeichnet) erfaßt werden. Durch eine Untersuchung von Angebots- und Nachfrageseite des Primärmarktes können im Rahmen dieses Modells genügend Informationen gewonnen werden, um die Folgewirkungen auf mittelbar betroffenen Märkten (im folgenden als "Sekundärmärkte" bezeichnet) abzuschätzen, ohne sie gesondert ermitteln zu müssen.

Zunächst wird noch einmal die Fragestellung und das Problem verdeutlicht, welches sich aus der alleinigen Betrachtung von Konsumentenrentenänderungen als Indikator für Wohlfahrtsänderungen ergibt. Anschließend folgt eine Diskussion des Informationsgehalts von Nachfrage- und Angebotsfunktionen auf einzelnen Märkten.

8.1 Das Problem

Preisänderungen fallen nicht vom Himmel. Dahinter verbergen sich verschiedene Ursachen, die bei der üblichen Analyse im Sinne von *Slutsky* und *Hicks* außerhalb der Betrachtung bleiben. Beispielsweise ist es ein erheblicher Unterschied, ob Preisänderungen und die daraus resultierenden Konsumentenrentenänderungen durch Steuern oder Subventionen oder durch Verbesserungen der Produktionstechnologie verursacht werden. Eine Entlastung bestimmter Konsumentengruppen durch Subventionen führt i.d.R. lediglich zu einer Umverteilung ohne reale gesellschaftliche Ressourcenersparnis, da stattdessen andere Bevölkerungsgruppen - meistens

---

147 Dieser Abschnitt basiert im wesentlichen auf *van Suntum* (1986), S. 90 ff.

Abbildung 8.1: Änderungen der Konsumentenrente bei Preissenkungen auf zwei nachfrageseitig verbundenen Gütermärkten

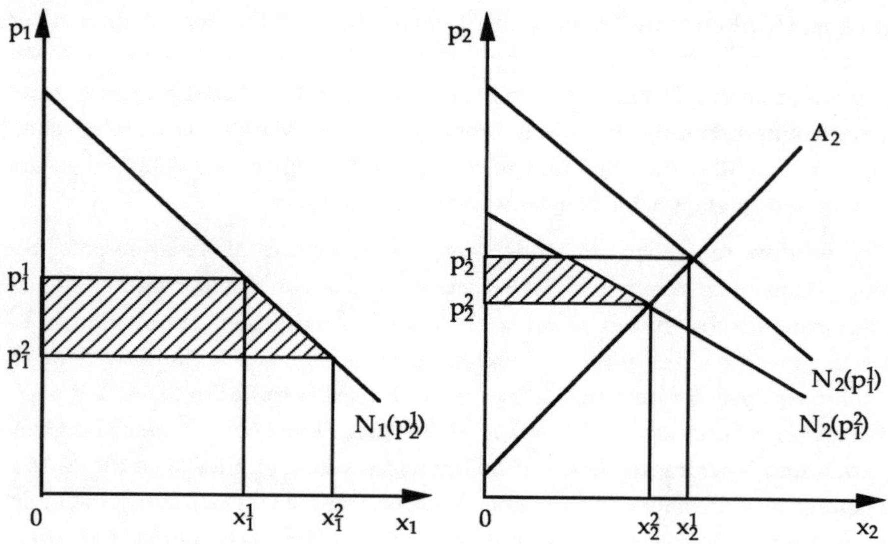

Steuerzahler - belastet werden. Dagegen werden bei Preissenkungen, die durch Verbesserungen der Produktionstechnologie verursacht werden, real Ressourcen (Produktionsfaktoren) freigesetzt, die anschließend für andere Zwecke zur Verfügung stehen. Dieses knappe Beispiel mag genügen, um die Bedeutung der gesellschaftlichen (Opportunitäts)Kostenänderungen bei der Projektbewertung hervorzuheben.

Das Problem, welches aus der üblichen, ausschließlichen Betrachtung von Konsumentenrenten resultiert, läßt sich nochmals mit Hilfe von Abbildung 8.1 illustrieren.[148] Dort sind zwei nachfrageseitig verbundene Gütermärkte dargestellt.[149]

Angenommen, ein öffentliches Projekt induziert eine Senkung des Preises von x_1 von p_1^1 auf p_1^2. Da beide Güter annahmegemäß Substitute sind, führt dies zu einer Verlagerung der Nachfragekurve auf dem zweiten Markt von $N_2(p_1^1)$ nach $N_2(p_1^2)$. Als Folge sinkt dort der Preis von p_2^1 auf p_2^2. Das herkömmliche Konzept der Konsumentenrente impliziert nacheinander die Berechnung des Konsumentenrentenzuwachses (skizziert durch die schraffierten Flächen) auf beiden Märkten. Der durch die Vorgänge auf Markt eins ausgelöste Preisrückgang auf Markt zwei führt also

148 Vgl. *van Suntum* (1986), S. 91 f.

149 D.h. Änderungen der Preise des einen Gutes beeinflussen die Nachfrage des anderen Gutes.

neben der Konsumentenrentensteigerung auf Markt eins zu einem weiteren Gewinn an Konsumentenrente auf Markt zwei. Dabei werden einige interessante Fragen aufgeworfen.

> "Es stellt sich aber sofort die Frage, ob nicht der Rückgang der Produzentenrente bei x_2 in Abzug zu bringen ist, er entspricht der Fläche links von A_2 innerhalb der Preislinien durch p_2^1 und p_2^2 und ist damit offenbar größer als der Zuwachs an Konsumentenrente bei x_2, so daß in diesem Fall der ursprüngliche, allein bei x_1 gemessene soziale Überschuß verringert würde. Es ist außerdem zu fragen, wo die bei x_2 freigesetzten Ressourcen bleiben bzw. wo die in der x_1-Industrie zusätzlich verwendeten Ressourcen herkommen; falls beide Mengen sich nicht zufällig gerade entsprechen, verbleibt offenbar ein positiver oder negativer Saldo, der entsprechende Auswirkungen auf die Produktion aller übrigen Güter haben muß - sind diese Auswirkungen in dem Flächenvergleich bereits erfaßt (wenn ja: wie?) oder sind sie zusätzlich in die Analyse einzubeziehen? Die gleiche Frage stellt sich für die Ausgabensumme der Konsumenten: Falls die Mehrausgabe für x_1 (die ohnehin nur bei einer Preiselastizität der Nachfrage über 1 zustande kommt) geringer ist als die Minderausgabe für x_2 - welche Güter werden dann mit dem Restbetrag gekauft und woher stammen dann wiederum die Ressourcen, mit denen diese produziert werden?"[150]

Zur Beantwortung der aufgeworfenen Fragen und zur gedanklichen Ordnung der Zusammenhänge soll nun der Informationsgehalt partieller Nachfrage und Angebotskurven zunächst einzeln untersucht werden, um dann Angebots- und Nachfrageseite zusammenzuführen.

8.2 Informationsgehalt einzelner Nachfragefunktionen

Bei der in Abschnitt 4.1 dargestellten (gängigen) Analyse der Konsumentenrente bleiben die Ursachen von Preisänderungen völlig außerhalb der Betrachtung. Zur Berücksichtigung der Produktions- und damit der Kostenseite werden in den meisten Kosten-Nutzen-Analysen separate Kostenberechnungen durchgeführt. Ferner erfordert eine umfassende Analyse die Ermittlung von Konsumentenrentenänderungen auf allen sekundär betroffenen Märkten.

Im folgenden wird ein Ansatz präsentiert, der es - bei allerdings recht strengen Modellannahmen[151] - erlaubt, allein von der Änderung der Konsumentenrente auf

---

150 *van Suntum* (1986), S. 92. In diesem Originalzitat sind lediglich die Preis-, Markt- und Angebotskurvenbezeichnungen verändert.

151 a) Es liegen keine Einkommenseffekte vor.
b) Die Güter sind bezüglich des Konsums beliebig teilbar.
c) Auf allen Märkten herrscht vollkommene Konkurrenz bei konstanten Faktorpreisen.

dem Primärmarkt auf gesamtwirtschaftliche Effekte zu schließen. Damit bleibt dem Analytiker die komplizierte Berechnung von Sekundärmärkten erspart.

Zur Demonstration wird hier von einem Zwei-Güter-Fall ausgegangen, wobei die Güter gegenseitig substituierbar sind. Unter dieser Voraussetzung hängt die Nachfrage nach beiden Gütern (auch) vom Preis des jeweils anderen Gutes ab. Die für jeweils einen bestimmten Preis des anderen Gutes p_j^* geltenden Nachfragefunktionen des i-ten Gutes N_i^* lassen sich dann folgendermaßen formulieren:

$$N_1^* = p(x_1, p_2^*) ,$$

$$N_2^* = p(x_2, p_1^*).$$

Sie werden als ***ceteris paribus - Nachfragefunktionen*** (c.p.-Nachfragefunktionen) bezeichnet.

Anschließend sind - unter der Annahme, daß nur diese beiden Substitute existieren - zwei Fälle zu unterscheiden: a) Die Preissenkung des einen Gutes führt nicht zu einer Preissenkung auf dem anderen Markt. b) Die Preissenkung eines Gutes führt zu einer Reduzierung des Preises des anderen Gutes.

a) Angenommen, es steht eine (staatliche) Investition zur Untersuchung, die auf dem Markt eins zu einer Senkung der Produktionskosten und damit der Verschiebung der (vollkommen elastischen) Angebotsfunktion von A_1^1 nach A_1^2 führt (vgl. Abbildung 8.2). Die Preise fallen dementsprechend von p_1^1 auf p_1^2, wodurch sich die Nachfrage des zweiten Gutes von $N_2^1(x_2, p_1^1)$ zu $N_2^2(x_2, p_1^2)$ nach links verschiebt. Um die Konsumenten zu einer Mehrnachfrage des ersten Gutes im Umfang von $x_1^2 - x_1^1$ zu veranlassen, bräuchte der Preis für jede weitere konsumierte Mengeneinheit (bei unverändertem Preis aller anderen Mengeneinheiten) nur sukzessive von p_1^1 auf p_1^2 gesenkt zu werden. Man würde bei Anwendung eines derartigen Preissetzungsverfahrens[152] (es entspricht einer vollständigen Preisdiskriminierung) genau den Betrag abschöpfen, den der Konsument maximal für die Mehrnachfrage zu zahlen bereit wäre. Diese Mehrausgaben für x_1 müssen c.p. genau den Minderausgaben für x_2 entsprechen. Die Minderausgaben für x_2 lassen sich durch die Fläche $x_2^2dcx_2^1$ darstellen, während die Mehrausgaben bei diesem besonderen Preissetzungsverfahren der Flä-

---

152 Es wird auch als das "*Hicks-Friedman*sche-Verfahren" bezeichnet.

Abbildung 8.2: Nutzenäquivalente Gütermengen bei konstanten Grenzkosten

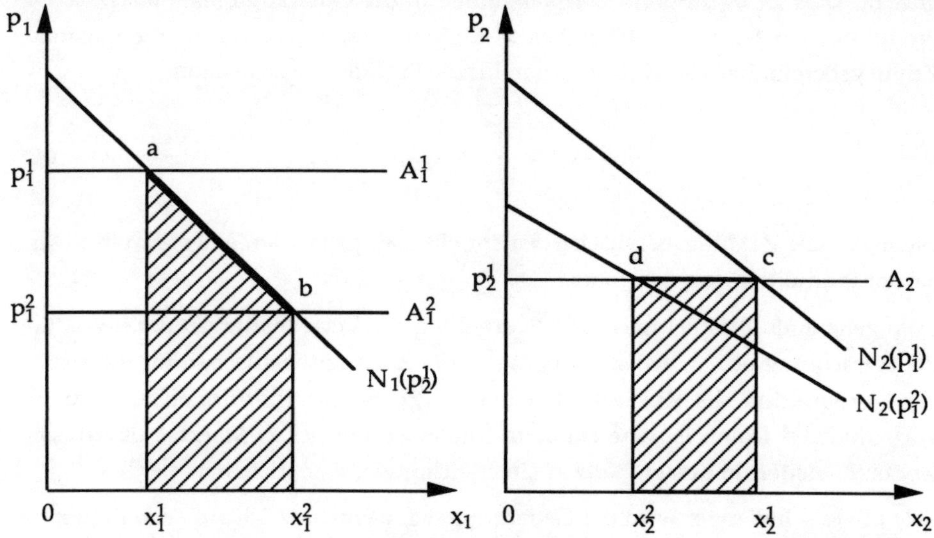

che $x_1^1abx_1^2$ entsprechen. Die beiden schraffierten Flächen müssen also (gedanklich) gleich groß sein, denn es gilt:

$$p_2^1(x_2^1 - x_2^2) = \int_{x_1^1}^{x_1^2} N_1(p_2^1)\, dx\,. \tag{8.1}$$

Da die Minderausgaben für x_2 mit dem Rückgang der entsprechenden Produktionskosten identisch sind, entspricht die zusätzliche Zahlungsbereitschaft für x_1 genau dem Rückgang der Produktionskosten von x_2.

Bei einer Durchführung des beschriebenen Preissetzungsverfahrens wären die Konsumenten in der Ausgangssituation (a, c) und der Endsituation (b, d) gleich gut gestellt. Sie würden den Gütertausch freiwillig vornehmen und müßten genau die Menge von x_2 aufgeben, die nutzenäquivalent zum Mehrkonsum von x_1 wäre. Bei (x_1^1, x_2^1) und (x_1^2, x_2^2) handelt es sich also um ***nutzenäquivalente Gütermengen.***[153]

---

153 Genau genommen existiert eine Vielzahl nutzenäquivalenter Güterkombinationen entlang der Nachfragefunktion von Gut eins und der Angebotsfunktion von Gut zwei in den relevanten Bereichen - angedeutet durch den bereichsweisen Fettdruck beider Funktionen.

Wenn nun aber beide Güterbündel den gleichen Nutzen stiften, ist aus volkswirtschaftlicher Sicht das Güterbündel vorzuziehen, welches die geringsten Kosten verursacht. Dies ist in unserem Beispiel eindeutig die Güterkombination (x_1^2, x_2^2). Die Produktionskosten der zusätzlichen x_1-Einheiten sind geringer als die maximale Zahlungsbereitschaft der Konsumenten für die Produktionsausweitung:

$$p_1^2(x_1^2 - x_1^1) < \int_{x_1^1}^{x_1^2} N_1(p_2^1)\, dx . \tag{8.2}$$

Die maximale Zahlungsbereitschaft entspricht aber genau den eingesparten Kosten bei der Produktion von x_2.

Im genannten Beispiel reicht zur Beurteilung der Vorteilhaftigkeit der Investition die Betrachtung des x_1-Marktes aus. Wenn die Zahlungsbereitschaft für die zusätzliche Produktion die Zusatzkosten übersteigt, ist die Produktionsausdehnung vorteilhaft.[154] Damit ist eine explizite Untersuchung des x_2-Marktes überflüssig, wodurch wiederum Kosten-Nutzen-Untersuchungen sehr erleichtert werden.

b) Etwas schwieriger wird der Gedankengang, wenn abweichend zu a) Preisänderungen - z.B. wegen steigender Grenzkosten bei den anbietenden Unternehmen - auf dem x_2-Markt zugelassen werden. Die Preisänderungen von x_2 wirken nämlich auf die Nachfrage nach x_1 zurück: Eine Verschiebung der Angebotskurve auf dem x_1-Markt führt dort zu Preisänderungen, welche die c.p.-Nachfrage nach x_2 beeinflussen, wodurch sich wiederum der Preis von x_2 ändert. Der geänderte x_2-Preis wirkt seinerseits auf die c.p.-Nachfrage von x_1 zurück (vgl. Abbildung 8.3). Für jeden Preis von x_2 ergibt sich eine andere c.p.-Nachfragefunktion für x_1 und vice versa. Die Gleichgewichtskombinationen der c.p.-Nachfragefunktionen lassen sich graphisch zu einer ***de facto (d.f.)-Nachfragekurve*** verbinden. Für die x_1-Nachfrage gilt hier z.B.:

$$N_1^* = p(x_1, p_2^*) = \widetilde{N}_1 = p(x_1, p_2 . \tag{8.3}$$

Im Gleichgewicht stimmt die c.p.-Nachfrage mit der d.f.-Nachfrage überein. Dies bedeutet, daß jede c.p.-Nachfragekurve die d.f.-Nachfragekurve schneidet. Die d.f.-Nachfragefunktion (vgl. Abbildung 8.3) verläuft steiler als die c.p.-Nachfragefunktionen, weil mit sinkenden x_2-Preisen die Bereitschaft der Konsumenten abnimmt, x_2

154 Da hier Angebotsfunktionen unterstellt werden, die den Grenzkostenfunktionsverläufen der Unternehmen entsprechen, bleiben Änderungen von "Fixkosten", die durch die Produktionsausdehnung entstehen, bei diesem Vergleich außerhalb der Betrachtung. Sie könnten aber aus der Abschöpfung des Einkommenseffektes finanziert werden, der durch eine Preissenkung für die intramarginalen Gütereinheiten entstünde.

Abbildung 8.3: Nutzenäquivalente Gütermengen bei steigenden Grenzkosten

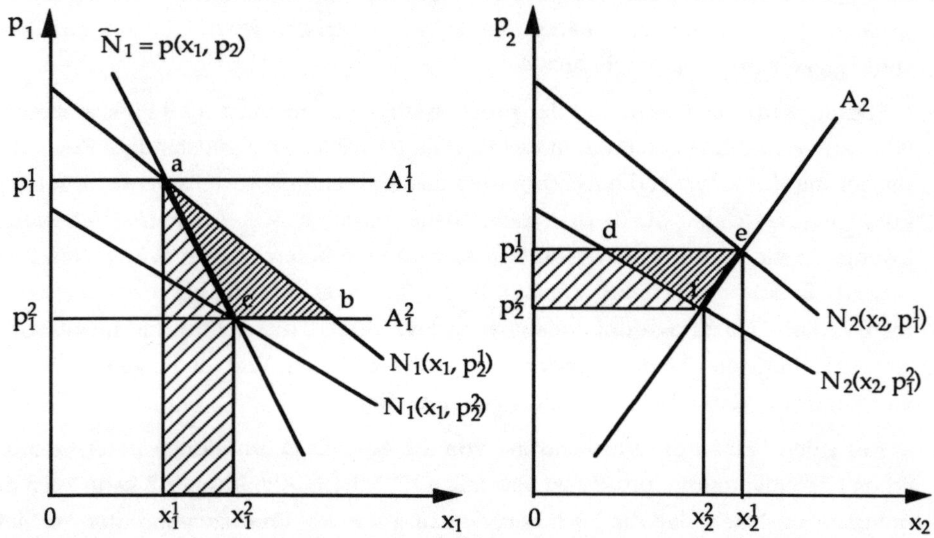

durch x_1 zu ersetzen bzw. die Bereitschaft hohe Preise für zusätzliche x_1-Einheiten zu bezahlen, schneller abnimmt als bei unverändert hohem x_2-Preis.

Führt man wieder das unter a) beschriebene Verfahren der vollkommenen Preisdiskriminierung durch, entsprechen die zusätzlichen Ausgaben für x_1 diesmal der Fläche unter der d.f.-Nachfragekurve. Dieser Betrag muß, sofern er die durch den Rückgang der x_2-Produktion bedingten Ressourcenersparnisse widerspiegeln soll, mit der Fläche unter der x_2-Angebotskurve übereinstimmen. Es muß gelten:

$$\int_{x_1^1}^{x_1^2} \widetilde{N}_1(x_1)\,dx_1 = \int_{x_2^2}^{x_2^1} A_2(x_2)\,dx_2\,. \tag{8.4}$$

Dies ist jedoch nur dann der Fall, wenn auch die durch die Preissenkung hervorgerufenen positiven Einkommenseffekte auf dem zweiten Markt abgeschöpft werden.

Die Gütermengen (x_1^1, x_2^1) und (x_1^2, x_2^2) sind bei Ausschaltung aller Einkommenseffekte (und nur dann) wiederum nutzenäquivalent. Unter den genannten Bedingungen reicht zur Beurteilung der Vorteilhaftigkeit der Produktionsausdehnung von x_1 wie schon unter a) ein Vergleich der Mehrausgaben für x_1 mit den Mehrkosten aus. Folgewirkungen auf anderen Märkten brauchen nicht explizit berücksichtigt werden.

Der Vorteil der beschriebenen Vorgehensweise liegt in der Nichtnotwendigkeit der Analyse von Folgewirkungen auf Sekundärmärkten, die aufgrund von Informations- und Datenmängeln sehr problematisch sein kann. Falls der Ansatz auf *Marshall*sche Nachfragekurven (näherungsweise) übertragen wird, läßt sich das Pfadabhängigkeitsproblem umgehen.

Erkauft wird der Ansatz mit der problematischen Annahme, daß Einkommenseffekte zu vernachlässigen sind. In der Realität ist weder eine vollständige Preisdifferenzierung (für x_1) noch die Abschöpfung des Einkommensvorteils der (x_2-)Preissenkung gegeben. Daher dürfte die beschriebene Vorgehensweise nur eine Näherungslösung für die tatsächlichen Wohlfahrtswirkungen liefern, deren Fehler vom Ausmaß der Einkommenseffekte abhängt. In der Praxis lassen sich aber niemals einkommensvariierte Nachfragefunktionen beobachten, so daß dieser Einwand nicht stärker wiegt als die weiter oben vorgetragenen grundsätzlichen Vorbehalte gegen die Verwendung von *Marshall*schen Nachfragefunktionen.

Auf jeden Fall ist die Verwendung von d.f.-Nachfragefunktionen unter theoretischen Gesichtspunkten positiv zu beurteilen.[155] Mittels Abbildung 8.3 kann auch demonstriert werden, daß die Nichtberücksichtigung von Produzentenrenten zu Meßfehlern - in diesem Fall zu einer Überschätzung der Wohlfahrtseffekte - führt. Würde man die durch die Preissenkung auf dem x_2-Markt entstehende hell schraffierte Konsumentenrente $p_2^1 dfp_2^2$ zusätzlich als Nutzen interpretieren, bliebe außer acht, daß ihr gleich hohe Verluste an Produzentenrente gegenüberstehen. Ebenso irrelevant ist hier die dunkel schraffierte Fläche abc zwischen der c.p.-Nachfragekurve und der d.f.-Nachfragekurve auf dem x_1-Markt. Sie wird durch eine gleich hohe Produzentenrenteneinbuße def auf dem zweiten Markt ausgeglichen, d.h. abc = def.[156]

Auf dem zweiten Markt finden also lediglich Umverteilungseffekte statt. Die nach der Preissenkung angebotene Gütermenge x_2^2 wird zu unveränderten Kosten produziert, so daß keine realen Ersparnisse vorliegen. Nur wenn die Preissenkung auf dem x_2-Markt durch eine Verbesserung der Produktionstechnologie hervorgerufen würde, die ihrerseits eine Reduktion der Produktionskosten herbeiführen würde, lieferte die alleinige Bestimmung der Produzentenrente Aufschluß über die gesamtwirt-

---

155 Ihre ökonometrische Ermittlung ist allerdings aufwendiger als die von c.p.-Nachfragefunktionen. Während c.p.-Nachfragefunktionen unter der Voraussetzung konstanter Preise der übrigen Güter mittels der einfachen Methode der kleinsten Quadrate geschätzt werden können, sind zur Schätzung von d.f.-Nachfragefunktionen mehrstufige Schätzverfahren nötig, da simultane Gleichungssysteme geschätzt werden müssen.

156 Der Nachweis findet sich bei *van Suntum* (1986), S. 101.

schaftlichen Wohlfahrtswirkungen. Daher kommt es bei der Bewertung entscheidend auf die Ursachen von Preisänderungen an.

8.3 Informationsgehalt einzelner Angebotskurven

Sofern Nachfrageverschiebungen auf einem Gütermarkt zu Änderungen der Produzentenrente führen, können diesen Veränderungen Vor- und Nachteile auf Drittmärkten gegenüberstehen.[157] Im Rahmen einer vollständigen Betrachtung wäre grundsätzlich wieder eine - sehr umfassende oder gar unmögliche - Analyse aller betroffenen Märkte erforderlich.

Wie sich jedoch zeigen läßt, ist auch eine Totalanalyse der Angebotsseite unter gewissen Voraussetzungen gar nicht notwendig. In diesem Fall reflektiert die Veränderung der Produzentenrente auf dem Gütermarkt, auf dem die originären Nachfrageverschiebung stattfindet, nämlich die Gesamtheit aller angebotsseitigen Wohlfahrtsänderungen.

Der Kernpunkt der dazu folgenden Überlegungen besteht in den Annahmen eines gesamtgesellschaftlich konstanten Faktorangebots, einer Indifferenz der Produktionsfaktoren bezüglich ihres Einsatzgebietes und unveränderter Produktionstechnologien. Unter diesen Voraussetzungen ist die Mehrproduktion eines Gutes (x_1) nur bei einer Minderproduktion anderer Güter möglich. Die Kosten der Mehrproduktion von x_1 bestehen dann - wegen der Annahme einer gesamtwirtschaftlich konstanten Faktoreinsatzmenge - nicht in einem Mehrverbrauch von Produktionsfaktoren, sondern in der zwangsläufig notwendigen Aufgabe anderer Güter.

Der durch die Aufgabe entstehende Nutzenverlust bzw. die Opportunitätskosten der entgangenen Güter können mit Hilfe der Fläche unter ihrer (einkommensvariierten) Nachfragekurve gemessen werden. Alle Einnahmen der Produzenten von x_1, die über die Opportunitätskosten hinausgehen, können als Produzentenrente angesehen werden.

Abbildung 8.4 dient zur Verdeutlichung dieses Zusammenhanges. Dabei wird zur Vereinfachung wieder von einem Zwei-Güter-Fall ausgegangen, wobei die beiden Güter x_1 und x_2 mit nur einem Produktionsfaktor L erstellt werden. Ferner wird eine unverbundene Nachfrage nach beiden Gütern unterstellt, d.h. es wird angenommen, daß keine substitutiven oder komplementären Nachfragebeziehungen existieren. Abbildung 8.4a zeigt Angebot- und Nachfrage von x_1, Abbildung 8.4c spiegelt Angebot

---

157 Damit sind hier nicht die Produzentenrentenänderungen vorgelagerter Produktionsstufen gemeint.

Abbildung 8.4: Opportunitätskosten der Mehrproduktion bei konstanter Faktoreinsatzmenge

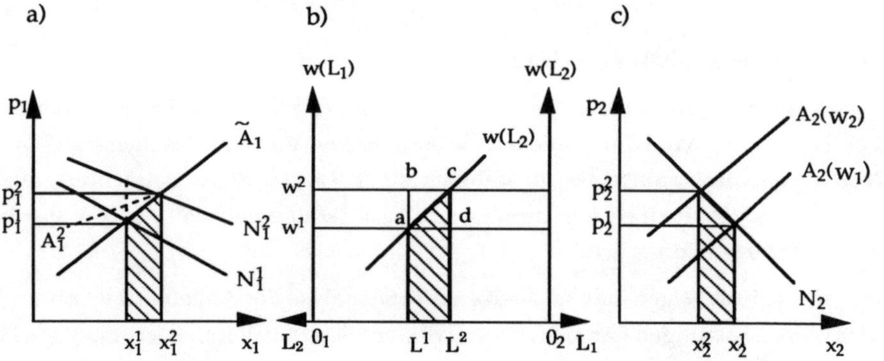

Vgl. *van Suntum* (1986), S. 133.

und Nachfrage von x_2 wider und Abbildung 8.4b zeigt den Preis von L bei unterschiedlichen Aufteilungen von L auf den x_1- und den x_2-Sektor.

Angenommen, die Nachfrage nach dem Gut x_1 steigt, was durch eine Rechtsverschiebung der Nachfragekurve in Abbildung 8.4a angedeutet wird. Dies führt zu einer Produktionsausdehnung von x_1^1 auf x_2^1, die nur durch einen Abzug von Einheiten des Produktionsfaktors L aus dem x_2-Sektor ermöglicht wird. Die Angebotsfunktion $\widetilde{A}_1$ ist eine d.f.-Angebotsfunktion. Sie zeigt das Angebot von x_1 bei - mit zunehmender Faktoreinsatzmenge - steigendem Faktorpreis $w(L_1)$.

Durch den Abzug von Einheiten des Produktionsfaktors aus dem x_2-Sektor geht dort die Güterproduktion zurück. Die zunehmende Knappheit von x_2 steigert einerseits die Grenzbewertung von (und damit die marginale Zahlungsbereitschaft für) x_2 durch die Konsumenten. Andererseits zeigt die steigende c.p.-Angebotsfunktion $A_2(w^1)$, daß die physische Grenzproduktivität des Produktionsfaktors mit zunehmender x_2-Produktionsmenge zurückgeht. Umgekehrt steigt das physische Grenzprodukt mit sinkender x_2-Produktion. Durch die mit dem Produktionsrückgang steigende Grenzbewertung durch die Konsumenten und das gleichzeitig steigende Grenzprodukt steigt der Faktorpreis in der x_2-Industrie. Dies führt zu einer Linksverschiebung der Angebotskurve bis $A_2(w^2)$. w^2 ist der neue Gleichgewichtsfaktorpreis.

In Abbildung 8.4b wird die Entwicklung des Faktorpreises bei zunehmender Verlagerung des Produktionsfaktors in die x_1-Industrie skizziert. Auf der Abszisse ist in den Grenzen der Ordinaten der Gesamtbestand des (fixen) Produktionsfaktors angezeigt. Jeder Punkt auf der Abszisse ist gleichbedeutend mit einer bestimmten Aufteilung des Produktionsfaktors auf beide Branchen. Je weiter rechts die realisierte Faktoraufteilung liegt, desto größer ist der zur Produktion von x_1 eingesetzte Faktoranteil und umgekehrt. Die von links unten nach rechts oben aufsteigende Funktion $w(L_2)$ zeigt den Anstieg des Faktorpreises w in Abhängigkeit von der (zurückgehenden) Faktoreinsatzmenge in der zweiten Industrie (L_2).[158] Da der Produktionsfaktor zwischen beiden Sektoren völlig mobil und indifferent ist, stimmen die Faktorpreise im Gleichgewicht in beiden Sektoren übereinstimmen. Es gilt also: $w(L_1) = w(L_2)$.

Die Opportunitätskosten der Mehrproduktion von x_1 lassen sich anhand von Abbildung 8.4 auf drei verschiedene Arten darstellen, die alle zum selben Ergebnis führen: Erstens durch den Wert der aufgegebenen x_2-Einheiten, angedeutet durch die relevante Fläche unter der x_2-Nachfragekurve. Zweitens durch den Wert der abgewanderten Faktormenge, dem die schraffierte Fläche unter der Faktorpreisfunktion entspricht. Drittens durch die Fläche unter der x_1-Angebotsfunktion in den Grenzen zwischen x_1 und x_2.[159]

Die d.f.-Angebotsfunktion von x_1 zeigt den Wert der bei der x_1-Produktion eingesetzten Ressourcen, der exakt dem Wert der aufgegebenen x_2-Einheiten entspricht. Damit enthält $\widetilde{A}_1$ genaue Informationen über die Opportunitätskosten der x_1-Produktion. Die Güterbündel (x_1^1, x_2^1) und (x_1^2, x_2^2) können als ***kostenäquivalent*** angesehen werden,[160] weil der Gesamteinsatz des Produktionsfaktors unverändert geblieben ist und auf Seiten der Produktionsfaktoren c.p. Indifferenz zwischen einem Einsatz in der x_1- oder der x_2-Industrie besteht.

Da der (Zusatz)Nutzen von x_1 als Fläche unter N_1 und die (Zusatz)Kosten als Fläche unter $\widetilde{A}_1$ gemessen werden können, reicht eine Gegenüberstellung dieser beiden Flächen im relevanten Bereich aus, um die Vorteilhaftigkeit der Produktionsausdehnung zu beurteilen. Im Beispiel von Abbildung 8.4a ist die Fläche unter der Nachfragekurve größer als die unter der Angebotskurve, so daß eine Ausweitung der Produktion von x_1 vorteilhaft ist. Bei Kostenäquivalenz der Güterbündel (x_1^1, x_2^1) und (x_1^2, x_2^2) ist der Nutzen von (x_1^2, x_2^2) größer als der Nutzen von (x_1^1, x_2^1).

158 Die $w(L_2)$-Funktion gilt nur bei Verschiebung der x_1-Nachfrage bei unveränderter x_2-Nachfrage. Deshalb darf man nicht annehmen, daß ein durch eine x_2-Nachfragesteigerung ausgelöster Mehreinsatzes des Faktors in der x_2-Industrie auf Kosten der x_1-Produktion zu einem sinkenden Faktorpreis führen würde.

159 Der Nachweis wird bei *van Suntum* [(1986), S. 134 f.] geführt.

160 Sie sind natürlich nicht nutzenäquivalent, da der Wert der inframarginalen x_1-Menge höher ist als die auf dem x_2-Markt entstehenden Opportunitätskosten.

Die d.f.-Angebotskurve $\widetilde{A}_1$ enthält auch alle Informationen über die gesellschaftlichen Opportunitätskosten der Angebotssteigerung, so daß es nicht notwendig ist, die Veränderungen auf den betroffenen Märkten im einzelnen zu ermitteln und gegeneinander aufzurechnen. Abbildung 8.4 verdeutlicht auch diesen Sachverhalt:

Der gesamte von der x_1-Mengenausweitung ausgelöste Anstieg der Faktorrente beträgt $L \cdot (w^2 - w^1)$ (vgl. 8.4b). Für die Bewertung dieser Mengenausdehnung spielt jedoch nur der Teil oberhalb der Funktion $w(L_2)$ eine Rolle, der in den Grenzen zwischen L^1 und L^2 liegt (Dreieck abc), da der übrigen Faktorrente anderweitige Verluste gegenzurechnen sind. So steigt das Faktoreinkommen der in Sektor 2 verbleibenden Faktoranbieter um $0_2L^2 \cdot (w^2 - w^1)$. Es muß aber von den x_2-Konsumenten und x_2-Produzenten getragen werden. Die Entlohnung der bisher schon im Sektor 1 eingesetzten Faktormenge erhöht sich um $0_1L^1 \cdot (w^2 - w^1)$. Dem stehen aber entsprechende Verluste der x_1-Konsumenten und Produzenten gegenüber. Schließlich verbleibt die Einkommenserhöhung der von x_2 nach x_1 gewanderten Faktormenge. Sie beträgt $L^1L^2 \cdot (w_2 - w_1)$. Davon stellt aber der schraffierte Teil (das Dreieck acd) gesellschaftliche Opportunitätskosten dar. Infolgedessen verbleibt nur das Dreieck abc als Überschuß der Einnahmen der Faktoranbieter über die Opportunitätskosten. Er ist nach der obigen Definition identisch mit der Faktorrente. Diese Faktorrente kommt durch die d.f.-Angebotsfunktion von x_1 zum Ausdruck. Sie entspricht der Differenz zwischen der gestrichelt in Abbildung 8.4a eingezeichneten c.p.-Angebotsfunktion und der d.f.-Angebotsfunktion in den durch x_1^1 und x_1^2 gesetzten Grenzen (vgl. Abbildung 7.3).

Insgesamt gesehen, werden - unter den genannten Bedingungen - die Opportunitätskosten einer Maßnahme, die zur Ausweitung der Produktion eines Gutes führt und anderen Sektoren Produktionsfaktoren entzieht, durch die Fläche unter der d.f.-Angebotskurve im relevanten Bereich wiedergegeben. Die gesamte Änderung der Produzentenrenten wird durch die Fläche oberhalb der d.f.-Angebotskurve und unterhalb der Preislinie angezeigt. Damit kann die zur Beurteilung der Produktionsausdehnung notwendige Analyse auf den primär betroffenen Markt beschränkt werden, wodurch sich der Analyseaufwand deutlich vermindert.

8.4 Zusammenführung von Nachfrage- und Angebotsseite

Betrachtet man den sozialen Überschuß - wie in den vorausgehenden Abschnitten - im Sinne eines Opportunitätskostenkalküls, lassen sich die Kosten der von den Konsumenten "freiwillig" aufgegebenen Güter als Fläche unter der zugehörigen Angebotskurve interpretieren, während die Opportunitätskosten der von den Konsumenten "zwangsweise" aufgegebenen Güter als Fläche unter der entsprechenden Nachfragekurve ausgedrückt werden können.

Bei der Herleitung der d.f.-Nachfragekurve in Abschnitt 8.1 wurden keine Aussagen über den Verbleib der durch den Produktionsrückgang im x_2-Sektor freigesetzten Produktionsfaktoren getroffen. Sie könnten teilweise bei der Produktion von x_1 eingesetzt oder vollständig freigesetzt werden.[161] Im letztgenannten Fall müssen die zur Herstellung von x_1 benötigten Ressourcen woanders herkommen. Stammen sie aus einem Gütersektor x_3, dessen Nachfrage nicht mit x_1 verbunden ist, muß - bei fixem Bestand der gemeinsam für die x_1- und x_3-Herstellung benötigten Produktionsfaktoren, wie in Abschnitt 8.2 unterstellt - die x_3-Nachfrage zugunsten der x_1-Nachfrage zurückgehen. In Abbildung 8.5 werden die Möglichkeiten anhand der Neueinführung des Gutes x_1 illustriert. In Teil a) der Abbildung sind die d.f.-Nachfragekurve und die d.f.-Angebotskurve auf dem x_1-Markt dargestellt. Teil b) gibt den x_2-Markt wieder, der nachfrageseitig mit dem x_1-Markt verbunden ist, und wo es aufgrund der Neueinführung des ersten Gutes zu einem Nachfragerückgang kommt. Der x_3-Markt in Teil c) ist angebotsseitig mit dem x_1-Markt verbunden. Falls x_1 eingeführt wird, kommt es im x_3-Sektor zu einem Entzug von Produktionsfaktoren, wodurch sich die x_3-Angebotsfunktion verschiebt. Dies führt zu steigenden Preisen für x_3. Unterscheiden wir nun zwischen 2 Fällen:

Fall 1) Die im x_1-Sektor erforderlichen Produktionsfaktoren können vollständig aus dem Sektor zwei beschafft werden. Es kommt zu keinen Verlagerungen der Angebotsfunktion auf dem Markt drei. Infolgedessen kann der dritte Markt außerhalb der Betrachtung bleiben.

Wie aus Abbildung 8.5a, b ersichtlich, kommt es durch die Einführung des Produktes x_1 zu Wohlfahrtsgewinnen in Höhe von B + C. Der Wert der Menge x_1^2 läßt sich durch die Fläche A + B + C beschreiben. Es entstehen Opportunitätskosten in

---

161 Da die Produktionskosten des Güterbündels (x_1^2, x_2^2) in Abbildung 8.3 geringer sind als die Herstellungskosten des nutzenäquivalenten Güterbündels (x_1^1, x_2^1), werden offenbar weniger Ressourcen für das erstgenannte Güterbündel benötigt. Damit wird zumindest ein Teil der im zweiten Sektor bisher eingesetzten Produktionsfaktoren nicht bei der x_1-Produktion benötigt. Diese werden entweder endgültig frei oder an anderer Stelle im Wirtschaftsprozeß eingesetzt.

Abbildung 8.5: Zusammenführung von d.f.-Nachfragefunktion und d.f.-Angebotsfunktion

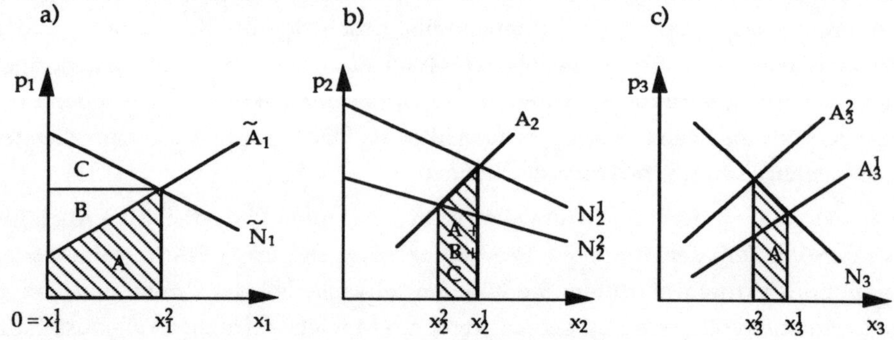

gleicher Höhe durch die "Wenigerproduktion" von x_2. Da aber bei der Herstellung von x_1 nur Produktionskosten im Gegenwert von A anfallen, führt dies zu gesellschaftlichen Kostenersparnissen in Höhe von B + C. Sie kommen den Konsumenten und Produzenten von x_1 zugute. Die im Markt zwei freigesetzten und nicht im Markt eins eingesetzten Produktionsfaktoren stehen für andere Verwendungen zur Verfügung oder sie sind indifferent zwischen einem Produktionseinsatz und Nichtbeschäftigung.

Fall 2) Die Mehrausgaben für x_1 führen wie im ersten Fall zu einem Rückgang der x_2-Nachfrage. Aber die im x_1-Sektor zusätzlich erforderlichen Produktionsfaktoren werden diesmal nicht aus dem zweiten Sektor abgezogen. Folglich müssen zur Produktion von x_1 Faktoren aus dem dritten Sektor beschafft werden. Es kommt also zu einer Verschiebung der Angebotsfunktion auf dem Markt drei, so daß jetzt auch dieser Markt zu betrachten ist.

Das Endergebnis der Wohlfahrtsanalyse gleicht dem des Falles 1). Die aus im dritten Sektor durch die Verringerung der Produktion entstehenden Opportunitätskosten A kommen exakt durch die jetzt bei der Produktion des ersten Gutes entstehenden Kosten zum Ausdruck. Den Nutzengewinnen durch den Konsum von x_1 in Höhe von A + B + C stehen Nutzenverluste durch den geringeren Konsum von x_3 in Höhe von A entgegen. Die Kostenersparnisse durch den Produktionsrückgang von x_2 mit dem Volumen A + B + C sind deckungsgleich mit den entsprechenden Nutzenverlusten. Der Nettoeffekt aller Wirkungen beträgt also wiederum B + C.

Tabelle 8.1: Zusammenfassung der Wohlfahrtswirkungen bei Einführung eines neuen Produktes

Markt	x_1	x_2	x_3	Σ
ΔN	+ (A+B+C)	- (A+B+C)	- A	- A
ΔK	+ A	- (A+B+C)	- A	- (A+B+C)
ΔSÜ	+ (B+C)	0	0	+ (B+C)

Vgl. *van Suntum* (1986), S. 143.

Tabellarisch lassen sich die Wirkungen in Tabelle 8.1 zusammenfassen. Mit ΔN sind die auf den Märkten eintretenden Nutzenänderungen bezeichnet. ΔK gibt die Kostenänderungen wieder. ΔSÜ ist der Soziale Überschuß (Nettoeffekt). Man sieht, daß die alleinige Betrachtung des x_1-Marktes mittels d.f.-Nachfrage- und d.f.-Angebotsfunktionen zum gleichen Ergebnis führt, wie eine Totalanalyse aller betroffenen Sekundärmärkte.

Das vorgestellte Modell besticht durch die Vereinfachung der Totalanalyse. Durch die Wahl von d.f.-Angebots- und d.f.-Nachfragefunktionen kann die Untersuchung der Wohlfahrtswirkungen auf den primären Markt, von dem alle Effekte ausgehen, beschränkt werden. Problematisch sind allerdings die sehr strengen Modellannahmen, die in der Realität kaum anzutreffen sein dürften. So lassen sich Einkommenseffekte generell nicht ausschalten bzw. es findet in der Praxis keine vollkommene Preisdifferenzierung statt. Das Ausmaß von Einkommenseffekten ist empirisch direkt kaum überprüfbar, kann aber eventuell durch die in Abschnitt 4.2.7 vorgestellten Verfahren näherungsweise berechnet werden. Ebenfalls Schwierigkeiten dürfte die exakte Bestimmung von d.f.-Funktionen bereiten, da aufwendige Schätzverfahren und entsprechende Daten benötigt werden. Schließlich ist auch die Vermutung, daß die eventuell freigesetzten Produktionsfaktoren reibungslos an anderer Stelle eingesetzt werden können oder gegenüber einer Nichtbeschäftigung indifferent sind, sehr heroisch und in der Wirklichkeit nur selten zu beobachten.

Falls erwogen wird, den in diesem Kapitel vorgestellten Ansatz im Rahmen der praktischen Anwendung der Kosten-Nutzen-Analyse einzusetzen, ist sorgfältig im Einzelfall zu prüfen, ob die Modellannahmen wenigstens näherungsweise mit der realen Situation vereinbar sind.

Teil III: Ausgewähle Probleme

9. Unvollkommene Märkte

In den vorangegangenen Abschnitten wurde vom ***Modell der vollkommenen Konkurrenz*** ausgegangen.[162] In diesem Modell entsprechen die Marktpreise aller Güter den sozialen Grenzkosten der Produktion und den marginalen Wertschätzungen der Konsumenten. In einer solchen, aus ökonomisch-theoretischer Sicht "paradiesischen" Welt, trügen alle einzelwirtschaftlichen Entscheidungen zur Erreichung eines gesellschaftlichen Wohlfahrtsoptimums bei. Es bedürfte keiner staatlichen Eingriffe ins Wirtschaftsgeschehen.

Die Realität ist - meistens - anders. Dort nähert sich das Geschehen dem theoretischen Ideal nur mehr oder weniger an. Häufig sind Dinge zu beobachten, die dem Modell der vollständigen Konkurrenz gar nicht entsprechen. Sog. ***"Marktunvollkommenheiten"*** - auch als ***"Marktversagen"*** bezeichnet - führen dazu, daß die auf Märkten beobachtbaren Güterpreise von den gesellschaftlichen Grenzkosten abweichen. Für manche ("nichtmarktliche") Güter existieren überhaupt keine Märkte und damit auch keine Marktpreise.[163] Marktunvollkommenheiten werden z.B. verursacht durch:

- öffentliche Güter,
- externe Effekte,
- natürliche Monopole,
- Steuern und Subventionen,
- Zölle,
- sonstige Marktzutritts- und Handelsbeschränkungen.

Sofern keine Marktpreise existieren oder die Marktpreise aufgrund von Marktunvollkommenheiten "verzerrt" sind, müssen sog. ***"Schattenpreise"*** ("shadow prices") ermittelt werden. Die Schattenpreise spiegeln die "wahren" gesellschaftlichen Grenzkosten wider. Häufig werden sie durch eine "Korrektur" der beobachtbaren Marktpreise berechnet.

Im folgenden wird zunächst die Berechnung von Schattenpreisen auf grundsätzlicher Ebene veranschaulicht. Anschließend werden öffentliche Güter und externe Effekte ausführlicher diskutiert, weil sie die vielleicht wichtigsten zu berücksichtigenden Unvollkommenheiten bei der öffentlichen Projektbewertung sind.

---

162 Im Modell der vollkommenen Konkurrenz sind die Wirtschaftssubjekte Mengenanpasser und auf allen Märkten herrscht ein Marktgleichgewicht (inkl. Vollbeschäftigung). Die beobachtbaren Güterpreise entsprechen den gesellschaftlichen Grenzkosten der Produktion und der marginalen Zahlungsbereitschaft der Konsumenten.

163 Vgl. Abschnitt 11.

9.1 Die Ermittlung von Schattenpreisen

Bei der Ermittlung von Schattenpreisen geht es um die Frage, welchen Beitrag eine andere Verwendung der von einem öffentlichen Projekt beanspruchten Ressourcen zur gesellschaftlichen Wohlfahrt geleistet hätte. Die (Mehr)Produktion eines Gutes führt einerseits zu Nutzensteigerungen; andererseits verursacht sie gleichzeitig Nutzenverluste, sofern Produktionsfaktoren aus anderen Bereichen der Wirtschaft abgezogen werden - was bei Vollbeschäftigung immer der Fall ist - und dadurch von anderen Gütern (zwangsweise) weniger produziert wird.[164] Aber auch bei Unterbeschäftigung kann der zusätzliche Einsatz von Produktionsfaktoren zu Nutzenverlusten führen. Wenn beispielsweise bis dahin unbeschäftigte Arbeitnehmer Beschäftigung finden, bestehen deren Nutzenverluste in der Einbuße von Freizeit.

Diese kurzen Ausführungen machen schon deutlich, daß sich hinter der Bestimmung von Schattenpreisen das Konzept der Opportunitätskosten verbirgt: Schattenpreise sind in Geldeinheiten bewertete marginale Opportunitätskosten

Im idealtypischen Modell der vollkommenen Konkurrenz entsprechen die Marktpreise den marginalen sozialen Opportunitätskosten. Die Marktpreise sind dann gleichzeitig Schattenpreise. Stimmen die Marktpreise aber aus den oben angeführten Gründen nicht mit den sozialen Opportunitätskosten überein, müssen sie gesondert ermittelt werden. Es folgen zwei Beispiele, die die Berechnungsmethodik für Schattenpreise verdeutlichen.

9.1.1 Schattenpreise bei einer Verbrauchsbesteuerung

Steuern, die auf Verbrauchsgüter (und Produktionsfaktoren) erhoben werden, treiben einen Keil zwischen die marginale Zahlungsbereitschaft der Nachfrager und die marginalen sozialen Grenzkosten.[165] Es existieren dann quasi zwei Preise mit relevanten Informationen für den Analytiker: Der "Nachfragepreis" inkl. Steuern (Bruttopreis) zeigt die nachfrageseitige Zahlungsbereitschaft an. Der "Angebotspreis" abzüglich Steuern (Nettopreis) reflektiert die Grenzkosten. Bei einer Verbrauchsbesteuerung liegt die marginale Zahlungsbereitschaft der Nachfrager im Marktgleichgewicht oberhalb der sozialen Grenzkosten.[166]

---

164 Vgl. auch Abschnitt 8.

165 Es sei denn, die Besteuerung dient der Internalisierung externer Effekte oder sonstiger Marktstörungen.

166 Das Gegenteil gilt für Subventionen.

Im folgenden, durch Abbildung 9.1 illustrierten Beispiel werden die Opportunitätskosten einer staatlichen Nachfrageausdehnung bei einer wertmäßigen Güterbesteuerung auf einem Wettbewerbsmarkt aufgezeigt.[167] Die staatliche Nachfrage tritt dabei in Konkurrenz zur privaten Nachfrage.

Bezeichnen wir den vorliegenden prozentualen (Umsatz)Steuersatz auf den Verkaufspreis des Gutes x mit t. Dann beträgt der Nettopreis (ohne Steuern) p^1 und $p^1(1+t)$ stellt den Bruttopreis (inkl. Steuern) dar. Die Nachfragefunktion N[p(1+t)] bildet die Nachfragemenge in Abhängigkeit vom Bruttopreis in der Ausgangssituation ohne staatliche Nachfrage ab. Die Angebotsfunktion A(p) zeigt die angebotenen Güter- bzw. Faktormengen bei einem Nettopreis in Höhe von p an. Die beobachtbare Angebotsfunktion ist jedoch A[p(1+t)], die man durch Addition der Steuer erhält. Obwohl die Nachfrager den Preis p(1+t) zahlen müssen, erhalten die Anbieter lediglich p; der Rest geht als Steuereinnahmen in den Staatshaushalt ein. p(1+t) kann als "Nachfragepreis" und p als "Angebotspreis" bezeichnet werden. Diese Unterscheidung ist wichtig, weil beide Größen unterschiedliche Schwellenwerte indizieren. p(1+t) mißt die marginale Zahlungsbereitschaft der Kunden; dagegen zeigt p die Grenzkosten bei der Herstellung an. Aus dieser Konstellation resultiert in der Ausgangssituation ein Marktgleichgewicht im Punkt b $[x^1, p^1(1+t)]$.

Nehmen wir an, die Durchführung eines öffentlichen Projektes führt zu einer Ausweitung der Nachfragemenge um ΔS. Entsprechend findet eine Rechtsverschiebung der Nachfragekurve von N[p(1+t)] nach N[p(1+t)] + ΔS statt.

Das neue Marktgleichgewicht bei Projektdurchführung wird in Punkt e erreicht. Dort läßt sich ein höherer Preis $p^2(1+t)$ und eine größere Nachfragemenge x_g beobachten. Nehmen wir an, die zur Befriedigung der Mehrnachfrage ΔS benötigte Güter- bzw. Faktormenge stammt aus zwei Quellen. Zu einem Teil wird die Staatsnachfrage durch eine Ausweitung des gesamtwirtschaftlichen Angebots um Δx_A befriedigt und zu einem anderen Teil wird sie durch einen Rückgang der privaten Nachfrage um die Menge Δx_N ermöglicht. Die gesamten Opportunitätskosten des Projektes errechnen sich aus der Summe der sozialen Zusatzkosten der Produktionsausweitung und dem Nutzenrückgang bei den privaten Nachfragern. Die Zusatzkosten können graphisch als Fläche unter der Nettoangebotskurve in den Grenzen der Produktionsausdehnung x^1cdx_g dargestellt werden. Der Nutzenverlust der "verdräng-

167 Vgl. *Harberger* (1969).

Abbildung 9.1: Ermittlung der Opportunitätskosten einer staatlichen Nachfrageausdehnung bei einer wertmäßigen Verbrauchsbesteuerung

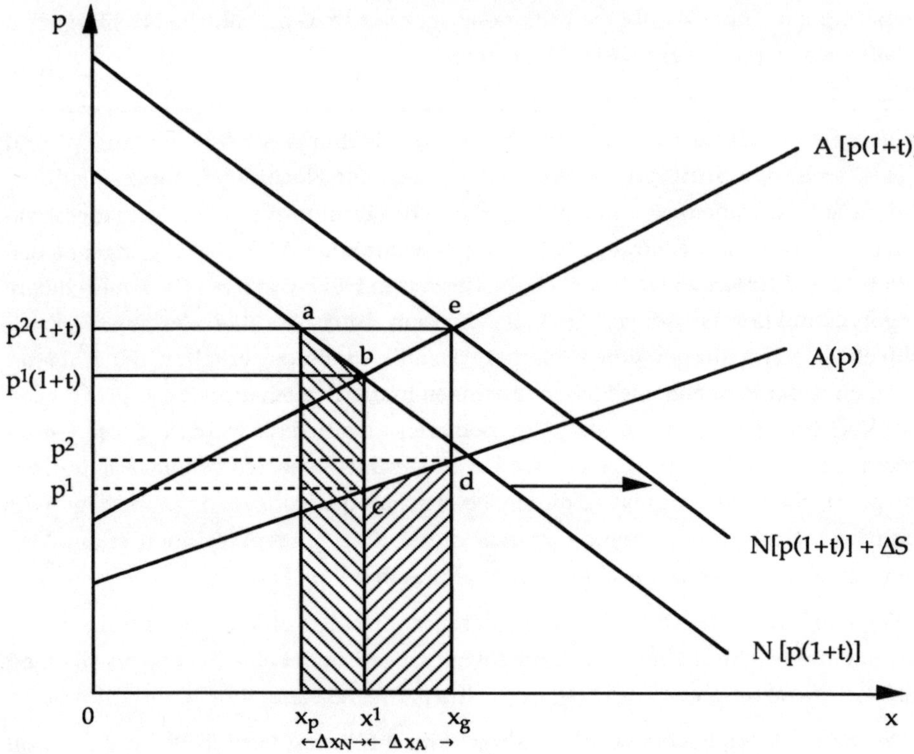

Vgl. *Boadway/Wildasin* (1984), S. 199.

ten" Privatnachfrager ist durch die Fläche x^1abx_p unter der ursprünglichen Nachfragefunktion abbildbar.[168]

Falls von der staatlichen Nachfragesteigerung nur geringe Wirkungen auf die Preisstruktur des x-Marktes ausgehen - z.B. weil die Zusatznachfrage relativ klein ist - lassen sich die sozialen Opportunitätskosten einfach ermitteln. In diesem Fall können die gesellschaftlichen Opportunitätskosten der durch den Staat zusätzlich nachgefragten Menge K(ΔS) nämlich durch folgende Formel approximiert werden:

168 Insoweit entsprechen die Ergebnisse den Überlegungen aus Kapitel 8. Man beachte, daß die in Abbildung 9.1 verwendeten c.p.-Nachfragefunktionen so lange zu korrekten Ergebnissen führen, wie durch die staatliche Zusatznachfrage keine Güter- und Faktorpreisänderungen auf anderen Märkten hervorgerufen werden. Anderenfalls wären in Abbildung 9.1 d.f.-Funktionen einzusetzen.

$$K(\Delta S) = p^1 \, \Delta x_A - p^1(1+t) \, \Delta x_N , \tag{9.1}$$

wobei die beiden Terme der rechten Gleichungsseite näherungsweise den Flächen x^1cdx_g und x_pabx^1 entsprechen.

Da die Schattenpreise als Opportunitätskosten pro Stück definiert sind, muß zu ihrer Berechnung die Gleichung (9.1) durch ΔS dividiert werden. Damit ergeben sich die durchschnittlichen Opportunitätskosten der Staatsnachfrage (Schattenpreise) p_s^* aus der Formel:

$$p_s^* = p^1 \cdot \frac{\Delta x_A}{\Delta S} - p^1(1+t) \cdot \frac{\Delta x_N}{\Delta S}.^{169} \tag{9.2}$$

Da $\Delta x_A + \Delta x_N = \Delta S$, entspricht der Schattenpreis der staatlichen Nachfrage dem gewichteten Durchschnitt von Angebots- und Nachfragepreisen. Als Gewichte fungieren die Relationen zwischen der Angebotsausweitung Δx_A und der privaten Nachfragereduktion Δx_N zur Änderung der Staatsnachfrage ΔS. Falls das Angebot vollkommen inelastisch oder die Nachfrage vollkommen elastisch ist, gilt $\Delta x_N / \Delta S = 1$ und $p_s^* = p^1(1+t)$. Im umgekehrten Fall einer vollkommen elastischen Angebotsfunktion oder völlig inelastischer Nachfragefunktion ist $\Delta x_A / \Delta S = 1$ und $p_s^* = p^1$.

Die gesamten Opportunitätskosten der staatlichen Nachfrage ergeben sich aus der mit den Schattenpreisen multiplizierten Nachfragemenge $p_s^* \cdot \Delta S$.[170] Das eben dargestellte Berechnungsprinzip läßt sich nicht nur auf durch Steuern verursachte Abweichungen der Marktpreise von den gesellschaftlichen Grenzkosten anwenden, sondern auf jedwede Grenzkostenabweichung übertragen - gleichgültig, ob Subventionen, Monopole, Zölle usw. ursächlich sind. Im Falle staatlicher Subventionen kehrt sich z.B. lediglich das Vorzeichen von t um, denn Subventionen lassen sich als negative Steuern interpretieren.

9.1.2 Schattenpreise des Faktors Arbeit

Besonders häufig müssen im Rahmen von öffentlichen Projektanalysen Schattenpreise für den Produktionsfaktors "Arbeit" ermittelt werden, da von vielen öffentlichen Vorhaben Beschäftigungswirkungen explizit gefordert werden. Einkommensteuern und Sozialabgaben treiben einen Keil zwischen Brutto- und Nettolöhne, so daß das in Abbildung 9.1 dargestellte Analyseinstrumentarium grundsätzlich auch

---

169 Diese von *Harberger* (1969) entwickelte Formel wird auch als "weighted average shadow pricing formula" [vgl. *Boadway/Bruce* (1984), S. 299] bezeichnet.

170 Diese Opportunitätskosten beinhalten allerdings keine Rentenänderungen.

für die Schattenpreisermittlung der im Rahmen eines Projektes eingesetzten Arbeit geeignet ist. Allerdings können Schwierigkeiten bei der Bewertung auftreten, sofern durch Faktorimmobilität bedingte regionale oder sektorale Lohn(satz)differenzen auftreten oder "unfreiwillige" Arbeitslosigkeit existiert.

Grundlegend für die Ermittlung des Schattenpreises für Arbeit ("Schattenlohn") ist entsprechend des Opportunitätskostengedankens die Frage nach dem alternativen Einsatz der für ein öffentliches Projekt benötigten Personen. Dies ist gleichbedeutend mit der Frage nach der bisherigen Beschäftigung bzw. der "Herkunft" der Arbeitnehmer. Grundsätzlich kommen folgende drei "Quellen" in Frage:

1) Entzug von Arbeitnehmern aus anderen Wirtschaftsbereichen, die dort vorher zu Marktlöhnen beschäftigt waren,
2) Einsatz von Personen, die bisher freiwillig ohne Beschäftigung waren,
3) Einsatz von Arbeitskräften, die vorher unfreiwillig arbeitslos waren.

Je nach "Herkunft" der in einem Projekt eingesetzten Arbeitnehmer sind andere Opportunitätskosten anzusetzen. Infolgedessen kann der durchschnittliche Schattenpreis des Faktors Arbeit prinzipiell aus der Summe der gewichteten "Schattenlöhne" berechnet werden. Als Gewichte sind die Anteile der Arbeitnehmer jeder Herkunftsgruppe bezogen auf die Gesamtzahl der Beschäftigten zu verwenden. Alternativ kann man auch die durch jede Personengruppe zu leistende Arbeitszeit gesondert ermitteln und direkt mit den Schattenlöhnen bewerten. Ohne die Berücksichtigung von "Wanderungskosten" (Kosten für Arbeitsplatzbeschaffung, Umzug, Pendeln etc.) gelten zunächst folgende Aussagen:[171]

- Für Arbeitnehmer, die bisher in anderen Wirtschaftszweigen beschäftigt waren, sind die sozialen Opportunitätskosten durch den Bruttolohn inkl. Einkommensteuern und Sozialabgaben bzw. mit Hilfe der Bruttoangebotsfunktion zu bewerten. Hinter dieser Vorgehensweise steht die Annahme, daß der Bruttolohn - zumindest näherungsweise - dem Wertgrenzprodukt dieser Arbeitnehmer im Rahmen ihrer bisherigen Tätigkeiten entspricht.
- Würden bisher freiwillig Arbeitslose eingesetzt, käme es zu einer Arbeitsangebotsausweitung. Die Schattenpreise der freiwillig Arbeitslosen müssen aus den Nettolöhnen bzw. der Nettoangebotskurve ermittelt werden. Der Nettolohn ist ja genau der Betrag, der notwendig ist, um einen Erwerbsfähigen für den Nutzenentgang durch den Freizeitverlust zu entschädigen und ihn damit zum Angebot seiner Arbeitskraft zu bewegen.[172]

---

171 Vgl. *Boadway/Bruce* (1984), S. 302.

172 Bei dieser Argumentation ist zu bedenken, daß die Arbeitnehmer üblicherweise nicht die Wahl haben, eine von ihnen festgelegte Arbeitszeit anzubieten. Vielmehr stehen sie normalerweise vor der Entscheidung, eine exogen vorgegebene Zeit zu arbeiten oder auch nicht. In diesem Fall muß

- Schwieriger ist die Ermittlung des Arbeitsentgeltes für die unfreiwillig Arbeitslosen, weil kein Marktpreis existiert, der Auskunft über den Mindestlohn gibt, zu dem diese Personen zur Arbeit bereit sind. Auf jeden Fall liegen die Opportunitätskosten hier unter den Nettolöhnen, da ein unfreiwillig Arbeitsloser zum marktüblichen Nettolohn sofort eine Arbeit aufnehmen würde. Andererseits muß der Arbeitslohn auch für diesen Personenkreis wegen der durch die Arbeit bedingte Aufgabe von Freizeit und sonstiger Annehmlichkeiten grundsätzlich eine bestimmte Mindesthöhe erreichen. Existiert ein System der sozialen Sicherung, dürfte der Grenzangebotslohn durch die minimale soziale Absicherung determiniert sein: Vermutlich wird kaum jemand bereit sein zu arbeiten, wenn er durch Arbeit ein geringeres Einkommen erzielt als er bei freier Verfügung seiner Zeit "automatisch" erhält. Unter dieser Voraussetzung wird der Mindestangebotslohn einer zusätzlich beschäftigten Person, die ohne Projekt unfreiwillig arbeitslos wäre, durch die Art der Unterstützungszahlung bestimmt. Das Mindestlohnniveau liegt dann entweder auf der Höhe der Sozial- oder Arbeitslosenhilfe oder des Arbeitslosengeldes. Somit dürften die Opportunitätskosten der unfreiwillig Arbeitslosen zwischen dem Niveau der vorher empfangenen Sozialtransfers und dem Nettolohn liegen.[173]

Die Lage wird komplizierter, falls die Arbeitnehmer nicht mobil sind, weil Wanderungskosten oder institutionell bedingte Lohnsatzunterschiede bestehen. Beides "erklärt" regionale oder sektorale Lohnsatzdifferenzen. Die durch die deutsche Einheit entstandenen Lohnsatzunterschiede bilden dafür ein gutes Beispiel.

Eine Ursache für regionale Lohnunterschiede sind monetäre und nichtmonetäre Wanderungskosten. Sie entstehen durch Arbeitsplatz- und Wohnungssuche, Aufgabe des sozialen Umfeldes u.ä. Ein ganz einfaches Beispiel mag dies verdeutlichen: Angenommen, es existieren Lohnsatzdifferenzen zwischen den Regionen A und B, wobei die Löhne in A höher sind als in B, und die Kosten der Wanderung von B nach A m_{BA} betragen. Im Arbeitsmarktgleichgewicht entspricht die Lohnsatzdifferenz den Wanderungskosten, d.h. $w_A - w_B = m_{BA}$.[174] Der Schattenlohn eines in Re-

---

der gesamte Nettolohn mindestens so hoch sein wie der Wert des gesamten Freizeitverlustes. Jedes Einkommen darüber stellt eine Faktorrente dar und darf nicht als Kosten interpretiert werden.

Ersparte Sozialleistungen dürfen dagegen nicht von den Kosten in Abzug gebracht werden, da den Nutzengewinnen der Gesellschaft gleich hohe Rentenverluste der Sozialleistungsempfänger gegenüberstehen.

173 Bei den Ausführungen wurde implizit davon ausgegangen, daß von der Beschäftigung keine Auswirkungen auf den Arbeitskapitalstock ausgehen. Führen beschäftigungslose Zeiten zu einer raschen Verminderung des Arbeitskapitalstocks (hohen Abschreibungen) sind unfreiwillig Beschäftigungslose evt. auch bereit, für einen Lohn zu arbeiten, der unterhalb des Sozialversicherungsniveaus liegt.

174 Ein derartiges Arbeitsmarktgleichgewicht ergibt sich ohne regulierende Eingriffe ins Arbeitsmarktgeschehen, da die Erwerbstätigen die Beschäftigungen mit einem höheren Lohnniveau vorziehen und Lohndifferenzen bis auf die reinen Kosten der Wanderung ausgleichen würden. Dieser Gedanke verbirgt sich z.B. auch hinter den sehr anschaulichen Ausführungen bei *Sinn/*

gion A durchgeführten Projektes ist bei Abzug ohnehin beschäftigter Personen aus anderen Sektoren auf jeden Fall w_A. Diese Ergebnis ist unabhängig von der Herkunft der eingesetzten Arbeitnehmer. Stammen die Projektmitarbeiter aus dem Raum A, reduziert sich dort die Wertschöpfung anderer Wirtschaftszweige um die mit w_A bewertete Arbeitszeit. Werden Arbeitnehmer aus der Region B abgezogen, verringert sich der gesellschaftliche Produktionswert zwar "nur" um w_B. Hinzu kommen jedoch die Wanderungskosten m_{BA}, so daß die gesellschaftlichen Gesamtkosten ebenfalls mit w_A zu bewerten sind. Findet das zu beurteilende Projekt dagegen in Raum B statt, sind die Schattenlöhne der aus B stammenden Beschäftigten mit w_B anzusetzen.[175]

Ein anderer bekannter Erklärungsansatz für die Existenz von Lohnsatzdifferenzen im Marktgleichgewicht ist das sog. "*Harris-Todaro-Harberger*-Modell".[176] Obwohl ursprünglich die Verhältnisse in Entwicklungsländern erklärend, sind seine Grundgedanken auch für Situationen in industrialisierten Staaten sehr instruktiv. Dieses Modell basiert auf der für viele Dritte-Welt-Staaten typischen Beobachtung von Lohnsatzdifferenzen zwischen Ballungsräumen und ländlichen Regionen bei herrschender Arbeitslosigkeit in den dicht bevölkerten Gebieten und Vollbeschäftigung auf dem Land. In einer solchen Situation übersteigt die Zahl der Zuwanderer die Zahl zusätzlich geschaffener Arbeitsplätze in den Städten. Das Modell baut ferner auf den Annahme auf, daß Arbeitskräfte völlig mobil sind, sich bei ihrer Niederlassungsentscheidung ausschließlich an den zu erwartenden Einkommen orientieren und die Besetzung von Arbeitsplätzen "zufällig" erfolgt, d.h. jeder Bewerber die gleichen Chancen hat, eine Beschäftigung zu erhalten. Unter den beschriebenen Umständen entspricht die Einkommenserwartung auf dem Land dem dortigen Lohnniveau w_L. In der Stadt beträgt das zu erwartende Einkommen $\pi_S w_S$, wobei π_S die Wahrscheinlichkeit, in der Stadt eine Anstellung zu bekommen und w_S den städtischen Lohnsatz anzeigen. Im Marktgleichgewicht sind die Erwartungseinkommen in Stadt- und Landregionen identisch: $\pi_S \cdot w_S = w_L$. Wenn nun ein zusätzlicher städtischer Arbeitsplatz geschaffen wird und die Löhne als exogen gegeben betrachtet werden, wandern zur Wiederherstellung des Marktgleichgewichts $1/\pi_S > 1$ Arbeitnehmer vom

---

Sinn [(1991), S. 140 ff.] zu den Wohlfahrtswirkungen verschiedener Lohnstrategien zur Bewältigung der Folgen der deutschen Wiedervereinigung.

175 Aus Region A wird c.p. wegen $w_B < w_A$ niemand in Region B arbeiten wollen. Würden aus irgendwelchen Gründen z.B. durch Lohnsubventionen Arbeitnehmer dem Raum A entzogen, wären die deren Schattenlöhne mit $w_A + m_{AB}$ zu taxieren, wobei m_{AB} die Mobilitätskosten von A nach B darstellen.

176 Vgl. *Harris/Todaro* (1970) und *Harberger* (1971b). Eine Zusammenfassung der Grundgedanken findet sich bei *Boadway/Bruce* [(1984), S. 303 ff.].

Lande in die Stadt. Damit betragen die Opportunitätskosten der Besetzung des neuen Arbeitsplatzes $w_L/\pi_S = w_S$. Die Löhne in Ballungsgebieten entsprechen in diesem Fall dem Schattenpreis der Arbeit und es sind keine weiteren Korrekturen notwendig.

Die vorangegangenen Überlegungen machen deutlich, daß die Ermittlung von Schattenpreisen des Faktors Arbeit von den Mechanismen bzw. Annahmen der Funktionsweise des jeweiligen Arbeitsmarktes bestimmt werden. Daher ist bei Durchführung von Kosten-Nutzen-Analysen sorgfältig zu prüfen, welche Bedingungen beim untersuchten Projekt tatsächlich vorliegen.

9.2 Öffentliche Güter

Die Projektbewertung setzt voraus, daß die Wertschätzung (Zahlungsbereitschaft) und die (Opportunitäts)Kosten der mehr oder weniger angebotenen Güter bekannt sind. Sofern Güter- und Faktormärkte "hinreichend gut" funktionieren, enthalten die Marktpreise bzw. Nachfrage- und Angebotsfunktionen die benötigten Informationen. Aber nicht für alle Güter existieren Märkte. Daher ist zunächst zu untersuchen, unter welchen Voraussetzungen sich Märkte bilden und wann nicht. Ferner ist zu überlegen, wie das optimale Angebot an öffentlichen (nichtmarktlichen) Gütern bestimmt werden kann, wenn Märkte unvollständig funktionieren. Die folgenden Überlegungen dienen diesem Zweck.

9.2.1 Eigenschaften von privaten und öffentlichen Gütern

Beginnen wir mit den Eigenschaften "privater" und "öffentlicher" Güter: Private Güter sind durch zwei Merkmale gekennzeichnet - durch die Möglichkeit des Ausschlusses Dritter und durch die Rivalität im Konsum. Falls Sie sich ein Eis kaufen, können Sie andere Personen vom Eisgenuß (normalerweise) ausschließen. Wenn sie es essen, kann es auch sonst niemand essen. Eis ist ein typisches privates Gut.

Dagegen existieren aber auch Güter, die nicht über diese Eigenschaften verfügen. Bei (reinen) öffentlichen Gütern gilt sowohl das ***Nichtausschlußprinzip*** als auch die ***Nichtrivalität***. Ist es nicht oder nur bei unverhältnismäßig hohen Kosten möglich, Personen vom Konsum eines Gutes auszuschließen, steht dieses Produkt, sobald es produziert ist, automatisch allen Konsumenten zur Verfügung. Falls ein öffentliches Gut einer Person A(nneliese) angeboten wird, gibt es keine Möglichkeit, den gleichzeitigen Konsum dieses Gutes durch Person B(runo) zu verhindern.

Von der Nichtausschließbarkeit gehen bestimmte Anreizwirkungen aus. Bruno kann darauf spekulieren, daß Anneliese ihre Präferenzen für öffentliche Güter offenbart, um sich selbst als ***"Trittbrettfahrer"*** bzw. "free rider" zu verhalten. Auf diese Weise mag Bruno hoffen, nicht zur Zahlung für die Kosten des öffentlichen Gutes herangezogen zu werden. Falls nur Anneliese ihre Präferenzen kundtut oder sich genauso wie Bruno verhält, wird - gemessen an den "wahren" Bedürfnissen beider Personen - eine zu geringe oder im Extremfall überhaupt keine Nachfrage signalisiert. Das Ergebnis ist eine Unterversorgung, sofern der marginale Nutzen und damit die hypothetische Zahlungsbereitschaft beider Personen größer ist als die Grenzkosten der Produktion.

Im Falle der Nichtrivalität nimmt die anderen Personen zur Verfügung stehende Gütermenge nicht ab, wenn jemand das betreffende Gut konsumiert. Wenn also Anneliese konsumiert, kann Bruno ohne Nutzeneinbuße ebenfalls konsumieren. Wenn Anneliese durch Brunos Konsum nicht negativ beeinträchtigt wird (keine externen Effekte vorliegen), verursacht Brunos zusätzlicher Konsum keine zusätzlichen Kosten, d.h. die Grenzkosten der Nachfrage durch Bruno sind Null. Unter Berücksichtigung der Grenzkostenpreisregel sollte Bruno kein Entgelt abverlangt werden.

Durch die Anreize zur "Verschleierung" der individuellen Präferenzen bzw. Zahlungsbereitschaften (Trittbrettfahrerverhalten) wird die Ermittlung der "wirklichen" Nutzen eines Projektes erschwert. Da keine beobachtbaren Märkte für Kollektivgüter existieren, kann man ihre Nutzen auch nicht aus "irgendwie" korrigierten Marktpreisen ableiten, sondern ist auf andere - in Kapitel 11 diskutierte - Ermittlungstechniken angewiesen.

Beispiele für (zumindest ohne staatliche Eingriffe) nicht (ausreichend) auf Märkten gehandelte Kollektivgüter sind "Sicherheit", "Frieden", "saubere Umwelt", "Ruhe". Obwohl diesbezüglich unmittelbar keine Märkte zu beobachten sind, leuchtet doch ein, daß diese Güter individuelle Nutzen stiften und ihre "Produktion" gesellschaftliche Kosten verursacht. Da die Bereitstellung (aber nicht zwangsläufig die Produktion) öffentlicher Güter als Aufgabe der öffentlichen Hand angesehen wird, fällt die Bewertung von Kosten- und Nutzen des Angebots kollektiver Güter in den Anwendungsbereich der Kosten-Nutzen-Analyse.

In der Realität finden sich aber nur relativ wenige Beispiele für "rein öffentliche" Güter, die gleichzeitig die beiden genannten Charakteristika "Nichtausschließbarkeit" und "Nichtrivalität" aufweisen. Der Übergang zu Mischformen und privaten Gütern ist mehr oder weniger fließend. Nichtrivalisierend wäre zum Beispiel die Nutzung der Lichtsignale eines Leuchtturms oder der Empfang von Rundfunksendungen per Radio. Es ist in beiden Fällen auch nicht möglich, einzelne Nutzer vom Konsum beider Leistungen auszuschließen (deshalb werden für den öffentlichen Rundfunk unter Androhung von Sanktionen auch Zwangsbeiträge erhoben).[177]

Mit zunehmender Nutzungsintensität nehmen viele Güter aber rivalisierende Eigenschaften an. Beispielsweise sind die Benutzer öffentlich zugänglicher Strände und Bäder oder von Straßen bei geringer Auslastung durch einen weiteren Nutzer nicht oder in so geringem Ausmaß tangiert, daß von Nichtrivalität gesprochen werden kann. Bei zunehmend vollen oder überfüllten Einrichtungen beeinträchtigt jedoch jeder zusätzliche Konsument die übrigen Benutzer, so daß eine Nutzungsrivalität vorliegt. In diesem Fall stören sich die Benutzer gegenseitig - z.B. geraten erholungsuchende Badegäste in Konflikt mit den Leuten, die laut Radio hören oder Ball spielen wollen.

Auch hinsichtlich der Ausschließbarkeit bestehen fließende Übergänge. Grundsätzlich mag die Inanspruchnahme von Stränden und Straßen beispielsweise durch Zäune und Zufahrtsperren ausschließbar sein. Wegen hoher Ausschlußkosten wird aber häufig darauf verzichtet. Ob faktisch ausgeschlossen wird, hängt ferner von politischen Gegebenheiten ab. Man denke an Autobahngebühren. In einigen Ländern sind Autobahnnutzungsentgelte zu zahlen - in anderen Staaten nicht.

Bei Gütern wie Kabelfernsehen, Ausstellungen in Museen, Tunneln und Brücken, die - zumindest bei ausreichender Kapazität - nichtrivalisierende Eigenschaften haben, aber exklusiv anbietbar sind bzw. angeboten werden, spricht man von ***"Mautgütern"***, manchmal auch von "Club-Gütern". Güter, deren Konsum rivalisierend ist, ohne daß Ausschlußmöglichkeiten aus technischen oder politischen Gründen wahrgenommen werden können, nennt man ***"Allmendegüter"***. Als wichtiges Beispiel seien auch international verfügbare Ressourcen wie Fischgründe und Bodenschätze in hoheitsfreien Gebieten genannt. Abbildung 9.2 faßt die Kombinationsmöglichkeiten von Ausschließbarkeit und Rivalität zusammen.

Entscheidend für die Tatsache, daß sich für bestimmte Güter keine Märkte herausbilden, ist das Nichtausschlußprinzip. Die Gültigkeit des Nichtausschlußprinzips ist aber nicht die einzige Ursache für die Nichtexistenz von Märkten. Auch mangelnde

---

177 Die Auschlußmöglichkeiten werden natürlich vom Stand der technischen Entwicklung bestimmt und sind deshalb im Zeitablauf wandelbar. Beim Kabelfernsehen bestehen andere Auschlußmöglichkeiten als bei Antennenübertragungen. Auch kann man bestimmte Decoder einsetzen, so daß die Zugangsmöglichkeiten durch den Verkauf von Decodern steuerbar sind.

Abbildung 9.2: Eigenschaften von öffentlichen und privaten Gütern

Rivalität / Ausschluß	ja	nein
möglich	**rein private Güter** (Essen, Kleidung, Autos, Hifi-Anlagen etc.)	**Mautgüter** (Kabelfernsehen, Skilifte, Paßstrassen, Tunnel etc.)
nicht möglich	**Allmendegüter** (internationale Fischgründe, Bodenschätze, Hochschulen etc.)	**rein öffentliche Güter** (innere und äußere Sicherheit, Kulturdenkmäler, Landschaften, Stadtbilder etc.)

Übertragbarkeiten können eine Marktbildung verhindern. Transfermöglichkeiten fehlen z. B. für die Güter "Leben" und "Gesundheit".[178] Daher wird im weiteren Verlauf anstelle des Ausdrucks "öffentliche Güter" auch der Begriff "nichtmarktliche Güter" verwendet.

Von weiterer Bedeutung ist nun die Frage nach dem Nutzen und nach der optimalen Ausbringungsmenge öffentlicher Güter. Zur Beantwortung dieser Frage sind einige fundamentale theoretische Überlegungen zu den Optimalbedingungen bei der Bereitstellung öffentlicher Güter hilfreich. Zunächst werden zur Verdeutlichung der Unterschiede kurz die Bedingungen für ein Wohlfahrtsoptimum für private Güter dargelegt. Es folgt eine Darstellung für rein öffentliche Güter, um abschließend die Konditionen für Mischgüter zu behandeln.

9.2.2 Optimalbedingungen für die Bereitstellung privater Güter

Entsprechend der bekannten Bedingung für ein Wohlfahrtsoptimum im Sinne der paretianischen Wohlfahrtsökonomie müssen bei effizienter Produktion[179] die Grenzraten der Substitution beim Konsum privater Güter für alle Personen identisch sein. Zusätzlich müssen die individuellen Grenzraten der Substitution identisch sein und mit der Grenzrate der Transformation übereinstimmen.[180] Es gilt also:

---

178 Allerdings können die Individuen ihre Gesundheit durch bestimmte Verhaltensweisen beeinflussen. In diesem Sinne handelt es sich um von den Privaten selbst produzierbare "commodities".

179 Eine effiziente Produktion erfordert , daß die Grenzraten der Substitution der Produktionsfaktoren bei der Güterproduktion miteinander in Übereinstimmung gebracht werden bzw. auf der Transformationskurve produziert wird.

180 Vgl. z.B. *Linde* [(1992), S. 195 ff.]. Stimmen die Grenzraten der Substitution beim Konsum nicht mit der marginalen Transformationsrate überein, kann - wie anhand folgender Überlegung

Abbildung 9.3: Aggregation individueller Nachfragekurven bei privaten Gütern

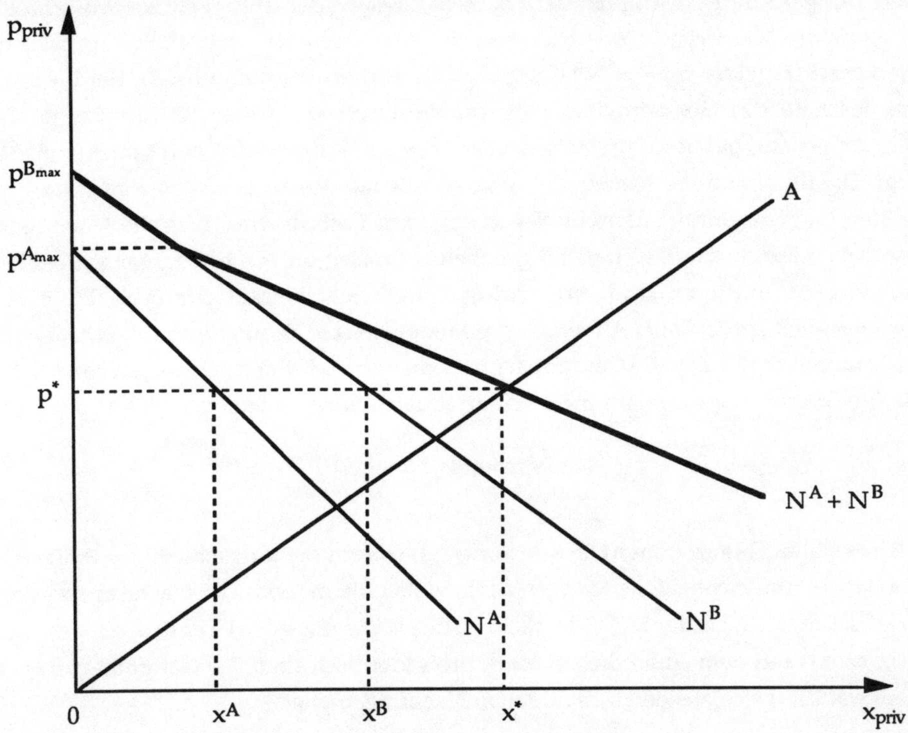

$$GRS_1 = GRS_2 = ... = GRS_j = GRT, \tag{9.3}$$

wobei GRS_1 die Grenzrate der Substitution des ersten Individuums, GRS_2 die Grenzrate der Substitution des zweiten Individuums usw. bei j Individuen darstellt. GRT ist die Grenzrate der Transformation.

---

deutlich wird - kein Wohlfahrtsoptimum vorliegen: Angenommen (Zwei-Güter-Zwei-Personen-Fall), die GRT von Gut 2 in Gut 1 beträgt 2 und die GRS betragen 1. Durch den Verzicht auf eine Einheit des Gutes 1 könnten 2 Einheiten des Gutes 2 zusätzlich produziert werden. Für beide Personen bedeutet dies jeweils eine Einbuße von einer halben Einheit des ersten Gutes. Sie erhielten dafür 2 Einheiten des Gutes 2. Da nur eine Einheit von Gut 2 zur Kompensation des Verlustes der Einheit des Gutes 1 notwendig ist, kann wenigstens eine Person besser gestellt werden, ohne die andere schlechterzustellen.
Graphisch ist ein Wohlfahrtsoptimum auch als Tangentialpunkt von Tranformationskurve und *Scitovsky*-Indifferenzkurve darstellbar. Vgl. die Punkte "1" und "2" in Abbildung 5.2.

Die Aggregation individueller Nachfragekurven zu einer Marktnachfragekurve bei privaten Gütern ist am Beispiel des Zwei-Personen-Falles (Anneliese und Bruno) in Abbildung 9.3 dargestellt. Man sieht dort, daß wegen der Gültigkeit des Ausschlußprinzips die Nachfragekurven der beiden Individuen N^A und N^B horizontal zur Marktnachfragekurve $N^A + N^B$ (fettgedruckt) addiert werden müssen. Bei Preisen, die oberhalb des Höchstpreises von Anneliese ($p^{A_{max}}$) liegen, tritt nur Bruno als Nachfrager auf, da dieses Preisniveau über der Zahlungsbereitschaft von Anneliese liegt. Damit stimmt die Nachfragekurve von Bruno oberhalb von $p^{A_{max}}$ mit der gesamten Marktnachfrage überein. Bei niedrigeren Preisen wird auch die Nachfrage von Anneliese aktiviert, so daß bei gegebenen Preisen die Nachfragemengen beider Personen zu addieren sind. Im Marktgleichgewicht beträgt der Preis P*. Beim Gleichgewichtspreis kauft Anneliese die Menge x^A und Bruno nimmt die Menge x^B ab. Dadurch ergibt sich die Gesamtnachfragemenge x*. Bei m Nachfragern entspricht die Gesamtnachfrage der Summe der Individualnachfragemengen:

$$\sum_{j=1}^{m} x^m = x^*.$$

Bei privaten Gütern fragen die Konsumenten (sofern sie unterschiedliche Präferenzen haben) unterschiedliche Mengen nach, wobei die individuelle Nachfrage soweit ausgedehnt wird, bis der in Geldeinheiten (Preisen) gemessene Grenznutzen des Güterkonsums mit dem einheitlichen Marktpreis identisch sind. Die Gesamtnachfragemenge addiert sich aus den individuellen Nachfragemengen.

9.2.3 Optimalbedingungen für die Bereitstellung rein öffentlicher Güter

Bei rein öffentlichen Gütern gelten die eben beschriebenen Bedingungen nicht. Die individuellen Nachfragemengen addieren sich nicht zur Gesamtnachfrage, vielmehr konsumieren wegen der Nichtrivalität definitionsgemäß alle n Nachfrager die gleiche Menge, die auch mit der Angebotsmenge x* identisch ist:

$$x_1 = x_2 = \dots = x_n = x^{'}.$$

Produktionsseitig gelten zur Erreichung eines *Pareto*-Optimums für öffentliche Güter die gleichen Bedingungen wie für private Güter. Danach müssen sie technisch effizient produziert werden - d.h. die Grenzraten der Faktorsubstitution müssen in Übereinstimmung gebracht werden. Auf der Nachfrageseite gelten jedoch andere Bedingungen: Die individuellen Grenzraten der Substitution brauchen zur Erreichung eines *Pareto*-Optimums nicht identisch sein und auch nicht mit der Grenzrate der Transformation übereinzustimmen. Damit besitzt hier die Bedingung (9.3) keine Gültigkeit.[181]

Zur Verdeutlichung dient Abbildung 9.4.[182] Dort wird wieder von einem Zwei-Personen-Zwei-Güter-Fall ausgegangen. Bei dem einen Gut x_{priv} handelt es sich um ein privates Gut, während $x_{öff}$ ein öffentliches Gut ist. Im oberen Teil der Abbildung sind die gesellschaftlichen Produktionsmöglichkeiten und Indifferenzkurven Anneliese dargestellt, während in der unteren Abbildungshälfte Brunos Konsummöglichkeiten und seine Indifferenzlinien wiedergegeben werden. Ein *Pareto*-Optimum wird dort erreicht, wo bei gegebenen Produktionsmöglichkeiten und gegebenem Nutzenniveau der einen Person (Anneliese) die andere Person (Bruno) ihr größtmögliches Nutzenniveau erreicht.

Die Punkte effizienter Güterproduktion befinden sich auf der Transformationskurve TT' in der oberen Hälfte des Schaubildes. Angenommen Anneliese würde den Punkt b auf der Indifferenzkurve U_A^1 realisieren, wo sie die Privatgütermenge bc und die Menge $0_A c$ an öffentlichen Gütern beansprucht. In diesem Fall könnte Bruno nur noch über den Rest der privaten Produktionsmenge ab verfügen. Wegen der Nichtrivalität würden beide Personen das öffentliche Gut in gleichem Umfang ($0_A c = 0_B b$) konsumieren. Bei dem gegebenen Nutzenniveau Annelieses U_A^1 und den damit korrespondierenden Güterkombinationen läßt sich das für Bruno jeweils verbleibende Güterbündel in Form einer Konsummöglichkeitenkurve abbilden. Sie ist als $T_B T_B'$ im unteren Teil abgebildet. Die Konsummöglichkeitenkurve $T_B T_B'$ von Bruno ergibt sich aus der Subtraktion der Indifferenzkurve U_A^1 Annelieses von der gemeinsamen Transformationskurve TT' in der oberen Bildhälfte.

Bruno erreicht sein Nutzenmaximum unter den gegebenen Umständen an der Stelle, wo seine Konsummöglichkeitenkurve eine seiner Indifferenzlinien tangiert. Dies ist im Punkt h der Fall. Dort erreicht er das Nutzenniveau U_B^1. Folglich sind die Punkte a und b auf Brunos bzw. Annelieses Indifferenzkurven mit einem *Pareto*-Optimum nicht vereinbar. Die optimale Güterproduktion wird vielmehr durch den Punkt h' dargestellt, wobei Anneliese den Punkt j und Bruno den Punkt h realisieren. Die gesellschaftlich optimalen Gütermengen sind $x^*_{öff}$ und x^*_{priv}. Während das öffent-

181 Die üblicherweise mittels einer *Edgeworth*-Box dargestellten Bedingungen zur Tauscheffizienz privater Güter gelten nicht, weil öffentliche Güter wegen ihrer Nichtrivalitätseigenschaften nicht gegen Privatgüter getauscht werden. Lediglich die privaten Güter müssen unter den Individuen aufgeteilt werden.

182 Vgl. *Pearce/Nash* [(1981), S. 127 ff.], *Boadway/Wildasin* [(1984), S. 86 ff.], *Musgrave/Musgrave* [(1989), S. 68 ff.].

Abbildung 9.4: Graphische Ableitung der Optimalbedingungen für die Bereitstellung öffentlicher Güter

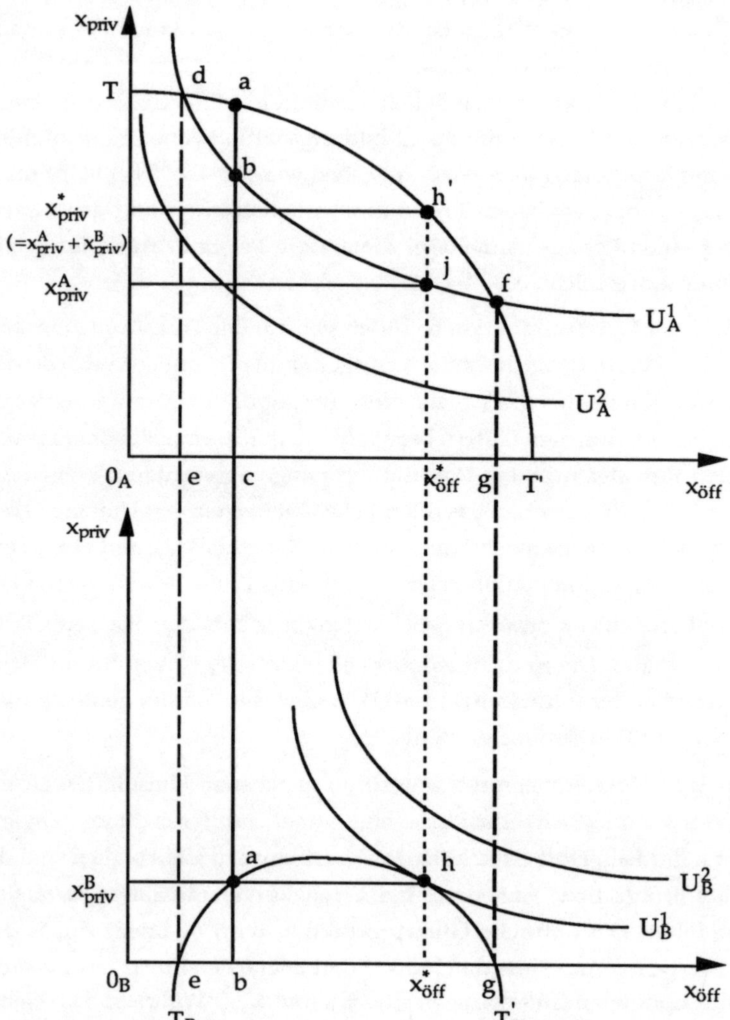

liche Gut beiden Personen in gleichem Umfang zur Verfügung steht, verteilt sich die Gesamtmenge des Privatgutes im Verhältnis x^A_{priv} zu x^B_{priv} auf Anneliese und Bruno.

Wie bei Privatgütern, existiert auch bei der Versorgung mit öffentlichen Gütern eine Vielzahl verschiedener *Pareto*-Optima, die von der originären Ressourcenverteilung bestimmt werden. Wird Frau Anneliese in Abbildung 9.4 statt des Nutzenniveaus I_A nur das niedrigere Nutzenniveau U_A^2 mit entsprechend geringerer Güterausstattung zuerkannt, kann Herr Bruno das höhere Nutzenniveau U_B^2 erreichen. Liegt der Tangentialpunkt von Brunos neuer Indifferenzlinie und neuer Transformationskurve nicht zufällig auf einer Geraden parallel zur Vertikalen durch h, ist aus Sicht dieser aus zwei Personen bestehenden Gesellschaft ein anderer Punkt auf der Produktionsmöglichkeitenkurve TT' - z.B. f - zu wählen.

Die geometrische Bestimmung der Optimalbedingungen ist recht einfach. Dabei ist zunächst zu bedenken, daß die Steigung der individuellen Indifferenzkurven den Grenzraten der Substitution GRS zwischen privaten und öffentlichen Gütern entsprechen. Da Brunos Transformationskurven aus einer (vertikalen) Subtraktion der Indifferenzlinien Annelieses von der gesellschaftlichen Produktionsmöglichkeitenkurve TT' (deren Steigung der Grenzrate der Transformation - GRT - entspricht) gewonnen werden, gilt:

$$GRS_B = GRT - GRS_A . \qquad (9.4)$$

Mit GRS_B ist die Grenzrate der Substitution von Bruno bezeichnet, während mit GRS_A Annelieses Grenzrate der Substitution benannt ist. Für den allgemeinen m-Personen-Fall läßt sich auch schreiben:

$$\sum_{j=1}^{m} GRS^j = GRT . \qquad (9.5)$$

Danach muß bei öffentlichen Gütern im *Pareto*-Optimum die Grenzrate der Transformation mit der Summe aller individuellen Grenzraten der Substitution übereinstimmen.[183] Diese Bedingung wird nach ihrem Entdecker auch ***"Samuelson-Bedingung"*** genannt.

In Geldeinheiten ausgedrückt, entspricht die Grenzrate der Substitution von öffentlichen und privaten Gütern dem Verhältnis ihrer Grenzkosten (GK):

$$GRT = \frac{GK_{öff}}{GK_{priv}} . \qquad (9.6)$$

Analog dazu stimmen die individuellen Grenzraten der Substitution der m Personen mit dem Verhältnis der Grenznutzen GN überein, die - in Geldeinheiten ausgedrückt - marginale Zahlungsbereitschaften (MZB) darstellen. Die marginale Zahlungsbereitschaft für private Güter entspricht dem Marktpreis p_{priv}. Also läßt sich schreiben:

---

183 Vgl. *Samuelson* [(1954), (1955)].

$$GRS^j = \frac{GN^j_{öff}}{GN^j_{priv}} = \frac{MZB^j_{öff}}{p_{priv}}. \tag{9.7}$$

Bei vollkommener Konkurrenz mit Grenzkostenpreisen gilt ferner $P_{priv} = GK_{priv}$. Unter Berücksichtigung der Gleichungen (9.5), (9.6) und (9.7) folgt daraus:

$$\sum_{j=1}^{m} MZB^j_{öff} = GK_{öff}. \tag{9.8}$$

Dieser Ausdruck besagt, daß im Wohlfahrtsoptimum die Summe der individuellen marginalen Zahlungsbereitschaften für öffentliche Güter $MZB^j_{öff}$ mit den Grenzkosten der Produktion $GK_{öff}$ übereinstimmen.

Graphisch wird dieser Zusammenhang für Anneliese und Bruno in Abbildung 9.5 verdeutlicht. Dort sind die Angebotskurve A sowie die individuellen ***"Pseudo-Nachfragekurven"***[184] von Anneliese (N_A) und von Bruno (N_B) dargestellt. Die Gesamtnachfrage ist $N_A + N_B$. Die Pseudo-Nachfragekurven bilden die Zahlungsbereitschaften von Anneliese und Bruno für das öffentliche Gut ab. Die Pseudo-Marktnachfrage gewinnt man aus einer vertikalen Aggregation der individuellen Nachfragekurven. Beispielsweise entspricht die marginale Zahlungsbereitschaft von Anneliese für die Angebotsmenge $x^1_{öff}$ dem Betrag $x^1_{öff}d$, die entsprechende Zahlungsbereitschaft von Bruno ist $x^1_{öff}e$. Addiert man diese beide Strecken entlang der Vertikalen, erhält man die gesamte marginale Zahlungsbereitschaft $x^1_{öff}f$. Die optimale Ausbringungsmenge wird durch den Schnittpunkt der aggregierten Pseudo-Nachfrage mit der Angebotskurve bestimmt. In unserem Beispiel ist das der Punkt b. Dort ist die Bedingung (9.8) erfüllt.

Mittels Abbildung 9.5 läßt sich auch der durch das öffentliche Güterangebot erzeugte gesellschaftliche Nettonutzen darstellen: Der gesellschaftliche Nutzen kann durch die Fläche $0abx^*_{öff}$ abgebildet werden, während die Produktionskosten (sofern keine Fixkosten vorliegen) der Fläche $0cbx^*_{öff}$ entsprechen. Der Nettonutzen wird folglich durch das Dreieck abc wiedergegeben. Damit ist aber noch nichts über die Verteilung des Nettonutzens auf die Individuen gesagt, sie wird durch die Art der

---

184 Da Nachfragefunktionen für öffentlicher Güter realiter nicht zu beobachten sind, werden sie als "Pseudo-Nachfragefunktionen" bezeichnet. Sie geben wieder, welche Mengen die Individuen hypothetisch bei variierenden Preisen kaufen würden bzw. wie hoch ihre Zahlungsbereitschaften bei unterschiedlichen Angebotsmengen wären.

Abbildung 9.5: Aggregation individueller Pseudo-Nachfragekurven bei öffentlichen Gütern

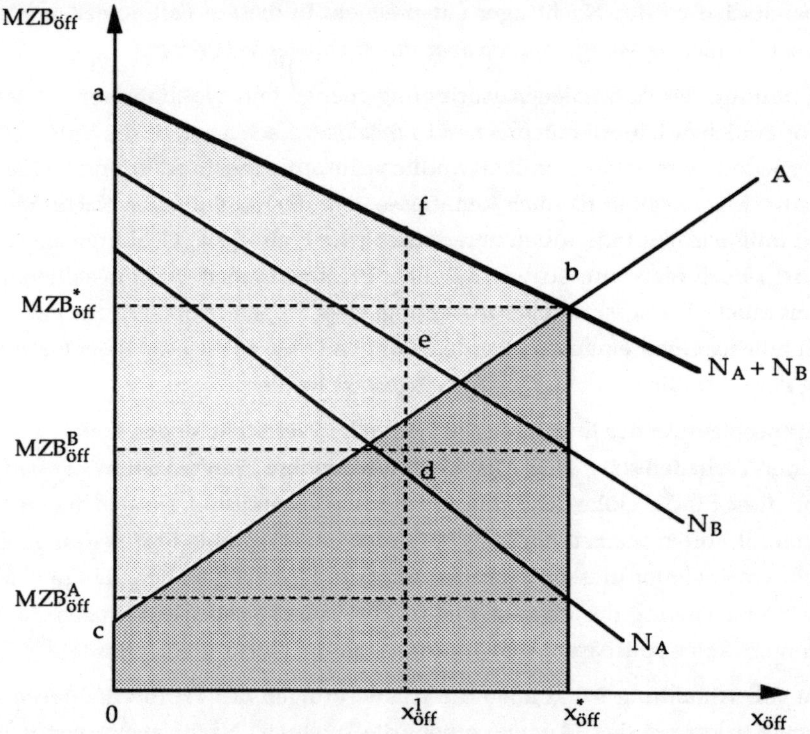

Finanzierung determiniert. Ein bekannter Vorschlag stammt von *Lindahl* (1958). Danach sollen die Konsumenten bei gegebener Einkommensverteilung einen Preis zahlen, der mit ihrer jeweiligen marginalen Zahlungsbereitschaft übereinstimmt. In diesem Fall würden alle Konsumenten in den Genuß der gleichen Menge des öffentlichen Gutes kommen, aber entsprechend ihrer marginalen Zahlungswilligkeit unterschiedliche Preise zahlen.

Wir halten fest: Im Gegensatz zu den Optimalbedingungen für private Güter, wo die individuellen Grenzraten der Substitution identisch mit der Grenzrate der Transformation sein und alle Nachfrager den gleichen Preis bei individuell unterschiedlichen Konsummengen zahlen müssen, ist ein Wohlfahrtsoptimum bei der Bereitstellung öffentlicher Güter dann erreicht, wenn die Summe der individuellen Zahlungsbereitschaften den Grenzkosten der Produktion entspricht. Im Sinne einer

"Lindahl-Lösung" könnte man zur Finanzierung der öffentlich bereitgestellten Leistungen Beiträge so bemessen, daß sie den marginalen (individuell unterschiedlichen) Zahlungsbereitschaften der Nachfrager entsprechen. In diesem Fall genießen alle Konsumenten die gleiche Menge, zahlen aber unterschiedliche "Preise".

Die Bestimmung der optimalen Ausbringungsmenge und wohlfahrtsoptimaler Preise bei öffentlichen Gütern entsprechend *Lindahls* Vorschlag stellt die Entscheidungsträger jedoch vor nahezu unüberwindliche Informationshürden und technische Probleme. Man benötigt nämlich Kenntnisse über die individuellen Nachfragekurven und müßte jedem Individuen unterschiedliche Preise bzw. Gebühren abverlangen. Es ist jedoch meist nur schwer möglich, Preismechanismen zu installieren, die eine individuelle Preisdiskriminierung ermöglichen.[185] Sofern Steuern zur Finanzierung öffentlicher Güter eingesetzt werden, können *Lindahl*-Preise als Referenz zur Bemessung der persönlichen Steuerbeträge eingesetzt werden.

Das Hauptproblem bei der Ermittlung individueller Wertschätzungen könnte aber das Free-Rider-Verhalten sein. Viele Menschen werden ihre Präferenzen nicht offenbaren, wenn diese für die Höhe der Zahlung ausschlaggebend sind, sie aber andererseits aber darauf hoffen können, daß das Gut auch ohne korrekte Präferenzangabe bereitgestellt wird. Hinter diesem Verhalten mag die Hoffnung stehen, daß die absichtliche Unterschätzung des eigenen Bedarfs bei einer hinreichend großen Zahl von Nachfragern keine spürbaren Auswirkungen auf die Gesamtnachfrage hat.[186]

Mit Hilfe von Abbildung 9.6 können die Auswirkungen des Trittbrettfahrerverhaltens demonstriert werden. Angenommen, die "wahren" Nachfragekurven von Anneliese und Bruno entsprechen N_A und N_B, so daß sich die Gesamtnachfrage zu $N_A + N_B$ addiert. Beim durch A dargestellten Verlauf der Angebotsfunktion ergäbe sich ein optimales Angebotsvolumen von $x^*_{öff}$. Nehmen wir jetzt an, Anneliese verschweigt ihre wirklichen Präferenzen und behauptet, das öffentliche Gut bedeutet

185 Es sei nochmals darauf hingewiesen, daß - selbst wenn das problemlos möglich wäre - ein Benutzerausschluß bei Nichtrivalität ineffizient ist. Die Grenzkosten bei der Versorgung eines weiteren Nachfragers sind Null, während der Nutzen zusätzlicher Konsumenten positiv ist. *Lindahl*-Preise schließen indessen auch keinen Nutzer aus; sie schöpfen lediglich einen Teil der Zahlungsbereitschaft ab. Im Gegensatz zu den Märkten, wo private Güter gehandelt werden und den Preisen eine Rationierungsfunktion zukommt, dienen die "Preise" öffentlicher Güter bei gegebenem Angebot nicht der Nachfragesteuerung, sondern ausschließlich der Finanzierung.

Zusätzliche Kosten werden jedoch bei einer Ausweitung des Angebots öffentlicher Güter verursacht , d.h. die Grenzkosten der Produktion sind positiv.

186 Dieses Verhalten ist natürlich nur erfolgreich, falls sich die Mehrheit der Nachfrager nicht als free-rider auftritt. Glauben alle Individuen, daß sie sich auf Kosten anderer besser stellen können, wird das Gut überhaupt nicht angeboten. Dann liegt eine typische "Gefangenen-Dilemma"-Situation vor (zur Relevanz des Trittbrettfahrerverhaltens vgl. auch Abschnitt 11.2.2.1).

Abbildung 9.6: Nachfrage nach öffentlichen Gütern bei Free-Rider-Verhalten

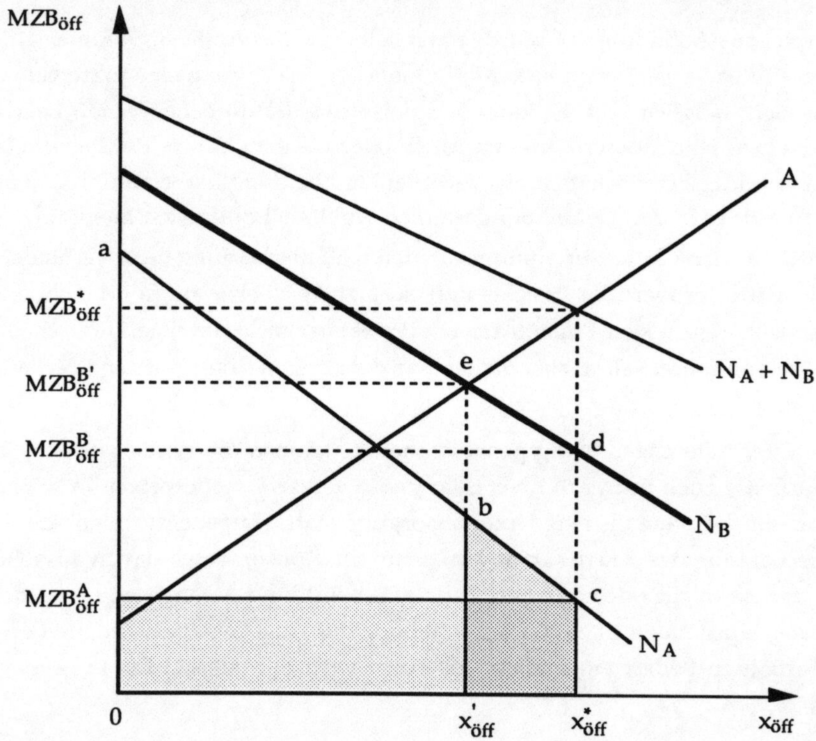

ihr nichts. In diesem Fall würde ausschließlich die Nachfrage Brunos als Gesamtnachfrage interpretiert und die Menge $x'_{öff}$ bereitgestellt. Auf diese Weise würde sich die gesamte (sichtbare) Zahlungswilligkeit von $MZB^*_{öff}$ auf $MZB^{B'}_{öff}$ reduzieren. Anneliese erleidet gegenüber der Referenzsituation einer Offenlegung ihrer Präferenzen zwar einen Nutzenentgang in Höhe der schattierten Fläche $x'_{öff}bcx^*_{öff}$, sie könnte jedoch nicht von der für sie kostenlosen Konsumption des öffentlichen Güterangebots $x'_{öff}$ abgehalten werden. Damit verbliebe ihr immer noch eine Konsumentenrente in Höhe von $0abx'_{öff}$.

Dieser Vorteil ist größer als die Konsumentenrente $acMZB^A_{öff}$, die sie bei korrekter Angabe ihrer Präferenzen erzielen könnte. Brunos Konsumentenrente reduziert sich durch Annelieses Verhalten um $MZB^{B'}_{öff}edMZB^{B}_{öff}$. Damit ist er der "Verlierer" dieses Spiels.

Im Beispiel aus Abbildung 9.6 wurde unterstellt, daß das Angebotsvolumen eines öffentliche Gutes variiert werden kann. In manchen Fällen mag eine inkrementale Variation nicht möglich sein. Es kann beispielsweise darum gehen, einen Leuchtturm oder einen Hochwasserdamm zu bauen oder nicht zu bauen. Reichen die bekundeten Zahlungsbereitschaften aus, eine Bauentscheidung herbeizuführen, kommen die free-rider in den Genuß der gesamten wohlfahrtsoptimalen Menge $x^*_{öff}$. In diesem Fall würden die Trittbrettfahrer die richtige Entscheidung nicht verhindern. Allerdings wird der Wert des Projekts unterschätzt. Wird aber aufgrund nicht oder nicht ausreichend gezeigter Präferenzen ein Projekt gar nicht durchgeführt, schaden sich die Trittbrettfahrer selbst; sie erhalten wie die übrigen Konsumenten überhaupt keine Leistung.

Anstatt ihre Präferenzen völlig geheimzuhalten, können die Wirtschaftssubjekte ihre Bedürfnisse auch nur nach oben oder unten verzerrt wiedergeben. In solchen Situationen findet ebenfalls eine Unterversorgung statt. Umgekehrt treten Anreize zur Überschätzung des Bedarfs dann ein, wenn die Konsumenten davon ausgehen können, daß sie nicht oder nur geringfügig zur Zahlung herangezogen werden. Unter diesen Umständen ist es zur Sicherstellung des Angebots individuell rational, einen überhöhten Bedarf anzugeben. Als Folge wird der tatsächliche Projektwert überschätzt.

Vorsicht bei der Bewertung öffentlicher Güter ist auch dann angebracht, wenn das sog. ***"forced-rider"***-Phänomen auftritt. Nicht alle öffentlichen Güter werden von allen Betroffenen positiv bewertet. Es kann durchaus sein, daß Personen zum Konsum eines Gutes "gezwungen" werden, das sie gar nicht wollen. Beispielsweise lehnen Rüstungsgegner "Sicherheit" durch militärische Rüstungsprojekte ab, die von anderen Personen durchaus begrüßt werden. Wenn sich eine Kommune entscheidet, ein öffentliches Kunstwerk zu präsentieren, mag es Leute geben, die diese Kunst als geschmacklos empfinden. Nimmt man in diesen Fällen ausschließlich die Zahlungsbereitschaften der Befürworter als Bewertungsmaßstab, kommt es zu einer Überschätzung des Nutzens. Man muß auch die Nutzenverluste der Projektgegner berücksichtigen.

9.2.4 Optimalbedingungen für die Bereitstellung von Gütern mit partieller Konsumrivalität

Oben wurde gezeigt, daß neben rein öffentlichen und privaten Gütern auch Mischformen auftreten. In der Realität lassen sich bestimmte Güter diesem Schema aber gar nicht fest zuordnen, weil diese Güter ihre Eigenschaften unter bestimmten Umständen ändern. So ist das Ausmaß der Konsumrivalität von Gütern nicht notwendigerweise konstant. Häufig hängt die Rivalität bei der Nutzung eines Gutes von der Anzahl der Benutzer ab. Meistens verursacht das Auftreten weiterer (inframarginaler) Konsumenten Nutzeneinbußen bei den Personen (intramarginale Nachfrager), die das Gut schon vor dem Zutritt neuer Nachfrager konsumierten und auch nach dem Hinzutreten weiterer Nachfrage weiter konsumieren. Typisch für diesen Sachverhalt sind Situationen mit Überfüllung ("congestion"). Beispielsweise führt die zu intensive Benutzung von Autobahnen zu Staus und zähfließendem Verkehr, wodurch wiederum Zeitverluste, Streß und erhöhte Unfallzahlen entstehen. Jeder weitere Autofahrer verstärkt diesen Trend. Ein anderes Beispiel sind überfüllte Universitäten: Jeder weitere Student senkt die Qualität der Ausbildung der bereits Studierenden.[187] Weitere Beispiele sind (überfüllte) Schwimmbäder, Erholungseinrichtungen, Straßen, Eisenbahnen etc. All diese Einrichtungen können - zumindest bis zur absoluten Kapazitätsgrenze - weiterhin gemeinsam genutzt werden. Man kann daher von einer partiellen Rivalität im Konsum sprechen.[188]

Bei der Analyse partiell-rivalisierender Güter lassen sich prinzipiell zwei Situationen unterscheiden. Im ersten Fall müssen alle Benutzer das Gut in gleichem Umfang konsumieren und im zweiten Fall kann jeder Benutzer seine Nachfrage individuell variieren. Im erstgenannten Fall wird ein Projekt soweit ausgedehnt bis die marginalen Nutzenverluste durch die Ausdehnung mit der Reduktion der Grenzkosten übereinstimmen. Im Optimum müssen gleichzeitig die *Samuelson*-Bedingung erfüllt sowie die Grenzkosten der Überfüllung mit den Grenznutzen identisch sein.[189]

Den zweiten Fall kann man am Beispiel einer Straße veranschaulichen: Zunächst wird die Kapazität der Straße als gegebenen angenommen und nach dem gesell-

---

187 Graphisch läßt sich der Überfüllungseffekt ganz einfach demonstrieren. Dazu braucht man sich lediglich vorzustellen, daß sich durch einen weiteren Konsumenten in Abbildung 9.6 die Nachfragekurven von Anneliese und Bruno nach unten verschieben. Zwar kann dann die optimale Angebotsmenge noch zunehmen; die marginalen Nutzen aller bereits auf dem Markt befindlichen geht jedoch zurück.

188 *Pearce/Nash* [(1981), S. 130 ff.] bezeichnen solche Güter als "impure public goods". Diese Wortwahl erscheint aber in diesem Kontext nicht sehr glücklich gewählt.

189 Vgl. im einzelnen *Boadway/Wildasin* (1984), S. 95 ff.

schaftlichen Nutzen der Straße sowie der optimalen Verkehrsdichte gefragt. Anschließend wird eine Kapazitätserweiterung untersucht (vgl. Abbildung 9.7).

Ist eine Straße mit einer bestimmten Kapazität (K) einmal gebaut, können die Straßenbaukosten als "verloren" ("sunk") angesehen werden. Sie spielen deshalb bei den weiteren Überlegungen keine Rolle mehr. Nehmen wir an, den Straßenbenutzern (Autofahrern) entstehen pro Fahrt zwei Arten von variablen Kosten: Einerseits monetäre Kosten $\bar{k}$ für Abschreibung, Versicherung, Steuer etc. Aus Vereinfachungsgründen wird unterstellt, daß diese Kosten pro Fahrt konstant sind und nicht von der Verkehrsdichte beeinflußt werden. Andererseits entstehen nichtmonetäre Kosten in Form von Streß und Zeitverlusten.

Ferner sei unterstellt, daß jeder Straßenbenutzer den Wert einer Zeiteinheit gleich bewertet. Die Zeitkosten z hängen dann ausschließlich von der Zahl der Autofahrer x und der Straßenkapazität K (z.B. Zahl und Breite der Spuren) ab: z(x, K). Die Zahl der Autofahrer zum gleichen Zeitpunkt erhöht den Zeitaufwand, während eine größere Straßenkapazität die Zeitverluste senkt und jeweils umgekehrt. Unter den genannten Annahmen berechnen sich die mittleren variablen Kosten pro Fahrt aus privater Sicht (GK_{priv}) aus:

$$GK_{priv} = [\bar{k} + z(x, K)]. \tag{9.9}$$

Bei geringer Straßenbenutzungsfrequenz nimmt z(x, K) einen konstanten Wert c an, d.h. $GK_{priv} = \bar{k} + c$. Bei Überschreiten eines bestimmten Schwellenwertes x^0 steigen die Zeitkosten durch den langsamer fließenden Verkehr jedoch kontinuierlich an.

Neben den von einem inframarginalen Autofahrer individuell wahrgenommenen Kosten seiner (zusätzlichen) Fahrt entstehen durch die Verlangsamung des Verkehrs jedoch auch bei den anderen, intramarginalen Verkehrsteilnehmern zusätzliche Zeitverluste in Höhe von $\Delta z(x, K)/\Delta x$. $\Delta z/\Delta x$ bezeichnet den absoluten zusätzlichen Zeitverlust pro zusätzlicher Autofahrt. Die gesellschaftlichen Kosten einer zusätzlichen Autofahrt SGK(x) setzen sich also aus den direkt vom Grenzautofahrer wahrgenommenen Kosten und den Kosten zusammen, die von den übrigen Autofahrern getragen werden, d.h.:

$$SGK(x) = k + z(x, K) + x\Delta z(x, K)/\Delta x\,. \tag{9.10}$$

Die sozialen Grenzkosten liegen um die durch die zunehmende Rivalität (Überfüllung) bedingten Grenzkosten der weiteren Autofahrt [$x\Delta z(x, K)/\Delta x$] über den individuellen Grenzkosten. Damit ist die wohlfahrtsoptimale Straßenbenutzungshäufig-

Abbildung 9.7a: Bestimmung der optimalen Projektgröße bei partieller Rivalität und variierender Inanspruchnahme

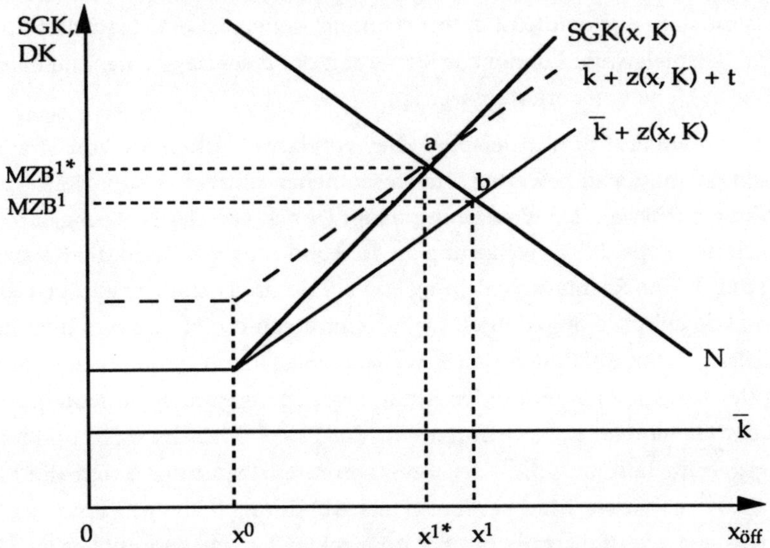

Abbildung 9.7b: Bewertung einer öffentlichen Investition bei partieller Rivalität

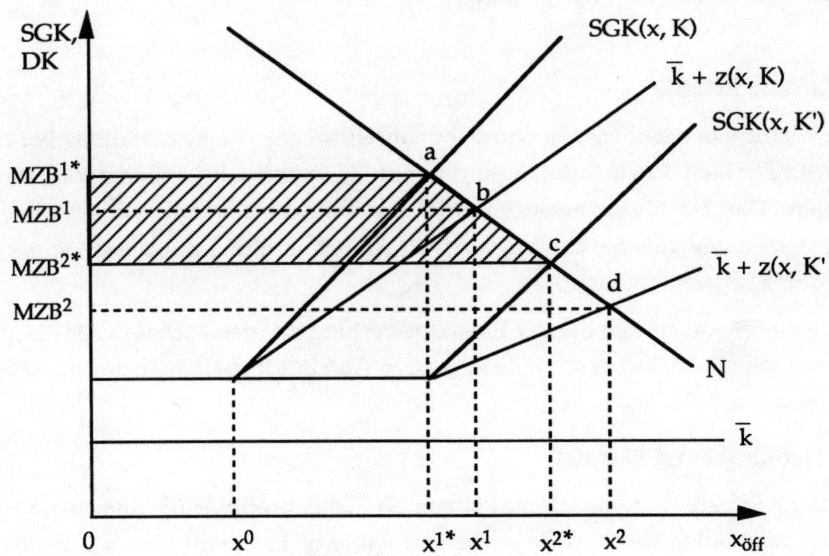

keit geringer als die Zahl der Fahrten, die ohne eine Internalisierung vorgenommen würde (vgl. Abbildung 9.7a). Unter Berücksichtigung der sozialen Kosten beträgt die sozial erwünschte Zahl der Autofahrten anstelle von x^1 nur x^{1*}. Da die Autofahrer aber jeweils nur ihre eigenen Kosten in Rechnung stellen, ist ein staatlicher Eingriff erforderlich. Beispielsweise könnte zur Steuerung der Nachfrage eine Straßenbenutzungsgebühr in Höhe von t erhoben werden.

Wie sind nun anhand dieses Beispiels die Wohlfahrtswirkungen von Straßenerweiterungsmaßnahmen zu bewerten? Im wesentlichen führt eine Kapazitätserweiterung zu Zeitersparnissen. Die Bewertung hängt jedoch von der Nutzungsintensität vor und nach der Kapazitätserweiterung ab. In Abbildung 9.7b wird die Kapazitätssteigerung durch eine Rechtsverschiebung sowohl der individuellen als auch der sozialen Grenzkostenkurve angedeutet. Der Nettonutzen ergibt sich aus dem monetarisierten Zeitgewinn abzüglich den Erweiterungskosten oder äquivalent aus der Änderung der Konsumentenrente der Autofahrer. Ohne Straßenbenutzungsgebühr entspricht der Gewinn an Konsumentenrente der Fläche MZB^1bdMZB^2 und mit der Benutzungsgebühr läßt sich die Konsumentenrentensteigerung durch die Fläche $MZB^{1*}acMZB^{2*}$ abbilden. Man kann also aus Abbildung 9.7b auch erkennen, daß der ausgewiesene Wohlfahrtsgewinn bei inkorrekter Preissetzung höher ist als bei Berücksichtigung der "Überfüllungskosten". Dieses Ergebnis spricht für die Beachtung der externen Kosten, da es ansonsten zu einer Überschätzung der Vorteilhaftigkeit des Straßenausbauprojektes kommt.

9.3 Externe Effekte

Im vorausgehenden Beispiel wurde - unausgesprochen - eine bestimmte Form von externen Effekten durch Autofahren genannt: Zeitverluste bei anderen Verkehrsteilnehmern. Darüber hinaus entstehen beim Autofahren auch andere Arten von externen Effekten wie die Lärmbelästigung von Anwohnern und die Belastung der Umwelt durch Schadstoffemissionen.

Externe Effekte spielen bei der Projektbewertung aus gesellschaftlicher Perspektive eine große Rolle. Daher sind die folgenden Abschnitte diesem Thema gewidmet.

9.3.1 Definition und Beispiele

Externe Effekte (Externalitäten) können als Nebenprodukte ökonomischer Handlungen verstanden werden. Sie wirken sich aber nicht unmittelbar bei den ökonomischen Handlungsträgern, sondern bei anderen Wirtschaftssubjekten aus. Aus diesem Grunde werden sie normalerweise von den Handelnden nicht berücksichtigt. Es ist daher schon intuitiv einsichtig, daß die Existenz externer Effekte bei eigennutzinteressierten Individuen gesellschaftlichen Wohlfahrtszielen entgegensteht. Anders formuliert: Individuell rationale Handlungen können im Widerspruch zu Kollektivzielen stehen, wenn externe Effekte vorliegen.

An dieser Stelle wird folgende Definition gewählt: ***Ein externer Effekt liegt vor, wenn eine ökonomische Aktivität (Produktion, Konsum) eines Wirtschaftssubjektes (Haushalt, Unternehmen) den Nutzen oder die Produktionsmöglichkeiten anderer Wirtschaftssubjekte beeinflußt.***[190]

Es gibt sowohl "positive" als auch "negative" Externalitäten. ***Positive*** externe Effekte vergrößern den Nutzen bzw. verbessern die Produktionsmöglichkeiten von Dritten, während ***negative*** externe Effekte den Nutzen oder die Produktionsbedingungen anderer Wirtschaftssubjekte mindern. Positive Externalitäten können beispielsweise von Straßenmusikanten ausgesandt werden, da ihr Musizieren von Passanten oder Anwohnern, die kein freiwilliges Entgelt zahlen, als angenehm und damit nutzenstiftend empfunden werden kann.[191] Gleichzeitig kann die Musik jedoch auch das Nutzenniveau von Individuen mit anderen geschmacklichen Präferenzen negativ beeinträchtigen oder Büroangestellte in ihrer Konzentration stören. Damit wird deutlich, daß von einer Aktivität zeitgleich positive und negative externe Effekte induziert werden können. Externalitäten können auch gegenseitiger Natur sein, indem sich zwei Wirtschaftssubjekte durch ihre Handlungen wechselseitig beeinflussen. Ein schönes Beispiel stammt von *Meade* (1952):[192] Man stelle sich vor, ein Imker stellt seine Bienenvölker neben einer Obstplantage auf. Sowohl der Imker als auch der Plantagenbesitzer würden von dieser Konstellation durch gesteigerte Erträge profitieren. Es lägen wechselseitig positive externe Effekt vor.

Ferner wird - je nach Art der Emittenten und Empfänger - zwischen externen Effekten mit folgenden Wirkungsrichtungen unterschieden:[193]

1) Produzenten-Produzenten-Effekte,
2) Produzenten-Konsumenten-Effekte,
3) Konsumenten-Produzenten-Effekte und

---

190 Vgl. *Boadway/Wildasin* (1984), S. 105.

191 Dieses Beispiel verdeutlicht auch, daß externe Effekte die Eigenschaften von öffentlichen Gütern aufweisen können. Straßenmusikanten können niemanden vom Konsum ihrer Musik ausschließen und sind daher auf freiwillige Zahlungen der Passanten angewiesen. Ferner gibt es bis zu einer bestimmten Zahl von Zuhörern keine Rivalität (vgl. Abschnitt 9.3.2).

192 zitiert nach *Linde* (1992), S. 232.

193 Eine ausführlichere Diskussion findet sich z.B. bei *Boadway/Wildasin* (1984), S. 107 ff.

4) Konsumenten-Konsumenten-Effekte.

Als Beispiel für Produzenten-Produzenten-Effekte können Schadstoffemissionen dienen, die von Industrieunternehmen ausgesandt werden und sich in verminderten Ernteerträgen in der Land- und Forstwirtschaft niederschlagen. Hier schädigt die industrielle Produktion die land- und forstwirtschaftliche Produktion. Ein Produzenten-Konsumenteneffekt liegt z.B. vor, wenn die von einem Gewerbebetrieb ausgesandten Lärmemissionen die Nutzungsmöglichkeiten umliegender Gärten zum Zwecke der Erholung mindert oder ausschließt. Konsumenten-Produzenteneffekte liegen vor, wenn ein nachdenkender Wissenschaftler in seiner Konzentration durch den Lärm gestört wird, der durch den Genuß von Alkohol und Musik in der Nachbarschaft entsteht. Konsumenten-Konsumenten-Effekte treten auf, falls ein Fan lauter Speed-Metall-Musik in einem hellhörigen Wohnblock die Genießer von belletristischer Literatur stört.

Die Berücksichtigung externer Effekte ist bei der Bewertung öffentlicher Projekte aus mehreren Gründen von Bedeutung. Erstens ist bei einer völlig korrekten Projektbewertung immer zu prüfen, ob die zur Bewertung verwendeten Marktpreise unverzerrt sind und bei der Produktion der marktlich gehandelten Güter keine externen Effekte vorliegen. Anderenfalls sind die Marktpreise entsprechend zu korrigieren bzw. Schattenpreise zu berechnen. Zweitens gehen von einer Vielzahl öffentlicher Projekte selbst externe Effekte aus. Man denke z.B. an Verkehrsvorhaben, bei deren Realisation die Menge an Schadstoffen und Lärm verändert wird. Drittens kann die zu bewertende staatliche Maßnahme auf eine Beseitigung (Internalisierung) externer Effekte gerichtet sein. Viele Umweltschutzmaßnahmen können beispielsweise analytisch als Maßnahmen zur Internalisierung externer Effekte betrachtet werden.

9.3.2 Der Zusammenhang zwischen externen Effekten und öffentlichen Gütern

Viele externe Effekte weisen Eigenschaften öffentlicher Güter auf. Beispielsweise kann der vermutlich größte Teil der "Umweltverschmutzung" als Entsendung externer Effekte in Form öffentlicher Güter angesehen werden. Giftstoffe aus Schornsteinen, Autoauspuffanlagen und Abwasserrohren breiten sich über das Land aus. Niemand kann sich dem "Konsum" dieser Giftstoffe völlig entziehen. Ferner herrscht weitgehende Nichtrivalität, da wir alle gleichzeitig an den Schadstoffen partizipieren.

Abbildung 9.8: Der Zusammenhang zwischen externen Effekten und öffentlichen Gütern

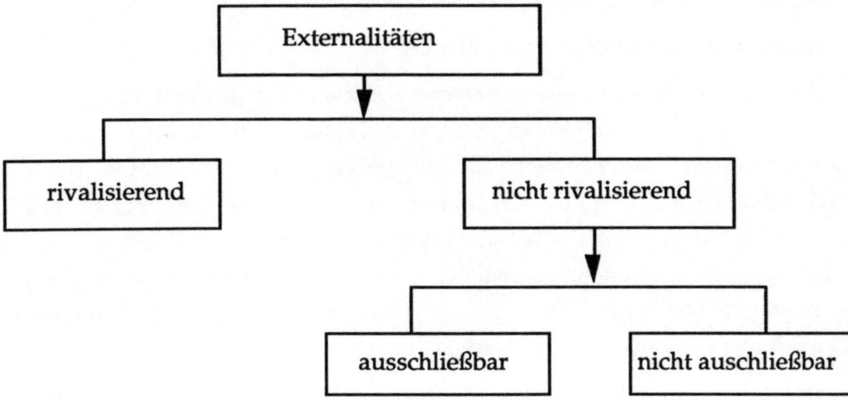

Der Zusammenhang zwischen öffentlichen Gütern und externen Effekten ist von *Baumol/Oates* (1975) deutlich herausgearbeitet worden. Die genannten Autoren unterscheiden zwischen externen Effekten, welche Eigenschaften eines öffentlichen Gutes besitzen und solchen, die Charakteristika eines Privatgutes aufweisen (vgl. Abbildung 9.8). Die erste Gruppe umschreiben sie als "undepletable[194] externality", während letztere unter dem Begriff "depletable externality" subsumiert werden. Im letztgenannten Falle kann eine Externalität nicht gleichzeitig von mehreren Wirtschaftssubjekten "genutzt" werden. Ein Beispiel für einen externen Effekten mit rivalisierender Nutzung stellt die Ausbildung von Arbeitskräften dar: Ein Unternehmen, welches für eine gute Qualifikation seiner Beschäftigten sorgt, läuft Gefahr, daß diese Arbeitnehmer von anderen Unternehmen abgeworben werden. Umgekehrt reduziert sich bei einem "unerschöpflichen" externen Effekt durch den "Konsum" eines Wirtschaftssubjektes nicht das Ausmaß der Nutzungsmöglichkeiten durch die übrigen Wirtschaftssubjekte. Der Übergang von ausschließbaren und nichtausschließbaren externen Effekten dürfte fließend sein. Gegen bestimmte Belästigungen wie Lärm oder Luftverschmutzung kann man sich zwar zu einem Teil durch Lärmschutzmaßnahmen oder Luftfilter schützen. Eine völlige Abwehr dieser Effekte ist aber unmöglich. Man denke auch an die langfristigen Wirkungen von überirdischen

194 Die wörtliche Übersetzung für "undeplatable" wäre in etwa "unerschöpflich". Im deutschen Sprachgebrauch wird der Begriff "nichtrivalisierend" verwendet.

Atomwaffentests oder radioaktive Emissionen durch Kernkraftunglücke. Dagegen kann man sich in nur sehr begrenztem Maße schützen.

9.3.3 Das optimale Ausmaß externer Effekte

Werden die Emittenten negativer externer Effekte nicht zur Kompensation der von ihnen verursachten Schäden herangezogen und erhalten die Erzeuger positiver Externalitäten keinen Ausgleich, wird die Entsendung negativer externer Effekte ökonomisch nicht "bestraft" und die Produktion positiver Externalitäten nicht "belohnt". Daher werden in einem sich selbst überlassenen Marktsystem - gemessen am Kriterium der Allokationseffizienz - zu viele negative und zu wenig positive externe Effekte erzeugt.[195] Die Frage lautet nun: Sollen externe Effekte grundsätzlich verboten werden oder ist es sinnvoll, externe Effekte in gewissem Umfang zuzulassen?

Nehmen wir - wie in den meisten Fällen zu beobachten ist - an, daß ein von einer bestimmten ökonomischen Aktivität ausgehender externer Effekt durch die Eigenschaft der Nichtrivalität gekennzeichnet ist. In diesem Fall brauchen wir uns zur Beantwortung dieser Frage nur an das in Abschnitt 9.2.3 abgeleitete Ergebnis, wonach bei vollständiger Konkurrenz im Optimum die gesellschaftlichen Grenzkosten (GK_{soz}) einer Aktivität mit den von ihr erzeugten gesellschaftlichen Grenznutzen übereinstimmen, erinnern:

$$GK_{soz} = GN_j + \sum_{j \neq k}^{m} GN_k . \tag{9.11}$$

D.h. die sozialen Grenzkosten müssen mit der Summe des Grenznutzen des Emittenten j (GN_j) und den Grenznutzen aller m übrigen extern betroffenen Wirtschaftssubjekte identisch sein.

Aus seiner individuellen Perspektive wird ein Emittent geneigt sein, die Grenznutzen der übrigen Menschen außer acht zu lassen und seinen persönlichen Grenznutzen mit seinen privaten Grenzkosten (GK_j) in Übereinstimmung zu bringen:

$$GK_j = GN_j .$$

Sendet der Emittent negative externe Effekte aus, verursacht sein Handeln bei anderen Wirtschaftssubjekten Nutzenverluste. In diesem Fall muß der Ausdruck

---

195 Dabei wird davon ausgegangen, daß es zu keiner privatwirtschaftlichen Verhandlungslösung im Sinne von *Coase* (1960) kommt.

$\sum_{j \neq k}^{m} GN_k$ aus Gleichung (9.11) mit einem negativen Vorzeichen versehen werden.

Durch Umformen von (9.11) ergibt sich:

$$GK_j + \sum_{j \neq k}^{m} GK_k = GN_j \quad (9.12)$$

bzw.

$$GK_{soz} = GN_j .$$

Gleichung (9.12) besagt, daß bei der Existenz negativer externer Effekte im gesellschaftlichen Optimum der Grenznutzen des Emittenten mit den von ihm wahrgenommenen Grenzkosten GK_j und den Grenzkosten, die bei den Betroffenen entstehen, übereinstimmen muß.

Graphisch läßt sich das wohlfahrtsoptimale Ausmaß externer Effekte mittels Abbildung 9.9 illustrieren. Es wird angenommen, daß der Grenznutzen des Schädigers j mit zunehmendem Ausmaß der Schädigung x abnimmt. Deshalb verläuft die Funktion des privaten Grenznutzen von links oben nach rechts unten fallend. Umgekehrt werden mit zunehmender Intensität der Störung steigende soziale Grenzkosten unterstellt. Dieser Umstand erklärt den von links unten nach rechts oben steigenden Grenzkosten(Grenzschaden)verlauf. Aus dem Schnittpunkt beider Funktionen ergibt sich das gesellschaftlich optimale Ausmaß des externen Effektes (der Schädigung) x_{opt}.

Aus den präsentierten Überlegungen ist übrigens auch klar ersichtlich, daß es - wie in der politischen Diskussion manchmal gefordert - nicht sinnvoll ist, externe Effekte (z.B. Umweltschäden) grundsätzlich zu verbieten. Vielmehr kommt es darauf an, das "richtige" Ausmaß der Externalitäten zu finden. Ferner wird durch Abbildung 9.9 auch sichtbar, daß es - wie in der umweltpolitischen Diskussion manchmal behauptet - nicht wohlfahrtsoptimal ist, Schäden zu reduzieren, solange die absoluten Schadenvermeidungskosten geringer sind als die absoluten Schäden.[196] Bezeichnen wir dazu die Grenzkosten als Grenzschäden. Dann werden die gesamten Schadenskosten der externen Effekte durch das Integral der Grenzkostenfunktion erfaßt. Die Grenznutzen der Emission externer Effekte lassen sich als Grenzschadenvermeidungskosten interpretieren, da der Emittent bei einer Reduktion seiner Aktivitäten entsprechende Nutzenverluste erleiden würde. Die absoluten Schadenvermeidungskosten ergäben sich als Integral der Grenznutzenkurve. In Abbildung 9.9 wären die

196 Eine ähnliche Darstellung findet sich z.B. bei *Endres u.a.* (1991), S. 20 f. i. V. m. S. 35.

Abbildung 9.9: Das wohlfahrtsoptimale Ausmaß externer Effekte

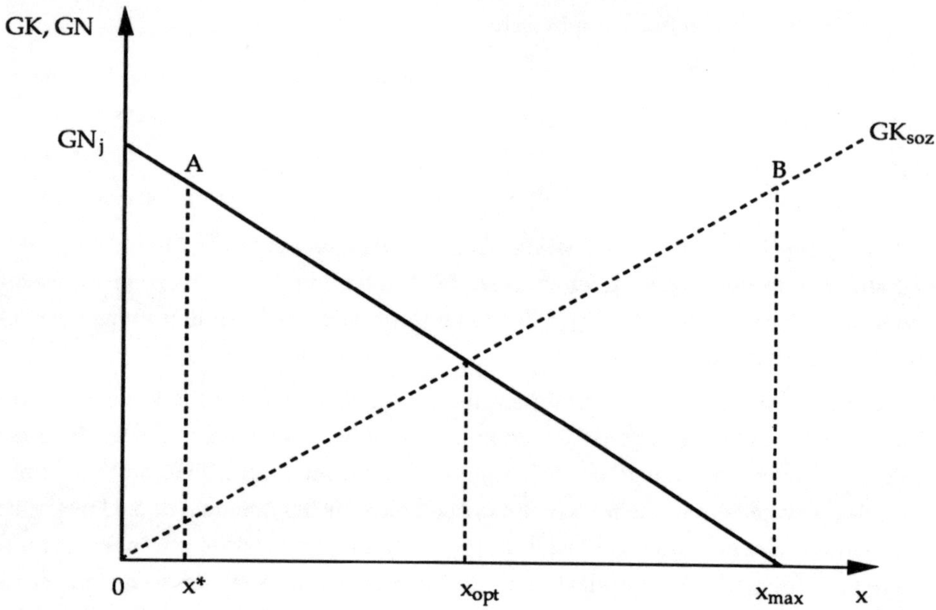

absoluten Schadenvermeidungskosten mit den absoluten Schadenskosten bei einer Externalitätenausbringungsmenge von x* zur Übereinstimmung gebracht (die Flächen x^*Ax_{max} und $0Bx_{max}$ sind gleich groß). Diese Menge liegt deutlich unter der wohlfahrtsoptimalen Menge externer Effekte, bei der die Differenz zwischen Schadenvermeidungskosten (Nutzen) und Schäden (Kosten) maximiert wird.

Um den Wirtschaftssubjekten - ohne meistens wenig zweckmäßige Ver- und Gebote - dennoch Anreize zur Berücksichtigung von externen Effekten zu geben ("Internalisierung von externen Effekten"), werden verschiedene Instrumente diskutiert. Ein Lösungsansatz geht auf *Pigou* (1932) zurück. Danach wären negative externe Effekte zu besteuern und positive externe Effekte zu subventionieren. Ein anderer Ansatz basiert auf den von *Coase* (1960) angestoßenen Überlegungen, wonach es unter bestimmten Voraussetzungen ohne direktes staatliches Eingreifen zu einer Verhandlungslösung zwischen den Beteiligten kommt. Die Funktionsfähigkeit beider Maßnahmen ist aber an relativ strenge Annahmen geknüpft, die in der Realität - leider - selten gegeben sind. Zur Durchsetzung der *Pigou*-Lösung müßte bekannt sein, welcher Art (output- oder faktorinduziert) externe Effekte sind und welche Stärke sie haben. Ferner müßten Steuern und Subventionen richtig dosiert werden können. Die *Coase*-Lösung kann nur funktionieren, wenn die Transaktionskosten gering sind und die externen Effekte nicht die Eigenschaften öffentlicher Güter aufweisen. Für umweltpolitische Fragestellungen werden daher z.B. von mancher Seite andere Mechanismen wie die Vergabe von Umweltzertifikaten favorisiert.[197]

---

197 Ausführliche Diskussionen umweltökonomischer Instrumente zur Internalisierung externer Effekte finden sich u.a. bei *Weimann* (1990) und Wicke (1993).

10. Diskontierung und Entscheidungskalküle

Bei den bisherigen Überlegungen wurde der Faktor "Zeit" außer acht gelassen. Es wurde nicht unterschieden, ob Kosten oder Nutzen sofort oder erst später entstehen. Sollen aber Kosten und Nutzen, die sofort anfallen, den gleichen Stellenwert erhalten, wie später entstehende Vor- und Nachteile? Wenn nicht, welchen Maßstab bzw. welchen Gewichtungsfaktor soll man verwenden? - Von der Beantwortung dieser Fragen hängt die Beurteilung von öffentlichen Projekten in entscheidendem Maße ab.

Falls man sich für eine Diskontierung entscheidet, muß anschließend der Gegenwartswert aller relevanten Kosten und Nutzen ermittelt werden. Wenn darüber hinaus mehrere Projekte zur Auswahl stehen, muß eine Entscheidung zugunsten des "besten" Projektes getroffen werden.

In diesem Kapitel wird zunächst die Rationalität der Diskontierung von Kosten und Nutzen diskutiert. Im Anschluß daran wird gezeigt, wie man den Wert von Projekten berechnet, bei denen Kosten und Nutzen über einen längeren Zeitraum bzw. in mehreren aufeinanderfolgenden Perioden entstehen. Dabei werden auch das Entscheidungskalkül bei Budgetbeschränkungen behandelt sowie der Einfluß des Diskontsatzes auf das Bewertungsergebnis verdeutlicht. Anschließend wird die Frage untersucht, welcher Diskontsatz für öffentliche Projekte in Frage kommt. Kritische Gedanken zur Diskontierung bilden den Abschluß dieses Abschnittes.

10.1 Die Rationalität der Diskontierung

In der Realität ist zu beobachten, daß Kosten und Nutzen, die in der Zukunft liegen, normalerweise geringer bewertet werden als in der Gegenwart entstehende Kosten und Nutzen. Dieses Phänomen wird als ***Diskontierung*** bezeichnet. Für die Diskontierung zukünftiger Ereignisse werden zwei Hauptursachen genannt, die näher zu untersuchen sind: Die ***Zeitpräferenz*** und ***Opportunitätskosten***.

a) Zeitpräferenz

Unter der Zeitpräferenz ist der von den Individuen bzw. der von der Gesellschaft empfundene relative Wert heutiger und zukünftiger Kosten und Nutzen zu verstehen, wobei sich individuelle und gesellschaftliche Zeitpräferenzen durchaus unterscheiden können. Wenn wir als Individuum z.B. vor die Wahl gestellt würden, ob wir einen bestimmten Geldbetrag - sagen wir 1000 DM - jetzt oder erst in einem Jahr erhalten wollen, würden fast alle von uns den sofortigen Gelderhalt vorziehen. Man spricht in diesem Fall von einer positiven Zeitpräferenz. Eine negative Zeitpräferenz läge vor, wenn jemand die 1000 DM lieber später haben wollte. Zeitpräferenzen lassen sich z.B. erklären durch Unsicherheit, Ungeduld, Kurzsichtigkeit und im Zeitablauf steigenden Wohlstand.

Die bestehende ***Unsicherheit*** menschlichen Lebens führt dazu, daß wir nicht genau wissen, ob wir in einem zukünftigen Zeitraum die dann zur Verfügung stehenden Güter tatsächlich noch nutzen können oder wollen. Wir könnten krank oder tot sein. Auch könnten sich bis dahin unsere Präferenzen ändern. Da sofort zur Verfügung stehende Güter mit Sicherheit konsumiert werden können, ist es bei unsicheren Erwartungen - ohne die Berücksichtigung weiterer Aspekte - völlig rational, den sofortigen Konsum gegenüber einer in der Zukunft liegenden Konsummöglichkeit vorzuziehen.

Der zweite Grund für eine positive Zeitpräferenz ist ***Ungeduld***. Ungeduld kann als Unfähigkeit oder als fehlender Willen zu warten interpretiert werden - vielleicht weil Bedürfnisse als sehr dringlich empfunden werden. Ungeduld und Unsicherheit sind keine zwangsläufig identischen Merkmale, da Ungeduld auch unter sicheren Erwartungen auftreten kann.[198]

Unsicherheit und Ungeduld erklären die "reine" Zeitpräferenz. Ein anderer Grund zur Abwertung zukünftiger Konsummöglichkeiten ist der ***abnehmende Grenznutzen des Konsums***. Wenn ein Individuum mit zunehmendem Alter steigende Einkünfte (= Konsummöglichkeiten) erwartet, ist c.p. der Grenznutzen der letzten Geldeinheiten in der Zukunft geringer als der Grenznutzen gegenwärtiger Geldeinheiten. Infolgedessen entspricht es dem Rationalitätsprinzip, eine intertemporale Einkommensumverteilung vorzunehmen und einen Teil des zukünftigen Konsums - z.B. durch Kreditaufnahme - in die Gegenwart vorzuziehen. Übertragen auf die Gesellschaft bedeutet dies, daß - unveränderte intergenerative Präferenzen vorausgesetzt - eine Wohlstandsverlagerung von zukünftigen Generationen zur heutigen Gesellschaft grundsätzlich gerechtfertigt werden kann, wenn von einem in Zukunft höheren Pro-Kopf-Wohlstandsniveau ausgegangen wird. Eine zusätzliche Gütereinheit stiftet unter diesen Umständen bei den heute Lebenden einen höheren Nutzen als bei späteren Menschengenerationen, eine DM ist für zukünftige Generationen weniger wert als für die gegenwärtige Generation.

---

198 Man könnte Ungeduld als den Wunsch nach sofortiger Erfüllung augenblicklicher Bedürfnisse auffassen. Selbst, wenn sicher ist, daß ein Bedürfnis später befriedigt werden kann, werden vermutlich viele Menschen die sofortige Erfüllung vorziehen.

Auf der Basis der vorangegangenen Überlegungen kann man die gesamte Zeitpräferenz s in zwei Komponenten zerlegen. Bezeichnet man die reine Zeitpräferenz mit p, die reale Pro-Kopf-Wachstumsrate des Konsums mit c und die Nutzenelastizität des Konsums ($\partial U/\partial C \cdot C/U$) mit e, gilt:[199]

$$s = c \cdot e + p.$$

Die gesamte Zeitpräferenz s ist danach um so höher, je größer der Wohlstand nachfolgender Generationen - ausgedrückt durch $c \cdot e$ - und die reine Zeitpräferenz p sind.

b) Opportunitätskosten

Der zweite Grund für eine Diskontierung liegt in der Existenz von ***Opportunitätskosten***. Opportunitätskosten entstehen bei einer positiven Nettokapitalproduktivität (vgl. Abschnitt 10.3). Eine positive Nettokapitalproduktivität liegt dann vor, wenn es möglich ist, durch einen Verzicht auf einen Teil des gegenwärtig möglichen Konsums, die Konsummöglichkeiten in der Zukunft zu steigern (der gegenwärtige Konsumverzicht zugunsten eines späteren Mehrkonsums bedeutet realwirtschaftlich gesehen eine Investition). In diesem Fall ist es sinnvoll, einen Teil des jetzt möglichen Konsums in die Zukunft zu verlegen, wenn die Kosten des Wartens (= Zeitpräferenz) vom späteren Nutzen übertroffen werden. Nehmen wir z.B. an, eine Gesellschaft hätte eine Zeitpräferenz in Höhe von 8%. Sie könnte 100 GE in ein Projekt investieren, das im nachfolgenden Zeitraum Konsummöglichkeiten mit einem Gegenwert von 112 GE eröffnen würde. Da die Rendite in diesem Fall 112/100 = 12% beträgt und größer als die Zeitpräferenz ist, ist es sinnvoll, das Projekt durchzuführen.[200]

10.2 Ermittlung des Projektwertes bei zeitlicher Verteilung von Kosten und Nutzen

Das Vorliegen einer Zeitpräferenz bedeutet, daß Kosten und Nutzen, die zu unterschiedlichen Zeitpunkten anfallen, unterschiedlich viel "wert" sind. Um den "Wert" bestimmter Kosten- oder Nutzen, die zu unterschiedlichen Zeitpunkten entstehen, oder anders formuliert, verschiedene "Ströme" von Kosten und Nutzen miteinander

---

199 Die modelltheoretische Herleitung findet man bei *Pearce* (1983), S. 55 ff.

200 Bei der genannten Zeitpräferenz ist der Gegenwartswert der in einem Jahr zur Verfügung stehenden 112 GE höher als 100 GE, die heute verausgabt werden können. Er beträgt 1,12/1,08 = 103,70 GE.

vergleichen zu können, müssen sie auf einen Zeitpunkt "normiert" bzw. diskontiert werden. Dies geschieht üblicherweise durch die Berechnung des Gegenwartswertes zukünftiger Kosten und Nutzen.[201] Man kann aber auch aus der zeitlichen Abfolge der Kosten- und Nutzen die gesellschaftliche "Verzinsung" oder "Rendite" eines Projektes ermitteln und anhand dieser Kennziffer zu einer Projektbewertung kommen.

a) Berechnung von Gegenwartswerten und interner Verzinsung

Zunächst scheint es angebracht, das mathematische Grundprinzip der Diskontierung zu verdeutlichen. Nehmen wir dazu an, ein Individuum könnte auf einem Kapitalmarkt einen bestimmten Betrag - sagen wir 1000 DM - zu einem Jahreszins in Höhe von 5 % "anlegen". Durch die Geldanlage entstehen in einem Jahr Zinserträge in Höhe von $1000 \cdot 0{,}05 = 50$ DM. Nach einem Jahr stehen also insgesamt

$$1000 \cdot (1 + 0{,}05) = 1050 \text{ DM}$$

zur Verfügung. Umgekehrt ist der heutige Wert von 1050 DM, die erst in einem Jahr gezahlt werden, bei diesem Zins mit

$$\frac{1050}{(1 + 0{,}05)} = 1000 \text{ DM}$$

anzusetzen.[202] In zwei Jahren werden aus dem genannten Geldbetrag

$$1000 \cdot (1 + 0{,}05) \cdot (1 + 0{,}05) = 1000 \cdot (1 + 0{,}05)^2 = 1102{,}50 \text{ DM.}$$

Der Gegenwartswert von 1102,50 DM, die erst in zwei Jahren zur Verfügung stehen, beträgt wiederum

$$\frac{1102{,}50}{(1 + 0{,}05)^2} = 1000 \text{ DM.}$$

---

201 Bei der Berechnung von Kosten und Nutzen, die im Zeitablauf während der Dauer eines Projektes anfallen, stimmt prinzipiell mit den Verfahren überein, welche im Kontext der betrieblichen Investitionsrechnung unter dem Begriff der "dynamischen Investitionsrechenverfahren" bekannt sind. Zur dynamischen Investitionsrechnung vgl. z.B. *Blohm/Lüder* (1991), S. 54 ff.

202 Ein Individuum mit einer Zeitpräferenz(rate), die niedriger als 5 % ist, wird diesen Betrag anlegen, weil der Gegenwartswert dann höher ist als 1000 DM. Bei einer Zeitpräferenz von 4 %, beträgt der Gegenwartswert von 1050 DM:

$$1050/1{,}04 = 1009{,}62 \text{ DM.}$$

Bei einer höheren Zeitpräferenz von beispielsweise 8 % ergibt sich ein gegenwärtiger Wert von

$$1050/1{,}08 = 972{,}22 \text{ DM,}$$

so daß die Geldsumme nicht angelegt würde. Stimmen Zeitpräferenz und Kapitalmarktzins überein, ist das Individuum genau indifferent zwischen sofortigem Konsum und Kapitalanlage.

Der Faktor $1/(1 + i)$ wird häufig als Diskontrate d bezeichnet, wobei i für den Zinssatz steht. Die Diskontrate dient der Abzinsung zukünftiger Beträge auf den Gegenwartswert. Sie beträgt im hier gewählten Beispiel $1/1{,}05 \sim 0{,}9524$. D.h. eine DM in einem Jahr ist heute ca. 95 Pfennig wert.

Das eben beschriebene Prinzip läßt sich verallgemeinern. Der Wert eines Vermögensbetrages $V(t_n)$ zu einem zukünftigen Zeitpunkt t=n, der seit Periode t=0 mit einem (unveränderten) Zins in Höhe von i verzinst wird, kann mittels der Formel

$$V(t_n) = V(1 + i)^n$$

errechnet, und der Wert eines zum Zeitpunkt t_n vorhandenen Vermögens V zum Zeitpunkt t=0 kann durch die Formel

$$V(t_0) = V/(1 + i)^n$$

auf den jetzigen Zeitpunkt (ab)diskontiert werden. Den Wert aller heutigen Beträge in der Zukunft bezeichnet man als***"Zukunftswert"***, während der Wert zukünftiger Vermögen zum heutigen Zeitpunkt als ***"Gegenwartswert"*** oder "Barwert" bezeichnet werden.

Anstelle von Geldbeträgen kann man auch durch Geldeinheiten bewertete Kosten (K) und Nutzen (N) diskontieren. Verursacht ein Projekt über längere Zeit Kosten und Nutzen, müssen alle diese Kosten und Nutzen jeweils von dem Zeitpunkt, in dem sie anfallen, auf den Referenzzeitpunkt diskontiert werden. Üblicherweise wird der Zeitpunkt, in dem die Projektbewertung vorgenommen wird, als Referenzzeitpunkt gewählt. Damit ist der Gegenwartswert (zum Zeitpunkt t = 0) aller Kosten und Nutzen zu bestimmen. Mathematisch läßt sich dieser Sachverhalt durch einige Summenformeln darstellen. Der Gegenwartswert der Kosten GW(K) errechnet sich aus:

$$GW(K) = \sum_{t=0}^{T} \frac{K_t}{(1 + i)} . \tag{10.1}$$

t = 0, 1, ... , T bezeichnet die Perioden, in denen Kosten anfallen. Analog dazu bestimmt sich der Gegenwartswert der Nutzen GW(N) aus:

$$GW(N) = \sum_{t=0}^{T} \frac{N_t}{(1 + i)} . \tag{10.2}$$

Der Nettogegenwartswert (NGW) eines Projektes ergibt sich aus der Differenz zwischen dem Gegenwartswert der Nutzen und dem Gegenwartswert der Kosten:

$$NGW = \sum_{t=0}^{T} \frac{N_t}{(1+i)^t} - \sum_{t=0}^{T} \frac{K_t}{(1+i)^t}.$$

Faßt man den Gegenwartswert von Kosten und Nutzen in einer Formel zusammen, erhält man folgenden Ausdruck:

$$NGW = \sum_{t=0}^{T} \frac{N_t - K_t}{(1+i)^t}. \tag{10.3}$$

Diese Formel zur Ermittlung des Nettogegenwartswertes eines öffentlichen Projektes entspricht exakt der in der betriebswirtschaftlichen Investitionsrechnung gebräuchlichen ***Kapitalwertmethode***. Anstelle von Einzahlungen und Auszahlungen werden in (10.3) lediglich monetär bewertete Nutzen und Kosten eingesetzt.[203]

Ein positiver Nettogegenwartswert (NGW > 0) stellt eine notwendige Voraussetzung für die Durchführung eines Projekt dar. Anderenfalls ist ein Projekt abzulehnen.

Ein auf der Gegenwartswertmethode aufbauendes Bewertungskriterium für öffentliche Vorhaben ist die Berechnung des Nutzen-Kosten-Verhältnisses. Dazu wird der Quotient der Gegenwartswerte von Kosten und Nutzen gebildet:

$$\frac{N}{K} = \frac{\sum_{t=0}^{T} \frac{N_t}{(1+r)^t}}{\sum_{t=0}^{T} \frac{K_t}{(1+r)^t}}. \tag{10.4}$$

Die Berechnung des Nutzen-Kosten-Verhältnisses liefert immer eindeutige Lösungen in Hinblick auf die Frage, ob ein Projekt realisiert werden soll oder nicht. Wie man sofort erkennt, ist das ***Nutzen-Kosten-Verhältnis*** größer als Eins, wenn der Nettogegenwartswert größer als Null ist und umgekehrt. Danach ist eine Maßnahme - isoliert gesehen - immer dann zu befürworten, wenn gilt: N/K > 1.

Allerdings reagiert dieses Entscheidungskriterium sensibel auf Saldierungen von Kosten und Nutzen.[204] Ein Beispiel mag diesen Effekt verdeutlichen. Angenommen,

---

203 An dieser Stelle sei darauf hingewiesen, daß nur "reale" Kosten und keine Abschreibungen bei der Bewertung öffentlicher Projekte berücksichtigt werden dürfen. Abschreibungen sind kalkulatorische Kosten, die im Rahmen der betrieblichen Kostenrechnung zur verursachungsgerechten zeitlichen Kostenverteilung dienen. Bei der Bestimmung des Nettogegenwartswertes eines öffentlichen Vorhabens sind die Kosten bereits periodenverursachungsgerecht zugerechnet, so daß die Einsetzung von Abschreibungen zu Doppelzählungen führt [vgl. auch *Pearce/Nash* (1981), S. 44 f.].

204 Vgl. *Hanusch* (1987), S. 112 f.

ein Projekt führt zu unsaldierten (Einzel)Nutzen in Höhe von 1000, 2000, 3000 und 4000 Geldeinheiten (GE). Der Gesamtnutzen beträgt folglich 10000 GE. Der zweiten und dritten Nutzenkomponente stehen ferner Kosten in gleicher Höhe - insgesamt also 5000 GE - gegenüber. Dann ergibt sich folgendes unsaldiertes Nutzen-Kosten-Verhältnis:

$$\frac{1000 + 2000 + 3000 + 4000}{2000 + 3000} = 2\,.$$

Wird nun aus irgendeinem Grunde der dritte Nutzenbestandteil mit den zugehörigen Kosten aufgerechnet, entsteht folgendes Ergebnis:

$$\frac{1000 + 2000 + 4000}{2000} = 3{,}5\,.$$

Obwohl der Gesamteffekt des Projektes (+5000 GE) von der Saldierung nicht beeinflußt wird, entsteht ein völlig anderes Bild. Im gewählten Beispiel nimmt die Kennziffer (N/K) durch die Saldierung das 1,75-fache des ursprünglichen Wertes an. Bei der Verwendung des Nutzen-Kosten-Quotienten ist also dringend von einer Saldierung einzelner Kosten- und Nutzen-Komponenten abzuraten, weil dadurch zufällige und unvergleichbare Resultate erzielt werden.

Eine alternative Vorgehensweise zur intertemporalen Projektbewertung bildet die Verwendung der ebenfalls aus der Betriebswirtschaftslehre bekannten ***internen Zinssatzmethode***. Im Rahmen dieses Berechnungsverfahrens kann man versuchen, die "soziale Rendite" öffentlicher Vorhaben zu berechnen. Zu diesem Zweck setzt man den Nettogegenwartswert eines Vorhabens gleich 0,

$$\sum_{t=0}^{T} \frac{N_t - K_t}{(1 + i)^t} = 0\,, \tag{10.5}$$

und löst die Formel (10.5) nach i auf. i wird in diesem Fall als "interner Zinssatz" bezeichnet.

Sofern der interne Zinssatz über einem zuvor (willkürlich) als Referenzmaßstab ausgewählten Zinssatz k liegt, kann das Projekt prinzipiell befürwortet werden. Die zur Projektdurchführung notwendige Voraussetzung ist $i > k$. Der Rechenaufwand bei der Anwendung der internen Zinsfußmethode ist tendenziell höher als bei der Kapitalwertmethode, da (10.5) ein Polynom n-ten Grades mit maximal n Lösungen darstellt. Die Auflösung nach i kann infolgedessen schwierig sein.[205] Die Zahl der Lösungen hängt von der Zahl der Vorzeichenwechsel (N_t - K_t) während der Laufzeit des Projektes ab. Eine eindeutige Lösung ergibt sich nur dann, wenn ein einziger Vorzeichenwechsel stattfindet. Bei mehrfachem Vorzeichenwechsel - wenn also z.B. in Periode 3 der Nutzen eines Projektes größer ist als die Kosten, in Periode 4 die Kosten höher sind als der Nutzen und in Periode 5 der Nutzen wieder die Kosten übersteigt - ist keine eindeutige Aussage über die Vorteilhaftigkeit eines Projektes mehr möglich. Da bei vielen öffentlichen Vorhaben durchaus mehrere Vorzeichenwechsel des periodenbezogenen Nettoeffektes zu erwarten sind, dürfte die interne Zinsfußmethode zur Projektbewertung häufig nicht zu gebrauchen sein.

b) Der Einfluß des Diskontsatzes auf das Bewertungsergebnis

Maßgeblichen Einfluß auf das Bewertungsergebnis übt die Wahl des Diskontsatzes aus. Grundsätzlich läßt sich sagen: Je höher der Diskontsatz, desto schlechter schneiden die Maßnahmen ab, bei denen Nutzenüberschüsse erst "relativ spät" anfallen. Am folgenden Beispiel zweier konkurrierender Projekte "A" und "B", läßt sich dieser Effekt leicht demonstrieren.

Nehmen wir an, beide Projekte erfordern in Periode 0 das gleiche Investitionsvolumen in Höhe von 1000 GE. Auch die Laufzeit beider Projekte ist mit 10 Jahren gleich. In den nachfolgenden Perioden erzeugen beide Vorhaben durchgehend Nettonutzen. Unterschiedlich ist aber die Höhe der insgesamt zurückfließenden Nutzen und das Verlaufsmuster der Nutzenströme. Die Tabelle 10.1 zeigt (undiskontiert) den zeitlichen Anfall von Kosten und Nutzen beider Vorhaben.

Während Projekt A über die gesamte Laufzeit einen gleichmäßigen Nettonutzen von 200 GE pro Jahr ergibt, ist der Nutzen des B-Projektes in den ersten Perioden niedriger als des A-Projektes, steigt jedoch mit zunehmender Projektdauer kontinuierlich an. In Abbildung 10.1 sind die Nettogegenwartswerte beider Maßnahmen in Abhängigkeit vom Diskontfaktor dargestellt. Man sieht, daß bei relativ niedrigem Diskontsatz das Projekt B besser beurteilt wird. Bei einer hohen Diskontrate schneidet die Maßnahme A besser ab, obwohl der undiskontierte Gesamtnutzen dieses Projektes deutlich unter dem der Alternative B liegt. Der "kritische" Zins, bei dem

205 Im Zeitalter der Computerisierung mag dieses Argument weniger ins Gewicht fallen. Zudem läßt sich die Lösung u.U. auch ohne großen Aufwand mittels linearer Interpolation näherungsweise bestimmen.

Tabelle 10.1: Zeitliche Verteilung von Kosten und Nutzen zweier Projekte

Zeitpunkt	Nettonutzen A	Nettonutzen B
0	-1000	-1000
1	200	100
2	200	125
3	200	150
4	200	175
5	200	200
6	200	225
7	200	250
8	200	275
9	200	300
10	200	325
Summe	1000	1125

Abbildung 10.1: Der Nettogegenwartswert zweier Projekte in Abhängigkeit vom Diskontsatz

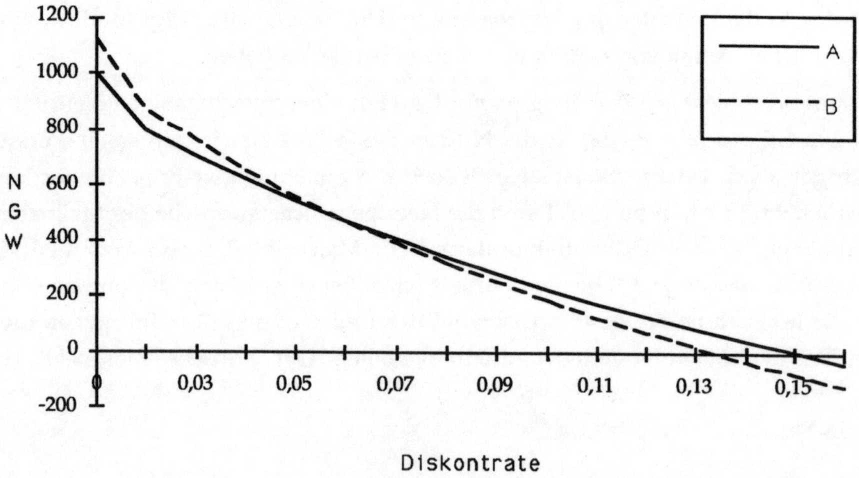

sich die relative Vorteilhaftigkeit beider Vorhaben umkehrt, liegt knapp über 6 Prozent.[206]

Neben dem Diskontsatz kann natürlich auch die zeitliche Verteilung der "costs" und "benefits" zu unterschiedlichen Schlußfolgerungen über die relative Vorteilhaftigkeit von Projekten führen. Die Bildung eines Beispiels bleibt dem Leser überlassen.

c) Entscheidungen bei Budgetrestriktionen

Die obengenannten notwendigen Bedingungen NGW > 0 bzw. i > k bzw. N/K > 1 sind zwar hinsichtlich der Beurteilung einzelner Vorhaben eindeutig, aber sie sind zur Projektdurchführung grundsätzlich nicht hinreichend, wenn mehrere Projektalternativen in Betracht gezogen werden, für deren Realisation nur eine begrenzte Summe (=Budgetrestriktion) zur Verfügung steht.[207] Budgetrestriktionen führen dazu, daß sich die Durchführung verschiedener Projektalternativen - zumindest partiell - gegenseitig ausschließt.

Ohne Budgetrestriktionen wären alle Projekte zu verwirklichen, die das gewählte Entscheidungskriterium erfüllen. Mit beschränkten Budget kann jedoch keine generelle Aussage über das "beste" Entscheidungskalkül getroffen werden.

Das Problem sei wieder anhand eines Beispiels betrachtet.[208] Nehmen wir an, das für bestimmte Projekte maximal verfügbare Budget beträgt 1000 Geldeinheiten (GE). Nehmen wir ferner an, es existieren drei Projektalternativen A, B und C. Die sich bei jedem Vorhaben ergebenden, auf den Zeitpunkt 0 diskontierten Kosten und Nutzen sind in Tabelle 10.2 aufgeführt. Diese Abbildung enthält auch die Nettogegenwartswerte sowie die einzelnen Kosten-Nutzen-Relationen.

Projekt A ergibt einen Nettogegenwartswert in Höhe von 1000 GE. Die Projekte B und C erbringen "nur" Gegenwartswerte von 600 GE respektive 750 GE. Nach dem Kriterium des höchsten (absoluten) Nettogegenwartswertes wäre allein Maßnahme

---

206 Nach linearer Interpolation entsprechend der Formel

$$r = r_1 - NGW_1 \left(\frac{r_2 - r_1}{NGW_2 - NGW_1} \right)$$

weist das Projekt A eine interne Verzinsung in Höhe von ≈ 15,11 % auf, während das Projekt einen internen Zinssatz von ≈ 13,41 % ergibt.

207 Es sei darauf hingewiesen, daß öffentliche Budgets immer beschränkt sind.

208 Die interne Zinsfußmethode wird dabei nicht weiter betrachtet.

Tabelle 10.2: Bewertung alternativer Projekte bei Budgetrestriktion

Projekt	Gegenwartswert der Kosten	Gegenwartswert der Nutzen	Nettogegenwartswert	Nutzen-Kosten-Relation
A	1000	2000	1000	2,0
B	500	1100	600	2,2
C	500	1250	750	2,5
D	510	1250	740	2,451

A durchzuführen. Seine Ausführung würde eine völlige Ausschöpfung der verfügbaren Mittel bedeuten.

Würde man aber anstelle von A gemeinsam die ebenfalls mit dem vorhandenen Budget vollziehbaren Alternativen B und C durchführen, würde man einen höheren Nutzenüberschuß von insgesamt 1350 GE (600 + 750) erhalten. Das Kriterium des größten absoluten Nettogegenwartswertes führt hier zu einem suboptimalen Ergebnis. Die Verwendung des Nutzen-Kosten-Quotienten liefert in diesem Fall (zufällig) das bessere Ergebnis, denn die Nutzen-Kosten-Quotienten der Projekte B und C übersteigen die entsprechende Kennziffer des A-Vorhabens.

Wenn jetzt anstelle von C das Projekt D zur Auswahl stünde, müßte bei Wahl der Alternative mit dem günstigsten Nutzen-Kosten-Verhältnis die Maßnahme D bevorzugt werden. Da ohne Verstoß gegen die Budgetrestriktion kein weiteres Projekt mehr durchführbar wäre, könnte jedoch nur ein Gesamtnettonutzen im Umfang von 740 GE realisiert werden. Der maximale absolute Nettonutzen wird jetzt aber durch die Alternative mit dem höchsten Nettovorteil - also durch A - erreicht. Folglich erweist sich unter diesen Umständen das Kriterium des absoluten Nettogegenwartswert als überlegen.

Sofern Vorhaben teilbar sind, liefert eventuell eine Kombination verschiedener Projekte das beste Resultat. Man könnte beispielsweise wegen der Budgetüberschreitung durch eine gleichzeitige Verwirklichung von B und D versuchen, eine der beiden Maßnahmen so weit zu reduzieren, bis sie gemeinsam in den Budgetrahmen passen.[209]

209 Als Beispiel mag man den Verkehrssektor heranziehen. Angenommen, es steht zur Diskussion, eine Kapazitätserhöhung des öffentlichen Personennahverkehrs in einer Stadt x mit unterschiedlichen Verkehrsmitteln durchzuführen. Man könnte eine U-Bahn bauen, das Straßenbahnnetz verbessern oder bessere Busverbindungen schaffen. Neben der ausschließlichen Realisierung nur einer der drei Möglichkeiten, dürften bestimmte Kombinationen möglich sein.

Als Endergebnis bleibt festzuhalten, daß das gesellschaftlich beste Ergebnis immer dann erreicht wird, wenn der mit einem vorgegebenen Budget erreichbare Nettogegenwartswert realisiert wird. Dazu sind alle Möglichkeiten einer Projektkombination zu analysieren. Die unreflektierte Handhabung nur eines Entscheidungskriteriums gewährleistet keine Optimallösung.

10.3 Bestimmung des Diskontsatzes

Die bisherigen Überlegungen erlauben keine Aussagen über die "richtige" Höhe des für öffentliche Projekte zu wählenden Diskontsatzes. Daher folgt zunächst ein Modell zur Bestimmung der sozialen Diskontrate, in dem gezeigt wird, daß Zeitpräferenzrate und Opportunitätskostenrate zur Übereinstimmung gebracht werden sollten. Ferner sind Überlegungen zur Bestimmung der absoluten Höhe von Opportunitätskostenrate und Zeitpräferenz angebracht.

a) Ein Modell zur Bestimmung des sozialen Diskontsatzes

Als Ursachen für die Diskontierung wurden die Existenz von Zeitpräferenzen und Opportunitätskosten angeführt. Eine entscheidende Frage ist, wie sich aus den Opportunitätskosten und der gesellschaftlichen Zeitpräferenz der soziale Diskontsatz ableiten läßt. Betrachten wir dazu ein simples Zwei-Perioden-Modell zur Bestimmung der optimalen gesellschaftlichen Diskontrate (vgl. Abbildung 10.2).[210] In dem Modell geht es um die Aufteilung des Konsums auf zwei Zeiträume - die Perioden t und t+1. Dabei wird der Konsum in t+1 vom Konsum in t bestimmt. Die Menge der konsumierbaren Güter in Periode t ist auf der Abszisse abgetragen, während der in t+1 zur Verfügung stehende Konsum auf der Ordinate abgetragen ist. Mögliche intertemporale Aufteilungen (bei effizienter Produktion) werden durch die intertemporale Transformationskurve TT' aufgezeigt. Beispielsweise spiegelt der Punkt T eine Situation wider, in der das gesamte gesellschaftliche Produktionsergebnis im Zeitraum t verbraucht wird, so daß in der darauffolgenden Periode nichts mehr übrig bleibt. Umgekehrt bildet der Punkt T' den Fall ab, in dem in Periode t völlig auf Konsum zugunsten der Konsumgütermenge 0T' in Periode t+1 verzichtet wird. Man beachte, daß der Achsenabschnitt 0T' auf der Ordinate größer als der entsprechende Achsenabschnitt 0T auf der Abszisse ist. Dieses ist gleichbedeutend mit einer positiven Bruttokapitalrentabilität. D.h. der Verzicht auf eine Einheit Konsumgüter in t,

210 Vgl. z.B. *Pearce/Nash* [(1981), S. 145 ff.], *Hanusch* [(1987), S. 96 ff.], *Pearce/Turner* [(1990), S. 214 ff.].

Abbildung 10.2: Ein Zwei-Perioden-Modell zur intertemporalen Konsumaufteilung

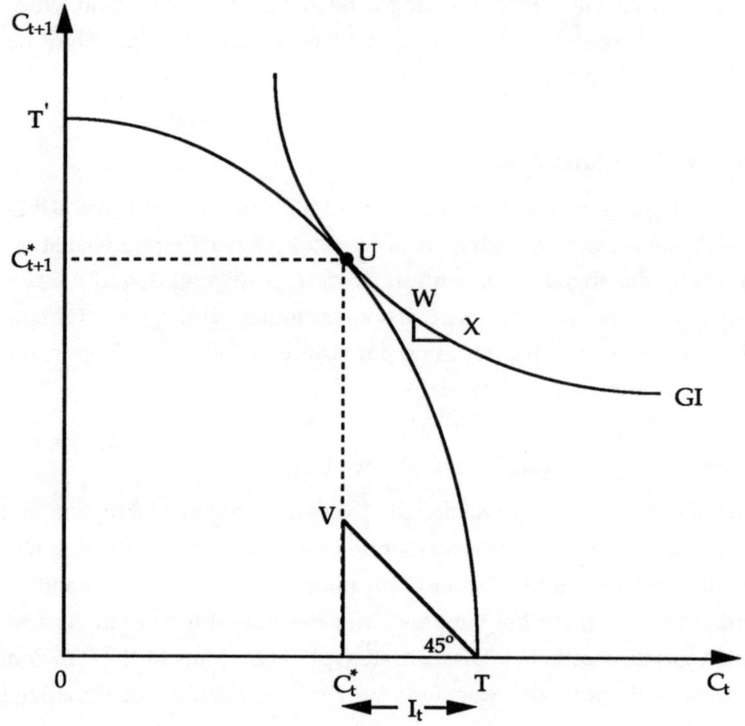

der einer Investition in gleicher Höhe entspricht, erhöht die in t+1 zur Verfügung stehende Menge um mehr als eine Konsumgütereinheit.

Neben der Transformationskurve ist in Abbildung 10.2 auch eine soziale Indifferenzkurve GI abgebildet. Die GI reflektiert hier alle zeitlichen Konsumaufteilungen, zwischen denen die Gesellschaft indifferent ist. Transformations- und Indifferenzkurve tangieren sich im Punkt U, der die optimale intertemporale Konsumaufteilung anzeigt.

In diesem Optimum wird in t die Menge $0C^*_t$ verbraucht. Infolgedessen steht in t+1 die Menge $0C^*_{t+1}$ zur Verfügung. Annahmegemäß werden die nicht im ersten Zeitraum konsumierten Ressourcen - abgebildet durch die Strecke C^*_tT - investiert und bilden damit den Kapitalstock in Periode t. Es gilt also: $C^*_tT = I_t$. Die (Brutto)Kapitalproduktivität von I_t läßt sich allgemein ausdrücken durch:

$$\frac{C_{t+1}}{I_t} = \frac{C_tV + VU}{I_t}. \qquad (10.6)$$

Da $C_tV = I_t$, läßt sich auch schreiben:

$$\frac{C_{t+1}}{I_t} = 1 + \frac{VU}{I_t}. \qquad (10.7)$$

C_{t+1}/I_t entspricht der Bruttokapitalproduktivität, während VU/I_t die Nettokapitalproduktivität bzw. den Kapitalertrag darstellt. Letztere entspricht der gesellschaftlichen Opportunitätskostenrate r. Da der Quotient C_{t+1}/I_t die Steigung der Transformationskurve im jeweils realisierten Punkt mißt (der Tangens des Dreiecks C_tUT entspricht nämlich dem Quotienten $C_tU/C_tT = C_{t+1}/I_t$), ergibt sich aus Gleichung (10.7):

$$\text{Steigung } TT' = 1 + r. \qquad (10.8)$$

Auf ähnliche Weise kann nun aus der gesellschaftlichen Indifferenzkurve GI die soziale Zeitpräferenz abgeleitet werden. Beispielsweise seien die Punkte X und W auf GI herausgegriffen. Wenn sich die Gesellschaft auf der Indifferenzlinie von X nach W bewegt, müssen die Nutzenverluste, die durch den Konsumverzicht in t entstehen, genau durch die Nutzengewinne kompensiert werden, die durch den zusätzlichen Konsum in t+1 entstehen. Es gilt also:

$$-\Delta C_t \frac{\partial U_t}{\partial C_t} = \Delta C_{t+1} \frac{\partial U_{t+1}}{\partial C_{t+1}}. \qquad (10.9)$$

Dabei ist $\partial U_t/\partial C_t = U_t'$ der Grenznutzen von C_t und $\partial U_{t+1}/\partial C_{t+1} = U_{t+1}'$ der Grenznutzen von C_{t+1}. Durch Umformen von (10.9) erhält man:

$$\frac{-\Delta C_{t+1}}{\Delta C_t} = \frac{U_t'}{U_{t+1}'} = \text{Steigung von GI}. \qquad (10.10)$$

Wenn man unterstellt, daß die Gesellschaft bei einer Bewegung auf der Indifferenzkurve in Richtung von X nach W wegen des abnehmenden Grenznutzen des Konsums nur auf Δ Einheiten von C_t zu verzichten bereit ist, wenn sie dafür immer mehr Einheiten von C_{t+1} bekommt ($C_{t+1} > C_t$), ergibt sich aus (10.10):

$$\frac{U_t'}{U_{t+1}'} > 1 .$$

Dafür läßt sich auch schreiben:

$$\frac{U'_t}{U'_{t+1}} = 1 + s = \text{Steigung von GI}\,. \tag{10.11}$$

s läßt sich nun als soziale Zeitpräferenzrate interpretieren.

Sofern Kapitalmärkte perfekt funktionieren und keine Kapitalsteuern erhoben werden, stellt sich ein Optimum ein, in dem r und s übereinstimmen (hier Punkt X). In diesem Fall bräuchte man sich keine Gedanken darüber zu machen, ob die Opportunitätskostenrate r oder die soziale Zeitpräferenzrate s vorzuziehen sind. Leider sind die genannten Voraussetzungen in der Realität nicht erfüllt, so daß das Problem bestehen bleibt.

Welches Vorzeichen besitzen r und s, und welche der beiden Raten ist nun anzusetzen? Unter den üblichen Annahmen kann davon ausgegangen werden, daß beide Raten positiv sind.[211] Entsprechend des paretianischen Werturteils, daß die Konsumentenpräferenzen (der zum Entscheidungszeitpunkt Lebenden) entscheidend sein sollen, wäre s zu verwenden. Andererseits ist es kaum sinnvoll, ein Projekt mit einer niedrigeren Kapitalproduktivität als r durchzuführen, während an anderer Stelle in der Volkswirtschaft genau dieser Vorteil zu erzielen ist. In der Literatur werden hierzu unterschiedliche Meinungen vertreten. Auch wird vorgeschlagen, beide Ansätze zu integrieren (wie noch gezeigt wird).

b) Die gesellschaftliche Opportunitätskostenrate

Falls die soziale Zeitpräferenzrate aus den oben genannten Gründen niedriger ist als die (private) Opportunitätskostenrate, werden mit der sozialen Zeitpräferenzrate bewertete öffentliche Vorhaben c.p. günstiger beurteilt als private Investitionen, die mit der privaten Opportunitätskostenrate bewertet werden: Der Nettobarwert eines öffentlichen Projektes wird höher sein als der Nettobarwert einer konkurrierenden privaten Investition.

Nehmen wir dazu ein einfaches Beispiel: Angenommen, ein öffentliches und ein privates Projekt seien miteinander zu vergleichen. Beide Vorhaben erfordern in Periode t = 0 ein Investitionsvolumen (I_0) in Höhe von 1000 DM. In der darauffolgenden Periode t = 1 führen beide Projekte zu einem einmaligen Nutzen- (N_1) bzw. Einnahmenrückfluß (E_1) von 1500 DM. Ferner sei eine gesellschaftliche Zeitpräferenzrate s in Höhe von 4% unterstellt, während die private Opportunitätskostenrate r bei 8% liegt. Der Nettobarwert des öffentlichen Vorhabens $NBW_ö$ errechnet sich aus:

---

211 Vgl. *Hanusch* (1987), S. 99 f.

$$NBW_ö = \frac{N_1}{1+s} - I_0 = \frac{1500}{1,04} - 1000 = 442{,}31 \text{ DM}. \tag{10.12}$$

Der Nettobarwert des Privatprojektes NBW_p beträgt dagegen:

$$NBW_p = \frac{N_1}{1+r} - I_0 = \frac{1500}{1,08} - 1000 = 388{,}89 \text{ DM}. \tag{10.13}$$

Das öffentliche Projekt würde günstiger beurteilt, obwohl beide Projekte gleichwertig sind. Bei Vollbeschäftigung der Produktionsfaktoren würde das als vorteilhafter beurteilte öffentliche Projekt bei seiner Realisation Ressourcen aus dem Privatsektor abziehen, obwohl die Kapitalproduktivität ($r = 8$ %) im Privatsektor höher ist. In diesem Fall würde sich die gesellschaftliche Ressourcenallokation verschlechtern. Um eine solche Fehlsteuerung zu vermeiden, müßten öffentliche Vorhaben statt mit der sozialen Zeitpräferenz mit der sozialen Opportunitätskostenrate bewertet werden.[212]

Die soziale Opportunitätskostenrate ist aber in der Regel nicht bekannt. Um sie zu ermitteln, müßte man wissen, welches öffentliche Projekt welche private Investition verdrängt. Zusätzlich müßte die Kapitalproduktivität der Privatinvestition bekannt sein. Beide Erfordernisse dürften in der Praxis nicht erfüllt sein. Ein Vorschlag besteht darin, die den Durchschnittsertrag privater Investitionen als Indikator der sozialen Opportunitätskostenrate zu verwenden.[213]

Andererseits können die privaten Kapitalrenditen nur dann als Beurteilungsmaßstab herangezogen werden, wenn sich in den privaten Kostenüberlegungen die gesellschaftlichen Kosten - z.B. externe Effekte - wiederfinden. Diese Annahme ist jedoch zweifelhaft. Vor diesem Hintergrund wird die Rendite privater Investitionen vermutlich des öfteren überschätzt. Auch Marktstrukturen sind zu berücksichtigen. Wird beispielsweise Privatkapital von Monopolmärkten abgezogen, führt die Verwendung der dort erzielten privaten Kapitalrendite zu Bewertungsfehlern. Die gesellschaftlichen Opportunitätskosten werden in diesem Fall überschätzt, weil die Eigenkapitalrendite bei Monopolen höher sein dürfte als auf Wettbewerbsmärkten.

---

212 Vgl. *Krutilla/Eckstein* (1958), *Baumol* (1968).

213 Vgl. *Musgrave/Musgrave/Kullmer* (1987), S. 230.

c) Die soziale Zeitpräferenzrate

Die Verwendung der sozialen Zeitpräferenz steht in Einklang mit dem Postulat der Konsumentensouveränität, sofern sie aus den Konsumentenpräferenzen ermittelt wird. Im Idealfall ließe sich die Zeitpräferenz der Individuen auf dem Kapitalmarkt beobachten. Die privaten Haushalte bieten so lange Kapital an (das Kapitalangebot entspricht der Ersparnis und damit dem Konsumverzicht) wie der Kapitalmarktzins über der individuellen Zeitpräferenz liegt. Im Gleichgewicht stimmen Zeitpräferenz und Kapitalmarktzins überein.[214] Damit wäre der Kapitalmarktzins ein idealer Indikator der Zeitpräferenz.

Bekanntermaßen existiert aber kein einheitlicher Kapitalmarkt. Vielmehr sind eine Vielzahl verschiedener (Teil)Kapitalmärkte mit unterschiedlichen Zinssätzen zu beobachten. Die Zinssätze hängen u.a. ab von der Laufzeit und vom Risiko einer Anlage. Zur Bewertung eines öffentlichen Projektes müßte man genau den Anlagezins finden, bei dem die Laufzeit und das Risiko dem des öffentlichen Projektes entsprechen. Typischerweise wird deshalb der Zins für langfristige Staatsanleihen als Diskontfaktor für öffentliche Projekte vorgeschlagen.

Die auf Kapitalmärkten zu beobachtenden Zinsen stellen keinen geeigneten Indikator für individuelle Zeitpräferenzen dar, wenn Steuern auf Kapitaleinkünfte erhoben werden. In diesem Fall stimmen auch Zeitpräferenzen und gesellschaftliche Opportunitätskosten nicht mehr überein.[215] Die privaten Kapitalanleger richten ihr Kapitalangebot nämlich an der Nettorendite aus. Die Nettorendite entspricht dem Kapitalmarktzins abzüglich Steuern. Bezeichnen wir den Steuersatz auf Kapitalertrag mit t, mit s die Zeitpräferenz und mit r die Bruttorendite (= Kapitalmarktzins). Dann gilt im Gleichgewicht:

$$r(1-t) = s \text{ bzw. } r = s / (1-t).$$

Der Kapitalmarktzins ist um den Faktor $1/(1-t)$ größer als die Zeitpräferenz.

Wenn die individuellen Kapitalertragsteuersätze identisch wären - was wegen des einkommensabhängigen Grenzsteuersatzes in der Realität nicht der Fall ist, könnte man durch einen Abzug der Steuer von der Kapitalmarktrendite auf die individuellen Zeitpräferenzen (Nettorenditen) schließen. In der Praxis der Kosten-Nutzen-Analyse dürfte die anderenfalls notwendige Berücksichtigung der individuellen Steuersätze unmöglich sein.

---

214 In Abbildung 10.2 wäre der Punkt X erreicht.

d) Synthetische Diskontsätze

Der Konflikt zwischen Zeitpräferenz und Opportunitätskosten führte zu anderen Lösungsversuchen. Man kann sich anhand folgender Überlegung nochmals den Unterschied zwischen beiden Größen verdeutlichen: Während die Zeitpräferenz ***den relativen Wert von heutigem und zukünftigem Konsum*** erfaßt, stellen die Opportunitätskosten ***den relativen Wert von Gegenwartsinvestition und Gegenwartskonsum*** dar. Bei Verwendung eines einheitlichen Diskontsatzes ergeben sich verzerrte Ergebnisse, wenn Zeitpräferenz und Opportunitätskosten auseinanderfallen. Eine Lösung kann in der Bildung von "synthetischen" Diskontraten liegen.[216] Stellen wir uns ein öffentliches Projekt vor, das lediglich zum Zeitpunkt $t = 0$ nominelle Kosten in Höhe von K verursacht und bis in unendliche Zeit einen jährlich gleichen Nutzenzuwachs in Form zusätzlicher Konsumgüter ($X_1^1 = X_2^1 = ... = X^1$) erbringt, vor.[217] Diese zukünftigen Nutzen sind mit der sozialen Zeitpräferenzrate s zu diskontieren. Der Gegenwartswert des Nutzens GW(N) ist demnach:

$$GW(N) = \sum_{t=1}^{\infty} \frac{X^1}{(1+s)^t} = \frac{X^1}{1+s} \sum_{t=1}^{\infty} \frac{1}{(1+s)^t} = \frac{X^1}{1+s} \frac{1}{1-\frac{1}{(1+s)}} = \frac{X^1}{s}. \tag{10.14}$$

Das Projekt ist ökonomisch vorteilhaft, falls $\frac{X^1}{s} > K$.

Anstatt die Kosten als nominelle Ausgaben zu handhaben, kann man sie auch als Opportunitätskosten, d. h. als Konsumverlust in der Gegenwart und in allen zukünftigen Zeiträumen verstehen. Wenn auch der entgangene Konsum in allen zukünftigen Perioden identisch ist, also $X_0^0 = X_1^0 = X_2^0 = ... = X^0$, kann der Gegenwartswert der Kosten GW(K) analog zur Nutzenseite dargestellt werden:

$$GW(K) = X^0 + \sum_{t=1}^{\infty} \frac{X^0}{(1+s)^t} = X^0 + \frac{X^0}{s}. \tag{10.15}$$

X^0 ist die Menge der durch das öffentliche Projekt in Periode 0 aus dem Konsumsektor abgezogenen Güter. X^0/s ist der Wert des Konsumentgangs in zukünftigen Perioden, der bei einer Unterbindung privater Investitionen auftreten würde. Falls dem öffentlichen Projekt private Investitionen im Umfang von I^0 geopfert würden, hätten diese nämlich eine Gesamtrendite in Höhe von rI^0 erbringen können. r ent-

---

215 Falls die Kapitalmärkte weiterhin perfekt sind, zeigen die Kapitalmarktzinsen die gesellschaftlichen Opportunitätskosten an.

216 Vgl. *Marglin* (1967) und *Feldstein* (1964a).

217 Vgl. *Hanusch* (1987), S. 105 f.

spricht also dem sozialen Opportunitätskostensatz. Ohne die Durchführung der staatlichen Maßnahme stünden rI^0 mehr Konsumgüter in der Zukunft zur Verfügung. Daher läßt sich der Gegenwartswert der Kosten auch ausdrücken als:

$$GW(K) = X^0 + \frac{r}{s} I^0 . \qquad (10.16)$$

Folglich lautet das Akzeptanzkriterium durch die Gegenüberstellung der Gegenwartswerte von Kosten (10.16) und Nutzen (10.14):

$$\frac{X^1}{s} > X^0 + \frac{r}{s} I^0 \quad \text{bzw.} \quad X^1 > sX^0 + rI^0. \qquad (10.17)$$

Die Gleichung (10.17) zeigt deutlich den Gedankengang, der hinter der Verwendung synthetischer Diskontraten steht. Auf der linken Seite von (10.17) befinden sich die Nutzen in Form der jährlich anfallenden Konsumgüterströme des Projekts. Auf der rechten Seite stehen die Kosten, die hinsichtlich ihrer "Herkunft" unterschieden werden. Der Verzicht auf Konsumgüter in der Anfangsperiode wird mit der sozialen Zeitpräferenz s abgewertet; der Verzicht auf Investitionen wird dagegen mit der sozialen Opportunitätskostenrate diskontiert. Dabei lassen sich zwei Extremfälle konstruieren: Werden keine privaten Investitionen verdrängt, sind die Kosten mittels der sozialen Zeitpräferenz zu bewerten. Wird umgekehrt das gesamte öffentliche Investitionsvolumen ausschließlich durch den Rückgang privater Investitionen verwirklicht, sind die Projektkosten mit der sozialen Opportunitätskostenrate zu bewerten. Die Informationsanforderungen zur Berechnung von (10.17) dürften jedoch so hoch sein, daß sich der beschriebene Vorschlag - trotz seiner Logik - in der Praxis wohl nicht realisieren läßt.

10.4 Kritik an der Diskontierung

An der Diskontierung zukünftiger Kosten und Nutzen entzündet sich viel Kritik. Im folgenden sollen einige Kritikpunkte kurz diskutiert werden.

Die Diskontierung zukünftiger Ereignisse ist - wie gezeigt wurde - unter gewissen Voraussetzungen durchaus rational. Sie bereitet aber beispielsweise in Hinblick auf Umweltgüter auch große Probleme. So ist der Nutzen aus einer Verschmutzung der Umwelt bzw. aus dem Verbrauch an Umweltgütern meist kurzfristig - z.B. durch gesteigerten materiellen Wohlstand - sichtbar. Die Kosten der Umweltverschmutzung werden dagegen großenteils in die Zukunft verschoben. Beispiele für zeitlich verlagerte Umweltkosten sind der "saure Regen", der sog. "Treibhauseffekt", der Abbau der erdumhüllenden Ozonschicht oder die ungelösten Probleme bei der Entsorgung von Abfällen aller Art. Je stärker die zukünftigen Kosten diskontiert werden, desto weniger fallen sie bei den heutigen Entscheidungen über die Umweltverschmutzung ins Gewicht. Mit steigendem Diskontsatz steigt folglich auch das Ausmaß der langfristigen Umweltbelastung. Weil durch die Diskontierung von Nutzen und Kosten spätere Menschengenerationen belastet werden, vertreten manche Umweltökonomen die Auffassung, daß die (zu hohe) Diskontierung einen "bias" zuungunsten zukünftiger Generationen beinhaltet.[218] Es gibt Leute, die eine Diskontierung in diesem Zusammenhang grundsätzlich für unvertretbar halten.

Im Endeffekt läuft diese Argumentation darauf hinaus, daß sich in den gegenwärtig beobachtbaren Präferenzen bzw. Kapitalmarktzinsen nicht (ausreichend) die Präferenzen zukünftiger Generationen niederschlagen. Dabei ist zu bedenken, daß die zukünftigen Präferenzen nicht bekannt sind. Die gerade lebende Gesellschaft kann über die Präferenzen späterer Generationen nur Vermutungen anstellen.

Einwände gegen die Verwendung (gegenwärtig) zu beobachtender Zeitpräferenzen werden auch mit anderen Argumenten begründet. So wird behauptet, (die meisten) Menschen seien zu kurzsichtig. Die **Kurzsichtigkeit** ("pure myopia") der Menschen dürfe bei langfristigen Kollektiventscheidungen keinen Ausschlag geben. Nach dieser Argumentationslinie würden die Individuen irrational ihren kurzfristigen Nutzen maximieren. Irrationalität der Präferenzen ist jedoch in der mikro- und wohlfahrtstheoretischen Analyse durch das zugrundeliegende Annahmengerüst ausgeräumt und es wäre ein Widerspruch, an dieser Stelle plötzlich irrationales Verhalten anzunehmen. Auf der anderen Seite dürfte menschliche Irrationalität nur schwer beweisbar sein, denn man kann bei den Menschen keine "Nutzenfunktion" direkt beobachten. Wenn die Individuen aufgrund souveräner Entscheidungen zu hohen Zeitpräferenzen neigen, muß dies bei Akzeptanz der Konsumentensouveränität grundsätzlich respektiert werden.

Allerdings ist eine hohe Zeitpräferenz aufgrund falscher Erwartungen bzw. ungenügender Information nicht notwendigerweise konsistent mit dem Ziel einer Nutzenmaximierung über die gesamte Lebenszeit. Ein zu hoher Konsum in jungen Jahren kann die Konsummöglichkeiten im Alter so sehr einschränken, daß sich bei gleichmäßigerer Konsumverteilung ein höherer Lebenszeitnutzen ergeben würde.[219] Hier könnte ein meritorischer Eingriff des Staates - wie auch bei nicht souverän getroffenen Konsumentscheidungen (z.B. bei Suchtkrankheiten) - gerechtfertigt sein.

---

218 Vgl. z.B. *Pearce/Turner* (1990), S. 211.

219 Man denke beispielsweise an irreversible Gesundheitsschäden durch zu hohen Konsum an Genußmitteln, Drogen usw., wodurch sich die Lebenszeit ohne Gesundheitsbeeinträchtigungen drastisch verkürzen kann. Dadurch reduzieren sich die Möglichkeiten der Nutzenerzielung im Alter.

Dies wäre gleichbedeutend mit einer zwangsweisen Verringerung des individuellen Diskontsatzes.

Aus gesellschaftlicher Perspektive können individuelle Zeitpräferenzen auch dann zu niedrig sein, wenn langfristig externe Effekte oder öffentliche Güter vorliegen. Eine zu hohe Zeitpräferenz eines Individuums kann zu Lasten anderer Individuen gehen. Dies ist typischerweise dann der Fall, wenn die Alterssicherung des Individuums aufgrund zu geringer Ersparnisse von anderen Individuen übernommen werden muß. Dieser Effekt mag eine Begründung für einen weiteren meritorischen Staatseingriff - die Einrichtung der gesetzlichen Rentenversicherung - sein. Sie kann damit (auch) als Korrektiv zu hoher individueller Zeitpräferenzen angesehen werden.

Ferner wird angeführt, daß das individuelle Erlebensrisiko bei gesellschaftlichen Entscheidungen keine Rolle spielt. Eine Gesellschaft ist in ihrer Existenz weniger gefährdet als das Individuum. Die individuelle Todesdrohung schwebt nicht über der Gesellschaft.[220] Aus diesem Grunde läßt sich eine gesellschaftliche Diskontierung nicht durch Unsicherheit rechtfertigen.

Schließlich kann auch die Rechtfertigung von Zeitpräferenzen bei wachsendem Wohlstand durch einen abnehmenden Grenznutzen des Konsums in Frage gestellt werden. Ist mit Sicherheit davon auszugehen, daß immerwährendes Wirtschaftswachstum herrscht? Wohl kaum. Dieser Sachverhalt ließ sich zwar in den westlichen Industrienationen nach dem zweiten Weltkrieg über lange Zeit beobachten. Er ist aber nicht zwangsläufig. In einigen Entwicklungsländern ließ sich sogar das Gegenteil beobachten.

Außerdem wird der Nutzen der Gesellschaft auch zunehmend von knappen Umweltgütern beeinflußt. Wenn eine hohe Diskontrate zu einer weiteren Verknappung von Umweltressourcen führt, werden diese in Zukunft sogar höher bewertet als heute. Damit ist aus generationenübergreifender Sicht eine weitere Verlagerung des Umweltkonsums in die Gegenwart nicht zu rechtfertigen.[221]

---

220 Angesichts der zunehmenden Wahrscheinlichkeit von Umweltkatastrophen könnte allerdings der Punkt erreicht werden, an dem auch das Bestehen ganzer Gesellschaften gefährdet ist.

221 Man könnte dagegenhalten, daß der Verlust an Umweltqualität in der Zukunft durch einen Zuwachs an anderen Konsumgütern substituiert werden kann. Bei abnehmender Grenzrate der Substitution zwischen Konsum- und Umweltgütern müssen die zur Kompensation erforderlichen Konsumgütermengen aber immer größer werden. Hierdurch verschlechtert sich c.p. aber die Umweltqualität weiter. Daher ist zu vermuten, daß einer derartigen Kompensation recht enge Grenzen gesetzt sind.

Welche Schlußfolgerungen ergeben sich nun hinsichtlich der Wahl des gesellschaftlichen Diskontsatzes? Grundsätzlich kann man aus den obengenannten Argumenten folgern, daß bei der Bewertung öffentlicher Projekte niedrigere Diskontsätze als im Privatsektor zu verwenden sind. Die Frage ist nur, um wie viel die privaten Diskontsätze zu reduzieren sind. Darauf läßt sich leider keine eindeutige Antwort geben. Es bleibt also ein Spielraum zwischen einer Diskontrate von 0 (wenn man die Diskontierung grundsätzlich verwirft) und einem Wert unterhalb beobachtbarer Marktzinsen i:

$$0 \leq s < i \,.$$

Auf jeden Fall dürfte eine Sensibilitätsanalyse zu empfehlen sein. Sie dient dazu, die Vorteilhaftigkeit eines Projektes bei alternativen Diskontsätzen zu untersuchen. Falls sich ein Projekt bei verschiedenen - "realistischen" - Diskontraten entweder durchgehend als vorteilhaft oder durchgehend als unvorteilhaft erweist, ist das Ergebnis auch ohne die exakte Bestimmung des Diskontsatzes eindeutig.

Teil IV: Bewertung nichtmarktlicher Güter

11. Monetäre Bewertung nichtmarktlicher Güter

Zu den (Haupt)Aufgaben der öffentlichen Hand zählt die Bereitstellung von Gütern und Leistungen, die von privaten Wirtschaftssubjekten ohne staatliches Eingreifen nicht oder in nicht ausreichendem Maße angeboten werden.[222] Hauptursachen für diese Art von "Marktversagen" sind die Nichtausschließbarkeit und die Nichtübertragbarkeit.

Existieren keine Märkte, können demzufolge auch keine Markt- oder Schattenpreise zur Projektevaluierung verwendet werden. Aus diesem Grunde galten in der Vergangenheit zahlreiche Güter bzw. Projektwirkungen als ***"intangibel"*** (nicht bewertbar). In vielen Lehrbüchern wird demzufolge zwischen "direkten", "indirekten" und "intangiblen" Projektwirkungen unterschieden.[223] Vor allem in den letzten zwei Jahrzehnten sind jedoch verschiedene Verfahren entwickelt und verfeinert worden, die trotz des Nichtvorhandenseins von Märkten eine geldliche Nutzenbewertung nichtmarktlicher Güter erlauben. In diesem Kapitel sollen die wichtigsten monetären Bewertungsverfahren für nichtmarktliche Güter diskutiert werden. Prinzipiell sind damit auch staatliche Aufgabenbereiche einer geldlichen Bewertung zugänglich, von denen früher angenommen wurde, daß sie nicht mit monetären Bewertungsmethoden analysierbar sind - wie z.B. "Umwelt", Gesundheit", "Bildung", "Freizeit" und "Kultur".

Die monetären Bewertungsmethoden für nicht marktliche Güter lassen sich in ***indirekte*** und ***direkte*** Verfahren klassifizieren (vgl. Übersicht 11.1).[224] Indirekte Bewertungsmethoden knüpfen an das beobachtbare Verhalten der Individuen auf Märkten an. Diese Vorgehensweise ist dann sinnvoll, wenn die Nachfrage marktgängiger Güter in Zusammenhang mit der (unbeobachtbaren) Nachfrage nichtmarktlicher Güter steht.

---

222 Vgl. Abschnitt 9.2.

223 Vgl. z.B. *Rürup/Hansmeyer* (1984), S. 110.

224 Eine weitere Möglichkeit der indirekten Bewertung öffentlicher Maßnahmen besteht z.B. in der Aufstellung sog. "Schadensfunktionen". Dabei werden physikalische Zusammenhänge - z.B. zwischen Luftverunreinigung und Korrosion - ermittelt [vgl. *Pearce/Markandya* (1989), S. 49 ff.]. Die durch eine bestimmte Maßnahme vermiedenen (verursachten) Schäden können mit Preisen bewertet und auf diese Weise als geldliche Nutzen (Kosten) angesehen werden.

Dieser Ansatz wird hier nicht weiter verfolgt, weil er nicht mit dem Postulat der Konsumentensouveränität vereinbar ist. Schadensfunktionen reflektieren nicht die Präferenzen der Individuen.

Hier ebenfalls nicht behandelt werden die Verfahren zur Präferenzermittlung im politischen Bereich [vgl. z.B. *Pommerehne* (1987), S. 93 ff.] wie der Medianwähleransatz, da diese Methoden nicht mit dem Prinzip der geldlichen Bewertung in Einklang stehen.

Übersicht 11.1: Verfahren zur Bewertung nichtmarktlicher Güter[225]

A: Indirekte Bewertungsverfahren
- Marktpreismethode (z.B. Wertänderungen von Immobilien durch Umwelteinflüsse)
- Aufwandmethode
- für substitutive Güter (z.B. Ausgaben für private Sicherheitseinrichtungen als Ersatz für öffentliche Sicherheit)
- für komplementäre Güter (z.B. Fahrt- und Zeitkosten zum Besuch öffentlicher Einrichtungen)
B: Direkte Bewertungsverfahren
- Laborexperimente
- Feldstudien

Den indirekten Methoden sind die ***"Marktpreismethode"*** und die ***"Aufwandmethode"*** zuzurechnen. Im Rahmen der Marktpreismethode wird versucht, von den Preisen marktgängiger Güter auf den Wert nichtmarktlicher Güter zu schließen. Bei der Aufwandmethode werden die Aufwendungen bzw. Ausgaben für marktgängige Substitute oder Komplemente zur Bewertung nichtmarktlicher Güter herangezogen.

Die direkten Methoden der Präferenzerfassung unterscheiden sich von den indirekten Verfahren dadurch, daß sie nicht auf Verhaltensbeobachtungen der Individuen auf existierenden Märkten basieren. Vielmehr wird versucht, die Zahlungsbereitschaften der Betroffenen durch unmittelbare Befragungen zu ermitteln. Auch in der Kategorie der direkten Bewertungsverfahren existieren verschiedene Ansätze.

Im folgenden werden zwei dieser Verfahren mit größerer Aufmerksamkeit betrachtet. Es handelt sich einerseits um sog. ***"Laborexperimente"*** mit mehr oder weniger zufällig ausgewählten Testpersonen, die sich freiwillig bereit erklären, an längeren Befragungsexperimenten teilzunehmen. Der Schwerpunkt dieser Untersuchungen liegt zumeist auf der Erforschung der Einflüsse verschiedener Anreize und Rahmenbedingungen auf die Befragungsergebnisse. Beispielsweise kann untersucht werden, inwieweit sich vorhandene Möglichkeiten zum Trittbrettfahrerverhalten in

225 Andere Klassifikationen finden sich bei *Faber* (1986), *Hanusch* (1987), *Pommerehne* (1987), *Pearce/Markandya* (1989), *Becker/Gretschmann/Mackscheidt* (1992).

den Antworten der Befragten niederschlagen. Auf der anderen Seite sind sog. ***"Feldexperimente"*** mit größeren - häufig repräsentativ ausgewählten - Personengruppen zu nennen. Die Teilnehmer antworten dann normalerweise im Rahmen von Fragebogenaktionen oder Telefoninterviews.[226] Laborexperimente und Feldstudien zur Ermittlung monetär ausgedrückter Präferenzen werden in den USA unter dem Begriff ***"contingent valuation method"*** zusammengefaßt.

An dieser Stelle sei noch ein Hinweis auf die gegenwärtige Rechtslage in Bundesrepublik Deutschland erlaubt: Viele öffentliche Projekte unterliegen seit 1990 einer gesetzlich vorgeschriebenen Umweltverträglichkeitsprüfung.[227] Im Rahmen dieser Umweltverträglichkeitsprüfungen sind die umweltrelevanten Wirkungen öffentlicher Maßnahmen zu bewerten. Die Bewertung wird von den zuständigen Behörden vorgenommen, wobei üblicherweise sog. "Umweltstandards" als Bewertungskriterien angelegt werden.[228] Dies bedeutet, daß die Zulässigkeit einer Maßnahme im wesentlichen davon abhängt, ob bestimmte Grenzwerte (z.B. für Schadstoff- oder Lärmemissionen) eingehalten werden.[229]

Eine derartige Vorgehensweise steht generell in Kontrast zu den monetären Bewertungsverfahren und zum Postulat der Konsumentensouveränität, da Umweltstandards nahezu ausschließlich von Experten, Lobbyisten und Bürokraten, aber nicht von den Betroffenen gesetzt und überwacht werden. Falls man dagegen den Präferenzen der betroffenen Bürger ein stärkeres Gewicht verleihen will, ist den hier anschließend erörterten Methoden zur indirekten und direkten monetären Nutzenbewertung der Vorzug zu geben.

---

226 Zu den Methoden der direkten Präferenzermittlung werden an anderer Stelle auch sog. "Budgetspiele" und Meinungsumfragen gezählt [vgl. *Pommerehne* (1987), *Becker/Gretschmann/Mackscheidt* (1992)]. Da das Ziel dieser Techniken vornehmlich in der Ermittlung der relativen individuellen Wertschätzungen bzw. der Bestimmung des optimalen Staatsbudgets und nicht in der monetären Bewertung einzelner Projekte liegt, wird hier ebenfalls auf eine Darstellung verzichtet.

227 Im November 1989 verabschiedete der deutsche Bundestag das Gesetz über die Umweltverträglichkeitsprüfung (UVPG). Dort sind die von dem Gesetz betroffenen Vorhaben enumerativ aufgeführt [vgl. *Hoppe/Appold* (1991), *Jarass* (1991)].

228 Vgl. *Hoppe/Appold* (1991), S. 1223 ff.

229 Überhaupt ist die Umweltpolitik in der Bundesrepublik Deutschland durch die Verwendung von Auflagen gekennzeichnet. Dabei spielt der "Stand der Technik" zur Emissionsvermeidung eine entscheidende Rolle. Vom Instrument der Auflage gehen jedoch in bezug auf die Umweltreinhaltung negative Anreize aus, weil es nicht marktkonform ist. Zum Stand der Technik in der Umweltpolitik aus ökonomischer Sicht vgl. z.B. *Endres* (1988), S. 83 f.

11.1 Indirekte Bewertungsverfahren

Indirekte Verfahren zur Bewertung nichtmarktlicher Güter haben - vor allem in den USA - bereits Tradition. Ihr Vorteil liegt in der Möglichkeit der Beobachtung von individuellen Handlungen unter Marktbedingungen. Auf realen Märkten werden in der Regel private Güter mit dem Merkmal der Ausschließbarkeit gehandelt. Daher haben die Individuen dort keinen Anlaß zu strategischen Verhaltensweisen und sind gezwungen, ihre wahren Präferenzen zu äußern. Würden sich die marktlichen Aktivitäten der Wirtschaftssubjekte nämlich nicht an den wirklichen Präferenzen orientieren, wäre dies "irrational" bzw. unvereinbar mit der - im ökonomischen Modell angenommenen - individuellen Nutzenmaximierung.

Die sog. ***"Marktpreismethode"*** basiert auf der Erkenntnis, daß die Individuen beispielsweise bei der Wahl von Wohn- und Arbeitsplätzen gleichzeitig über unterschiedliche Qualitäten nicht marktgängiger Güter wie "Umwelt", "öffentliche Ordnung" und "Sicherheit" entscheiden. Damit spiegeln sich in Immobilienpreisen, Wohnungsmieten und Löhnen implizit auch die Wertschätzung nichtmarktlicher Güter wider. Unter Zuhilfenahme ökonometrischer Schätzverfahren ist es dann möglich, den Einfluß einzelner Umwelt- und Risikomerkmale auf die private Güternachfrage zu quantifizieren.

Die ***Aufwandmethode*** basiert auf der Idee, daß die Individuen im Falle der Nichtbereitstellung erwünschter Güter ihre entsprechenden Präferenzen indirekt durch den Erwerb von Gütern äußern, mit denen die fehlenden nichtmarktlichen Güter substituiert werden können. Ist dagegen ein Gut zwar verfügbar, aber Angebot und Nachfrage nicht marktlich organisiert, artikulieren die Individuen ihre Präferenzen indirekt durch die Ausgaben für marktgängige Komplementärgüter, sofern letztere vorhanden sind.

11.1.1 Die Marktpreismethode

Die Marktpreismethode soll anhand von zwei Beispielen erläutert werden: Zunächst wird gezeigt, wie der Wert der Umweltqualität aus Immobilien- und Wohnungspreisen abgeleitet werden kann. Das zweite Beispiel veranschaulicht die Nutzungsmöglichkeit des Informationsgehalts von Löhnen bzw. Lohnsätzen zur Bewertung von Arbeitsplatzrisiken.

11.1.1.1 Bewertung von Umwelteinflüssen durch Immobilienpreise und Mieten

Zu den Folgen öffentlicher Vorhaben gehören nicht selten umweltschädigende externe Effekte. Beispielsweise führen neue Verkehrsprojekte zu gesteigerten Schadstoff- und Lärmemissionen. Andere öffentliche Vorhaben - wie Maßnahmen zur Schadstoffbegrenzung - zielen dagegen auf eine Verbesserung der Umweltqualität. Die Bewertung der Veränderungen von Umweltqualität ist infolgedessen häufig unabdingbar, wenn öffentliche Projekte insgesamt zu evaluieren sind.

a) Grundlagen

Das Gut "Umwelt" wird - wie erwähnt - zwar nicht unmittelbar auf Märkten gehandelt, aber die Umweltqualität beeinflußt den Wert marktlicher Güter - z.B. den Wert von Immobilien. Gelingt es, die durch Änderungen der Umweltbedingungen verursachten Wertminderungen oder Wertsteigerungen anderer Güter zu quantifizieren, verfügt man über einen Indikator zur Bewertung von Umwelteinflüssen.

Der Einfluß umweltbedingter Wertänderungen eines Gutes - z.B. einer Immobilie - kann nur "ceteris paribus", d.h. unter Berücksichtigung aller übrigen preisrelevanten Gütermerkmale, ermittelt werden. Dazu zählen die Wohn- und Gartenfläche, die Zahl der Räume, die Qualität der Bausubstanz, die Erreichbarkeit von Arbeitsplätzen und Einkaufsmöglichkeiten, das Angebot öffentlicher Leistungen (z.B. Schulen und Kulturbetriebe), das soziale Umfeld usw. Die Frage lautet also: Wie beeinflußt die Umweltqualität unter sonst gleichen Umständen den Wert einer Unterkunft?

Zur Beantwortung dieser Frage werden üblicherweise sog. ***"hedonische Preisfunktionen"*** aufgestellt, wobei der Preis eines Gutes als Funktion von nachfragerelevanten Merkmalen angesehen wird. Als Determinanten der Wohnungspreise (p) gelten (aus der Sicht der Nachfrager) demzufolge die Wohnungseigenschaften (E), die Charakteristika der Umgebung (U) und die Umweltqualität (Q) sowie weitere Faktoren wie sozio-demographischen Merkmale der Käufer bzw. Mieter (S):

$$p = f[E, U, Q, S]. \tag{11.1}$$

Sofern entsprechende Daten erhoben werden können, läßt sich der Einfluß der einzelnen Bestimmungsgrößen auf den Preis mit Hilfe ökonometrischer Schätzungen bestimmen. So kann der marktlich beobachtbare Gesamtpreis quasi in Teilkomponenten "zerlegt" werden. Die einzelnen Preiskomponenten werden als "hedonische Preise" bezeichnet.[230]

Die marginale Zahlungsbereitschaft (MZB) für ein bestimmtes Umweltmerkmal Q_i wird durch die partielle Ableitung der hedonischen Preisfunktion (11.1) nach Q_i berechnet:

$$MZB(Q_i) = \frac{\partial p}{\partial Q_i} = p_Q(Q_i). \tag{11.2}$$

Gleichung (11.2) zeigt an, um wie viel die Zahlungsbereitschaft steigt (sinkt), wenn sich die Umweltsituation um eine Einheit "Umwelt" verbessert (verschlechtert).[231]

Falls die Funktion (11.1) linear spezifiziert wird, ergibt die Differentiation (Gleichung 11.2) eine Konstante. Ein konstanter Preis über alle Merkmalsausprägungen erscheint jedoch im Normalfall als wenig realistisch. Eher ist davon auszugehen, daß die marginale Wertschätzung der Umwelt mit dem Umweltqualitätsniveau variiert. Grundsätzlich dürfte nämlich auch für Umweltgüter das Gesetz des abnehmenden Grenznutzens gelten, wie in Abbildung 11.1 angedeutet. Demzufolge dürfte bei der Umweltbewertung prinzipiell die Verwendung nichtlinearer Preisfunktionen angebracht sein.[232]

Wenn vorausgesetzt wird, daß die Präferenzen und Einkommen aller Individuen identisch sind, kann man Gleichung (11.2) als die Nachfragefunktion für Umweltqualität betrachten. Dahinter verbirgt sich die weitere Annahme, daß die (nutzenmaximierenden) Haushalte Immobilienpreise (Mieten) gegen verschiedene Umweltzustände abwägen. Unter dieser Voraussetzung werden die privaten Haushalte ihre

230 Beispielsweise kann der hedonische Preis für "Umwelt" als Bestandteil des Gesamtpreises einer Wohnung interpretiert werden, der für das Merkmal "Umwelt" ausgegeben wird. *Pommerehne* [(1987), S. 45 ff.] spricht in diesem Zusammenhang von "impliziten" Preisen.

231 Beispielsweise wird Lärm meistens in Dezibel (dB) gemessen. Mit Gleichung (11.2) kann dann festgestellt werden, um wieviel DM der Immobilienwert oder die Miete zurückgeht, falls der Lärmpegel um ein dB zunimmt.

232 Es nochmals darauf hingewiesen, daß Gleichung (11.1) und Abbildung (11.1) die gesamte maximale Zahlungsbereitschaft für eine Immobilie bzw. Wohnung wiedergeben. Sie läßt sich als maximales Gebot für den untersuchten Gegenstand in Abhängigkeit von den Merkmalsausprägungen interpretieren. *Freeman* (1979b) spricht daher von einer "bidding function" (Bietfunktion). Die marginale Zahlungsbereitschaft ergibt sich aus der Steigung der Bietfunktion (Gleichung 11.2).
Unter der Voraussetzung vollkommener Märkte wären die empirisch beobachtbaren Preise Gleichgewichtspunkte von Angebot und Nachfrage. Die Preisfunktion würde demzufolge ein Spiegelbild aller Gleichgewichtspreise darstellen.

Abbildung 11.1: Zusammenhang zwischen Immobilienwerten und Umweltqualität

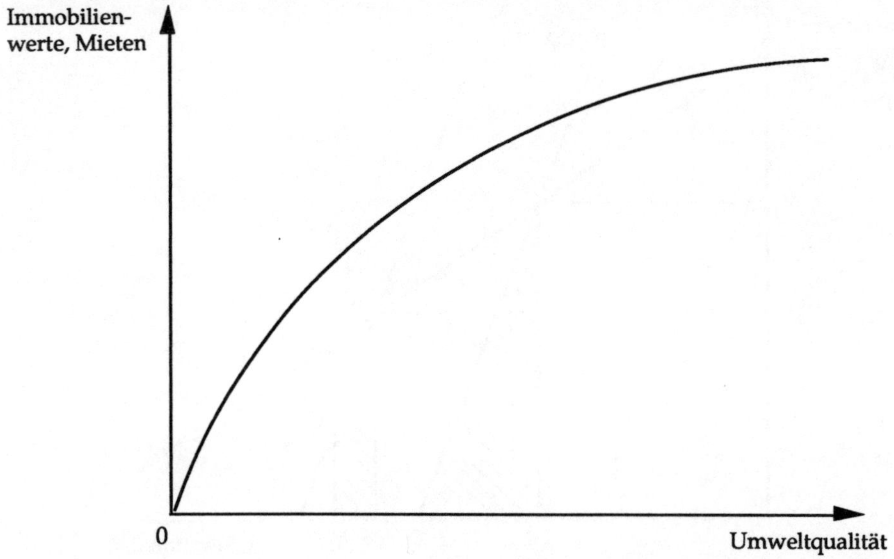

Wohnungswahl so treffen, daß im Marktgleichgewicht die Grenznutzen der Umweltqualität und die dafür zu zahlenden Beträge übereinstimmen. In diesem Fall reflektiert die partielle Ableitung der hedonischen Wohnungspreisfunktion die marginale Zahlungsbereitschaft aller Haushalte für das Gut "Umweltqualität".

Sind die privaten Haushalte bezüglich ihrer Präferenzen und Einkommen nicht identisch, was eher der Realität entsprechen dürfte, bildet Gleichung (11.2) lediglich die Gleichgewichtspunkte auf allen individuellen Nachfragefunktionen ab.

Zur Illustration dieses Sachverhaltes sind in Abbildung 11.2 neben der aus einer hedonischen Preisfunktion abgeleiteten marginalen Zahlungsbereitschaftsfunktion für das Umweltmerkmal $MZB(Q_i)$ die hypothetischen Nachfragefunktionen von zwei verschiedenen Haushalten dargestellt. Die im Vergleich zur Nachfragekurve von Haushalt 1 (MZB_1) weiter außen liegende Nachfragekurve von Haushalt 2 (MZB_2) bedeutet, daß die Zahlungsbereitschaft von Haushalt 2 bei gleicher Umweltqualität größer ist als die Zahlungswilligkeit von Haushalt 1. Das Gleichgewicht von Haushalt 1 befindet sich in Punkt A, während der Gleichgewichtszustand von Haushalt 2 durch den Punkt B beschrieben wird.

Abbildung 11.2: Zahlungsbereitschaften für Umweltqualität

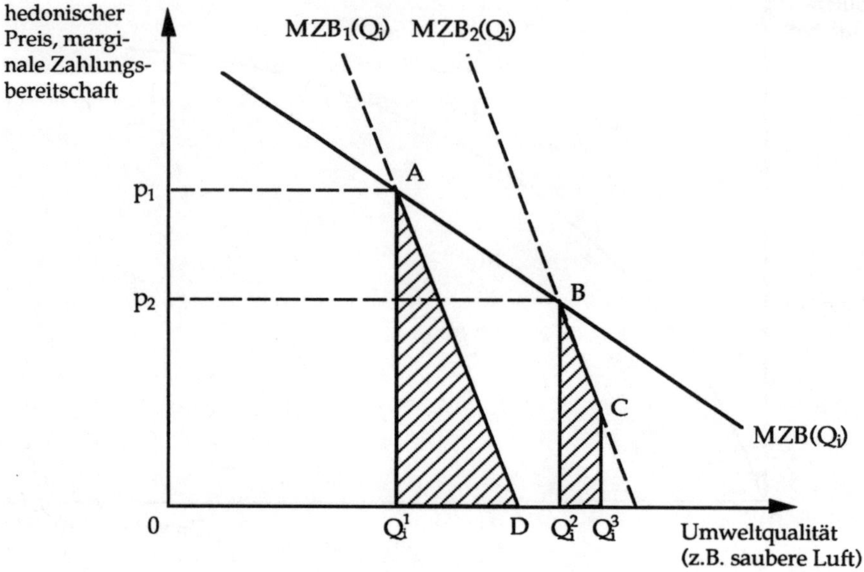

Zur empirischen Ermittlung der hypothetischen Nachfragefunktion verschiedener Haushalte griffen viele Autoren einen Vorschlag von *Rosen* (1974) auf, der von *Freeman* (1979a) zur Bewertung von Umweltgütern modifiziert wurde. Danach sind zur Gewinnung der individuellen (hypothetischen) Nachfragefunktionen zwei Arbeitsschritte notwendig.[233] Im ersten Schritt müssen die hedonischen Preise in Abhängigkeit von E, U und Q aber ohne die sozio-demographischen Merkmale (S) geschätzt werden [vgl. Gleichung (11.1)]. Im zweiten Schritt wird die aus der hedonischen Preisfunktion gewonnene gesamtwirtschaftliche Funktion der marginalen Zahlungsbereitschaft für Umweltqualität[234] in Abhängigkeit von der Umweltqualität (Q) und

233 *Rosen* (1974) schlug zur Bestimmung der Gleichgewichtspunkte der individuellen Biet- und Angebotsfunktionen die Schätzung simultaner Gleichungssysteme mit der Methode der 2- oder 3-stufigen Methode der kleinsten Quadrate vor [Ein Beispiel für die empirische Anwendung findet sich bei *Witte/Sumka/Erekson* (1979)]. *Freeman* (1979a) argumentierte, daß das Angebot an Umweltqualität - im Gegensatz zu vielen anderen Häuser- bzw. Wohnungsmerkmalen - als exogen betrachtet werden könne. Deshalb reiche zur Schätzung der marginalen Zahlungsbereitschaft für Umweltqualität die einfache Methode der kleinsten Quadrate aus.

234 Die marginalen Zahlungsbereitschaften erhält man durch Einsetzen der beobachteten Werte von Q_i in Gleichung (11.2).

unter Berücksichtigung z.B. der Haushaltseinkommen (Y) und weiterer Haushaltsmerkmale (M) geschätzt:

$$MZB_Q = p_Q(Q, Y, M). \tag{11.3}$$

Mittels Gleichung (11.3) können dann die Zahlungsbereitschaften von Haushalten mit unterschiedlichen Einkünften und anderen, sozio-demographischen Merkmalen ermittelt werden.[235] Dadurch lassen sich auch für jede Haushaltsgruppe getrennt umweltbedingte Veränderungen der Konsumentenrente beziffern.

In einem späteren Aufsatz zeigten *Brown/Rosen* (1982), daß die ursprünglich von *Rosen* (1974) und *Freeman* (1979a) beschriebene Vorgehensweise nur unter ganz bestimmten Voraussetzungen - die übrigens bei vielen älteren Arbeiten nicht beachtet wurden - einen Sinn ergibt. Ansonsten liefert die Schätzung von Gleichung (11.3) eine Dublikation der Informationen, die schon in Gleichung (11.1) enthalten sind.[236] Eine hinreichende Voraussetzung zur Problemlösung wäre die Kenntnis der oder eine Annahme über die korrekte funktionale Form der Nachfragefunktion. In der Regel dürften aber weder Kenntnisse über den tatsächlichen Verlauf der marginalen Zahlungsbereitschaft vorliegen, noch dürften sich Annahmen ausreichend begründen lassen. Eine andere Voraussetzung, die eine sinnvolle Schätzung der marginalen Zahlungsbereitschaft erlaubt, ist das Vorliegen ausreichend regional oder zeitlich unterschiedlicher Angebotsstrukturen. Bezogen auf die Umweltgüter bedeutet dies, daß ausreichende Variationen der Umweltqualität bei den untersuchten Häusern bzw. Wohnungen beobachtbar sein müssen. Gleichzeitig muß unterstellt werden, daß die Nachfragerstruktur regional bzw. zeitlich homogen ist. Eine Verletzung dieser Annahme macht eine theoretisch fundierte Schätzung von marginalen Zahlungsbereitschaften unmöglich.[237]

---

235 Hierzu muß allerdings ein unelastisches Häuser- bzw. Wohnungsangebot unterstellt werden. Zumindest kurzfristig dürfte diese Annahme vertretbar sein. Nur unter dieser Voraussetzung spiegelt die implizite Preisfunktion die individuellen Zahlungsbereitschaften für die betrachteten Immobilien wieder.

Allerdings ist im Einzelfall zu prüfen, ob sich das Wohnungsangebot tatsächlich inelastisch verhält. Falls dies nicht der Fall ist, müssen andere Berechnungsmodelle verwendet werden [vgl. dazu *Freeman* (1979b), *Pommerehne* (1987), S. 48 f.].

236 Ökonometrisch betrachtet handelt es sich um ein Identifikationsproblem. Nur wenn auf den Häuser- bzw. Wohnungsmärkten eine ausreichende Preisvariation beobachten werden kann, die nicht auf den individuellen Merkmalen der Nachfrager beruht, ist die Funktion der marginalen Zahlungsbereitschaft identifizierbar. Die hedonischen Preisfunktionen müssen also Informationen bzw. Variablen beinhalten, die nicht Bestandteil der marginalen Zahlungsbereitschaftsfunktion sind. Zum Identifikationsproblem bei der Schätzung impliziter Nachfragefunktionen [vgl. *Brown/Rosen* (1982), *Bartik* (1987), *Epple* (1987), *Ohsfeldt* (1988)].

237 *Holm-Müller u.a.* [(1991), S. 132] verwerfen z.B. diese Annahme und stellen die Möglichkeit der Ermittlung von Zahlungsbereitschaftsfunktionen grundsätzlich in Frage.

Falls die Schätzung der individuellen marginalen Zahlungsbereitschaft keine reine Reproduktion der bereits durch die Schätzung der hedonischen Preisfunktion gewonnenen Ergebnisse ist, kann man die Bewertung eines umweltverbessernden Projektes mittels Abbildung 11.2 verdeutlichen: Angenommen das zu untersuchende Vorhaben steigert die Umweltqualität auf das Niveau Q_i^3, welches höher ist als die von den Haushalten tatsächlich durch die Wohnungswahl realisierten Niveaus Q_i^1 und Q_i^2. Haushalt 1 würde unter diesen Umständen einen Gewinn an Konsumentenrente in Höhe von Q_i^1AD verzeichnen.[238] Der Nutzengewinn für Haushalt 2 würde durch die Fläche $Q_i^2BCQ_i^3$ wiedergegeben. Die Summe beider Konsumentenrentensteigerungen würde in diesem Beispiel das monetäre Äquivalent der Umweltverbesserung darstellen.

b) Empirische Ergebnisse

Exemplarisch für empirische Untersuchungen des Zusammenhangs zwischen Immobilienpreisen und Umweltbelastung kann eine vielzitierte Studie von *Harrisson/Rubinfeld* (1978) genannt werden.[239] Dort wurden Immobilienpreise in verschiedenen Bezirken von Boston (USA) und Umgebung mittels folgender hedonischer Preisfunktion analysiert:

Häuserpreis = f(Zahl der Räume, Durchschnittsalter, Entfernung zu den wichtigsten Beschäftigungszentren, Vorhandensein einer Schnellstraßenverkehrsanbindung, Höhe der Vermögensteuer, Qualität der umliegenden Schulen, Anteil der farbigen Bevölkerung, Anteil der Bevölkerung mit niedriger Schulbildung und ohne Berufsausbildung, Verbrechensquote, Anteil der Großgrundstücke, Industrialisierungsgrad, Dummy-Variable für Flußlage, Nitrogenoxydkonzentration).

Aufbauend auf den Ergebnissen dieser hedonischen Immobilienpreisschätzung wurden (wie in Abbildung 11.2 angedeutet) in einem zweiten Analyseschritt die marginalen Zahlungsbereitschaften für saubere Luft von Haushalten in verschiedenen Einkommensklassen geschätzt. Im Durchschnitt aller Einkommensgruppen wurde eine Einkommenselastizität der Zahlungsbereitschaft von Eins festgestellt. Allerdings divergierten die marginalen Zahlungsbereitschaften zwischen den verschiedenen Haushaltskategorien. Die Mitglieder der oberen Einkommensklassen waren bereit, mehr für die Beseitigung von Umweltschäden zu zahlen als geringer Verdienende. Ferner bestätigte sich in der Arbeit von *Harrisson/Rubinfeld* die Vermu-

238 Man beachte, daß die Konsumentenrente hier als Mengenkonzept anzusehen ist

239 *Harrisson/Rubinfeld* umgingen das Identifikationsproblem, indem sie Merkmale in die Schätzung der hedonischen Preisfunktion einbezogen, die nicht in die Nachfragefunktionen eingingen.

tung, daß die Zahlungsbereitschaft für die Beseitigung von Luftverunreinigungen parallel zu steigenden Schadstoffkonzentrationen steigt.

Die vorliegenden ausländischen empirischen Untersuchungen zum Thema ergeben insgesamt ein recht einhelliges Bild. In nahezu allen Studien werden mit zunehmenden Luftschadstoffkonzentrationen Wertminderungen von Wohngebäuden ermittelt. Noch eindeutiger sind die Ergebnisse diverser Untersuchungen über den Zusammenhang zwischen Häuserwerten und Lärmbelästigungen. Übereinstimmend werden Wertverluste durch Lärm festgestellt.[240] In den veröffentlichten Untersuchungen zeichnen sich tatsächlich - wie in Abbildung 11.1 dargestellt - mit sinkender Umweltqualität steigende Wertverluste ab, d.h. die Wertverluste pro zusätzlicher Schadstoff- bzw. Lärmeinheit sind um so größer, je geringer das Umweltqualitätsniveau ist.[241] Während sich Mehrzahl der einschlägigen Untersuchungen auf die Beziehung zwischen Luftverschmutzung und Immobilienpreisen richtet, analysierte *Pommerehne* die Auswirkungen von Flug- und Straßenverkehrslärm auf die Höhe der Mieten in Basel.[242] Die Ergebnisse erweisen sich als konsistent mit den Resultaten der Häuserpreisuntersuchungen. Auch die Mieten reduzierten sich im Untersuchungszeitraum überproportional zur Lärmbelastung.

In einer Hochrechnung, die auf den Ergebnissen ausländischer Untersuchungen beruht, kommen *Weinberger/Thomassen/Willeke* [(1991), S. 111 ff.] - je nach Annahme - zu monatlichen (in Klammern jährlichen) Lärmkosten in der Bundesrepublik zwischen 1,404 Mrd. DM (16,848 Mrd. DM) und 0,557 Mrd. DM (6,684 Mrd. DM) für Straßenverkehrslärm sowie 0,097 (1,164 Mrd. DM) bzw. 0,390 Mrd. DM (4,68 Mrd. DM) für Fluglärm.

Kritisch mit der Übertragbarkeit ausländischer Ergebnisse auf die Bundesrepublik Deutschland setzen sich *Holm-Müller u.a.* [(1991), S. 123 ff.] auseinander. Die Autoren konnten bei ökonometrischen Schätzungen von hedonischen Mietpreisfunktionen nur in einer von drei ausgewählten Untersuchungsregionen einen signifikanten Zusammenhang zwischen Monatsmiete und Lärmbelästigung feststellen.

---

240 Gleiches gilt z.B. auch für den Einfluß der Qualität umliegender Gewässer [vgl. *Pommerehne* [(1987), S. 53].

241 Übersichten der Ergebnisse ausländischer empirischer Studien zu den Auswirkungen von Schadstoff- und Lärmemissionen auf die Häuserpreise finden sich bei *Pommerehne* [(1987), S. 49 ff.], *Pearce/Markandya* [(1989), S. 29 ff.] und *Weinberger/Thomassen/Willeke* [(1991), S. 111 ff.]. Für die Bundesrepublik Deutschland liegt eine ältere Untersuchung von *Borjahns* (1983) vor, in der der Einfluß des Straßenverkehrslärms auf Boden- und Häuserpreise in Köln untersucht wird. Danach sinken mit steigendem Lärmpegel sowohl die Kaufpreise für Einfamilienhäuser als auch Bodenpreise.

242 Vgl. *Pommerehne* (1987), S. 56 ff.

c) Beurteilung

Die empirische Schätzung hedonischer Preisfunktionen und marginaler Zahlungsbereitschaften erfordert in der Praxis große Sorgfalt, da leicht ökonometrische Probleme auftreten, die an dieser Stelle nur angedeutet werden können.[243] Erstens ist zu berücksichtigen, daß die Schätzkoeffizienten von Regressionsanalysen - und folglich auch die ermittelten hedonischen Preise - beim Auslassen wesentlicher Einflußgrößen verzerrt sind ("variable omission bias"). Aus diesem Grunde setzen ökonometrische Schätzungen die Verfügbarkeit von Daten über möglichst alle relevanten Nachfragedeterminanten voraus.[244]

Ein zweites Problem kann die Suche nach geeigneten Umweltindikatoren aufwerfen. Beispielsweise dürfte es kaum möglich sein, Luftqualität durch nur einen einzigen Schadstoffindikator vollständig zu erfassen, so daß verschiedene Schadstoffwerte gleichzeitig zu kontrollieren sind. Da die Konzentrationen verschiedener Schadstoffe in den einzelnen Regionen häufig untereinander hochgradig korreliert sind, entsteht das ökonometrische "Multikollinearitätsproblem". Aus der Multikollinearität resultieren hier zwei Probleme. Zum einen kann schwerlich ceteris paribus argumentiert werden, da die Änderung des Wertes einer Variablen eine simultane Änderung des Wertes einer korrelierten Variablen impliziert. Zum anderen beeinträchtigt Multikollinearität die Signifikanz der Schätzkoeffizienten. Ferner ist die korrekte funktionale Form zu finden. Üblicherweise muß auch der Funktionstyp geschätzt werden, weil der exakte Funktionalzusammenhang a priori unbekannt ist. Immerhin können in diesem Zusammenhang lineare Funktionsverläufe mit ziemlicher Sicherheit ausgeschlossen und nichtlineare Zusammenhänge bevorzugt werden.

Die Schätzung impliziter Immobilienpreisfunktionen bereitet auch dann Schwierigkeiten, wenn sich die untersuchten Immobilienmärkte z.B. wegen staatlicher Ein-

---

243 Vgl. *Pearce/Markandya* [(1989), S. 25 f.]. Ökonometrische Probleme bei der Schätzung hedonischer Preisfunktionen werden in neueren amerikanischen Lehrbüchern zur Ökonometrie und in einer Reihe von Aufsätzen behandelt. Die Sensitivität der Schätzkoeffizienten hinsichtlich der Auswahl der exogenen Variablen und Meßfehler in den Variablen werden z.B. bei *Klepper/Leamer* (1984) diskutiert. Mit statistischen Kriterien zur Wahl der funktionalen Form befassen sich z. B. *Halvorsen/Pollakowski* (1981).

244 Ein Hinweis von *Weinberger/Thomassen/Willeke* [(1991), S. 118] illustriert dies: Falls regional begrenzte Umweltschäden gleichzeitig mit besseren Verkehrsanschlüssen oder der Schaffung von Arbeitsplätzen korrelieren, überlagern sich wertmindernde Umwelteffekte mit wertsteigernden Effekten. Als Beispiel führen die Autoren an, daß gute Straßenanbindungen gleichzeitig zur Steigerung von Lärmbelästigungen und zu einer besseren Erreichbarkeit von Wohngebieten führen können. Ein anderes Beispiel sind das Nebeneinander von Lärmemissionen und positiven Arbeitsplatzeffekten eines Flughafens. Sofern es aufgrund fehlender Daten nicht gelingt, solche Wirkungen zu isolieren, werden die Umweltkosten unterschätzt.

griffe oder räumlicher Immobilität der Wohnungssuchenden nicht im Gleichgewicht befinden. Unter solchen Umständen bildet der implizite Preis nicht die tatsächliche Zahlungsbereitschaft ab. Er ist eher als unterer Grenzwert anzusehen.[245] Ergebnisverfälschungen können ferner auftreten, wenn Maßnahmen zur Minderung von Umweltbeeinträchtigungen - wie die Installation schallisolierender Fensterscheiben - getroffen wurden, die sich als Wertsteigerungen in den Immobilienpreisen niederschlagen, obgleich sich dahinter in Wahrheit Kosten der Umweltbelastung verbergen.[246] In diesem Fall muß der Häuserwert nach unten korrigiert werden.

Schließlich ist - wie unter a) ausgeführt - der beschriebene Bewertungsansatz nur bei lokalen öffentlichen "Ungütern" bzw. bei hinreichenden Variationen regionaler Umweltqualitäten anwendbar. Ubiquitäre Verunreinigungen lassen sich auf die beschriebene Weise nicht bewerten, da die fehlende Streuung in diesem Fall keine statistischen Schätzungen ermöglicht.

11.1.1.2 Bewertung von Gesundheitsschäden und Menschenleben

a) Grundlagen

Ein anderes Feld von Marktbeobachtungen eröffnet sich bei der schwierigen Frage nach den Werten menschlichen Lebens und menschlicher Gesundheit. Die Bewertung eines Menschenlebens mag manchem Leser zunächst "geschmacklos" erscheinen. Dazu sei der Hinweis erlaubt, daß viele Entscheidungen über öffentliche Maßnahmen unvermeidbar auch Entscheidungen über Menschenleben oder über die Gesundheit von Menschen darstellen.

Gute Beispiele dafür sind Verkehrsprojekte (Straßenbau, Geschwindigkeitsbeschränkungen, Sicherheitsvorschriften - wie Gurt- und Helmpflichten, die Einführung von Aufprallschutzvorrichtungen etc.), Maßnahmen zur Verbesserung der Arbeitsplatzsicherheit (Arbeitsplatz- und Arbeitskleidungsvorschriften etc.), das Verbot bzw. die Reduktion chemischer Substanzen (Reduzierung von Blei im Benzin, Verbot bestimmter Pflanzen- und Holzschutzmittel sowie asbesthaltiger Baustoffe etc.) und Maßnahmen zur Verbesserung der Umwelt (Reduzierung von Schadstoffemissionen jeder Art).

Gleichwohl wird über die Bewertung von Leben und Gesundheit auch unter Ökonomen heftig diskutiert.[247] Falls Entscheidungen über Leben und Tod, Gesundheit

---

245 Vgl. *Pommerehne* (1987), S. 64 ff.

246 Vgl. ausführlicher *Pearce/Markandya* [(1989), S. 25 ff.].

247 Vgl. z.B. *Broome* (1978), *Buchanan/Faith* (1979), *Jones-Lee* (1979), *Mishan* (1981), *Ulph* (1982).

oder Krankheit nicht in völliger Unkenntnis oder aus einer spontanen Gefühlsregung heraus getroffen werden sollen, gibt es aber keine Alternative zur Bewertung.[248] Zwei Bewertungsverfahren für Leben und Gesundheit sind die ***Ermittlung entgangener Einkünfte*** und die ***Bewertung über hedonische Preisfunktionen***.

Im Rahmen der erstgenannten Vorgehensweise wird berechnet, welche Einkommen von den durch bestimmte Maßnahmen statistisch zu erwartenden Toten und Verletzten sonst voraussichtlich erzielt worden wären. Die Extrapolation der Einkünfte beruht auf den Lebenswegen von Menschen in vergleichbaren Positionen. Da in der neoklassischen Gedankenwelt die Arbeitnehmer nach ihrem Wertgrenzprodukt entlohnt werden, würde - falls die entsprechenden Annahmen zuträfen - mit den entgangenen Einkünften gleichzeitig der für die Gesellschaft verlorene Produktionsbeitrag dieser Personen erfaßt. Neben der Fragwürdigkeit der neoklassischen Modellprämissen in diesem Kontext müßten bei dieser Denkweise aber auch die von den Individuen verursachten gesellschaftlichen Kosten beachtet werden. In diesem Fall wären die Produktionsverluste um die durch das Ableben der Individuen weniger verbrauchten Ressourcen zu bereinigen.

Völlig unbeachtet bleiben bei der beschriebenen Vorgehensweise Kostenkomponenten wie Ängste und Schmerzen von Opfern, Freunden und Verwandten. Auch die "Lebensqualität" bleibt außer acht. Für bestimmte Bevölkerungsgruppen - beispielsweise Rentner, chronisch Kranke, dauerhaft nicht zu vermittelnde Arbeitnehmer - ließe sich u.U. überhaupt kein bzw. nur ein negativer Lebenswert ermitteln. Dieses Ergebnis ist jedoch mit den in zivilisierten Gesellschaften gängigen Werte- und Normensystemen nicht vereinbar.[249] Der Wert des Lebens an sich wird nämlich vernachlässigt.

Wegen der angedeuteten Bewertungsschwierigkeiten mit entgangenen Einkommen ist die Suche nach anderen Meßkonzepten angezeigt. Unter Respektierung der Konsumentensouveränität liegt es auf der Hand, die Gelegenheiten zu beobachten, wo die Individuen selbst implizite Entscheidungen über Leben und Gesundheit bzw. über persönliche Risiken treffen. Typischerweise tritt diese Situation bei der Berufs-

---

248 Hier stimmt der Verfasser der Position von *Stiglitz* [(1988), S. 264] zu: "As controversial as the estimates of the value of life may be, it is likely that they will continue to be useful in the evaluation of projects that affect the likelihood of death. There appears to be no alternative if we are to evaluate projects in which a change in death probabilities is a significant consequence".

249 Zu den Bewertungsschwierigkeiten menschlichen Lebens durch verlorene Lebenseinkünfte vgl. z.B. *Schelling* (1984). Von mancher Seite wird der grundsätzliche Verzicht auf monetäre Quantifizierungen und die Verwendung von Mortalitäts- und Morbiditätsindikatoren vorgeschlagen. Zu den Problemen der letztgenannten Indikatoren vgl. z.B. *Dinkel* (1986).

und Arbeitsplatzwahl ein, da mit verschiedenen Arbeitsplätzen auch unterschiedliche Gesundheits-, Unfall- und Todesrisiken verbunden sind.

Das Berufsrisiko eines kaufmännischen Angestellten ist niedriger als das eines Bergarbeiters. Pastoren sind einem geringeren Arbeitsplatzrisiko ausgesetzt als Gastwirte usw. Bei freier Berufs- und Arbeitsplatzwahl sowie in Kenntnis der Risikounterschiede, ist zu erwarten, daß sich Arbeitnehmer höhere Gesundheitsrisiken c.p. durch höhere Löhne entgelten lassen. Der Einkommensausgleich kann in diesem Kontext als "willingness to accept" für zusätzliche Risiken angesehen werden. Falls ein Funktionalzusammenhang zwischen Einkommen und Berufsgefahren hergestellt werden kann, ergibt sich ein Indikator für individuelle Einschätzungen von Menschenleben.

b) Empirische Ergebnisse

Vor allem in den USA und Großbritannien wurden zahlreiche empirische "Einkommens-Risiko-Studien" durchgeführt.[250] Zumeist wurden - wie bei der in Abschnitt 11.1.1.1 vorgestellten Bewertung der Umweltqualität - hedonische Einkommensfunktionen geschätzt. Dabei wird angenommen, daß die Löhne (w) von persönlichen Merkmalen der Beschäftigten (B), Merkmalen des Arbeitsplatzes (A), dem Unfallrisiko des Arbeitsplatzes (R) und sonstigen Determinanten (S) bestimmt werden:

$$w = f(B, A, R, S). \tag{11.4}$$

Die partielle Ableitung dieser Funktion nach dem arbeitsplatz- bzw. dem berufsspezifischen Unfallrisiko,

$$\frac{\partial w}{\partial R} = w_R(R)\,, \tag{11.5}$$

ergibt die Risikokompensation bzw. den hedonischen Lohn.

In einer Untersuchung von *Marin/Psacharopoulos* (1982) wurde z.B. folgende Funktion geschätzt:

ln(Wocheneinkommen) = f[Ausbildung, Berufserfahrung, Zahl der Arbeitswochen, Berufsrisiko, Gewerkschaftseinfluß, Zufriedenheit mit dem Arbeitsplatz]

250 Vgl. z.B. *Thaler/Rosen* (1976), *Viscusi* [(1978a), (1978b), (1983)], *Olson* (1981), *Marin/Psacharopoulos* (1982), *Arnould/Nichols* (1983), *Smith* (1983), *Smith/Gilbert* (1984), *Dillingham* (1985), *Leigh* (1987). Ergebnisübersichten finden sich z.B. bei *Dillingham* (1985), *Viscusi* (1986) und *Pearce/Markandya* [(1989), S. 32 ff.].

Als Basis für die Berechnung der Risikoindikatoren dienten die branchenspezifischen Arbeitsunfälle mit Todesfolge pro 1000 Beschäftigte und Jahr.[251] Für die ökonometrischen Schätzungen wurden unter Berücksichtigung der Altersstruktur die Differenzen zwischen branchenbezogenen Unfallrisiken und dem durchschnittlichen Berufsunfallrisiko aller Berufsgruppen gebildet.

Aus den hedonischen Löhnen kann der Wert menschlichen Lebens relativ einfach berechnet werden. Wird - wie bei *Marin/Psacharopoulos* - das Sterberisiko pro 1000 Personen gemessen, ist der entsprechende Schätzkoeffizient als Lohnkompensation für eine Erhöhung des individuellen Risikos um 1/1000 zu interpretieren. Eintausend Arbeitnehmern müßte man insgesamt die eintausendfache individuelle Einkommensentschädigung zahlen. Von den eintausend Personen würde statistisch gesehen aber eine Person sterben. Infolgedessen kann der eintausendfache Wert der individuellen Entschädigungssumme als monetärer Wert eines Menschenlebens gedeutet werden.[252] *Marin/Psacharopoulos* ermittelten auf diese Weise für den Wert eines Menschenlebens in Preisen von 1985 einen Durchschnittsbetrag von ca. 1,88 Mio £. Allerdings wurden erhebliche Differenzen zwischen den Angehörigen verschiedener Berufsgruppen festgestellt.

Verschiedene empirische Untersuchungen liefern Hinweise darauf, daß die Risikokompensation in relativ "gefährlichen" Branchen niedriger ist als in Wirtschaftszweigen, die als relativ ungefährlich gelten.[253] Als Ursache gilt eine Selektion der Arbeitnehmer bei der Berufswahl. Es wird vermutet, daß sich in Branchen mit hohen Arbeitsplatzrisiken tendenziell risikofreudige Personen ansammeln.

c) Beurteilung

Die Einkommens-Risiko-Studien sind aber auch einiger Kritik ausgesetzt. So wird angeführt, daß viele Menschen in Unkenntnis der Gefahren ihres Berufes leben. Entscheidend für eine dem Postulat der Konsumentensouveränität entsprechende Be-

---

251 Arbeitsunfälle sind den berufsgruppenspezifischen Sterberaten als Risikoindikator vorzuziehen. Letztere dürften mit nicht unwesentlichen Meßfehlern behaftet sein, weil die Kausalität zwischen Beruf und Tod häufig nur schwer nachweisbar ist. Zwischen Ursache und Wirkung können - wie bei Krebserkrankungen - Jahrzehnte liegen. Außerdem ergeben sich Zuordnungsprobleme, falls Personen während ihres Berufslebens verschiedene Tätigkeiten ausübten.

252 Der Faktor 1000 stellt lediglich eine Skalierung dar. Wird als Risikomaß die Quote tödlicher Arbeitsunfälle pro x Personen benutzt, muß man zur Berechnung des Geldwertes pro Menschenleben den hedonischen Individuallohn mit dem Faktor x multiplizieren: $\frac{\partial w}{\partial R} \cdot 1000$. Werden anstelle von Jahreseinkünften Wochen- oder Stundenlöhne verwendet, sind die Ergebnisse zusätzlich mit der Zahl der Arbeitswochen bzw. Arbeitsstunden pro Jahr zu multiplizieren.

253 Vgl. z.B. *Olson* (1981).

wertung sind nämlich nicht die tatsächlichen, sondern die subjektiv wahrgenommenen Gefahren. Manche Autoren halten dagegen, daß die berufsspezifischen Unfallhäufigkeiten den meisten Arbeitnehmern zumindest ungefähr bekannt seien.[254] Aus einzelnen Untersuchungen geht tatsächlich hervor, daß Bewertungsfehler durch unterschiedliche Risikowahrnehmungen recht unbedeutend sein können.[255]

Grundsätzlich ist die Annahme vollständiger Informationen jedoch mit Skepsis zu betrachten. Der Grad der Informiertheit dürfte z.B. vom Bildungsgrad abhängen . In diesem Fall wären die berufsspezifisch unterschiedlichen Risikokompensationen nicht (allein) durch die Risikofreudigkeit, sondern durch den Kenntnisstand der dort Tätigen bedingt. Selbst wenn die Individuen über genaue Kenntnisse von Risikowahrscheinlichkeiten verfügen sollten, ist nicht sicher, ob die objektiven Risikowahrscheinlichkeiten subjektive Einschätzungen wiedergeben. Viele Individuen dürften dazu neigen, unangenehme Tatsachen und damit auch berufliche Gefahren zu ignorieren oder zu bagatellisieren.[256] Ein Beispiel: Die Kompensationen für einen individuell mit Sicherheit eintretenden tödlichen Arbeitsunfall dürften wesentlich höher ausfallen (vermutlich werden sie unendliche Werte annehmen) als die Entschädigungen, die unter Bedingungen ermittelt werden, wo die Arbeitnehmer nur relativ geringen Todeswahrscheinlichkeiten ausgesetzt sind.

Auf die Bedeutung der subjektiven Risikowahrnehmung zielt auch der Hinweis von *Smith/Gilbert* (1984), daß die Individuen ihr Leben in Abhängigkeit von der Art des Risikos unterschiedlich bewerten können. Demnach könnte sich z.B. ein unterschiedlicher Wert eines (gleichen) Lebens ergeben, je nachdem, ob dieses Leben über Arbeitsplatz-, Verkehrs- oder Freizeitrisiken bewertet wird.

Ein kritischer Punkt ist ferner die Annahme freier Arbeitsplatzwahlmöglichkeiten. Vermutlich bestehen hier konjunkturelle und personengruppenspezifische Differenzen. Wenn dem so wäre, spiegeln niedrigere Risikokompensationen in einzelnen Berufen nicht unbedingt höhere Risikobereitschaften, sondern geringere Wahlmöglichkeiten zwischen verschiedenen Risiken wider.

---

254 So auch *Pearce/Markandya* (1989), S. 33.

255 Vgl. z.B. *Viscusi* (1983).

256 Man spricht in diesem Zusammenhang von der Vermeidung "kognitiver Dissonanz". Ein Beispiel für die Einführung dieser psychologischen Erkenntnis in die Ökonomie findet sich bei *Akerlof/Dickens* (1982).

11.1.2 Die Aufwandmethode

Zwischen nicht marktlichen Gütern auf der einen Seite und marktlichen Gütern auf der anderen Seite bestehen häufig Substitutions- oder Komplementärbeziehungen. Daher liegt es auf der Hand, zur Bewertung der Nachfrage nach einem Gut, das nicht auf Märkten gehandelt wird, die Aufwendungen bzw. Ausgaben für substitutive oder komplementäre Güter heranzuziehen. Beide Ansätze kann man unter dem Begriff "Aufwandmethode" zusammenfassen.[257] Die Anwendbarkeit der Aufwandmethode ist allerdings an die grundlegende Voraussetzung geknüpft, daß die Nutzenfunktionen der Individuen nicht *streng separabel* sind.[258]

---

257 *Becker/Gretschmann/Mackscheidt* (1992), S. 30 f. sprechen in diesem Kontext von "Kostenübernahmebereitschaften".

258 Eine Nutzenfunktion U ist bezüglich aller Argumente (Güter) x_i *streng separabel*, wenn sie in folgender Form geschrieben werden kann:

$$U = U\left[\sum_{i=1}^{n} u_i(x_i)\right].$$

Strenge Separabilität bedeutet, daß die Grenzrate der Substitution zweier beliebiger Güter unabhängig von den Mengen anderer Güter ist:

$$GRS_{x_i,\, x_j} = \frac{\partial U}{\partial u_i} \cdot \frac{\partial u_i}{\partial x_i} \Big/ \frac{\partial U}{\partial u_j} \cdot \frac{\partial u_j}{\partial x_j} = \frac{\partial U}{\partial x_i} \Big/ \frac{\partial U}{\partial x_j}.$$

Diese Eigenschaft erlaubt eine paarweise Analyse der Substitutionsbeziehungen, die im allgemeinen nicht möglich ist.

Beispielsweise ist folgende Nutzenfunktion, in die zwei private Güter x_1 und x_2 und ein öffentliches Gut q eingehen, streng separabel:

$$U = U[u^1(x_1) + u^2(x_2) + u^3(q)].$$

Die Grenzrate der Substitution von Gut x_1 durch Gut x_2 beträgt:

$$\frac{\partial U}{\partial u^1} \cdot \frac{\partial u^1}{\partial x_1} \Big/ \frac{\partial U}{\partial u^2} \cdot \frac{\partial u^2}{\partial x_2} = \frac{\partial U}{\partial x_1} \Big/ \frac{\partial U}{\partial x_2} = \frac{dx_2}{dx_1} = GRS_{1,2}.$$

Man sieht, daß dieser Ausdruck unabhängig von q ist. Änderungen von q haben keinen Einfluß auf die Grenzrate der Substitution der marktgängigen Güter , so daß q als Argument aus den Marktnachfragefunktionen ausgeschlossen werden kann. Obwohl Mengenänderungen von q die individuellen Nutzenniveaus verändern, hat dies keinerlei beobachtbare Auswirkungen auf Markttransaktionen. M.a.W. bedeutet strenge Separabilität der Nutzenfunktion, daß Individuen Konsumentscheidungen bei einzelnen Gütern völlig unabhängig vom Konsum anderer Güter treffen.

Entscheidend ist hier, daß die Aufwandmethode im Falle strenger Separabilität der Nutzenfunktionen - diese Eigenschaft weisen bestimmte Funktionstypen wie *Cobb-Douglas*- oder CES-Funktionen auf - nicht anwendbar ist [vgl. *Freeman* (1979a), S. 70 ff.].

11.1.2.1 Bewertung anhand der Aufwendungen für substitutive Güter

Die Bewertung nicht marktgängiger Güter durch Substitute setzt - neben der Nichtseparabilitätsbedingung - eine vollständige Substituierbarkeit der nichtmarktlichen Güter durch marktfähige Güter voraus.[259] *Mähler* (1974) konnte zeigen, daß die marginale Zahlungsbereitschaft für ein öffentliches Gut q (MZB_q) durch die Preise privater Güter p_i und die Grenzraten der Substitution (GRS_{q, x_i}) zwischen den privaten Gütern x_i und q ausgedrückt werden kann:[260]

$$MZB_q = -\frac{\partial E(p_i, q, \overline{U})}{\partial q} = -p_i \cdot \left(\frac{\partial U}{\partial q} / \frac{\partial U}{\partial x_i}\right) = -p_i \cdot GRS_{q, x_i}. \tag{11.6}$$

Demnach setzt die Bestimmung der marginalen Zahlungswilligkeit die Kenntnis des Preises p_i und der Grenzrate der Substitution bzw. der Nutzenfunktion voraus. Die Grenzrate der Substitution läßt sich jedoch nicht generell, sondern nur unter besonderen Voraussetzungen ermitteln, wie durch ein Beispiel illustriert werden kann.[261]

Vorausgesetzt, es gelte die schwach separable Nutzenfunktion[262]

$$U = U\left\{u^1(x_1), u^2(x_2), [c x_3^{-\rho} + (1 - c) q^{-\rho}]^{-1/\rho}\right\}, \tag{11.7}$$

wobei c und ρ Konstanten darstellen, dann ist

$$GRS_{q, x_3} = \frac{c}{1 - c}\left(\frac{q}{x_3}\right)^{\rho - 1} = \frac{c}{1 - c}\left(\frac{q}{x_3}\right)^{\frac{1}{\sigma}}. \tag{11.8}$$

Unter Berücksichtigung von (11.6) läßt sich die marginale Zahlungsbereitschaft für das öffentliche Gut q durch

$$MZB_q = p_i \left(\frac{c}{1 - c}\right)\left(\frac{q}{x_3}\right)^{\frac{1}{\sigma}} \tag{11.9}$$

ausdrücken.

---

259 Zur folgenden Darstellung vgl. *Freeman* [(1979a), S. 75 f.], *Faber* [(1986), S. 34 ff.], *Pommerehne* [(1987), S. 23 ff.].

260 Vgl. *Mähler* (1974), S. 116 ff.

261 Vgl. *Mähler* (1974), S. 178 ff.

262 *Schwache Separabilität* bedeutet, daß die Argumente der Nutzenfunktion in zwei oder mehr Gruppen separiert werden können, so daß sich (z.B. für zwei Gruppen) schreiben läßt:

$$U = U[u_i(x_1, \dots, x_k) + u_i(x_{k+1}, \dots, x_n)].$$

Die Grenzrate der Substitution zweier Variablen innerhalb einer Variablengruppe bleibt im Falle schwacher Separabilität unbeeinflußt von den Variablen in den anderen Gruppen [vgl. z.B. *Henderson/Quandt* (1980), S. 39 f.].

Zur Bestimmung von MZB_q müssen c und die (in diesem Fall konstante) Substitutionselastizität σ bekannt sein.[263] Normalerweise verfügt man keine Kenntnisse über den Wert von σ, so daß die Zahlungsbereitschaft für q generell nicht ermittelbar ist. Wenn x_3 und q vollständig gegeneinander substituierbar sind, geht σ allerdings gegen unendlich. Dann reduziert sich Gleichung (11.9) zu

$$MZB_q = p_i \left(\frac{c}{1-c}\right). \tag{11.10}$$

Die Konstante $\frac{c}{1-c} = r$ entspricht dem Substitutionsverhältnis zwischen q und x_3. Diese Austauschbeziehung dürfte anhand vorliegender Daten relativ leicht zu berechnen sein

Beim eben beschriebenen Konzept hängt die Möglichkeit der Ermittlung von Zahlungsbereitschaften für nichtmarktliche Güter also davon ab, ob sie durch private Güter vollständig substituiert werden können und ob das Substitutionsverhältnis durch private Güter bestimmt werden kann. Die graphische Darstellung in Abbildung 11.3 illustriert diesen Sachverhalt. Die dort eingezeichneten Nutzenindifferenzlinien eines Individuums U^1 und U^2 sind wegen $\sigma = \infty$ linear.[264] D.h. die Grenzrate der Substitution bleibt - entgegen den üblichen Annahmen - konstant.

Wird ausgehend von Punkt A (Kombination von x_1^1 und Q^1) das Qualitätsniveau des öffentlichen Gutes auf Q^2 erhöht, gelangt das betrachtete Individuum auf das höhere Nutzenniveau U^2. Damit es auf dem alten Nutzenniveau U^1 verbliebe, müßte man die Menge des privaten Gutes um $x_1^1 - x_1^2$ reduzieren, dieses entspräche einer Einkommenskompensation in Höhe von $p_1(x_1^1 - x_1^2)$ wobei p_1 der Preis von x_1 ist. Damit ließe sich der Nutzen der Qualitätssteigerung des nicht marktlichen Gutes mit $p_1(x_1^1 - x_1^2)$ bewerten. Dieser Betrag ist mit dem Ausdruck $p_1\ [c/(1-c)]\ (Q^1 - Q^2)$ identisch, wobei $c/(1-c) = \tan \alpha$.

---

263 Die Substitutionselastizität entspricht dem Verhältnis zwischen der relativen Änderung der Gütermengenrelation und der relativen Änderung der Grenzrate der Substitution. Im vorliegenden Beispiel gilt: $\sigma = \frac{d(\frac{q}{x_3})}{\frac{q}{x_3}} \Big/ \frac{d\left|\frac{dq}{dx_3}\right|}{\frac{dq}{dx_3}}$.

264 Vgl. z.B. *Linde* (1992), S. 97 ff.

Abbildung 11.3: Bewertung eines nichtmarktlichen Gutes durch ein marktgängiges Gut bei vollkommener Substituierbarkeit

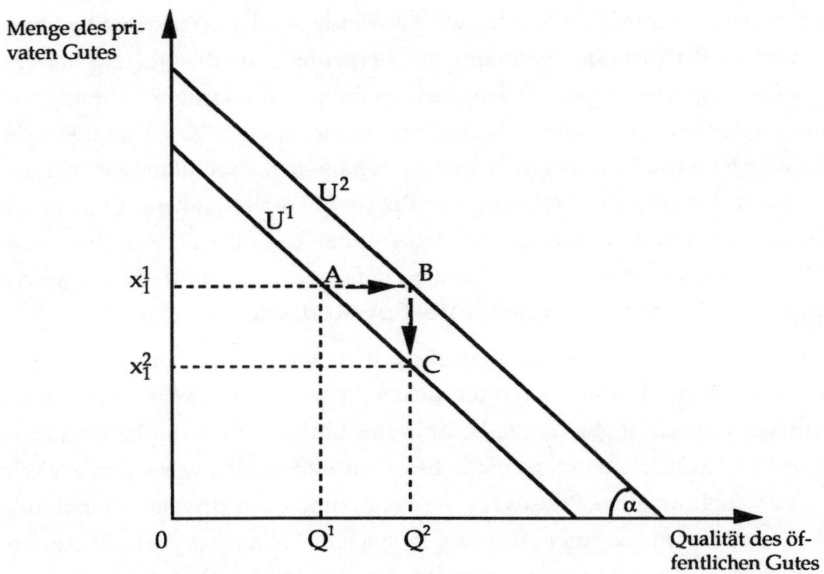

Die entscheidende Frage für die praktische Anwendung ist nun, ob die Annahme vollständiger Substituierbarkeit nichtmarktgängiger durch marktgängige Güter realitätsnah ist. In diesem Zusammenhang werden der Ersatz öffentlicher Schwimmbäder durch private Schwimmbäder bzw. Swimmingpools,[265] der öffentlichen Sicherheit durch private Schutzmaßnahmen, der öffentlichen Feuerwehr durch private Maßnahmen zur Abwehr von Brandgefahren, des öffentlichen Schulwesens durch Privatschulen als Beispiel genannt.[266] Auch ein fehlendes öffentliches Kulturangebot (z.B. Theater) könnte durch private Einrichtungen ersetzt werden. Man könnte demnach z.B. die ("ersparten") Ausgaben für Privatpools als Maß für den Nutzen öffentlicher Bäder zu verwenden.[267]

---

265 Vgl. *Faber* (1986), S. 38.

266 Vgl. *Pommerehne* (1987), S. 25 f.

267 Wenn die Konstante c im Verhältnis zwischen öffentlichen Schwimmbädern und privaten Swimmingpools c = 0,95 betragen würde, ergäbe sich eine Austauschquote [c/(1-c)] von 19, d.h. 19 private Swimmingpools würden ein öffentliches Schwimmbad ersetzen.

So bestechend die Idee einer Analyse von Substitutionsbeziehungen zwischen öffentlichen und privaten Gütern auf den ersten Blick auch erscheinen mag, nach einigen Überlegungen ist doch Vorsicht geboten. Gegen die Annahme vollständiger Substituierbarkeit lassen sich häufig berechtigte Einwände erheben. Zunächst bedarf es im Swimmingpool-Beispiel einer sorgfältigen Überprüfung, ob die Qualität der verglichenen Badegelegenheiten tatsächlich übereinstimmt. Ausstattung, Öffnungszeiten, Zugangsmöglichkeiten, Auslastung, Sauberkeit etc. müßten gleich sein. Ein privater Swimmingpool dürfte allein aufgrund der völligen Ausschlußmöglichkeit anderer Benutzer und damit der Wahrung der Privatsphäre von anderer Qualität als ein öffentliches Schwimmbad sein, wo die Badefreuden u.a. durch Überfüllung oder lärmende Mitbenutzer gestört werden können. Referenzmaßstab für die öffentliche Badeanstalt kann daher nur ein vergleichbares Privatbad sein.

Zieht man z.B. die Zahlungsbereitschaft für private Freizeitangebote, die bei gleichen Wegekosten neben kostenlosen öffentlichen Angeboten existieren, zur Bewertung öffentlicher Einrichtungen heran, kommt dies übrigens dem impliziten Eingeständnis gleich, daß Qualitätsunterschiede bestehen - ansonsten wäre nämlich kein Nachfrager zur Zahlung eines Preises für die Benutzung einer privaten Einrichtung bereit. Die Preise für Privatgüter drücken in solchen Fällen lediglich Nutzenunterschiede zwischen öffentlichen und privaten Angeboten aus.[268] Eine Analyse von Substitutionsbeziehungen ergibt keinen Sinn, wenn keine wirklich vergleichbaren Alternativen existieren.

Betrachtet man z.B. verschiedene Freizeitgestaltungsmöglichkeiten wie Schwimmen, Angeln, Segeln, Surfen als vollkommene Substitute, vernachlässigt man darüber hinaus, daß zu ihrer Ausübung unterschiedliche Voraussetzungen bzw. Fähigkeiten notwendig sind: Jemand, der nicht surfen aber schwimmen kann, wird das Surfen kaum als Alternative zum Schwimmen betrachten.

Abschließend betrachtet sind die Bewertungsmöglichkeiten nichtmarktlicher Güter durch marktgängige Substitute stark eingeengt. Anwendungen dieser Methode finden sich z.B. bei der Evaluierung von Verkehrswegen, indem die Schadensvermeidungskosten ("Defensivaufwendungen") bzw. die zum Ausgleich oder zur Abwehr schädlicher Umwelteinflüsse notwendigen Kosten berücksichtigt werden.[269] Allerdings ist bei der Verwendung von Schadenvermeidungskosten als Bewertungsindikator erhebliche Vorsicht geboten. Erstens können Zurechnungsprobleme entstehen und zweitens können Schäden häufig nur zum Teil abgewehrt werden. Als

268 Vgl. z.B. *Faber* (1986), S. 38 ff.

269 Vgl. *Schulz/Schulz* (1989), S. 7.

Beispiel seien schallisolierende Fenster genannt. Neben der Schallisolierung sorgen diese Fenster auch für eine bessere Wärmedämmung, so daß ein Teil der Ausgaben für Isolierglas aus Gründen der Energieeinsparung und nicht aus Gründen der Lärmpegelsenkung erfolgt. Wenn ein solches Fenster dagegen notwendigerweise zum Lüften geöffnet wird, ist der geräuschmindernde Effekt dahin. Im Falle der Lüftung sind Isolierscheiben also nicht zur Geräuschabwehr geeignet.

Ein weiterer Einwand gegen den Vermeidungskostenansatz ergibt sich aus der Tatsache, daß die marginalen Vermeidungskosten die marginalen Schäden nur dann hinreichend exakt widerspiegeln, wenn das vorliegende Schadensemissionsniveau in der Nähe des optimalen Emissionsniveaus liegt. Ansonsten kommt es zu Fehleinschätzungen.[270]

11.1.2.2 Bewertung anhand der Aufwendungen für komplementäre Güter

Während die Bewertung eines öffentlichen Projektes durch die Analyse von Substitutionsbeziehungen aus den genannten Gründen nur selten erfolgreich sein dürfte, ist die Untersuchung komplementärer Güterbeziehungen i.d.R. erfolgversprechender. Bei der Evaluation von öffentlichen Freizeit- und Erholungseinrichtungen - wie Naturschutz- und Naherholungsgebieten - hat sie in den USA weite Verbreitung gefunden. Die Analyse von Komplementäraufwendungen ist aber auch auf andere Fragestellungen anwendbar. Als Beispiel sei die monetäre Bewertung von Standortentscheidungen öffentlicher Einrichtungen genannt.[271] Aus Platzgründen beschränkt sich die anschließende Darstellung exemplarisch auf die Bewertung von Freizeiteinrichtungen.

Komplementäraufwendungen für die Nutzung von Freizeiteinrichtungen sind zunächst die unmittelbaren, monetären Fahrtkosten zum Angebotsort. Bei Benutzung des PKW zählen dazu die Ausgaben für Benzin und die Kosten für Verschleiß einschließlich Wertminderungen. Weiterhin gehören die besuchsbedingten *Mehr*kosten für Verpflegung, Freizeitkleidung und -gerät sowie Eintrittsgelder und sonstige Nutzungsentgelte zu den Komplementäraufwendungen. Schließlich müssen Fahrt- und Besuchszeiten berücksichtigt werden. Die Berechnung aller mit dem Besuch von Einrichtungen in Zusammenhang stehenden Kosten wird häufig unter dem Stichwort "Reisekostenmethode" subsumiert.

---

270 Vgl. z.B. *Endres u.a.* (1991), S. 35.

271 Ein Beispiel findet sich bei *Christianson* (1976). Dieser Autor versuchte, Standorte für ambulante medizinische Einrichtungen zu bewerten.

Bei der Anwendung der "Reisekostenmethode" wird im folgenden zwischen zwei Fällen unterschieden. Einerseits geht es um die Nutzenbestimmung bereits bestehender oder neu geplanter Freizeitanlagen bei gegebener Qualität. Das zweite Aufgabengebiet der Reisekostenmethode ist die Bewertung von Qualitätsänderungen bei bereits existierenden Einrichtungen.

Bevor näher auf die Reisekostenmethode eingegangen wird, soll die dahinter stehende Theorie kurz erläutert werden. Es handelt sich um das von *Mähler* (1974) so bezeichnete ***Konzept der schwachen Komplementarität.***[272] Beim Vorliegen von schwach komplementären Beziehungen zwischen öffentlichen und privaten Gütern kann der Wert nichtmarktlicher Güter aus den Nachfragefunktionen

$$x_i = x_i(p, y, q) \tag{11.11}$$

der marktgängigen Komplemente x_i ermittelt werden. Unter dieser Voraussetzung ist es nicht nötig, Nutzen- bzw. Ausgabenfunktionen zu berechnen, wodurch die empirische Analyse erst ermöglicht wird.

Bei gegebener Qualität eines nicht marktgängigen Gutes wird der Nutzenüberschuß durch die Konsumentenrenten unter den Nachfragefunktionen für die Komplementärgüter angezeigt. Auf Qualitätsänderungen bei nichtmarktlichen Gütern reagieren die Nutzer durch Veränderung ihrer Nachfrage nach marktgängigen Gütern. In diesem Fall ist zur Bewertung die korrespondierende *Änderung* der Konsumentenrente heranzuziehen.

Unter den beschriebenen Voraussetzungen kann die Wertschätzung von Qualitätsänderungen nichtmarktlicher Güter durch Abbildung 11.4 skizziert werden: Die

---

272 An die Existenz schwacher Komplementarität sind zwei formale Voraussetzungen geknüpft. Erstens darf (bei jeweils gegebenem Preisvektor p und Einkommen y, sowie gegebener Umweltqualität q) ab einem gewissen (Höchst)Preis p'_i für das private Komplement x_i keine Nachfrage mehr nach x_i vorliegen, d.h.:

$$x_i\,(p, q, y) = 0 \text{ für } p_i \geq p'_i\,.$$

Zweitens muß bei Überschreiten des Höchstpreises p'_i die aus der Ausgabenfunktion e abgeleitete marginale Zahlungsbereitschaft für das öffentliche Gut ebenfalls Null betragen, d.h.:

$$MZB_q = -\frac{\partial e}{\partial q} = 0.$$

Wer z.B. kein Surfbrett oder Segelboot besitzt, wird bei schwacher Komplementarität auch nicht bereit sein, für die Ermöglichung oder Verbesserung der Segelsportbedingungen zu zahlen. Diese Annahme dürfte oft der Realität entsprechen und dem beschriebenen Ansatz ein weites Anwendungsgebiet eröffnen.

Eine ausführliche Diskussion und die formale Ableitung findet sich bei *Mähler* [(1974), S. 183 ff.].

Abbildung 11.4: Nutzen der Qualitätsverbesserung eines nichtmarktlichen Gutes bei schwacher Komplementarität

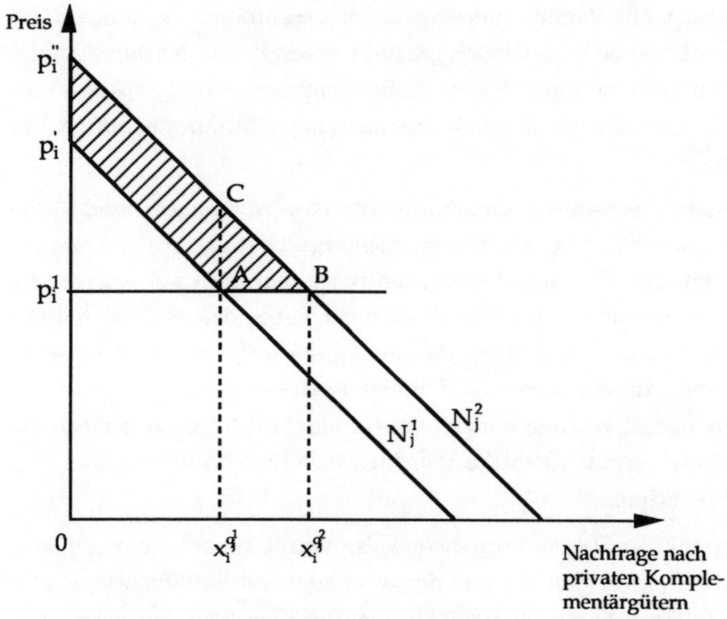

Nachfragefunktion nach marktlich gehandelten Komplementärgütern x_i für eine bestimmte Freizeiteinrichtung j sei in der Ausgangssituation N_j^1. Nehmen wir an, durch eine öffentliche Maßnahme werde die Qualität dieser Einrichtung verbessert, wodurch eine Verschiebung der Komplementärgüternachfrage von N_j^1 nach N_j^2 hervorgerufen würde. Sofern die Preise der marktgängigen Güter unverändert blieben, entspräche die zusätzliche Konsumentenrente beim Kauf der Komplemente dem Nutzenzuwachs durch die Qualitätsverbesserung der Freizeiteinrichtung j. Der Gewinn an Konsumentenrente kann dann durch die Fläche $p_i''BAp_i'$ abgebildet werden. Dies ist die Differenz aus der neuen Konsumentenrente $p_i''Bp_i^1$ und der Konsumentenrente $p_i'Ap_i^1$ vor Projektdurchführung. Der Nutzenzuwachs setzt sich aus zwei Komponenten zusammen. Der erste Bestandteil ist die Zunahme des Nutzens in Verbindung mit der bisherigen Nachfragemenge x_i^{q1}, ausgedrückt durch die Fläche $p_i''CAp_i'$. Der zweite Teil rührt vom Nutzengewinn her, der durch die Nachfrageausweitung $x_i^{q2} - x_i^{q1}$ hervorgerufen wird. Dies entspricht der Fläche ABC.

Die Nachfrageausweitung von N_j^1 auf N_j^2 kommt durch eine Nachfrageverlagerung von anderen Freizeitangeboten zur untersuchten Anlage zustande. Sie läßt sich durch die im Vergleich zu anderen Angeboten gestiegene Attraktivität erklären. Die Fläche $p_i'' B A p_i'$ drückt c.p. alle Verlagerungseffekte aus. Nachfragerückgänge bei anderen Einrichtungen dürfen nicht zusätzlich gezählt werden.[273] Die Nachfrageveränderungen bei anderen Einrichtungen dürfen deshalb nicht gesondert berücksichtigt werden, weil dort die Qualitäten und damit die marginalen Zahlungsbereitschaften unverändert bleiben.[274]

Erste Anwendungen der "Aufwandmethode" zur Bewertung nicht marktlicher Güter durch die Ausgaben für private Komplementärgüter sind auf das Ende der vierziger Jahre zu datieren.[275] Zunächst konzentrierte man sich auf wasserwirtschaftliche Projekte. Seinerzeit wurde erstmals versucht, neben den Einflüssen dieser Bauvorhaben auf die Wasser- und Elektrizitätsversorgung sowie die Hochwasserregulierung auch deren Auswirkungen auf Freizeitgestaltungsmöglichkeiten zu erfassen. Zu diesem Zweck wurden einfach die durchschnittlichen Ausgaben der Besucher für Komplementärgüter (Fahrtkosten, Ausgaben für Verpflegung und Freizeitausrüstung etc.) berechnet.

Der Hauptkritikpunkt an dieser Vorgehensweise wurde oben bereits genannt: Diese Ausgaben messen zwar den Umsatz der beteiligten Wirtschaftszweige, aber nur einen Teil der Zahlungsbereitschaft.[276] Stünde das öffentliche Freizeitangebot nicht zur Verfügung, würden die Ausgaben für andere nutzbringende Zwecke getätigt. Entscheidend für die Nutzenbewertung sind nicht die Ausgaben für bestimmte

---

273 Vgl. auch *Knetsch* (1977).

274 Die aus den Ableitungen der Ausgabenfunktion nach den Qualitäten anderer Freizeiteinrichtungen q_k $(k \neq j)$ ermittelbaren marginalen Zahlungsbereitschaften MZB_k (sie entsprechen der einkommenskompensierten Nachfrage)

$$MZB_k = -\frac{\partial e(p, \mathbf{q}, \overline{u})}{\partial q_k}$$

und damit auch die Wohlfahrtsänderungen

$$dw_k = -\int_{q_k^1}^{q_k^2} \frac{\partial e(p, \mathbf{q}, \overline{u})}{\partial q_k} \, dq_k$$

bleiben wegen $q_k^1 = q_k^2$ konstant, d.h. $dw_k = 0$.

Ändert sich simultan die Qualität mehrerer Einrichtungen, sind die Änderungen der Konsumentenrenten aller Einrichtungen zu addieren [vgl. *Freeman* (1979a), S. 199 f.].

275 Vgl. *Faber* (1986), S. 65.

276 Dies entspräche der Fläche $0p_i^1 A x_i^{q_j^1}$ in Abbildung 11.4. Stattdessen ist die Fläche $p_i^1 A p_i'$ relevant.

Freizeitaktivitäten, sondern die damit zusammenhängenden Änderungen der Konsumentenrente.

Der vermutlich am weitesten verbreitete Ansatz zur Lösung des Problems beruht auf einem Vorschlag von *Hotelling* (1949). *Hotelling* schlug zur Evaluierung von Freizeiteinrichtungen die Berechnung der mit ihrer Nutzung verbundenen Reisekosten vor.[277] Sein Ansatz wurde von *Clawson / Knetsch* (1966)[278] weiterentwickelt - daher auch die Bezeichnung "*Clawson-Knetsch*-Methode". In den USA dient dieses Verfahren häufig zur Freizeitprojektbewertung[279]. Es wurde bei der U.S.-Wasserwirtschaftsplanung sogar als Standardverfahren eingeführt.[280].

Allerdings ist der ursprüngliche Ansatz von *Clawson / Knetsch* nur für isoliert stehende Projekte geeignet. In der Realität ist die Nachfrage einer Freizeiteinrichtung häufig aber nicht unabhängig von der Nachfrage anderer Einrichtungen. Daher fanden im Zeitablauf Weiterentwicklungen zur Bewertung interdependenter Angebote statt. Im folgenden wird zunächst der ursprüngliche Ansatz von *Clawson / Knetsch* vorgestellt, um später eine Fortentwicklung vorzustellen. Ferner wird die Bewertung von qualitativen Einrichtungsänderungen diskutiert. Abschließend wird auf mögliche Bewertungsfehler hingewiesen, die entstehen können, wenn ausschließlich Besucherdaten berücksichtigt werden.

a) Die "einfache" Version der Reisekostenmethode

Die *Clawson-Knetsch*-Methode beruht auf einfachen Gedanken. Da Freizeitprojekte häufig ohne die Erhebung direkter Eintrittspreise "angeboten" werden, kann kein unmittelbarer Zusammenhang zwischen Preis und Nachfrage hergestellt werden. Durch die Bildung von Entfernungsklassen für den Weg zwischen den Wohnorten der Besucher und der besuchten Einrichtung[281] kann aber eine Nachfragefunktion "simuliert" werden.

Zunächst werden Besucher mit ungefähr gleichen Wegen bzw. Fahrtkosten jeweils in einer Kategorie zusammengefaßt. Anschließend werden die relativen Besucherfrequenzen (Zahl der Besucher pro Einwohner) jeder Klasse ermittelt. Aus diesen Informationen läßt sich ein Zusammenhang zwischen Reisekosten und Besucherquote

---

277 Zitiert nach *Pearce/Markandya* (1989), S. 42.

278 Vgl. *Clawson/Knetsch* (1966).

279 Deutschsprachige Abhandlungen zur Projektbewertung durch Aufwendungen für Komplementärgüter stammen von *Fehm/Lerch* (1976) und *Ewers/Schulz* (1982).

280 Vgl. *U.S. Water Resources Council* (1979), zitiert nach *Pflügner* (1988), S. 207 f.

281 Im einfachsten Fall können dies konzentrische Kreise um die untersuchte Einrichtung sein.

Tabelle 11.1: Besucherstatistik einer Freizeitanlage

Region	Kosten pro Besucher	Einwohner zahl	Besucher-zahl insg.	jährl. Besuche pro Einw.
A	5	50.000	25.000	0,5
B	10	70.000	21.000	0,3
C	15	120.000	24.000	0,2
D	20	90.000	9.000	0,1
Σ	-	330.000	79.000	-

herstellen. Implizit wird dabei unterstellt, daß das Preis-Besuchs-Reaktionsmuster der Personen über alle Entfernungsklassen gleich ist. Zur Veranschaulichung der Methodik mag ein hypothetisches Zahlenbeispiel mit vier Entfernungszonen dienen (vgl. Tabelle 11.1). Dort sind die Kosten der Besucher aus jeder Entfernungsklasse, Einwohner- und Besucherzahlen sowie Besucherquoten festgehalten. Am dichtesten zur Einrichtung wohnen die Personen in Gruppe A. Ihre durchschnittlichen Besucherkosten belaufen sich auf 5 DM. Am nächstdichtesten leben die Bewohner von Region B, deren Kosten im Durchschnitt 10 DM erreichen usw.

Würde man die Besucherkosten in Schritten von 5 Mark erhöhen, könnte man die Besucherreaktion auf der Basis des bekannten Zahlenwerkes quantifizieren. Bei einer Kostensteigerung von 5 DM sähen sich die in Region A Lebenden mit Gesamtkosten in Höhe von 10 DM konfrontiert. Die Besucherquote aus Region A ginge infolgedessen auf dreißig vom Hundert zurück, da unterstellt wird, daß die bei diesem Preis in Region B beobachtbare Besucherquote auf den Raum A übertragbar ist.

Unter den beschriebenen Umständen ergäbe sich eine Zahl von 15.000 (50.000 · 0,3) Besuchern aus Region A. Würden die Besucherkosten um weitere 5 DM auf insgesamt 15 DM gesteigert, wäre ein Rückgang der Besucherquote aus Region A auf 20% konstatierbar, woraus sich eine Gesamtbesucherzahl von 10.000 ergäbe.

Führt man diese Kalkulation für alle Regionen solange durch, bis keine (hypothetische) Nachfrage mehr vorhanden ist, erhält man die in Tabelle 11.2 aufgeführten hypothetischen Besucherzahlen.

Auf die beschriebene Weise können hypothetische Nachfragefunktionen für jede der betrachteten Regionen gebildet werden, die sich anschließend zu einer Gesamtnachfragefunktion aggregieren lassen (vgl. Abbildung 11.5). Die Fläche unter der Ge-

Tabelle 11.2: Zahl der Besucher bei schrittweiser Kostenerhöhung

Region	0	+5	+10	+15	+20
A	25.000	15.000	10.000	5.000	0
B	21.000	14.000	7.000	0	0
C	24.000	12.000	0	0	0
D	9.000	0	0	0	0
Σ	79.000	41.000	17.000	5.000	0

samtnachfragefunktion stellt die angenommene Summe der Zahlungsbereitschaften aller betroffenen Personen dar.

Der Vorteil des Verfahrens liegt darin, daß keine aufwendigen Datenerhebungen notwendig sind. Vielfach kann auf bereits vorhandene Benutzerstatistiken zurückgegriffen werden. Aber auch Schwächen der Methode sind nicht zu übersehen:[282] Hinsichtlich der Entfernungskosten wird mit Pauschalwerten für Kfz-Fahrten gearbeitet. D.h. es wird von identischen Fahrtkosten für alle Besucher aus gleichen Entfernungszonen ausgegangen. Diese Annahme ist nicht unbedingt realistisch. Ein weiterer Einwand besteht gegen die Berechnung "objektiver" Fahrzeugbetriebskosten. Sie verzerren die Ergebnisse, da offensichtlich viele Fahrzeugbesitzer die tatsächlichen Kosten ihres PKW unterschätzen.[283] Korrekter wäre die Verwendung der von den Besuchern "subjektiv" in Rechnung gestellten Fahrtkosten, da sie in das individuelle Entscheidungskalkül eingehen.

Überhaupt ist die Beschränkung der Analyse auf die Fahrtkosten, Eintrittspreise und Ausgaben vor Ort wie z.B. für Verpflegung unbefriedigend, da mit der "Besuchszeit"[284] eine wesentliche Kostenkomponente vernachlässigt wird. In diesem Fall ist eine systematische Unterschätzung des Gesamtnutzens zu befürchten.

Ferner ist zu berücksichtigen, daß viele Besucher Reisen zu einer Freizeiteinrichtung mit Besuchen anderer Einrichtungen, von Verwandten und Freunden etc. ver-

---

282 Zur Kritik an der Reisekostenmethode vgl. z.B. auch *Smith/Kopp* (1980).

283 Vgl. z.B. *Harrison/Quarmby* (1976).

284 Dabei ist sowohl die Fahrtzeit als auch die reine Besuchszeit gemeint. Wird letztere vernachlässigt, besteht die Gefahr verzerrter Ergebnisse [vgl. auch *Pearce/Markandya* (1989), S. 44].

Abbildung 11.5: Zahlungsbereitschaft für eine Freizeiteinrichtung

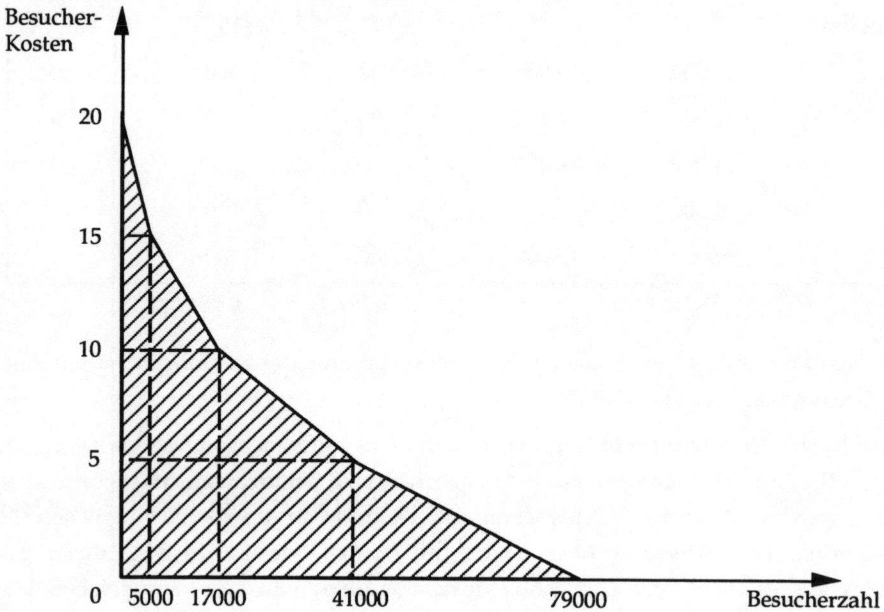

binden.[285] Zur Vermeidung einer Nutzenüberschätzung dürfen nur die den untersuchten Einrichtungen kausal zuzurechnenden Kosten angesetzt werden. Falls die Anfahrt einen Eigennutzen abwirft oder aber mit "Leid" verknüpft ist, muß auch dies entsprechend berücksichtigt werden.

Eine grundlegende Voraussetzung der Reisekostenmethode ist eine ausreichende Zahl von Regionalklassen. Falls nicht genügend Regionen gebildet werden können, kann der Verlauf der Gesamtnachfrage nur sehr ungenau bestimmt werden.

b) Die "Reisekostenmethode unter Berücksichtigung von Nachfrageinterdependenzen

Bei der eben beschriebenen (einfachen) Version der Reisekostenmethode wird unterstellt, daß sich die aus einer bestimmten Entfernungszone stammenden Besucher genauso verhalten wie die Besucher aus weiter entfernten Zonen, wenn man ihnen

285 Vgl. z.B. *Haspel/Johnson* (1982).

ein hypothetisches Entgelt abverlangen würde, welches genau den höheren Reisekosten der weiter entfernt Lebenden entspräche.

Diese Annahme ist jedoch nur dann haltbar, wenn das Untersuchungsobjekt isoliert betrachtet werden kann und die Nachfrage nicht interdependent mit der Nachfrage weiterer Freizeiteinrichtungen ist. Anderenfalls führt die isolierte Bewertung eines Projektes zu Fehlern.

Ausmaß und Richtung der Meßfehler hängen zunächst davon ab, ob die zu betrachtenden Einrichtungen Substitute oder Komplemente sind. Zum anderen spielt die geographische Lage der Wohnorte der Besucher eine Rolle. Ein einfaches Beispiel, in dem von der Existenz zweier Einrichtungen - i und j - ausgegangen wird, verdeutlicht die Zusammenhänge.[286]

Wird eine isolierten Nachfrageschätzung einer Freizeiteinrichtung i durchgeführt, obwohl die Nachfrage auch von Einrichtung j beeinflußt wird, nimmt die Schätzgleichung folgende - aus Veranschaulichungsgründen vereinfachte - Form an:

$$B_i = c - \beta_i RK_i + e_i. \tag{11.12}$$

Mit B_i ist die Zahl der Besuche bezeichnet. RK_i sind die beim Besuch von i anfallenden Reisekosten. Der Schätzkoeffizient β_i zeigt die Steigung der Nachfragefunktion an. Durch e_i werden die Residuen ausgedrückt.

Die Schätzung der "richtigen" Nachfragefunktion erfordert aber auch die Berücksichtigung der beim Besuch von j entstehenden Reisekosten RK_j:

$$\widehat{B}_i = \widehat{c} - \widehat{\beta}_i RK_i + \widehat{\beta}_j RK_j + \widehat{e}_i \tag{11.13}$$

Falls $\widehat{\beta}_i$ und $\widehat{\beta}_j$ korreliert sind, ist der durch Gleichung (11.12) ermittelte Schätzkoeffizient $-\beta_i$ "verzerrt". Der Schätzfehler ("bias") von $-\beta_i$ hängt einerseits vom Vorzeichen von $\widehat{\beta}_j$ ab. Falls die Einrichtungen i und j Substitute sind, ist das Vorzeichen von $\widehat{\beta}_j$ positiv. Im Falle einer komplementären Beziehung zwischen i und j ist das Vorzeichen negativ.[287]

Andererseits wird der bias des Koeffizienten $-\beta_i$ durch die Korrelation zwischen RK_i und RK_j bestimmt. Letztere wird durch die räumliche Lage der Wohnorte der

---

286 Vgl. *Caulkins/Bishop/Bouwes* (1985).

287 Die Möglichkeit einer komplementären Beziehung zwischen verschiedenen Freizeiteinrichtungen ist nicht von der Hand zu weisen. Beispielsweise könnte die Existenz mehrerer Freizeiteinrichtungen die potentiellen Nutzer zur Investition in eine (bessere) Freizeitausrüstung veranlassen, die sich erst bei der Nutzungsmöglichkeit von mehreren Einrichtungen "lohnt".

Besucher determiniert. Zumeist wird angenommen, daß die Reisekosten von einem bestimmten Wohnort zur Einrichtung j (RK_j) abnehmen, wenn die Anfahrtskosten zur Einrichtung i (RK_i) steigen, weil eine Entfernungszunahme bezüglich i gleichbedeutend mit einer Verringerung der Entfernung zu j ist: Je weiter entfernt jemand von Einrichtung i wohnt, desto näher liegt sein Wohnort bei Einrichtung j. Eine solche Situation ist aber nicht zwangsläufig gegeben. Vielmehr können Haushalte, die weiter entfernt von einer Einrichtung leben, gleichzeitig höhere Reisekosten zur anderen Einrichtung aufweisen.

Abbildung 11.6 verdeutlicht die Möglichkeiten. In den Regionen N und S führt die Entfernung von einer Einrichtung automatisch zur Annäherung an die andere Einrichtung. Die Korrelation zwischen RK_i und RK_j ist also negativ. In den Zonen W und O bedeutet ein zunehmender räumlicher Abstand von einer Einrichtung gleichzeitig auch eine weitere Entfernung von der anderen Einrichtung. Folglich besteht im letztgenannten Fall ein gleichgerichteter Zusammenhang zwischen RK_i und RK_j. Insgesamt sind vier Kombinationsmöglichkeiten zwischen dem Vorzeichen von $\hat{\beta}_j$ und den Reisekosten zu unterscheiden:

Fall 1) Die Einrichtungen i und j sind Substitute und die Besucher wohnen in der N-S-Zone

Das Vorzeichen von $\hat{\beta}_j$ ist unter diesen Umständen positiv und zwischen RK_i und RK_j besteht eine negative Korrelation. In diesem Fall ist der Fehler des Schätzkoeffizienten $-\beta_i$ negativ. Die "wahre" Nachfragekurve für i verläuft folglich weiter rechts als die durch Gleichung (11.12) geschätzte Funktion (vgl. Abbildung 11.7a). Ein aus Region N stammender Besucher von Einrichtung i, wird bei einer Erhöhung seiner Besuchskosten RK_i^N auf das Kostenniveau der Besucher aus Region S (RK_i^S) mehr Besuche tätigen als vergleichbare Besucher aus S. Anstelle von B_i^S wird er z.B. die Besuchshäufigkeit $B_i^{N'}$ aufweisen. Im Gegensatz zu den in Gebiet S Lebenden verringern sich nämlich seine Entfernungskosten für die Nutzung von Einrichtung j nicht. Unter den genannten Voraussetzungen erhält man durch eine isolierte Nachfrageschätzung eine - im Vergleich zum "wahren Wert - zu geringe Konsumentenrente.

Fall 2) Die Einrichtungen i und j sind Substitute und die Besucher wohnen in der O-W-Zone

Das tatsächliche Vorzeichen von $\hat{\beta}_j$ ist positiv und zwischen RK_i und RK_j besteht eine positive Korrelation. Unter den getroffenen Annahmen ist der bias von $-\beta_i$ posi-

Abbildung 11.6: Räumliche Verteilungsmöglichkeiten der Wohnorte von Besuchern zweier Freizeiteinrichtungen

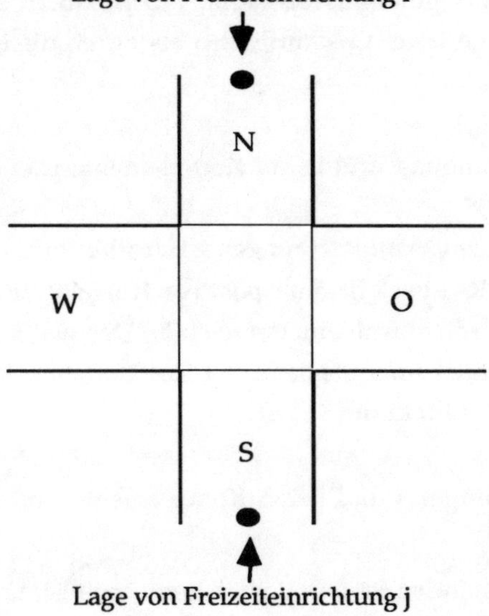

Abbildung 11.7: Mögliche Schätzfehler beim einfachen Reisekostenmodell

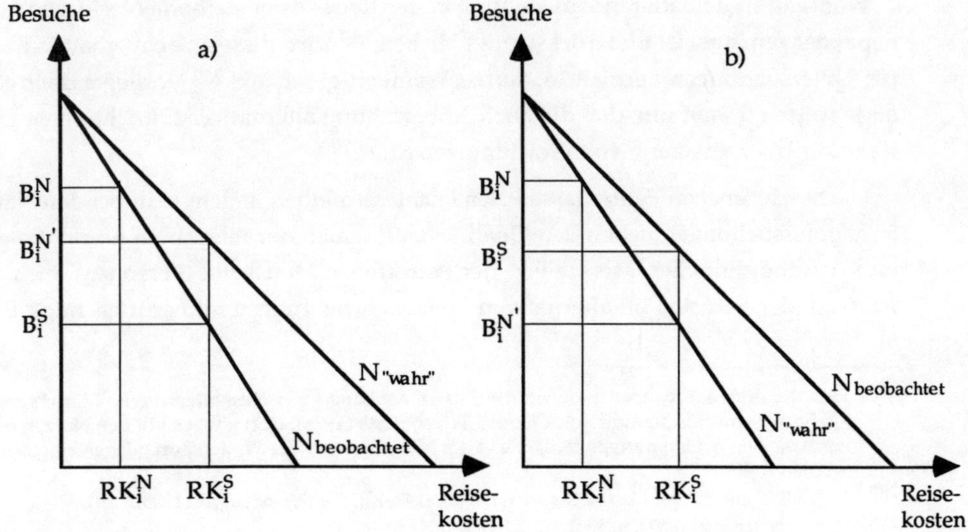

tiv. Dann ist die tatsächliche Nachfrage geringer als die mittels Gleichung (11.12) geschätzten Besucherzahlen. M.a.W. die "wahre" Nachfragekurve befindet links von der ermittelten Nachfrage (vgl. Abbildung 11.7b). Durch eine vollständige Bewertung ergibt sich ein geringer Gesamtnutzen als durch die isolierte Betrachtung von Einrichtung i.

Fall 3) Die Einrichtungen i und j sind Komplemente und die Besucher wohnen in der W-O-Zone

Unter den genannten Voraussetzungen ist das Vorzeichen von $\hat{\beta}_j$ ist negativ und zwischen RK_i und RK_j besteht eine positive Korrelation. Daraus ergibt sich ein Schätzfehler von $-\beta_i$ mit positivem Vorzeichen. Der wahre Verlauf der Nachfragefunktion liegt also weiter links als der unter Zuhilfenahme von Gleichung (11.12) geschätzte Verlauf (vgl. Abbildung 11.7b).

Fall 4) Die Einrichtungen i und j sind Komplemente und die Besucher wohnen in der N-S-Zone

Unter diesen Umständen ist das Vorzeichen von $\hat{\beta}_j$ ist negativ und zwischen RK_i und RK_j besteht eine negative Korrelation. Der Schätzkoeffizient $-\beta_i$ ist folglich nach unten verzerrt. Die tatsächliche Nachfrage ist größer als die statistisch ermittelte Nachfrage (vgl. Abbildung 11.7a).

Während in den älteren Anwendungen der Reisekostenmethode Nachfrageinterdependenzen zumeist unberücksichtigt blieben,[288] wird diesem Sachverhalt in neueren Untersuchungen vermehrte Aufmerksamkeit geschenkt.[289] Vorliegende Ergebnisse weisen darauf hin, daß die Nichteinbeziehung alternativer Einrichtungen meistens zur Überschätzung von Projektnutzen führt.[290]

Die beschriebenen Fehler lassen sich leicht vermeiden, indem man bei den Nachfrageuntersuchungen neben den Qualitätsmerkmalen der relevanten Einrichtungen und den individuellen Merkmalen der betroffenen Haushalte (Personen) auch die Fahrt- und Zeitkosten zu alternativen Freizeiteinrichtungen mitberücksichtigt. Eine

---

288 Eine der ersten Arbeiten, in denen die Zusammenhänge zwischen alternativen Einrichtungen analysiert wurden, stammt von *Cicchetti/Fisher/Smith* (1976). Dort ging es um den Nutzen eines zusätzlichen Wintersportgebietes, das in der Nähe bestehender Wintersportanlagen eingerichtet werden sollte.

289 Vgl. z.B. *Smith/Desvousges/McGivney* [(1983a), (1983b)], *Smith/Desvousges* (1985).

290 Vgl. *Pommerehne* (1987), S. 39 ff.

vollständige Analyse erfordert für jede von j Freizeiteinrichtungen die Schätzung folgender - aus Gründen der Vereinfachung wieder linear gehaltene - Funktion:

$$B_j = c_j + \sum^{n} \alpha_{jn} P_n^p + \sum^{j} \beta_{jj} P_j^{ö} + \sum^{j} \gamma_{jj}(D_j \cdot k_D) + \sum^{j} \delta_{jj}(Z_j \cdot k_Z) + \sum^{j} \varepsilon_{jj} Q_j + \sum^{k} \zeta_{jk} M_k + e_j \quad (11.14)$$

B symbolisiert die Besucherzahl,
c stellt eine Konstante dar,
mit P^p sind die Preise der n privaten Güter bezeichnet,
$P^{ö}$ sind die Preise der j nicht marktlichen Einrichtungen,
D_j sind die Entfernungen zwischen den Wohnorten und den verschiedenen Freizeiteinrichtungen,
Z_j enthält die Fahrzeiten, die jeweils zur Erreichung der verschiedenen Freizeiteinrichtungen benötigt werden,
k_D sind die Fahrtkosten pro Entfernungskilometer,
k_Z sind die Kosten pro Zeiteinheit,
Q symbolisiert die Ausstattung bzw. die Qualität aller Freizeiteinrichtungen und
M_k umfaßt die k persönlichen Merkmale (z.B. Einkommen, Alter) der befragten Personen.

Allerdings muß zur Schätzung von (11.14) recht umfangreiches Datenmaterial erhoben werden. Dies könnte z.B. durch Personenbefragungen oder repräsentative Bevölkerungsstichproben geschehen.

c) Ein Verfahren zur Bewertung von qualitativen Änderungen öffentlicher Einrichtungen

Bei der Verwendung von Funktionen, wie in Gleichung (11.14) dargestellt, können Schwierigkeiten entstehen, wenn man den Einfluß der Einrichtungsqualität auf die Besucherzahlen analysieren möchte. Ein typisches Beispiel wäre die Auswirkung von Gewässerqualitäten von Naturparks auf die Zahl der Besucher.

Versucht man, den Umweltqualitätseinfluß auf die Nachfrage einer Einrichtung isoliert zu schätzen, benötigt man Zeitreihendaten, da bei Verwendung von Querschnittsdaten die Qualität nicht variiert. Somit kann der Einfluß von Qualitätsänderungen auf die Nachfrage nicht identifiziert werden.[291] Die Verwendung von Längsschnittsdaten dürfte in diesem Fall auch dann keine Abhilfe schaffen, wenn die Umweltqualität zwar im Zeitablauf variiert, Qualitätsschwankungen aber nur schwer

291 Geht es lediglich um die Bewertung des Vorhandenseins oder Nichtvorhandenseins einzelner Merkmale, können die hedonischen Preise mittels Dummy-Variablen bestimmt werden.

von zeitlichen Trends isoliert werden können. Das Problem bleibt auch dann bestehen, wenn eine Gruppe von Freizeiteinrichtungen untersucht wird.[292]

Zur Lösung des Problems schlägt *Freeman* [(1979a), S. 212 f.] eine zweistufige Analyse vor. Danach sind im ersten Schritt separate Nachfragefunktionen für alle betrachteten Freizeiteinrichtungen zu schätzten. Dazu muß aus Gleichung (11.14) lediglich Q eliminiert werden. Der nächste Schritt besteht in einer Schätzung der auf der ersten Stufe ermittelten Schätzkoeffizienten in Abhängigkeit von den unterschiedlichen Qualitäten der einzelnen Einrichtungen, z.B.:

$$\gamma_j = a + bQ_j \text{.}^{293} \qquad (11.15)$$

Gleichung (11.15) erfaßt beispielhaft den Einfluß der Umweltqualität auf den Reisekostenkoeffizienten. Dies entspricht der Zahlungsbereitschaft der Betroffenen für unterschiedliche Umweltzustände. Anstelle der Umweltqualität (Gewässergüte, Luftreinheit, Sauberkeit des Strandes usw.) kann auch der Einfluß einzelner Ausstattungsmerkmale auf den Reisekostenkoeffizienten ermittelt werden. Bei sog. Erlebnisbädern könnte u.a. die Bedeutung der Länge von Wasserrutschen, der Höhe und Zahl der Sprungtürme, der Wassertemperatur etc. für den erzielbaren Preis ermittelt werden. Grundlegende Voraussetzung für die beschriebene zweistufige Vorgehensweise ist allerdings das Vorliegen einer hinreichend großen Zahl von Beobachtungen (verschiedenen Freizeiteinrichtungen).

d) Berücksichtigung von Nichtbesuchern

In Zusammenhang mit der Auswertung von Besucherdaten ist ein weiterer Hinweis von Bedeutung: Die ausschließliche Verwendung von Besucherdaten und die Nichtberücksichtigung von Personen, die die betrachteten Einrichtungen nicht besucht haben, kann ebenfalls zu verzerrten Ergebnissen ("truncation bias") führen, da auch in diesem Fall die Gefahr besteht, den Verlauf der Nachfragekurve falsch einzuschätzen.[294]

---

292 Vgl. *Freeman* (1979a), S. 210 f.

293 Das Einsetzen von (11.14) in (11.15) ist gleichbedeutend mit der Einführung von Interaktionstermen in Gleichung (11.14):

$$B_j = c_j + \Sigma \alpha_{jn} P_n^p + \Sigma \beta_{jj} \ddot{P}_j + \Sigma (a D_j \cdot k_D + bQ_j D_j \cdot k_D) + \Sigma \delta_{jj} Z_j \cdot k_Z + \Sigma \zeta_{jk} M_k \,.$$

Zu ökonometrischen Aspekten dieses Ansatzes vgl. *Saxonhouse* (1977).

294 Vgl. z.B. *Smith/Desvousges* (1985), *Pearce/Markandya* (1989), S. 46.

Abbildung 11.8: Einfluß der berücksichtigten Informationen auf den Verlauf einer geschätzten Nachfragefunktion

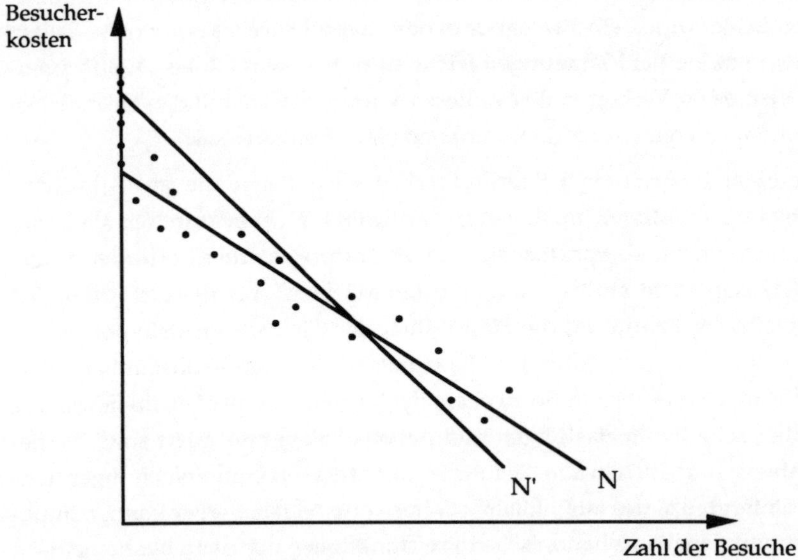

Abbildung 11.8 verdeutlicht das Problem. Dort bildet jeder Punkt eine Beobachtung. Die Beobachtungen sind die Zahl der Besuche einzelner Personen bei bestimmten Reisekosten. Im Rahmen einer ökonometrischen Schätzung wird der Verlauf der Nachfragefunktion "aus der Punktwolke berechnet".

Personen im Einzugsbereich einer Freizeiteinrichtung, die keinen Besuch vornehmen, sehen sich in der Regel mit relativ hohen Besuchskosten konfrontiert. Graphisch bilden diese Leute einen "Pulk" von Beobachtungspunkten auf der Vertikalen. Ohne Beachtung dieser Daten verläuft die geschätzte Nachfragefunktion N flacher als die "wirkliche" Funktion N'. Die tatsächliche Preiselastizität der Nachfrage würde damit überschätzt. Dies kann erhebliche Fehler bei der Berechnung der Zahlungsbereitschaft nach sich ziehen.[295]

295 In Abbildung 11.8 handelt es sich bei Berücksichtigung der Personen, die die Freizeiteinrichtung innerhalb des Beobachtungszeitraums nicht besuchten, um einen Datensatz mit einer Häufung von Besuchen mit dem Wert 0 - sog. "censored data". Die einfache Methode der kleinsten Quadrate (OLS) ist dann zur Bestimmung der Nachfragefunktion wenig geeignet. Ein besseres Verfahren ist das Tobit-Modell [vgl. z.B. *Greene* (1990, S. 724 ff.].

11.1.3 Beurteilung von Marktpreis- und Aufwandmethode

Sowohl die Marktpreis- als auch die Aufwandmethode liefern Ergebnisse, die auf beobachtbarem, tatsächlichem Verhalten der Wirtschaftssubjekte beruhen. Infolgedessen spielen Fehler durch ein strategisches oder hypothetisches Antwortverhalten der Individuen, wie sie bei Befragungen leicht auftreten, keine Rolle. Aus theoretischer Sicht haben beide Verfahren den weiteren Vorteil, daß sie mit den Grundlagen der Mikroökonomie vereinbar bzw. mikroökonomisch fundiert sind.

Die Stärke einer theoretischen Begründbarkeit wird aber dann zur Schwäche, wenn die notwendigen Modellannahmen in der Realität nicht anzutreffen sind oder wenn die Prämissen nicht überprüfbar sind. Die Marktpreismethode erfordert insbesondere ein Gleichgewicht auf den untersuchten Märkten. Aus diesem Grunde ist vor ihrer Anwendung zumindest die Plausibilität der Gleichgewichtshypothese zu prüfen. Eine weitere Voraussetzung der Marktpreismethode sind vollständige Informationen der Wirtschaftssubjekte. So ist ebenfalls sorgfältig zu prüfen, inwieweit die Individuen über Schadstoffbelastungen und Arbeitsrisiken informiert sind. Bei geringem Kenntnisstand dürften die Resultate aus Marktpreisuntersuchungen tendenziell eine Untergrenze des tatsächlichen Güterwerte bilden. Ferner können implizite Nachfragefunktionen aus hedonischen Preisfunktionen nur dann ökonometrisch sinnvoll abgeleitet werden, wenn genügend Informationen vorliegen, um das gesamte Schätzmodell zu identifizieren und weitere Annahmen - wie die räumliche oder zeitliche Homogenität der Nachfrager - erfüllt sind.

Trotz der aufgezeigten Problempotentiale werden vor allem hedonische Immobilienpreisschätzungen zur Bewertung von "Umweltgütern" von vielen Autoren positiv beurteilt.[296] Zur Erzielung hinreichend zuverlässiger Ergebnisse sind aber unbedingt eine ausreichende Datenbasis, eine Prüfung der notwendigen Modellannahmen, befriedigende Umweltqualitätsindikatoren und eine fachkundige Anwendung des ökonometrischen Handwerkzeugs notwendig.

Die Aufwandmethode ist anwendbar unter der Voraussetzung einer vollständigen Substituierbarkeit von nichtmarktlichen Gütern durch private Güter oder bei schwacher Komplementarität zwischen den Gütern. Da eine völlige Substitution nichtmarktlicher (öffentlicher) Leistungen durch private Güter nur relativ selten gegeben sein dürfte, während (schwache) Komplementärbeziehungen häufiger anzutreffen sind, konzentriert sich die Anwendung der Aufwandmethode auf die Märkte,

296 Vgl. z.B. *Pommerehne* [(1987), S. 71 ff.], *Pearce/Markandya* [(1989), S. 35].

auf denen zu nichtmarktlichen Gütern komplementäre marktliche Güter gehandelt werden.

Bei der Aufwandmethode ist zu überlegen, ob das einfache, von *Clawson/Knetsch* entwickelte Verfahren, oder Weiterentwicklungen zur Berücksichtigung von Nachfrageinterdependenzen angemessen sind. Die Anwendung der einfachen Variante sollte auf die - wohl eher seltenen - Projekte beschränkt bleiben, die tatsächlich isoliert stehen oder deren Nachfrage unbeeinflußt von der Nachfrage anderer Einrichtungen ist.

Die Annahme der schwachen Komplementarität dürfte nicht in jedem Fall gelten. Sie würde z.B. implizieren, daß eine Verbesserung der Umweltqualität in einer Region, die von den Individuen nicht oder nur wenig besucht wird (für die also keine oder nur wenige Aufwendungen getätigt werden) keinen oder nur einen geringen Wert in Form der individuellen Zahlungsbereitschaften hat. Damit bleiben - wie auch bei der Marktpreismethode - evt. vorhandene Options-, Existenz- oder Vermächtniswerte (vgl. Abschnitt 11.2.1) völlig außer acht. Infolgedessen sind Marktpreis- und Aufwandmethode besser für nichtmarktliche Güter geeignet, bei denen Options-, Existenz- oder Vermächtniswerte keine oder nur eine geringe Rolle spielen.

Grundsätzlich dürften beide Methoden - methodische Korrektheit vorausgesetzt - Untergrenzen für die tatsächlichen individuellen Bewertungen liefern. Man erhält also tendenziell konservative Schätzungen der individuellen Wertschätzungen.

11.2 Direkte Bewertung

Die bisher vorgestellten Methoden basieren auf der Beobachtung des tatsächlichen Verhaltens von Wirtschaftssubjekten. Der Vorteil der Marktbeobachtungen liegt u.a. in der Vermeidung von hypothetischen Situationen und der Ausschaltung verzerrter Präferenzäußerungen der Betroffenen.

Dafür kommen jedoch nicht unbedingt die von den Individuen wahrgenommen Kosten und Nutzen zur Geltung, die letztlich für Wahlhandlungen ausschlaggebend sind. Bei Anwendung der Reisekostenmethode werden die Kosten für Fahrt- und Besuchszeiten, Kfz-Kosten usw. mehr oder weniger willkürlich vom Analytiker festgelegt.

Die Haupteinwände gegen eine indirekte Präferenzermittlung sind jedoch anderer Natur. Zum einen ist sie nicht geeignet, Options-, Existenz- und Vermächtniswerte (vgl. Abschnitt 11.2.1) zu erfassen.[297] Zweitens versagen Marktbeobachtungen bei ubiquitären Gütern, wo keine Marktreaktionen auf unterschiedliche Güterqualitäten beobachtet werden können. Drittens versagen Marktanalysen in den Fällen, wo zwischen marktlichen und nicht marktlichen Gütern keinerlei substitutive oder komplementäre Beziehung bestehen.[298] Schließlich kann man wie *Pommerehne* [1987, S. 141 f.] argumentieren, daß Marktbeobachtungen auf Vergangenheitswerten beruhen und deshalb nicht geeignet sind, auf zukünftige Entwicklungen bzw. Erwartungen zu schließen.

Als Alternative zu den Methoden der Marktbeobachtung stehen andere "direkte" Bewertungsverfahren zur Verfügung. Die Bandbreite der direkten Präferenzevaluationen variiert zwischen sog. "Laborexperimenten" mit relativ kleinen, meist nicht repräsentativen Personenkreisen[299] und relativ großangelegten Repräsentativbefragungen - sog. "Feldstudien". Im amerikanischen Sprachraum werden Untersuchungen, mit denen unmittelbar versucht wird, die monetäre Wertschätzung von Gütern zu ermitteln, unter dem Begriff ***"contingent valuation method" (CVM)*** zusammenge-

---

297 In diesem Fall besitzt die Annahme schwacher Komplementarität keine Gültigkeit.

298 Bei streng separablen Nutzenfunktionen der Individuen.

299 Häufig werden wegen der teilweise hohen Komplexität der Simulationsexperimente Studenten als Probanden ausgewählt, deren Verhalten nicht die Reaktionsmuster der gesamten Bevölkerung widerspiegelt. Bei Versuchen, einen repräsentativen Querschnitt der Bevölkerung als Teilnehmer zu gewinnen, sind i.d.R. überdurchschnittliche Ablehnungsquoten bei bildungsferneren Schichten und älteren Leuten zu beobachten [so z.B. auch bei *Holm-Müller u.a.* (1991), S. 31].

faßt, der im weiteren Verlauf auch hier verwendet wird.[300] Nicht zur contingent valuation werden die sog. "Budgetspiele" gezählt.[301]

Durch die Monetarisierung ist die CVM grundsätzlich auch als Instrument zur Projektbewertung im Rahmen von Kosten-Nutzen-Analysen geeignet.[302] Folglich hat die CVM vor allem in den USA eine zunehmende Verbreitung bei der Bewertung öffentlicher Güter - insbesondere im Umweltbereich - gefunden.[303]

Eine Bewertung im Rahmen der contingent valuation[304] kann einerseits erfolgen durch die Erfragung der individuellen Zahlungsbereitschaften für den Erhalt eines Vorteils oder zur Vermeidung eines Nachteils ("willingness to pay" = WTP). Andererseits kann auch nach den notwendigen Ausgleichszahlungen für einen verhinderten Vorteil oder für die Akzeptanz eines Nachteils ("willingness to accept" = WTA) gefragt werden. Falls es mit Hilfe der Befragungstechnik gelingt, die "echten" Zahlungsbereitschaften bzw. Entschädigungsforderungen zu ermitteln, entsprechen die Ergebnisse genau den in Abschnitt 4.2 diskutierten *Hick*schen Einkommensvariationen. Die CVM dürfte die einzige zur Zeit bekannte Methodik zur empirischen Ermittlung der einkommensvariierten Nachfrage sein.

---

300 Eine Definition der CVM liefern *Randall/Hoehn/Brookshire* [(1983), S. 637]: "Contingent valuation devices involve asking individuals, in ***survey*** or ***experimental*** (Hervorhebungen durch den Verf.) settings, to reveal their personal valuations of increments (or decrements) in unpriced goods by using contingent markets. These markets define the good or amenity of interest, the status quo level of provision and the offered increment or decrement therein, the institutional structure under which the good is to be provided, the method of payment, and (implicitly or explicitly) the decision rule which determines whether to implement the offered program. Contingent markets are highly structured to confront respondents with a well-defined situation and to elicit a circumstantial choice contingent upon the occurence of the posited situation. Contingent markets elicit contingent choices."

301 "Budgetspiele", bei denen die Individuen bestimmte Budgets auf verschiedenen Verwendungszwecke aufteilen sollen, können nicht der CVM zugerechnet werden, weil sie normalerweise nicht auf die Ermittlung von absoluten Zahlungsbereitschaften, sondern auf die Analyse relativer Präferenzen zielen. Daher ist ihr Wert für praktische Kosten-Nutzen-Untersuchungen begrenzt.
Ein weiterer Einwand gegen Budgetspiele als Instrument zur Präferenzermittlung resultiert aus der Komplexität der Spielsituationen. Zumeist werden deshalb Studenten als Spielteilnehmer geworben. Ob die so gewonnen Ergebnisse als repräsentativ betrachtet werden können, ist fraglich. Übersichten von Budgetspielen finden sich z.B. bei *Pommerehne* [(1987), S. 187 ff.], *Becker/Gretschmann/Mackscheidt* [(1992), S. 71 ff.].

302 Die Einsatzmöglichkeiten der CVM im Rahmen von Kosten-Nutzen-Analysen werden z.B. bei *Brookshire/Crocker* (1981) diskutiert.

303 "...we argue that as things now stand, contingent valuation represents the most promising approach yet developed for determining the public's willingness to pay for public goods" [*Mitchell/Carson* (1989), S. 2].

304 Ausführlich mit der "contingent valuation method" beschäftigen sich die Monographien von *Cummings/Brookshire/Schulze* (1986) und *Mitchell/Carson* (1989).

Es folgt eine Diskussion von Options-, Existenz- und Vermächtniswerten. Anschließend werden bei der CVM auftretende Bewertungsprobleme aufgezeigt. Schließlich werden auftretende Diskrepanzen zwischen WTP und WTA sowie die Bedeutung der originären Zuweisung von Eigentumsrechten für die Bewertungsunterschiede diskutiert.

11.2.1 Options-, Existenz- und Vermächtniswerte

Projektbewertungen mit Hilfe der "klassischen" Instrumente wie die Konsumentenrente (bzw. die maximalen Zahlungsbereitschaft) oder der Reisekostenansatz vernachlässigen unter Umständen einen erheblichen Teil des ökonomischen Gesamtwertes der untersuchten Güter. Diese Konzepte berücksichtigen nämlich lediglich den unmittelbaren "Nutzwert" eines Gutes. Er entspricht dem Nutzen, welcher durch den Konsum bzw. die Benutzung bzw. die Inanspruchnahme entsteht. Güter können jedoch auch einen Wert haben, der nicht in Zusammenhang mit der unmittelbaren Nachfrage steht und damit nicht direkt auf Märkten beobachtbar ist. In diesem Kontext kann zwischen Options-, Existenz- und Vermächtniswerten unterschieden werden. Obwohl die grundlegenden Arbeiten von *Weisbrod* (1964) und *Krutilla* (1967) aus den sechziger Jahren stammen, scheint dieser Aspekt in vielen Kosten-Nutzen-Untersuchungen bis heute vernachlässigt zu werden.[305]

Pearce/Markandya [(1989), S. 23 ff.] unterscheiden zwischen dem Nutzen für aktuelle und potentielle Benutzer ("user benefits") und dem Nutzen für intrinsisch motivierte Wirtschaftssubjekte ("intrinsic benefits").[306] Entsprechend der von beiden Autoren vorgenommenen Klassifikation setzt sich der Gesamtnutzen für tatsächliche und potentielle Nutzer, den wir als "Benutzungswert"[307] bezeichnen wollen ("total user benefits"), aus der Konsumentenrente und dem Optionswert zusammen:

Benutzungswert = Zahlungsbereitschaft für die tatsächliche Inanspruchnahme (Konsumentenrente) + Zahlungsbereitschaft für die Inanspruchnahmemöglichkeit (Optionswert)

Der Optionswert ergibt sich allein aus der *Möglichkeit*, ein vorhandenes Angebot nutzen zu *können*. Beispielsweise besteht der Nutzen eines Theaterangebots nicht nur

---

305 Die Relevanz von Optionsnutzen spiegelt sich bei privaten Gütern teilweise auf Märkten wider. Man denke z.B. an Optionsgeschäfte auf Geldmärkten.

306 *Mitchell/Carson* [(1989), S. 62 ff.] differenzieren zwischen einer "use class of benefits" und einer "nonuse class of benefits".

307 In der deutschsprachigen Literatur findet sich auch der Begriff "Erlebniswert" [vgl. z.B. *Hampicke u.a.* (1991), S. 432 ff.].

in der Zahlungsbereitschaft bzw. der Konsumentenrente der beobachtbaren Theaterbesucher. Auch Nichtbesucher können aus der Möglichkeit, das Theater zu besuchen, einen Nutzen beziehen, sofern sie auch in Zukunft Präferenzen für Theaterbesuche haben. Falls die zukünftigen Präferenzen der Individuen bezüglich Theateraufführungen unsicher sind, kann der Optionswert aber auch negative Werte annehmen. In diesem Fall würde die Konsumentenrente zu einer Überschätzung des Nutzens führen. Falls die Nachfragerpräferenzen sicher sind, jedoch Unklarheit über das Angebot herrscht, dürfte der Optionswert positiv sein.[308]

Der intrinsische Nutzen setzt sich aus dem Vermächtniswert und dem Existenzwert zusammen:

$$\text{intrinsischer Wert} = \text{Existenzwert} + \text{Vermächtniswert}$$

Bestimmten Gütern wie Naturereignissen, Kunst- und Baudenkmälern oder Lebewesen kann ein Vermächtniswert zugeordnet werden, weil manchen Menschen daran gelegen ist, derartige Güter oder Lebewesen ihren Kindern, Enkeln und zukünftigen Generationen zu vererben.[309] Manchen Menschen ist auch an der puren Existenz bestimmter Lebewesen oder Güter gelegen. Beispielsweise votieren manche Menschen für den Erhalt bedrohter Tierarten, vielleicht sogar, ohne sie jemals zu sehen oder "nutzen" zu wollen. Dahinter mögen sich z.B. moralische Normen wie "das Recht zu leben" verbergen. Nach *Pearce/Markandya* bildet die Summe aus dem Benutzungswert und dem intrinsischen Wert den Gesamtnutzen:

$$\text{Gesamtnutzen} = \text{Benutzungswert} + \text{intrinsischer Wert}$$

Derzeit dürfte die CVM die einzige Möglichkeit zur Ermittlung von Options-, Vermächtnis- und Existenzwerten sein. Weder der Reisekostenansatz noch die hedonische Preisermittlung sind dazu in der Lage. Options-, Vermächtnis- und Existenzwerte können bei der Bewertung von vielen nichtmarktlichen Gütern von erheblicher Bedeutung sein. *Greenley/Walsh/Young* (1981) stellten bei der Bewertung eines Naherholungsgebietes fest, daß die Summe von Options-, Vermächtnis- und Existenzwerten den unmittelbaren "Nutzwert" übertraf. *Brookshire/Schulze/Thayer* (1985)[310] ermittelten für die Ansicht des Grand Canyons (Colorado/USA) sogar ein Verhältnis von 66 : 1 zwischen Existenz- und Nutzwert. Es ist zu vermuten, daß

308 Die Nachweise finden sich bei *Bishop* (1982).

309 Auf die Relevanz von Existenz- und Vermächtniswerte deutet beispielsweise das Spendenaufkommen von Naturschutzorganisationen hin. Allerdings erlaubt das Spendenaufkommen keine klare Trennung zwischen Optionswerten und intrinsischen Nutzen.

310 Zitiert nach *Pearce/Markandya* (1989), S. 38 f.

Existenz- und Vermächtniswerte desto mehr ins Gewicht fallen, je einzigartiger - und damit schlechter substituierbar - ein Gut ist.

Allerdings bestehen berechtigte Zweifel an der grundsätzlichen additiven Separabilität einzelner Nutzenkomponenten. Erstens kann eine intensive Nutzung z.B. einer Umweltressource die individuellen intrinsischen Nutzeneinschätzungen beeinflussen. Zweitens steht in Frage, ob die Individuen grundsätzlich in der Lage sind, zwischen den Subkomponenten zu differenzieren und ihnen jeweils einen exakten Wert zuzuordnen.[311] Sofern die Ermittlung des Gesamtwertes im Vordergrund steht, bereitet dieser Aspekt jedoch keine Schwierigkeiten.

Empirisch dürfte aber zumindest eine grobe Differenzierung zwischen der Zahlungsbereitschaft für die tatsächliche Nutzung einerseits sowie dem Optionswert und dem intrinsischen Nutzen auf der anderen Seite möglich sein. *Mitchell/Carson* [(1989), 68 f.] skizzieren zwei Lösungsansätze. Der erste Ansatz besteht zunächst in einer Befragung der Testpersonen nach ihrer Zahlungsbereitschaft für die Nutzung einer Ressource. Dabei wird von der Voraussetzung ausgegangen, daß sie auch tatsächlich eine Benutzungsmöglichkeit haben. Auf diese Weise erhält man annahmegemäß das monetäre Äquivalent des Gesamtnutzens. Anschließend fragt man die gleichen Personen nach ihrer Zahlungsbereitschaft unter der Voraussetzung, daß ihnen der Zugang bzw. die Nutzung verwehrt ist. Die letztgenannte Zahlungsbereitschaft umfaßt die Summe aus Options-, Existenz- und Vermächtniswerten.

Ein zweiter Lösungsansatz erfordert die gleichzeitige Anwendung von CVM und Reisekostenmethode. Unter der Annahme, daß die Befragungsergebnisse der CVM den Gesamtnutzen widerspiegeln und die Ergebnisse der Reisekostenmethode den Nutzen aus der tatsächlichen Inanspruchnahme ausdrücken, läßt sich das Aggregat aus Options-, Existenz- und Vermächtniswerten aus der Differenz zwischen den Resultaten der Umfrage und der Reisekostenuntersuchung bestimmen.

11.2.2 Präferenzermittlungen durch Befragungen

Zur Ermittlung der individuellen Präferenzen im Rahmen einer contingent valuation können mehrere Wege beschritten werden. So können die Testpersonen einfach nach ihrer Zahlungsbereitschaft oder Akzeptanzbereitschaft befragt werden (einstufige Befragung). Diese Frage kann nach Vermittlung der von den Befragungsteilneh-

311 "Instead of going through a mental process in which they value each of the relevant benefit categories and subcategories and then combine these values in their minds to arrive at a total value, respondents are likely to arrive at a global judgement..." [*Mitchell/Carson* (1989), S. 67].

mern benötigten Informationen unmittelbar gestellt werden. Stattdessen kann den Testteilnehmern aber auch ein Fragebogen mit einer Stufenleiter von verschiedenen Geldbeträgen (payment card) vorgelegt werden, von denen einer anzukreuzen ist.

Eine andere Möglichkeit der Präferenzermittlung besteht in mehrstufigen Befragungen: Ausgehend von einem Anfangsgebot wird die marginale "willingness to pay" oder "willingness to accept" durch eine schrittweise Änderung eines von den Analytikern mehr oder weniger willkürlich festgelegten Ausgangsgebotes bestimmt. Die Probanden werden zunächst gefragt, ob sie ein Gut zu einem bestimmten Preis kaufen würden bzw. diesen Preis für die Nutzung einer Einrichtung zu zahlen bereit wären. Lautet die Antwort "ja", wird der Preis sukzessive erhöht, bis die Befragungsteilnehmer Ablehnung signalisieren.[312] Liegt das Anfangsgebot bereits über dem Höchstpreis, wird es solange gesenkt, bis die Interviewten Kaufbereitschaft artikulieren.

Weitere Unterschiede zwischen den CVM-Varianten existieren u.a. hinsichtlich der gegebenen Informationen z.B. über den beabsichtigten Finanzierungsmodus (Einkommensteuer, Eintrittspreis etc.) und der Festlegung der Anreize (z.B. "hypothetisches Geld" versus "echtes Geld").

Da die in eine CVM involvierten Testpersonen sich in einer mehr oder weniger hypothetischen Entscheidungssituation befinden, stellt sich die Frage nach der Übertragbarkeit der Ergebnisse auf tatsächliche Marktsituationen. Zur Vermeidung nicht übertragbarer Resultate ist es notwendig, möglichst "realistische" Situationen zu simulieren. Neben der Finanzierungsweise sollten die Befragten daher z.B. auch möglichst mit den betrachteten Gütern vertraut sein bzw. Erfahrungen mit ihnen gemacht haben. Falls dies nicht der Fall ist, sollten die betrachteten Güter oder Maßnahmen so gut wie möglich beschrieben werden. Um den Antwortgebern eine möglichst genaue Vorstellung von den Projektwirkungen zu vermitteln, werden im Rahmen der Befragungen häufig Fotos oder Skizzen von ähnlichen Einrichtungen bzw. Projekten gezeigt. Sollen beispielsweise zukünftige "Landschaftsverschandelungen" bewertet werden, können auch Fotomontagen vorgelegt werden.

Am Beispiel einer Maßnahme zur Verbesserung der Gewässergüte kann die Formulierung möglichst konkreter Fragen demonstriert werden:

"Können Sie sich an einen Besuch des Gewässers erinnern?"

"Wie oft haben Sie das Gewässer bereits besucht?"

---

312 Falls man die willingness to accept ermitteln will, fragt man umgekehrt nach dem Betrag, der einer Person als Kompensation für den Verzicht auf ein Gut gezahlt werden muß.

"Wären sie bereit, den Betrag von X DM pro Jahr für die Verbesserung zu zahlen, wenn sie über Verbrauchsteuern, Eintrittspreise o.ä. finanziert würde?"

"Wie oft würden Sie das Angebot in Zukunft nutzen?"

Durch derartige Fragestellungen lassen sich Zielsetzungen (Verbesserung der Qualität eines konkreten Gewässers), Erfahrungen und Kenntnisse, konkrete Handlungen, zeitlicher Bezugsrahmen, Finanzierung usw. konkretisieren. Nur auf diese Weise läßt sich der Prognosefehler, der bei einfachen Meinungs- und Einstellungsumfragen zu erwarten ist, reduzieren und die Wertschätzung der Individuen für einzelne "Güterkontingente" hinreichend zuverlässig ermitteln.

11.2.2.1 Mögliche Fehlerquellen

Bei der Durchführung der contingent valuation können - die für Befragungen typischen - Probleme auftreten. Durch ein geeignetes Untersuchungsdesign sind diese Schwierigkeiten jedoch normalerweise identifizierbar. Häufig lassen sich Wege zur Umgehung oder Milderung finden. Die wichtigsten Problembereiche werden nun kurz aufgezeigt.

Die Resultate von Kontingentbewertungen können beeinflußt sein a) durch strategische Präferenzäußerungen der Befragten, b) die Art der Fragestellung, c) die Art der in Aussicht gestellten Finanzierung, d) den Informationsstand der Befragten, e) den hypothetischen Charakter der Befragung und f) die isolierte Ermittlung des Wertes eines Gutes.

a) Strategisches Verhalten

Aus der ökonomischen Theorie öffentlicher Güter ist bekannt, daß bei einer Nichtausschließbarkeit einzelner Personen von der Nutzung eines Gutes für die befragten Individuen Anreize zu einer verzerrten Präferenzdarstellung bestehen. Die Individuen werden in diesem Fall ihre Wertschätzung für ein Gut - gemessen an den "wahren" Präferenzen - geringer darstellen, um nicht oder nur unwesentlich zur Finanzierung herangezogen zu werden ("Trittbrettfahrerverhalten").[313]

---

313 Vgl. Abschnitt 9.2. Verzerrte Antworten könnten auch noch aus einem anderen Motiv resultieren. Viele Individuen wollen sich nicht offenkundig in Widerspruch zu gesellschaftlichen Normen setzen. Sie geben deshalb die Antworten, von denen sie glauben, daß sie von ihnen erwartet werden, anstelle ihre wahre Zahlungswilligkeit zu bekunden. Dies kann nicht als Free-Rider-Verhalten im Sinne der ökonomischen Theorie interpretiert werden, da das Motiv nicht die Übervorteilung anderer ist. Vielmehr dürfte sich dahinter der Wunsch verbergen, akzeptiert zu werden oder nicht aufzufallen.

Eine der ersten Arbeiten auf diesem Feld ist die vielzitierte Analyse von *Bohm* (1972). *Bohm* befragte zufällig ausgewählten Testpersonen nach ihrer Zahlungsbereitschaft für eine Fernsehsendung. Verschiedenen Personengruppen wurde jeweils ein anderer Zahlungsmechanismus mit variierenden Anreizen zum Freifahren signalisiert. Fünf Personengruppen wurde mitgeteilt, daß die Zahlungsbereitschaft der Befragten insgesamt einen bestimmten Betrag überschreiten müsse, damit die Sendung überhaupt bereitgestellt wird. Damit hatte die Fernsehsendung für die ersten fünf Personenkategorien Eigenschaften eines Kollektivgutes. Die Nebenbedingung der ausreichenden kollektiven Zahlungsbereitschaft wurde für eine sechste Kontrollgruppe aufgehoben, so daß die Fernsehsendung für die Mitglieder dieser Gruppe die Eigenschaft eines privaten Gutes annahm. Die Mitglieder der sechsten Gruppe wurden zunächst nach ihrer hypothetischen Zahlungsbereitschaft gefragt. Anschließend wurden sie nach ihrer Zahlungsbereitschaft für den Fall gefragt, daß nur die 10 % der Meistbietenden in den Genuß der Sendung kämen. Dazu konnten sie ihre erste Antwort revidieren.

Interessanterweise unterschieden sich die mittleren Zahlungsgebote der ersten fünf Personengruppen trotz unterschiedlich vorgegebener Anreize zum Trittbrettfahren nicht signifikant voneinander. Die Werte lagen aber signifikant unter den von Gruppe sechs durchschnittlich bekundeten Zahlungsbereitschaften.

Zwei andere häufig zitierte Untersuchungen des Trittbrettfahrens stammen von *Pommerehne/Schneider* (1980) und *Brubaker* (1982). In beiden Arbeiten wurden jeweils die Zahlungsbereitschaften unter drei verschiedenen Anreizstrukturen verglichen. Einer Personengruppe wurde mitgeteilt, daß nur die höchsten Gebote berücksichtigt würden. Alle anderen Bieter sollten keine Leistung erhalten. Einer zweiten Personengruppe wurde signalisiert, daß der Gesamtwert aller Gebote einen Mindestbetrag überschreiten müsse. Beim Überschreiten dieses Betrages würden die individuellen Zahlungen proportional zur persönlichen Zahlungsbereitschaft reduziert. Der dritten Gruppe wurde mitgeteilt, daß alle Personen, die einen Zahlungsbeitrag leisten würden, in den Genuß des Angebots kämen. Erwartungsgemäß waren die Zahlungsgebote der ersten Gruppe am höchsten, die der zweiten Gruppe lagen in der Mitte, während die Gebote der dritten Gruppe am geringsten waren.

Die bezüglich des Free-Rider-Verhaltens vorliegenden empirischen Resultate[314] deuten insgesamt darauf hin, daß das Ausmaß des Trittbrettfahrerverhaltens in der

---

314 Vgl. dazu die Ergebniszusammenfassungen bei *Cummings/Brookshire/Schulze* [(1986), S. 21 ff.] und *Mitchell/Carson* [(1989), S. 139 ff.].

Vergangenheit wohl überschätzt wurde.[315] Die sog. "starke Variante" des Free-Rider-Verhaltens, nach der die Individuen ihre Präferenzen gar nicht offenbaren, konnte empirisch nicht verifiziert werden. Überwiegend wurde in den einschlägigen Untersuchungen die "schwache Variante" des Trittbrettfahrens festgestellt, wonach von den Befragten ein Teil ihrer Zahlungsbereitschaft offenbart wird. Nimmt man die individuellen Gebote unter Auktionsbedingungen als "wahre" Zahlungsbereitschaft und als Referenzgröße, schwanken die strategisch verzerrten Gebote zwischen ca. 60% und 95% der wahren Werte.[316]

Für das Ausmaß des Trittbrettfahrerverhaltens scheint neben dem eigenen Finanzierungsbeitrag der Individuen auch die Gruppengröße bedeutsam. Die Ergebnisse von *Marwell/Ames* [(1979), (1980)] und *Chamberlin* (1978) sprechen exemplarisch für eine mit steigender Gruppengröße ebenfalls anwachsendes Bereitschaft zum Trittbrettfahren.

Um Ergebnisverfälschungen zu vermeiden, ist es bei den Zahlungsbereitschaftsbefragungen auf jeden Fall notwendig, die Anreize zum Schwarzfahren zu kontrollieren. Eine recht leicht zu handhabende Möglichkeit stellt die *Bohm* (1979) vorgeschlagene und auch angewandte[317] sog. ***"Intervallmethode"*** dar. Danach werden einer Hälfte der Befragungsteilnehmer Anreize zur Überschätzung ihrer Präferenzen gegeben (z.B. durch die Mitteilung, sie bräuchten nicht oder nur geringfügig zur Finanzierung beizutragen), während den übrigen Personen Anreize zur Unterschätzung gegeben werden (z.B. durch die Behauptung, sie müßten entsprechend ihrer geäußerten Zahlungsbereitschaft zahlen). Aus den Antworten beider Teilnehmergruppen erhält man nach *Bohm* eine obere und untere Grenze (und damit ein Konfidenzintervall) für die "wahre" Zahlungsbereitschaft.

Schulz (1985) wendete die *Bohm*sche Intervallmethode bei einer großangelegten Befragung in (West)Berlin zum Wert sauberer Luft an. Dabei äußerten Personen, die glaubten, nichts zahlen zu müssen, eine ungefähr doppelt so hohe Zahlungsbereitschaft für Ferienluft (138 DM pro Monat) wie die Befragungsteilnehmer, die davon ausgehen konnten, entsprechend ihrer bekundeten Zahlungsbereitschaft auch tat-

---

315 "... the authors find impressive the consistent lack of success in identifying such biases in these studies. Thus, while acknowledging the absence of a basis for categorical conclusions in this regard, we suggest that at a minimum, a basis does exist for diminishing the 'priority' position in research agendas that the strategic bias hypothesis has enjoyed for the past decade" [*Cummings/Brookshire/Schulze* (1986), S. 26]. Ähnlicher Meinung ist *Faber* (1986), S. 163 f.

316 Vgl. die Ergebnisübersicht bei *Mitchell/Carson* (1989), S. 147.

317 Vgl. *Bohm* (1984).

Abbildung 11.9: Zahlungsbereitschaft für saubere Luft in Abhängigkeit von der Zahlungsmodalität

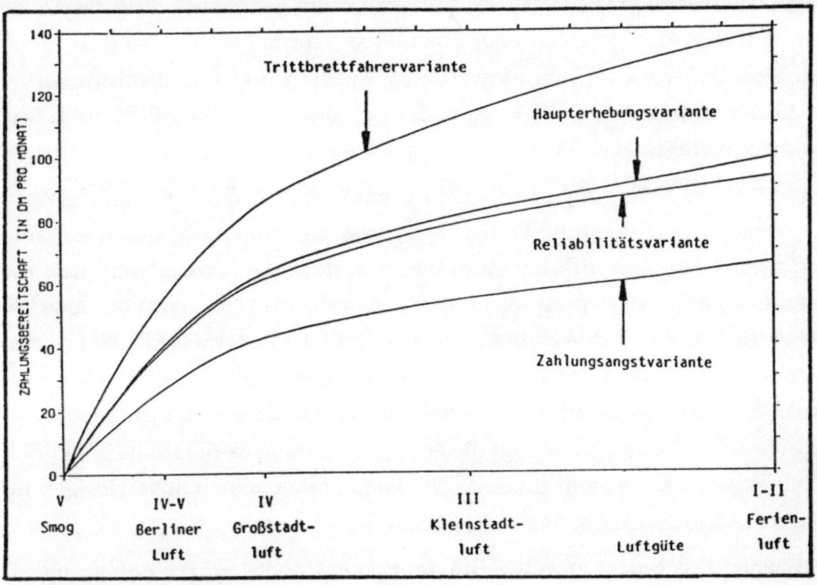

Quelle: *Schulz* (1985), S. 204.

sächlich zur Kasse gebeten zu werden (66 DM pro Monat).[318] Statistisch unterschieden sich die Antworten zwischen den beiden Teilnehmergruppen signifikant voneinander. In Abbildung 11.9 ist das von Schulz ermittelte "Zahlungsbereitschaftsintervall" wiedergegeben.

b) Art der Fragestellung, Skaleneinflüsse und Wahl des ersten Gebotes

Hinsichtlich der Frage nach der Zahlungsbereitschaft ist grundsätzlich zwischen "geschlossenen" und "offenen" Frageformen zu unterscheiden. Offene Fragen ermöglichen den Probanden eine selbständige Antwortformulierung, während geschlossene Fragen die möglichen Antwortalternativen vorgeben. Geschlossene Fragen transformieren die kardinal skalierten individuellen Zahlungsbereitschaften in ordinal skalierte Werte, weil den Teilnehmern üblicherweise Antwortintervalle vorgegeben

318 Vgl. *Schulz* (1985), S. 203 ff.

werden.[319] Da die Befragten auf diese Weise ihre tatsächliche Zahlungsbereitschaft nur näherungsweise wiedergeben können, entstehen Informationsverluste. Ferner können bei geschlossenen Fragen von den Antwortskalen Einflüsse auf die Ergebnisse ausgehen.[320] Der Vorteil geschlossener Fragen kann darin bestehen, daß sie bestehende Unsicherheiten bei der Meinungsbildung mildern und Phantasieantworten verhindern. Skaleneinflüsse und Wirkungen der Frageformen lassen sich durch Pretests und Kontrollbefragungen klären.

Sofern eine iterative Befragung durchgeführt wird, ist zu bedenken, daß die Wahl des ersten Gebotes (Ausgangspunkt) die Befragungsergebnisse beeinflussen kann. Dazu lassen zwei Gründe anführen. Zum einen besteht die Möglichkeit, daß die Befragungsteilnehmer den Erstpreis als Hinweis auf den "wahren" Wert der angebotenen Güter werten. Dies wird vor allem dann der Fall sein, wenn sie keine eigenen konkreten Vorstellungen über den Nutzen eines Angebotes haben. Zweitens werden einige Testpersonen zu einem schnellen Spielabbruch tendieren, um die Interviewzeit zu verkürzen. In beiden Fällen liegt die erfragte Zahlungsbereitschaft in der Nähe des Ausgangsgebotes. Sie stellt unter diesen Umständen keinen zuverlässigen Indikator für die tatsächliche Zahlungsbereitschaft dar.

Die empirischen Ergebnisse zum Einfluß des ersten Gebots auf die Befragungsergebnisse sind widersprüchlich. Während z.B. *Schulze/d'Arge/Brookshire* (1981) und *Thayer* (1981) keinen signifikanten Effekt feststellen konnten, kommen u.a. *Boyle/Bishop/Walsh* (1985) zum gegenteiligen Schluß.[321] Allerdings berichten die letztgenannten Autoren, daß der im Rahmen hypothetischer Befragungen auftretende "starting point bias" nicht auftritt, wenn den Individuen tatsächlich Geld angeboten wird.[322]

Um den eventuellen Einfluß des vom Interviewer festgelegten Ausgangsgebotes auf die Zahlungsbereitschaft auszuschalten, wurde in einigen Untersuchungen den Testpersonen die Festlegung des Zahlungsgebotes überlassen.[323] Dies geschah in

---

319 Die Befragungsteilnehmer können nicht ihre exakte Zahlungsbereitschaft artikulieren, sondern können ihre Zahlungsbereitschaft nur einem Werteintervall zuordnen. Die zulässigen Antworten auf die Zahlungsbereitschaftsfrage können z.B. lauten: 0 DM, 1-25 DM, 26-50 DM, 51-75 DM, 76-100 DM usw.

320 So z.B. bei *Holm-Müller u.a.* (1991), S. 83 ff.

321 Einen ausführlicheren Überblick der Ergebnisse verschiedener Untersuchungen zum "starting point bias" geben *Cummings/Brookshire/Schulze* [(1986), S. 28 ff.]. Vgl. auch *Mitchell/Carson* (1989), S. 44 ff.

322 "We would interpret this as a evidence for the hypothesis that the starting bid has a significant positive influence on final bids in contingent markets. Furthermore, this phenomenon does not seem to be present once real money becomes involved" [*Bishop/Heberlein* (1986), S. 136].

323 Vgl. *Cummings/Brookshire/Schulze* (1986), S. 30 f.

Form von "payment cards", auf denen eine weite Spanne von Geldbeträgen aufgelistet wurde und die Probanden ihre Zahlungsbereitschaft ankreuzen konnten.[324] Es zeigte sich, daß die per payment card (ohne Iterationsprozeß) ermittelten durchschnittlichen Zahlungsbereitschaften deutlich unter den Geldbeträgen lagen, die von Vergleichspersonen im Rahmen iterativer Befragungen geboten wurden. Möglicherweise schöpft der "Payment-Card-Ansatz" die maximale Zahlungswilligkeit der Teilnehmer nicht aus und das Iterationsverfahren ist besser geeignet, sich an die "wahre" Zahlungswilligkeit der Individuen heranzutasten. Aus diesem Grunde empfehlen *Cummings/Brookshire/Schulze* [(1986), S. 31] eine iterative Vorgehensweise.

In einer neueren Studie können *Bishop/Heberlein* (1986) keine signifikanten Ergebnisunterschiede zwischen verschiedenen Befragungstechniken feststellen und ziehen den Wert der "bidding games" angesichts hoher Kosten in Zweifel. Interessanterweise beobachteten die Autoren ebenfalls eine Abhängigkeit der Unterschiede zwischen Start- und Endgebot vom hypothetischen Zahlungscharakter. In den Fällen, wo es um echtes Geld ging, waren die Differenzen deutlich geringer als bei rein hypothetischen Fragestellungen.

c) Einfluß des Finanzierungsinstruments und des Zahlungsempfängers

Viele der bisher durchgeführten Untersuchungen weisen auf einen starken Einfluß der angekündigten Finanzierungsart auf die Befragungsergebnisse hin.[325] Offenbar kann die individuelle Zahlungsbereitschaft davon abhängen, ob die in Aussicht gestellten Leistungen z.B. über Einkommensteuern, Umsatzsteuern oder Eintrittspreise finanziert werden sollen.

Hierzu lassen sich mehrere Begründungen anführen. Zum einen können die Befragten Aversionen gegen bestimmte Finanzierungsformen hegen oder sie als "ungerecht" empfinden. Wenn jemand z.B. die Finanzierung von Umweltschutzmaßnahmen auf regionaler Ebene als ungerecht empfindet, weil überregional auch Nichtzahler davon profitieren, wird seine Zahlungsbereitschaft bei einer regionalen Finanzierung im Vergleich zu einer überregionalen Finanzierungsweise geringer sein.[326] Das

---

324 Dieser Ansatz entspricht näherungsweise einer offenen Fragestellung, wo überhaupt keine Antwortanhaltspunkte vorgegeben werden.

325 Vgl. *Cummings/Brookshire/Schulze* [(1986), S. 31 ff.]. Die Finanzierungsart wird in der englischsprachigen Literatur als "vehicle" bezeichnet, so daß der Einfluß der Zahlungsart dort "vehicle bias" benannt wird.

326 *Greenley/Walsh/Young* (1981) stellten bei einer Untersuchung über den Wert des Erhaltes eines Erholungsgebietes fest, daß die Zahlungsbereitschaft bei einer Finanzierung über Abwasserabgaben nur ein Viertel des Wertes betrug, der sich bei einer angekündigten Finanzierung über eine

Gerechtigkeitsempfinden kann auch von den Vermutungen der Befragten über die Verursacher von Schäden abhängen. *Holm-Müller u.a.* [(1991), S. 66] stellten fest, daß 92% der Befragten für die Anwendung des Verursacherprinzips votierten und gleichzeitig 74% der Befragten "die Industrie" für den Hauptverursacher von Umweltschäden hielten. Hier ist zu vermuten, daß aus Sicht der Befragten auch die Hauptfinanzierungslast zur Beseitigung von Umweltschäden der Industrie aufgebürdet werden sollte, so daß die von den Privaten artikulierte Zahlungsbereitschaft eher nach unten verzerrt sein dürfte. Zum anderen spielen die Ausweich(Substitutions)möglichkeiten eine Rolle. Je geringer die Ausweichmöglichkeiten, desto geringere Zahlungsbereitschaften sind zu erwarten. So scheint der Wert einer Einrichtung bei einer Finanzierung über indirekte Steuern höher bewertet zu werden als bei der Erhebung von Eintrittsgeldern.[327]

In der Praxis dürfte die Grenze zwischen dem Einfluß der Finanzierungsart und dem Trittbrettfahrerverhalten auf die bekundete Zahlungsbereitschaft nicht einfach zu bestimmen sein, da sich beide Fehlerquellen teilweise nur durch das Antwortmotiv der Individuen unterscheiden. Das Trittbrettfahrerverhalten ist dadurch gekennzeichnet, daß die Befragungsteilnehmer ihre tatsächliche Zahlungsbereitschaft grundsätzlich nicht signalisieren wollen, um ihren Finanzierungsbeitrag zu reduzieren. Bestimmte Arten der Beitragserhebung können die Individuen ebenfalls zu einer nach unten verzerrten Präferenzbekanntgabe veranlassen, obwohl die Testpersonen bei einem anderen Beitragsmodus durchaus bereit wären, ihre "wirkliche" Zahlungsbereitschaft zu offenbaren.[328]

Erhöhung der allgemeinen Verbrauchsteuer ergab. Als Ursache wird von den Autoren der Umstand genannt, daß die Abwasserabgabe nur von Hauseigentümern und Mietern gezahlt wird, während eine Verbrauchsteuer von einem größeren Personenkreis - z.B. auch von den Touristen - getragen wird.

327 Vgl. *Daubert/Young* (1981) zitiert nach *Cummings/Brookshire/Schulze* [(1986), S. 32], *Schulze/d'Arge/Brookshire*(1981).

328 Einer Untersuchung von *Cronin/Herzeg* (1982) zufolge zeigten Personen, denen mitgeteilt wurde, daß eine bestimmte Maßnahme aus dem Bundeshaushalt gezahlt wurde, eine signifikant höhere Zahlungsbereitschaft als Bürger, denen eine Finanzierung der gleichen Maßnahme über lokale Steuern in Aussicht gestellt wurde. Bei einer Finanzierung über Bundessteuern werden die Betroffenen kaum zur Finanzierung herangezogen. Die Finanzierungslast wird überwiegend von Dritten getragen, so daß zunächst das Trittbrettfahrermotiv zu vermuten ist. Vielleicht wird die entsprechende Maßnahme aber auch als Bundesaufgabe angesehen.
Die im Vergleich zu nicht kostenloser Abgabe zumeist höhere Zahlungsbereitschaft der Individuen bei kostenloser Bereitstellung eines Gutes könnte auch darauf zurückzuführen sein, daß die geäußerte Zahlungsbereitschaft im ersten Fall lediglich die Konsumentenrente reflektiert, während im Falle der kostenlosen Bereitstellung die maximale Zahlungsbereitschaft geäußert wird.

Auch zwischen dem von den Befragten akzeptierten Zahlungsinstrumenten und ihrem Informationsstand dürfte ein enger Zusammenhang bestehen. Falls den privaten Haushalten bekannt wäre, daß sie in höherem Maße an der Umweltverschmutzung beteiligt sind als von ihnen angenommen wird, wären sie vielleicht zu höheren Zahlungen bereit.

Ein ebenfalls sehr interessantes Ergebnis ermittelten *Hampicke u.a.* [(1991), S. 520 f.] bezüglich des Zahlungsempfängers. Auf die Frage, wie viel die Teilnehmer für den Biotop- und Artenschutz zu zahlen bereit wären, wenn alternativ eine Bundesbehörde oder eine Stiftung die einfließenden Gelder verwalten würde, ergab sich eine signifikant höhere Zahlungsbereitschaft für den Fall einer Stiftungsverwaltung. "Das Vertrauen in die Bundesbehörde hinsichtlich der Sicherung der Artenvielfalt für die kommende Generation ist nicht sehr ausgeprägt".[329]

d) Kenntnisstand der Befragungsteilnehmer

Die Bedeutung bestimmter Informationen - des Startgebotes und der Finanzierungsform - wurden bereits angesprochen. Darüber hinaus sind aber auch weitere, den Befragungsteilnehmern zur Verfügung stehende Informationen für die monetäre Bewertung von Bedeutung. Selbst die Reihenfolge (Sequenz) der den Befragungsteilnehmern bekanntgegebenen Informationen kann eine Rolle spielen.

Die Wirkung der Reihenfolge der Informationsgebung auf die individuelle Wertschätzung von Maßnahmen zur Luftverbesserung untersuchten beispielsweise *Brookshire u.a.* (1981). In dieser Studie wurden zwei Personengruppen unabhängig voneinander in unterschiedlicher Reihenfolge über den Einfluß der Luftqualität auf die Sichtbedingungen sowie auf akute und chronische Gesundheitsbeeinträchtigungen in Kenntnis gesetzt. Die durchschnittlichen Zahlungsgebote beider Gruppen unterschieden sich signifikant sowohl für die isolierte Verminderung jeder einzelnen der drei negativen Auswirkungen als auch für die simultane Reduzierung aller drei Effekte.

Wenn man Personen befragt, wieviel sie z.B. für die Verbesserung der Wasserqualität zahlen würden, kann die Antwort davon abhängen, ob ihnen mitgeteilt wird, wie viel bisher zur Reinhaltung der Gewässer ausgegeben wird bzw. wie hoch die bisherige Steuerlast ist. Zu diesem Aspekt liefern zwei Arbeiten von *Cronin/Herzeg* (1982) und *Schulze u.a.* (1983) widersprüchliche Ergebnisse.[330] Während *Cronin/Her-*

329 *Hampicke u.a.* (1991), S. 521.
330 Zitiert nach *Cummings/Brookshire/Schulze* (1986), S. 34.

zeg feststellen, daß sich die Zahlungsbereitschaften zwischen informierten und uninformierten Personen signifikant unterscheiden, können *Schulze u.a.* keine Antwortdifferenzen zwischen den über das bisherige Ausgabenniveau in Kenntnis gesetzten Personen und den Uninformierten feststellen.

Bei einer von *Rowe/d'Arge/Brookshire* (1980) durchgeführten Untersuchung wurde allen Teilnehmern zunächst mitgeteilt, daß sie einen Finanzierungsbeitrag in Höhe des Durchschnittsgebotes aller Teilnehmer zu tragen hätten. Eine Teilgruppe wurde über die durchschnittliche Zahlungsbereitschaft der anderen Personen in Kenntnis gesetzt, während die zweite Gruppe von Befragungsteilnehmern über die Wertschätzung der anderen Personen in Unkenntnis gelassen wurde. Die Informierten äußerten niedrigere Zahlungswilligkeiten als die uninformierten Testteilnehmer. Vermutlich wurden Personen mit einer überdurchschnittlichen Zahlungsbereitschaft von der Kenntnis der Durchschnittswerte beeinflußt und äußerten infolgedessen nach unten verzerrte Präferenzen. Diese Beobachtung spricht dafür, bei der Durchführung von Befragungen die Zahlungswilligkeit anderer Teilnehmer nicht bekanntzugeben.[331]

Eine andere Schwierigkeit folgt aus mangelnden Kenntnissen der Eigenschaften der zu bewertenden Güter. Vielfach sollen die Testpersonen die Wertschätzung von Gütern äußern, mit denen sie weniger vertraut sind als mit Gütern, die sie auf realen Märkten nachfragen. Während die Individuen "im wirklichen Leben" häufig sehr viel Zeit haben, sich mit einzelnen Gütern zu beschäftigen, Informationen und Erfahrungen zu sammeln usw., bevor sie sich entscheiden müssen, verbleibt bei den Interviews vergleichsweise wenig Zeit zur Urteilsbildung. Insbesondere bei der Bewertung neuartiger oder den Befragungsteilnehmern wenig vertrauten Gütern können Bewertungsprobleme auftreten. Daher scheint in diesem Fall eine sorgfältige Beschreibung der Gütereigenschaften bzw. Projektwirkungen besonders wichtig.

Schulz (1985) stellte fest, daß Personen, die gut über den Luftverschmutzungsprozeß und die Schäden der Luftverschmutzung informiert waren, eine signifikant höhere Zahlungsbereitschaft für eine Verbesserung der Luftqualität bekundeten als Schlechtinformierte. Zu einem ähnlichen Ergebnis kommen *Holm-Müller u.a.* [(1991), S. 91 ff.]. In diesem Zusammenhang wäre allerdings die Kausalbeziehung zu klären. Denkbar sind zwei Richtungen des Ursache-Wirkungs-Zusammenhangs. Einerseits

331 Dieselbe Position vertritt *Arrow* [(1986), S. 184]. Er weist ferner auf möglicherweise eintretende Ergebnisverfälschungen durch Informationen aus zweiter Hand hin: Uninformierte Personen richten sich vermutlich nach den Präferenzen, die von als informiert geltenden Personen geäußert werden.

ist es möglich, daß die Menschen mit höheren Präferenzen für Umweltgüter sich mehr für Umweltprobleme interessieren und infolgedessen besser informiert sind. In diesem Fall hätte eine Wissensgabe an Schlechtinformierte keine Auswirkungen auf deren Zahlungsbereitschaft. Würden aber andererseits verbesserte Kenntnisse bei den wenig Informierten deren Präferenzen zugunsten von Umweltgütern ändern, wären die bisher ermittelten gesellschaftlichen Zahlungsbereitschaften für eine verbesserte Umwelt stark nach unten verzerrt, wenn sich folgendes Umfrageresultat von *Holm-Müller u.a.* [(1991), S. 65] verallgemeinern ließe: "Insgesamt muß der Informationsstand der Bevölkerung auch heute noch als eher gering angesehen werden". Gehen wir bis zur Gewinnung weiterer Erkenntnisse davon aus, daß in der Realität ein Teil der Schlechtinformierten geringe Präferenzen für Umweltgüter hat, während der andere Teil der Schlechtinformierten bei besserer Kenntnis von Ursache- und Wirkungszusammenhängen beim Umweltschutz seine Präferenzen signifikant zugunsten besserer Umwelt ändert, so sind die bisher ermittelten Zahlungsbereitschaften für Umweltgüter - gemessen an einer wohlinformierten Bevölkerung - zu gering.

e) Hypothetische Befragungssituationen[332]

Ein anderer Einwand richtet sich gegen den oftmals hypothetischen Charakter von Befragungen, die den Prognosewert der contingent valuation in Frage stellen.[333] Da reale Entscheidungssituationen durch Befragungen nur mehr oder weniger gut nachgestellt werden können, besteht die Gefahr, daß Testergebnisse verzerrt sind. Die Teilnehmer werden gefragt, was sie bereit zu zahlen wären, ohne daß sie aber tatsächlich zahlen müssen. Man kann argumentieren, eine realistische Entscheidungssituation erfordere auch eine faktische Zahlungsbelastung der Individuen. Bisher sind aber nur wenige Experimente bekannt, in denen die Teilnehmer auch tatsächlich zur Zahlung des von ihnen angegebenen Betrages herangezogen wurden.[334]

Eine der meistzitierten Arbeiten, die sich mit der Wirkung hypothetischer Geldzahlungen befaßt, stammt von *Bishop/Heberlein* (1979).[335] Darin wurden signifikante Differenzen zwischen den Antworten der Probanden, die hypothetisch zahlen muß-

---

332 Ausführliche Diskussionen finden sich bei *Cummings/Brookshire/Schulze* [(1986), S. 49 ff.] und *Mitchell/Carson* (1989), S. 171 ff.

333 "Ask a hypothetical question and you get a hypothetical answer" {*Scott* [(1965), S. 369] zitiert nach *Bishop/Heberlein* [(1986), S. 146]}.

334 Eine Zusammenfassung findet sich bei *Mitchell/Carson* (1989), S. 193 ff.

335 Vgl. auch *Bishop/Heberlein/Kealey* (1983).

ten und denjenigen, welche tatsächlich zahlen sollten, festgestellt. *Bishop/Heberlein* befragten zufällig ausgewählte Gänsejagdlizenzinhaber, die ihre Lizenz kostenlos per Losentscheid erhielten,[336] sowohl nach dem (hypothetischen) monetären Ausgleich (willingness to accept), der sie zur Aufgabe ihrer Jagdlizenz bewegen würde als auch nach dem (hypothetischen) Betrag, den sie für den Erwerb einer Jagdberechtigung zu zahlen bereit wären (willingness to pay). Anderen ebenfalls zufällig ausgewählten Lizenzbesitzern boten sie für ihre Jagdlizenz tatsächlich einlösbare Schecks in Höhen zwischen 1 $ und 200 $. Zur Kontrolle wurde die Wertschätzung der Jagdlizenzen einer dritten Gruppe von Jägern durch die oben vorgestellte Reisekostenmethode berechnet. Es stellte sich heraus, daß der Erwartungswert der aktuellen WTA (mit konkretem Geld) mit 63 $ signifikant unter dem Erwartungswert der hypothetischen WTA mit 101 $ lag. Diese Werte wurden deutlich vom Erwartungswert der Zahlungsbereitschaft in Höhe von 21 $ unterschritten. Die Fahrtkosten der dritten Gruppe betrugen im Durchschnitt 32 $.[337]

Diese Untersuchung war jedoch einiger Kritik ausgesetzt, die die Ergebnisse in Frage stellen.[338] *Bishop/Heberlein* [(1986), S. 126)] weisen später selbst darauf hin, daß die Geldgebote nur begrenzt realen Marktbedingungen entsprachen, da einerseits Anreize zum strategischen Verhalten existierten und andererseits bei einmaligen Geboten keine Möglichkeiten zur Informationsbeschaffung und Erfahrungssammlung bestehen.

In späteren Untersuchungen führten *Bishop/Heberlein*[339] 1983 zunächst vier verschiedene hypothetische und echte Versteigerungen von Jagdlizenzen für Rotwild (deer) durch. Bei zwei Auktionsformen lag die hypothetische WTP signifikant über der tatsächlichen WTP. Bei den beiden anderen Versteigerungen ließen sich keine statistisch gesicherten Differenzen zwischen hypothetischen und "echten" Zahlungsbereitschaften nachweisen. Bei Versteigerungen waren die Befragungsteilnehmer mit großer Unsicherheit konfrontiert, da lediglich die vier Personen zum Zuge kamen, die die höchste WTP signalisierten. Das Ergebnis hing aus der Sicht der einzelnen Teilnehmer vom Verhalten der anderen Testteilnehmer ab. Im darauffolgenden Jahr (1984) verzichteten *Bishop/Heberlein* auf den Modus einer Versteigerung und ermit-

---

336 In Kanada, wo die Untersuchung stattfand, wurden die nur in einer begrenzten Anzahl vergebenen Jagdberechtigungen unter einer großen Bewerberzahl ausgelost.

337 Es wurde vermutet, daß echtes Geld den Individuen einen größeren Stimulus zur sorgfältigen Suche nach ihren Präferenzen als hypothetisches Geld gibt. Diese Resultate veranlaßten *Bishop/Heberlein* [(1979), S. 928 f.] zu der plastischen Äußerung: "In plain words, 'money talks' and real money 'speaks louder' than hypothetical money."

338 Im einzelnen vgl. *Mitchell/Carson* (1989), S. 196 ff.

339 Vgl. *Bishop/Heberlein* (1986) und *Mitchell/Carson* (1989), S. 199 ff.

telten "einfach" hypothetische und tatsächliche Zahlungsbereitschaften. Dabei konnte kein statistisch signifikanter Unterschied festgestellt werden.

Autoren wie *Mitchell/Carson* (1989) gelangen angesichts der vorliegenden experimentellen Ergebnisse und Feldstudien zu einer sehr optimistischen Einschätzung der Zuverlässigkeit hypothetischer Zahlungsbereitschaften. Diese Einschätzung scheint jedoch nicht generell konsensfähig zu sein; Meßfehler durch hypothetische Zahlungen sind nicht ausschließbar.[340] Grundsätzlich dürften die Ergebnisse, die in Situationen erzielt wurden, in denen die Testpersonen wirklich zahlen mußten, zuverlässiger als Resultate unter rein hypothetischen Umständen sein.[341] Ferner ist zu bedenken, daß es bei allen vorliegenden Studien mit realem Geld möglich war, die Befragungsteilnehmer vom Konsum der betrachteten Güter auszuschließen. Damit handelte es sich nicht um rein öffentliche Güter. Infolgedessen dürften strategisch verzerrte Meinungsäußerungen keine oder eine wesentlich geringere Rolle gespielt haben als normalerweise bei öffentlichen Gütern zu erwarten ist. Somit ist fraglich, ob die Ergebnisse generell auf öffentliche Güter übertragbar sind.

f) Die isolierte Bewertung eines Gutes

Fragt man nach der Zahlungsbereitschaft für ein einziges Umweltgut, besteht die Gefahr, daß die Individuen nicht nur ihre Zahlungsbereitschaft für dieses eine Gut, sondern ihre Zahlungsbereitschaft für ein ganzes Bündel von Gütern äußern, welches sie mit dem untersuchten Gut assoziieren. In diesem Fall kommt es zu einer Wertüberschätzung, weil die Individuen keine hinreichende Güterdifferenzierung vornehmen und vermutlich auch vorhandene Budgetrestriktionen verkennen. Aus diesem Grunde ist es im Sinne einer sorgfältigen Untersuchung notwendig, explizit auf Budgetbeschränkungen hinzuweisen und die Trennung zwischen verschiedenen Gütern deutlich zu machen. Eine Möglichkeit zur Umgehung des Problems besteht

---

340 In der Psychologie scheint bekannt, daß es für Entscheidungen einen Unterschied macht, ob hypothetische oder faktische Zahlungen geleistet werden müssen. "..., results from tests of actual vs. hypothetical payment on decision strategies reported in the psychological literature consistently conclude that actual payment makes a difference" [*Cummings/Brookshire/Schulze* (1986), S. 51].

341 Fraglich ist, in welche Richtung Abweichungen zwischen hypothetischen und tatsächlichen Geldwerten gehen. Eine interessante Interpretation der Ergebnisse der Gänsejagduntersuchung liefern *Bishop/Heberlein* [(1986), S. 127]. Sie vermuten, daß sich die Individuen im Falle hypothetischer Fragen konservativ äußern. D.h. die Testpersonen weisen hypothetische Gebote solange zurück, bis sie sicher sind, daß sie sie auch tatsächlich akzeptieren würden. Das gleiche Verhalten könnte für die hypothetisch artikulierte Zahlungsbereitschaft gelten, indem die Individuen Beträge nennen, die sie auf jeden Fall zahlen würden. Vor diesem Hintergrund wäre die reale WTA niedriger als die hypothetische WTA und umgekehrt wäre die reale WTP höher als die hypothetische WTP.

auch in der simultanen Erfragung der Wertschätzung aller relevanten Umweltgüter.[342] Dann sind die Befragten zur Aufteilung ihrer gesamten Zahlungsbereitschaft auf verschiedene Umweltbereiche gezwungen.

11.2.2.2 Zur Zuverlässigkeit von Befragungsergebnissen

Es ist unmittelbar einsichtig, daß die Zuverlässigkeit von Befragungsergebnissen ceteris paribus um so größer sein dürfte, je weniger die eben genannten Fehlerquellen ins Gewicht fallen. Aber selbst wenn es gelingt, diese Fehlerpotentiale sehr gering zu halten, stellt sich die Frage, ob damit der Komplexität menschlichen Verhaltens Rechnung getragen werden kann. Von wenigen Ausnahmen abgesehen, wo den Teilnehmern "reales Geld" abverlangt werden kann, können nur hypothetische Zahlungsbereitschaften erfragt werden. Dabei handelt es sich um bekundete Verhaltensabsichten. Aber wie genau kann man von den ***Absichten*** der Menschen auf ihr (späteres) tatsächliches ***Verhalten*** schließen?

Zur Einschätzung der Zuverlässigkeit der Befragungsergebnisse und ihres Prognosewertes für reale Situationen kann ein von *Fishbein/Ajzen (1975a)* entwickeltes Modell ("theory of reasoned action") hilfreich sein. Im Kontext dieses Modells, das die Zusammenhänge zwischen Glauben ("beliefs"), Einstellungen ("attitudes"), Absichten ("intentions") und tatsächlichem menschlichen Verhalten ("specified behavior") abbildet, können die bekundeten Zahlungsbereitschaften als Verhaltensabsichten interpretiert werden.

Verhaltensabsichten sind nach *Fishbein/Ajzen* um so bessere Prädiktoren für das tatsächliche Verhalten je konkreter Zielsetzungen, Handlungen, Kontext und Zeithorizont offengelegt sind.[343] Beispielsweise ist das Ziel "Erhaltung einer bestimmten Pflanzenart in einer bestimmten Region" wesentlich genauer definiert als die Zielsetzung "Verminderung von Umweltschäden durch sauren Regen". Infolgedessen dürfte die Antwort auf die erstgenannte Frage eher mit dem tatsächlichen Verhalten der Wirtschaftssubjekte gekoppelt sein als die Antwort auf die zweite Fragestellung. Zum Kontext und zu den Handlungen zählt z.B. eine möglichst konkrete Beschreibung des zu bewertenden Gutes und seiner Finanzierung. Die Validität der Ergebnisse dürfte gesteigert werden, wenn die Befragungsteilnehmer bereits über Erfahrungen mit vergleichbaren Gütern verfügen oder Erfahrungen durch mehrere Spielrunden sammeln können. In empirischen Untersuchungen wurde bei mehrstufigen

---

342 Eine neuere Arbeit, in der vorrangig das Ziel einer differenzierten Wertermittlung von Umweltqualität verfolgt wurde, stammt von *Holm-Müller u.a.* (1991).

343 *Fishbein/Ajzen* (1975b) zitiert nach *Bishop/Heberlein* (1986), S. 144.

Befragungen häufig eine höhere Zahlungsbereitschaften festgestellt als bei einstufigen Fragestellungen. Die Wertschätzung kann sich mit zunehmender Kenntnis von Gütereigenschaften verändern. Da sich individuelle Präferenzen unter verschiedenen Einflüssen im Zeitablauf ändern, dürfte ferner die Prognosezuverlässigkeit von Befragungsergebnissen ceteris paribus mit abnehmender zeitlicher Differenz zwischen dem Zeitpunkt der Befragung und dem Handlungszeitpunkt steigen.

Ferner kann das *Fishbein/Ajzen*-Modell zur Beurteilung der Validität der Befragungsergebnisse herangezogen werden, indem die Fragen zur Zahlungsbereitschaft mit korrespondierenden Fragen über Einstellungen, Glauben und Kenntnisse verknüpft werden.[344] Um die Zuverlässigkeit von erfragten Existenzwerten von Umweltgütern zu prüfen, können die Individuen z.B. über ihr Wissen von Wirkungszusammenhängen und ihre Einstellung gegenüber anderen betroffenen Personen interviewt werden. Falls die artikulierten Zahlungsbereitschaften mit den Indikatoren von Glauben, Einstellungen und Verhalten konsistent sind, können die Befragungsergebnisse als ausreichend zuverlässig gelten und umgekehrt.

In einer Erweiterung des ursprünglichen *Fishbein/Ajzen*-Modells, die er als ***"Theorie des geplanten Verhaltens"*** ("theory of planned behavior") bezeichnet, hebt *Ajzen* (1991) die besondere Bedeutung der von den Individuen wahrgenommenen Verhaltenskontrolle ("perceived behavioral control") für das tatsächliche Verhalten hervor. Diese Theorie läßt sich vereinfacht durch das in Abbildung 11.10 dargestellte Pfeildiagramm wiedergeben. Die Pfeile haben die Bedeutung "wirkt auf".

Unter "Einstellung" wird - vereinfacht gesagt - der Grad der individuellen Verhaltensbewertung (durch semantische Begriffspaare wie "gut" - "schlecht", "positiv" - "negativ") verstanden. Die "subjektiven Normen" reflektieren den von den Individuen wahrgenommenen gesellschaftlichen Druck zugunsten oder zuungunsten einer Verhaltensweise. Mit "wahrgenommener Verhaltenskontrolle" ist die subjektive Einschätzung eines Individuums darüber gemeint, wie leicht oder schwierig es ist, eine

344 In früheren Untersuchungen über den Zusammenhang zwischen den von den Individuen bekundeten Absichten zur Schonung der Umwelt und ihrem tatsächlich zu beobachtenden Verhalten kristallisierten sich vor allem zwei Determinanten heraus. Dabei handelt es sich um die Kenntnis der Konsequenzen individueller Handlungen und die Akzeptanz der persönlichen Verantwortung für die Umwelt. Personen, die Kausalzusammenhänge erkennen und Verantwortung übernehmen, setzen ihre Handlungsabsichten konsequenter in tatsächliches Handeln um als Personen, die Kausalitäten nicht verstehen und/oder eine persönliche Verantwortung negieren. Aus diesen Erkenntnissen lassen sich zur Ermöglichung von Aussagen über die Zuverlässigkeit von Befragungsergebnissen klare Hinweise für Untersuchungsdesigns ableiten [vgl. *Bishop/Heberlein* (1986), S. 145].

Abbildung 11.10: Theorie des geplanten Verhaltens

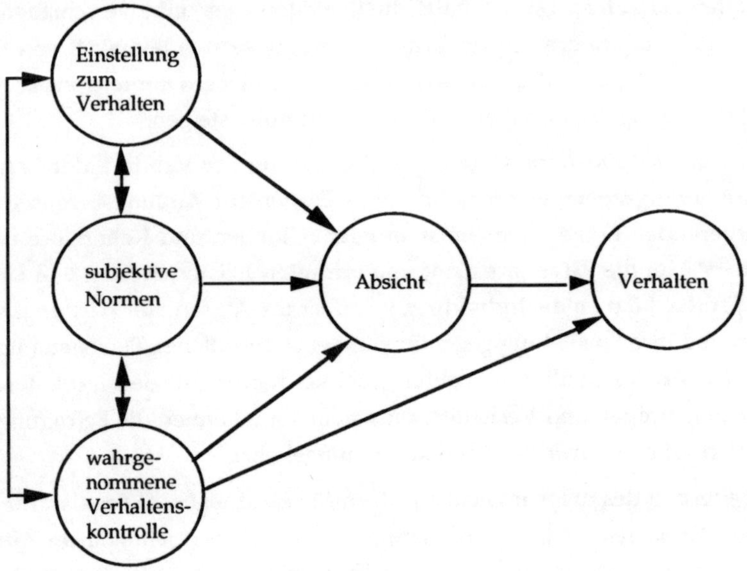

Vgl. *Ajzen* (1991), S. 182.

bestimmte Absicht in eine konkrete Handlung (=Verhalten) umzusetzen.[345] Zu den die (nichtwillentliche) wahrgenommene Verhaltenskontrolle bestimmenden Faktoren zählen beispielsweise "Zeit", "Geld", individuelle "Fähigkeiten", Kooperationsmöglichkeiten mit anderen Individuen.[346] Die (Verhaltens)"Absicht" reflektiert

345 Sie hängt beispielsweise vom Selbstvertrauen ab: "For instance, even if two individuals have equally strong intentions to learn to ski, and both try to do so, the person who is confident that he can master this activity is more likely to persevere than is the person who doubts his ability" [*Ajzen* (1991), S. 184].

346 Die subjektiv wahrgenommene Verhaltenskontrolle ist immer situationsbezogen: Ein bestimmtes Individuum kann in einer Situation A der Meinung sein, "alles unter Kontrolle" zu haben, während es in einer anderen Situation B das Gefühl haben kann, daß der Situationsverlauf weitgehend von ihm unbeeinflußbar (außengesteuert) ist. Die (subjektiv) angenommene Kontrolle über eine Situation kann natürlich von den tatsächlichen (objektiven) Steuerungsmöglichkeiten abweichen. Die Differenz dürfte von der Fähigkeit eines Individuums zur "realistischen" Situationswahrnehmung abhängen.

Die Wahrnehmung der Verhaltenskontrolle wird u.a. durch vergangene Erfahrungen in vergleichbaren Situationen und antizipierte Hindernisse bei der Willensumsetzung bestimmt. Je besser die Einstellungen und subjektiven Normen mit dem beabsichtigten Verhalten vereinbar sind und je größer die wahrgenommene Verhaltenskontrolle ist, desto intensiver wird eine Verhaltensabsicht sein: "As a general rule, the more favorable the attitude and subjektive norm

dagegen die Intensität, mit der ein Individuum ein bestimmtes Verhalten zeigen bzw. eine bestimmte Handlung durchführen möchte.[347]

Die Umsetzung einer Verhaltensabsicht in konkretes Handeln hängt im Rahmen der Theorie des geplanten Verhaltens einerseits unmittelbar von der Intensität der Absicht und andererseits vom Ausmaß der empfundenen Verhaltenskontrolle ab. Das Gewicht dieser beiden Verhaltensdeterminanten variiert von Handlungssituation zu Handlungssituation. Falls eine Person über hinreichende Verhaltenskontrollmöglichkeiten verfügt, können die Verhaltensabsichten allein ein hinreichender Prädiktor für tatsächliches Verhalten sein. Je weniger eine Situation dagegen willentlich (durch die Handlungsabsicht) beeinflußbar ist, desto mehr gewinnt die Verhaltenskontrolle an Bedeutung.

Im Lichte der "Theorie des geplanten Verhaltens" wäre bei der Prüfung der Zuverlässigkeit erfragter Zahlungsbereitschaften neben den individuellen Einstellungen und Normen also auch die Verhaltenskontrolle zu untersuchen. Verfügen die Leute über die Fähigkeit, ihre (Zahlungs)Absichten später in konkrete Zahlungen umzusetzen bzw. erlaubt ihre Situation die Durchführung ihrer Absicht?

In diesem Kontext wären den Befragten z.B. Budgetrestriktionen zu verdeutlichen bzw. zu untersuchen, inwieweit sich die Testpersonen über Einkommens- und Vermögensgrenzen sowie konkurrierende Bedürfnisse im klaren sind. Auch ist zu überlegen, ob und wie die individuellen Fähigkeiten zu konsequentem (d.h. den Absichten entsprechendem) Handeln ermittelt werden können. Dies könnte u.a. durch eine Untersuchung des Verhaltens der Personen in vergleichbaren Situationen geschehen. Auch könnte beispielsweise in Zusammenhang mit Umweltgütern ermittelt werden, wieviel die Befragungsteilnehmer aktuell und in der Vergangenheit für Umweltschutz ausgeben bzw. ausgaben und inwieweit sich ihre gegenwärtigen Verhaltensweisen, die eng mit dem Thema verknüpft sind (z.B. Verzicht auf Einwegverpakkungen, Kauf umweltfreundlicher Produkte, Verzicht auf (überflüssige) Autofahrten, Energiesparmaßnahmen etc.) mit den Absichten decken.

---

with respect to behavior, and the greater the perceived behavioral control, the stronger should be an individual's intention to perform the behavior under consideration [*Ajzen* (1991), S. 188].

347 "Intentions are assumed to capture the motivational factors that influence a behavior; they are indications of how hard people are willing to try, of how much of an effort they are planning to exert, in order to perform the behavior." [*Ajzen* (1991), S. 181].

11.2.3 Beurteilung direkter Befragungen

Befragungen zur Zahlungsbereitschaft haben unvermeidlicherweise einen mehr oder weniger starken hypothetischen Charakter. Daraus resultiert grundsätzlich die Gefahr unzuverlässiger Antworten. Allerdings sind die wesentlichen Fehlerquellen bekannt, so daß sie - wenn auch nicht vollständig ausgeräumt - zum großen Teil eliminiert werden können. Wenigstens läßt sich eine Aussage über das Ausmaß der Meßfehler treffen.

Nimmt man das Beispiel von nichtausschließbaren Gütern, bestehen bekanntermaßen Anreize zu strategischen Zahlungsbereitschaftsbekundungen. Vorliegende Untersuchungen deuten aber darauf hin, daß die strategisch motivierten Falschangaben - zumindest in kleinen Personengruppen - keine so großen Bewertungsfehler hervorrufen, wie von Ökonomen früher angenommen wurde. Eine praktikable Lösung zur Ermittlung eines Konfidenzintervals für die "wahre" Zahlungsbereitschaft besteht in der *Bohm*schen "Einschachtelungsmethode", indem einem Teil der Befragten Anreize zur Überschätzung ihrer Zahlungsbereitschaft und einer anderen Teilnehmergruppe Anreize zur Minderung ihrer wirklichen Wertschätzung gegeben werden.

Einflüsse der Art der Fragestellung, der Finanzierungsart und des Informationsstandes der Befragten lassen sich ebenfalls bestimmen. Größere Probleme dürften sich eher aus der Tasache ergeben, daß "hypothetisches Geld" im Spiel ist. Hypothetisches Geld "schmerzt" offenbar nicht so stark wie "echtes" Geld, so daß die Gefahr von Überschätzungen der realen Zahlungsbereitschaft besteht. Aus diesem Grunde scheint es wichtig, den Befragten Budgetrestriktionen zu verdeutlichen und die Konsistenz von bekundeten Zahlungsbereitschaften und Einstellungen, Normen sowie tatsächlichen Verhaltensweisen zu untersuchen.

Insgesamt hängt die Zuverlässigkeit der Befragungsergebnisse von der Sorgfalt der Befragungen ab. Es gibt keinen Grund zu erwarten, daß sorgfältige Befragungen unzuverlässigere Ergebnisse erbringen als andere Bewertungsverfahren. Bei einigen Fragestellungen wie nach Options- und Existenzwerten gibt es zur Befragungsmethode keine Alternative.

11.2.4 Das Problem der Zuweisung von Eigentumsrechten

Angesichts der möglicherweise erheblichen Diskrepanzen zwischen WTA und WTP[348] ist die Zuweisung von Eigentumsrechten von entscheidender Bedeutung bei der Bewertung öffentlicher Maßnahmen.[349] Die Verteilung der Eigentumsrechte kann die Bewertungsergebnisse maßgeblich beeinflussen.[350]

Das Zuweisungsproblem taucht (immer) bei konkurrierenden Nutzungsinteressen (Nutzungsrivalität) öffentlicher Güter auf. Unter diesen Umständen würde die Anwendung des *Pareto*-Kriteriums keine Reallokation erlauben, weil diese nicht erfolgen könnte, ohne einzelne Personen oder eine Gruppe von Individuen schlechter zu stellen. Um dennoch Ressourcenreallokationen mit dem Ziel von Wohlfahrtssteigerungen vornehmen zu können, müssen die von *Kaldor* und *Hicks* entwickelten Kompensationskriterien verwendet werden.[351]

Nach *Kaldor* ist die Ausgangssituation A vor der Durchführung einer Maßnahme als Referenzstandpunkt zur Beurteilung einer Änderung zu betrachten, die zu einer neuen Situation B führt. Nach dem sog. "*Kaldor*-Kriterium" ist der gesellschaftliche Zustand B dem ursprünglichen Zustand A vorzuziehen, wenn die aus der Änderung als Gewinner hervorgehenden Individuen die Verlierer entschädigen könnten und trotz der Entschädigungszahlung besser gestellt wären als vorher. Folgt man dagegen *Hicks*, ist die neue Situation B als Bezugspunkt zu wählen. Nach dem *Hicks*-Kriterium müßten nun die Gewinner des Wandels von B nach A die Personen kompensieren können, die im Ausgangszustand B besser gestellt sind:

$$\Sigma WTP_{AG} > \Sigma WTA_{AV} \quad (\textit{Kaldor}\text{-Kriterium})$$

$$\Sigma WTP_{BG} > \Sigma WTA_{BV} \quad (\textit{Hicks}\text{-Kriterium}).$$ [352]

Die Indizes A, B zeigen die gesellschaftlichen Ausgangszustände an, während G für "Gewinner" und V für "Verlierer" steht.

---

348 Vgl. auch Abschnitt 4.2.6.

349 Vgl. auch *Schmid* (1992).

350 Die Differenz zwischen WTP und WTA steht übrigens in Widerspruch zu den Aussagen des *Coase*-Theorems, wonach die endgültige Ressourcenallokation unabhängig von der Verteilung der Eigentumsrechte ist. *Coase* [(1960), S. 6] argumentierte, daß die Wirtschaftssubjekte Entschädigungen in Höhe entgangener Einnahmen durch Produktionsverluste fordern. Wenn die Wirtschaftssubjekte jedoch Kompensationen für subjektiv bewertete Nutzenverluste fordern, können die Verhandlungsergebnisse von den originären Eigentumsrechten determiniert werden.

351 Vgl. auch Kapitel 5.4.

352 Allerdings lassen sich im allgemeinen weder aus der Summe der WTP noch aus der Summe der WTA gleichzeitig notwendige und hinreichende Bedingungen für eine *Pareto*-Verbesserung ableiten (vgl. Kapitel 5.4).

Anders formuliert: Nach *Kaldor* müssen sich diejenigen "rechtfertigen", die eine Veränderung von A nach B wünschen. Im Gegensatz dazu müssen sich nach *Hicks* diejenigen "rechtfertigen",[353] die Situation A beibehalten wollen. Beide Kriterien liefern aufgrund der Unterschiede zwischen WTP und WTA nicht zwangsläufig die gleichen Ergebnisse.[354]

Zur Illustration kann man z.B. das Beispiel der Luftverschmutzung betrachten. Die entscheidende Frage in diesem Zusammenhang lautet: Wem wird das Nutzungsrecht an der Luft zugewiesen? Sollen die Luftverschmutzer das Recht zur Luftverschmutzung haben? - Dann müssen sich die Personen rechtfertigen, die sauberere Luft wünschen. Oder sollen die Interessenten an sauberer Luft das Recht auf nicht verunreinigte Luft haben? - In diesem Fall müßten sich die potentiellen Verschmutzer legitimieren. Geht es um die Frage sauberer Luft in geschlossenen Räumen, kann man die Eigentumsrechte an der Raumluft sowohl den Nichtrauchern als auch den Rauchern übertragen. Erhalten die Nichtraucher das Recht auf rauchfreie Luft, müssen die Raucher die Nichtraucher fürs Rauchen entschädigen. In diesem Fall kommt es c.p. eher zur Lösung "saubere Luft". Verfügen umgekehrt die Raucher über das Recht zur Luftverschmutzung, müssen die Nichtraucher die Raucher fürs Nichtrauchen entschädigen. Jetzt kommt es c.p. eher zur Lösung "Rauchen".

Entscheidend ist die Tatsache, daß bei Anwendung der Kompensationskriterien grundsätzlich die Personen "im Nachteil" sind, von denen eine Rechtfertigung verlangt wird.[355] Falls ausgehend von einem bestehenden Zustand, eine Entschädigungszahlung von den Personen (potentiell) zu leisten ist, die eine Änderung wünschen, muß ihre kollektive WTP größer als die Summe der WTA derjenigen sein, die einen bestehenden Zustand erhalten wollen. Wenn sich die Individuen legitimieren müssen, die eine bestehende Situation beibehalten möchten, muß umgekehrt die Summe der WTP für die Zustandskonservierung größer als die aggregierte WTA derjenigen sein, die eine Änderung wünschen.

Falls bestehende Zustände - wie häufig zu beobachten - als Referenzsituationen herangezogen werden, wirkt die Kompensationsregel immanent konservativ. D.h. sie begünstigt den Status Quo. Daraus ergeben sich erhebliche Implikationen für die Bewertung staatlicher Maßnahmen: Je später z.B. Maßnahmen zur Verbesserung der

---

353 Im vorliegenden Kontext müssen sich immer die Individuen rechtfertigen, die nicht über die Eigentumsrechte an bestehenden Zuständen verfügen.

354 Dies ist der Kern des "*Scitovsky*-Paradoxons" (vgl. Kapitel 5.4).

355 Unter der Annahme WTA > WTP.

Umweltqualität ergriffen werden (d.h. je größer die Umweltverschmutzung in der Ausgangssituation ist), desto geringer wird die als optimal bewertete Umweltqualität in der neuen Situation sein.[356]

Mitchell/Carson [(1989), S. 38 ff.] machen zur Umgehung des WTP-WTA-Dilemmas einen Vorschlag (sie nennen es: "a new property rights approach") für die Betrachtung öffentlicher Güter, der nach *Mitchell/Carson* dann anwendbar ist, wenn zur Aufrechterhaltung eines bestimmten Qualitätsniveaus ohnehin regelmäßige Zahlungen notwendig sind. Als Beispiel nennen die genannten Autoren die Luftqualität, die sich verschlechtern würde, falls keine öffentlichen und privaten Ausgaben zur Luftreinhaltung mehr getätigt würden. Auch zur Reinhaltung von Gewässern sind Investitionen z.B. in Kläranlagen erforderlich. Ohne den Bau und die Erhaltung von Kläranlagen würde die Gewässerqualität abnehmen. Analog läßt sich für die meisten öffentlichen Einrichtungen argumentieren, daß zur Aufrechterhaltung einer bestimmten Angebotsmenge Investitionen und Instandhaltungsmaßnahmen erforderlich sind.

Mitchell/Carson argumentieren, daß unter den genannten Annahmen, die WTP das korrekte Maß sowohl für eine Verbesserung als auch für eine Verschlechterung des Angebots darstellt: Die WTP ist auf der einen Seite genau der Betrag, den die Individuen hergeben würden, um ein höheres Nutzenniveau durch ein verbessertes Angebot zu erreichen. Andererseits ist die WTP auch der geeignete Indikator für eine Verschlechterung des Güterangebots, denn die tatsächlichen Zahlungen der Individuen zur Aufrechterhaltung eines gegebenen Versorgungsniveaus drücken ihre Zahlungsbereitschaft zur Verhinderung eines verschlechterten Angebots aus.

Der Vorschlag von *Mitchell/Carson* kann wirklich nur bei "natürlichen" (d.h. ohne durch menschliche Handlungen verursachte) Verschlechterungen der Güterqualität eingesetzt werden. Verschlechtert sich z.B. die Gewässerqualität durch die Abwassereinleitung einiger Wirtschaftssubjekte (also auf "nichtnatürliche" Weise), hilft der "new property rights approach" wohl nicht weiter. In diesem Fall wird nämlich implizit den Verschmutzern das Recht zur Wasserverschmutzung zugestanden. Der Nutzen der Wasserreinhaltung wird durch die WTP der Individuen, die für sauberes Wasser votieren, bewertet. Was ist nun aber, wenn die Maßnahmen zur Wasserreinhaltung zu einer Schlechterstellung der Verschmutzer führen? Wird die Schlechter-

---

356 Dieses Prinzip ist grundsätzlich verallgemeinerbar. Je mehr Eigentumsrechte sich Personen oder Personengruppen an bestimmten Gütern aneignen, bevor eine Neuaufteilung der Eigentumsrechte erfolgt, um so größer werden c.p. die dieser Gruppe verbleibenden Eigentumsrechte sein. Dies kann z.B. dann als bedenklich angesehen werden, wenn sich einzelne Interessengruppen Eigentumsrechte sukzessive illegal (z.B. in Form sog. "Gewohnheitsrechte") aneignen.

stellung dieses Personenkreises zu den Kosten gezählt? - Dies würde auf die Anwendung des - vorher ausgeschlossenen - Konzepts der WTA hinauslaufen. Oder bleiben die Nutzenverluste der Verschmutzer unberücksichtigt? - Dies würde nach Ansicht des Verfasssers zu einer unvollständigen Bewertung führen.[357]

Ein interessanter Gedanke zur Anwendung der Kompensationstests und damit auch zur WTP-WTA-Problematik stammt von *von Weizsäcker* (1983).[358] Nach *von Weizsäcker* sind Entscheidungen, die auf der Basis der von *Kaldor* und *Hicks* stammenden Kriterien nicht einzeln zu betrachten. Wenn nämlich viele Maßnahmen auf diesem Kalkül beruhen, gehört jedes Individuum immer wieder einmal zu den Verlierern und ein anderes Mal zu den Gewinnern. Langfristig würden dann durch die Anwendung der Kompensationskriterien alle Gesellschaftsmitglieder profitieren. Deshalb bezeichnet *von Weizsäcker* aufgrund der *Kaldor-Hicks*-Regel getroffene Entscheidungen als "quasi-*Pareto*-superior". An die Stelle von Einzelkompensationen tritt bei langfristiger Betrachtung quasi eine ***"Generalkompensation"*** ein. Übertragen auf die hier diskutierte Eigentumsrechtproblematik ist denkbar, daß die durch eine bestimmte Verteilung bei einer Entscheidung benachteiligten Bevölkerungsgruppen bei anderen Maßnahmen von der Eigentumsrechtzuweisung begünstigt werden. Allerdings besteht mindestens der folgende, erhebliche Einwand gegen den Gedanken der Generalkompensation: Es ist denkbar, daß bestimmte Bevölkerungsgruppen - z.B. wegen der mangelnden Organisierbarkeit ihrer Interessen - systematisch bei öffentlichen Entscheidungen übervorteilt werden.

Eine andere Möglichkeit der Konfliktbereinigung bestünde im Verzicht auf eine originäre Zuweisung von Eigentums(Nutzungs)rechten. Demzufolge dürfte in der Ausgangssituation vor einer Projektbewertung niemand über Eigentumsrechte an einem Gut verfügen. Konkurrierende Nutzergruppen wären jeweils zur Bekanntgabe ihrer Zahlungsbereitschaften (WTP) für das Recht, über ein Gut verfügen zu können, aufzufordern. Die Gruppe mit der insgesamt höchsten Zahlungsbereitschaft erhielte dann das Nutzungsrecht. Dieses Verfahren entspräche also einer ***Versteigerung der Eigentumsrechte***.[359] Anstelle eines demokratischen Abstimmungsprozesses käme

---

357 Zur logischen Inkonsistenz des "new property rights approach" vgl. auch *Schmid* (1992). Im Endeffekt kämen in diesem Beispiel - zur Vermeidung von Schwierigkeiten auf logischer Ebene - nur Maßnahmen ohne Belastung der Verschmutzer in Frage. Damit werden vermutlich aber aus dem "Pool" aller möglichen Problemlösungen auch effiziente Lösungen ausgeschlossen.

358 Zitiert nach *Schäfer/Ott* (1986), S. 36 f.

359 Dieser Vorschlag einer Auktion von Eigentumsrechten wurde auch schon von *Posner* (1977) gemacht.

ein monetärer Abstimmungsprozeß über die Verteilung von Eigentumsrechten zur Geltung.

Erst nachdem die originäre Verteilung der Verfügungsrechte explizit in einem monetären - oder auch in einem demokratischen - Abstimmungsprozeß geklärt ist, wäre entsprechend des Auktionsgedankens eine öffentliche Reallokationsmaßnahme geldlich zu bewerten. Ein - nicht realitätsfernes - Beispiel mag diesen Vorschlag verdeutlichen. Angenommen, es existierten zwei Gruppen von Wirtschaftssubjekten, die um die Nutzung (sauberen) Grundwassers konkurrierten. Eine Gruppe möchte das Wasser sauber halten (Wassertrinker) und eine andere Gruppe möchte das Wasser durch Schadstoffeintrag über Dünger, Herbizide, Fungizide etc. "verschmutzen" (Landwirte).[360] Würden die Wassertrinker - anders als durch die Einführung eines "Wasserpfennigs" in Baden-Württemberg geschehen - aus dem der Bewertung vorzuschaltenden Abstimmungsprozeß als "Gewinner" der Eigentumsrechte hervorgehen, wäre eine Verschlechterung der Wasserqualität unter Verwendung des Kompensationskriteriums nur so weit akzeptabel, bis die gesamte Zahlungsbereitschaft der Landwirte (Σ WTP_L) für eine Wassserqualitätsminderung exakt der die Nutzenverluste der Wassertrinker kompensierenden Einkommensvariation (Σ WTA_T) entspräche. Dann müßten die Landwirte an die Wassertrinker zahlen - und nicht wie gegenwärtig die Wasserverbraucher an die Landwirte.

Das Dilemma der Eigentumsrechte scheint nach den bisherigen Überlegungen kaum auf eine befriedigende Weise lösbar. Der letzte hier vorgestellte Gedanke könnte jedoch - zumindest in einer großen Anzahl von Situationen - geeignet sein, dem Dilemma zu entgehen. Es handelt sich um das aus dem Bereich des Schadensrechts stammende gedankliche Konstrukt der ***"ideellen Gesamtperson"***. Danach wäre ein Aktivitäts- und Sorgfaltsniveau anzustreben, das von den Individuen gewählt würde, wenn sie Schädiger und Geschädigte in einer Person wären.[361] Diese Überlegung scheint auf den ersten Blick sehr theoretisch. Auf den zweiten Blick wird man jedoch feststellen, daß auch in der Realität Schädiger und Geschädigte häufig ein und dieselbe Person sind.

Nehmen wir zu Verdeutlichung wieder das Beispiel der Umweltverschmutzung. Hier sind die Akteure häufig in Personalunion "Verschmutzer" und "Geschädigte". Beispielsweise vergiften Autofahrer nicht nur die Umwelt anderer Menschen, son-

---

360 Der Streit um die Trinkwassernutzung in der Bundesrepublik Deutschland dürfte spätestens durch die Einführung des sog. "Wasserpfennigs" an das Licht der Öffentlichkeit getreten sein. Die Problematik der Zuweisung von Eigentumsrechten wird z.B. bei *Linde* (1991) diskutiert.

361 Vgl. *Schäfer/Ott* (1986), S. 32.

dern auch ihre eigenen Lebensräume. Ganz allgemein gesagt, schädigen sich die Käufer umweltschädlicher Produkte - zumindest auf lange Sicht - selbst. So gesehen wäre jedes Kompensationsverlangen eines Konsumenten für den Verzicht auf umweltschädigende Aktivitäten eine an sich selbst gerichtete Forderung. Umgekehrt müßte er die Geldbeträge, die er für eine Umweltverbesserung zu zahlen bereit wäre, auch an sich selbst abführen.[362]

Sofern Schädiger und Geschädigte identische Personen sind, wäre es unsinnig, überzogene Kompensationsforderungen im Sinne der willingness to accept zu stellen.[363] Infolgedessen dürfte die willingness to pay hier ein aussagekräftiger Indikator für persönliche Wertschätzungen sein.[364]

---

362 Dieses Beispiel ist natürlich stark vereinfacht, da die in Gruppen auftretenden Trittbrettfahrerprobleme usw. nicht berücksichtigt sind. Dafür tritt die Denkrichtung deutlich hervor.

363 Diese Argumentation gleicht der *van Suntums* (vgl. Fn. 79 auf S. 68).

364 Gegen die WTA spricht noch ein weiteres Argument: Häufig bestehen zwischen den konkurrierenden Interessengruppen Machtasymmetrien. Häufig ist es leichter, mit einer Verschmutzung (Schädigung) zu drohen oder sie durchzuführen, als jemanden von der Verschmutzung abzuhalten. Auf diese Weise lassen sich höhere Kompensationszahlungen (WTA) erpressen [vgl. auch *Linde* (1991)].

11.3 Empirische Ergebnisse

Vor allem in den USA liegen mittlerweile unzählige empirische Untersuchungen über den Wert nichtmarktlicher Güter vor. Aus diesem Grunde kann an dieser Stelle keine vollständige Übersicht gegeben werden. Stattdessen wollen wir uns zuerst auf den Vergleich von Arbeiten konzentrieren, in denen Fragestellungen parallel mit unterschiedlichen Methoden untersucht wurden. Anschließend werden Resultate neuerer Untersuchungen zum Wert der Umwelt in der Bundesrepublik Deutschland vorgestellt, die mit Hilfe von direkten Befragungen gewonnen wurden.

11.3.1 Ergebnisvergleich von direkten und indirekten Bewertungen

Nach den vorliegenden Erkenntnissen ist davon auszugehen, daß sowohl die indirekten als auch die direkten Bewertungsverfahren mit Meßfehlern behaftet sind. In diesem Zusammenhang stellen sich zwei wichtige Fragen: Wie groß sind die Meßungenauigkeiten? Welche der vorgestellten Methoden verursacht die geringsten Bewertungsfehler?

Zur Beantwortung dieser Fragen versucht man üblicherweise Fehlertoleranzen zu berechnen. *Cummings/Brookshire/Schulze* [(1986), S. 95 ff.] folgern aus den Resultaten verschiedener Untersuchungen, daß die Meßfehler der CVM, welche durch die in Kapitel 11.2.2.1 beschriebenen Fehlerquellen verursacht werden, zu einer Ungenauigkeit von mindestens 50% der ermittelten Werte führen. Dabei sind aber bestimmte Referenzbedingungen ("reference operating conditions")[365] vorauszusetzen. Andernfalls sind die Ermittlungsfehler größer oder es lassen sich überhaupt keine Aussagen über die Meßgenauigkeit treffen. Über die Toleranzen der indirekten Bewertungsverfahren scheinen keine Untersuchungen vorzuliegen. Ergebnisse von *Coursey/Nyquist* (1983)[366] deuten darauf hin, daß die Schätzung von Nachfragefunktionen marktlicher Güter mit Fehlern behaftet sind, die ebenfalls nicht geringer als 50% der geschätzten Werte sind. Infolgedessen dürfte die Meßgenauigkeit der hier diskutierten Verfahren ungefähr gleich sein - vorausgesetzt, die Referenzbedingungen für die CVM sind erfüllt.

---

365 Die von *Cummings/Brookshire/Schulze* postulierten "reference operating conditions" (ROC's) sind:
"1. Subjects must understand, be familiar with, the commodity to be valued.
2. Subjects must have had (or be allowed to obtain) prior valuation and choice experience with respect to consumption levels of the commodity.
3. There must be little uncertainty.
4. WTP, not WTA, measures are elicited."

366 Zitiert nach *Cummings/Brookshire/Schulze* (1986), S. 99 f.

Übersicht 11.2: Vergleich der Resultate verschiedener Bewertungsmethoden

	CVM Results		Indirect Market Study	
Study	Commodity	Value[a]	Method	Value[a]
Knetsch and Davis (1966)	Recreation days	$1.71 per household/day	TCM	$1.66 per household/day
Bishop and Heberlein (1979)	Hunting permits	$21.00 per permit	TCM value of time=0 value of time=¼ median income value of time=½ median income	 $11.00 $28.00 $45.00
Desvousges, Smith and McGivney (1983)	Water quality improvements: a) loss of use b) boatable to fishable c) boatable to swimmable	User values:[b] average (across question format)[b] $21.41 $12.26 $29.64	TCM	User values: $82.65 $ 7.01 $14.71
Seller, Stoll and Chavas (1984)	Boat permit to: Lake Conroe Lake Livingston Lake Houston	Close-ended consumer surplus: $39.38 $35.21 $13.01	TCM	Consumer surplus: $32.06 $102.09 $13.81
Thayer (1981)	Recreation site	Population value per household per day: $2.54	Site substitution	Population value per household per day: $2.04
Brookshire, et al. (1982)a	Air quality improvements: a) poor to fair b) fair to good	Monthly value[c] $14.54 $20.31	HPM (property values)	Monthly value: $45.92 $59.09
Cummings, et al. (1983)	Municipal infrastructure in: a) Grants, N.M. b) Farmington, N.M. c) Sheridan, WY.	Elasticity of substitution of wages for infrastructure −0.037 −0.040 −0.042	HPM (wages)	Elasticity of substitution of wages for infrastructure; 29 municipalities: −0.035
Brookshire, et al. (1985)	Natural hazards (earthquakes) information	$47 per month	HPM (property values	$37 per month

[a] Mean values among respondents.
[b] Values apply to post-iteration bids for users of the recreation sites.
[c] Values for sample population.

Quelle: ***Cummings/Brookshire/Schulze*** **(1986), S. 101.**

r,

lung,
wasser und
utz

rviews von repräsentativen Personengruppen. Die Interviews fanden im
8 statt. Darüber hinaus wurden für die Umweltgüter Luft, Gewässer und
simulationsexperimente durchgeführt. Die Ergebnisse sind in Übersicht
nengefaßt.

sicht 11.4 geht hervor, daß wiederum der Informationsgrad der Befragten
s beeinflußt. Besser über Umweltschäden informierte Personen artiku-
höhere Zahlungsbereitschaft. Noch höhere Zahlungsbereitschaften erga-
den Marktsimulationsexperimenten. *Holm-Müller u.a.* [(1991), S. 117 f.]
eres im wesentlichen auf die Nichtrepräsentativität der Experimentteil-
ück. Bildungsärmere Schichten und ältere Personen waren unterrepä-

chätzung des Arten- und Biotopschutzes widmet sich die vierte Arbeit
e u.a. (1991). Die Autoren nahmen dazu u.a. im September/Oktober 1989
che Repräsentativbefragung vor. Aus einer groben Hochrechnung der
n Zahlungsbereitschaften ergab sich eine gesellschaftliche Wertschät-
ischen 3 und 7,5 Mrd. DM zu veranschlagen ist.

man die Resultate der vier zitierten Studien, ist der von *Schulz* (1985) er-
t sauberer Luft gegenüber den neueren Ergebnissen von *Weinberger/Tho-
ke* (1991), *Holm-Müller u.a.* (1991) und *Hampicke u.a.* (1991) sehr hoch.
ler Luftverschmutzung im Vergleich zu anderen Umweltbereichen von
n in allen Untersuchungen ein hohes Gewicht verliehen,[374] erstaunlich
der alleinige Wert der Luft bei *Schulz* (1985) bezogen auf die Bundesre-
ist als der von *Holm-Müller u.a.* (1991) ermittelte Wert von Qualitätsver-
in allen anderen Umweltbereichen zusammen. Möglicherweise waren
angesichts der besonders schlechten Luft in ihrer Stadt gegenüber Luft-
ngen überdurchschnittlich sensibilisiert, so daß die Ergebnisse nicht auf
Bundesrepublik übertragbar sind.

offenbaren alle vier Arbeiten ein erhebliches Zahlungsbereitschaftspo-
rbesserungen der Umweltsituationen. *Hampicke u.a.* (1991) beziffern z.B.

Veinberger/Thomassen/Willeke (1991), S. 166 ff.

Vergleichende Untersuchungen, bei denen verschiedene Bewertungsansätze zur Evaluierung jeweils gleicher Projekte herangezogen wurden, stehen nicht in Widerspruch zur Vermutung ähnlicher Fehlertoleranzen. Übersicht 11.2 gibt einen Überblick über 7 Vergleichsstudien. Auf den ersten Blick scheinen die dort aufgeführten Ergebnisunterschiede sehr groß zu sein. Legt man jedoch Wertetoleranzen von±50% zugrunde, kann man feststellen, daß sich die durch die Anwendung verschiedener Verfahren gewonnenen Resultate in fast allen Fällen überschneiden.[367] Beim gegenwärtigen Erkenntnisstand sind Meßungenauigkeiten in dieser Größenordnung wohl unvermeidbar.

Man kann aufgrund der gegenwärtig vorliegenden Erkenntnisse davon ausgehen, daß die erreichbare Qualität von direkten und indirekten Bewertungsverfahren bei sorgfältiger Anwendung im Regelfall in etwa gleich ist. In der Praxis dürfte die Güte der Untersuchungsergebnisse davon abhängen, inwieweit es gelingt, die weiter oben beschriebenen Fehlerquellen auszuschalten.

11.3.2 Der monetäre Wert von Umweltgütern in der Bundesrepublik Deutschland

Im internationalen Vergleich fällt auf, daß in Deutschland bisher nur wenige Arbeiten verfügbar sind, in denen die vorgestellten Verfahren angewandt wurden. So haben insbesondere die direkten Befragungstechniken noch - von Ausnahmen abgesehen - keinen Eingang in die Bewertungspraxis öffentlicher Projekte gefunden.[368] Selbst bei neueren Kosten-Nutzen-Untersuchungen wird zumeist völlig auf eine Präferenzerfassung der Betroffenen verzichtet.

Hervorzuheben ist aber der vom Bundesumweltministeriums geförderte und 1991 abgeschlossene Forschungsschwerpunkt "Kosten der Umweltverschmutzung/Nutzen des Umweltschutzes". Im Rahmen dieses Forschungsprojektes wurden interessante Ergebnisse erzielt.[369] Im folgenden werden die wesentlichen Resultate aus vier ausgewählten Untersuchungen vorgestellt, in denen der monetäre Wert von Umweltgütern mit Hilfe von direkten Personenbefragungen ermittelt wurde. Drei dieser Untersuchungen zählten zum genannten Forschungsschwerpunkt.

---

367 "The ranges of values all overlap if accuracy is expressed as ±60 per cent of the estimates shown, and overlap in 13 of the 15 comparisons if the range is ±50 per cent. These are familiar ranges of error in estimates of demand functions in economics" [*Pearce/Markandya* (1989), S. 37].

368 Vgl. auch die Ausführungen von *Faber* (1986), S. 286.

369 Einen Überblick und eine Ergebniszusammenfassung aller zehn zum Projekt gehörenden Einzeluntersuchungen geben *Endres u.a.* (1991).

Zu den ersten Veröffentlichungen in der Bundesrepublik, die auf eine geldliche Bewertung nichtmarktlicher Güter zielen, gehört eine Arbeit von *Schulz* (1985). *Schulz* führte 1982/83 in Berlin eine schriftliche Repräsentativbefragung zum Wert sauberer Luft durch.[370] Der Wert sauberer Luft - wie sie in Erholungsgebieten vorkommt - war danach für die Berliner Bevölkerung - in damaligen Preisen - mit ca. 4 Mrd. DM zu quantifizieren. Dieser Betrag entsprach einem ca. 7%igen Anteil des Bruttoinlandsprodukts [vgl. *Schulz* (1985), S. 256 ff.]. Die Herstellung von Kleinstadtluft wurde mit ca. 3,5 Mrd. DM bewertet. Die Schaffung von Kleinstadtluftverhältnissen wäre nach den Berechnungen von *Schulz* wohlfahrtsoptimal gewesen, da bei dieser Luftqualität die marginale Zahlungsbereitschaft der Berliner den Grenzkosten der Luftreinhaltung entsprochen hätte. Hochgerechnet auf die Bundesrepublik wäre der ökonomische Wert sauberer Luft (in damaligen Preisen) mit ca. 138 Mrd. DM anzusetzen, was einem Sozialproduktsanteil von 8,3% entsprochen hätte.[371] Insgesamt bezifferte *Schulz* die 1983 entstandenen Wohlfahrtsverluste durch die nicht den individuellen Präferenzen entsprechende Luftreinhaltepolitik in der Bundesrepublik Deutschland mit ca. 20 Mrd. DM.

Die individuellen Zahlungsbereitschaften für Lärmreduktionen untersuchten *Weinberger/Thomassen/Willeke* (1991) anhand einer schriftlichen Befragung mit zufälliger Adressenauswahl in ausgewählten Kommunen. Umfragezeitraum war April-Juni 1989. Es wurde zwischen den Lärmarten

- Straßenverkehrslärm,
- Schienenverkehrslärm,
- Fluglärm,
- Industrie- und Gewerbelärm,

unterschieden. Gleichzeitig wurde durch Kontrollfragen berücksichtigt, daß "Ruhe" nur eines von mehreren zu wählenden Umweltgütern ist, um Budgetrestriktionen zu erfassen. Bei einer isolierten Erfragung der Zahlungsbereitschaft für nur ein Umweltgut besteht nämlich die Gefahr der Ermittlung einer zu hohen Wertschätzung, weil die Befragungsteilnehmer möglicherweise die Ressourcenknappheit vernachlässigen

370 Als Referenzmaßstab für den Wert "sauberer Luft" diente die individuelle Zahlungsbereitschaft für die Verbesserung der Berliner Luft auf ein in Feriengebieten anzutreffendes Sauberkeitsniveau.

371 Der unterschiedliche Anteil des Sozialproduktes erklärt sich aus Unterschieden der Altersstruktur. Die Berliner Bevölkerung war im Durchschnitt älter als die Bevölkerung der übrigen Bundesrepublik. Ältere Leute neigen zu einer niedrigeren Bewertung sauberer Luft als junge Menschen.

Übersicht 11.3: Hochrechnung der Zahlungsbereitschaf publik Deutschland für den Zustand "we

Lärmarten:	bei durchschnittlichem Inf mationsstand der Befragter
Straßenverkehrslärm	10,646
Schienenlärm	4,028
Fluglärm	0,323
Industrie- und Gewerbelärm	3,529
insgesamt	15,526

Quelle: *Weinberger/Thomassen/Willeke* (1991), S. 189 ff.

oder mit dem Geldwert für Ruhe auch die Zahlung güter ausdrücken, die sie mit Ruhe in Zusammenh

Aus den Hochrechnungen der von *Weinberger/T* individuellen Zahlungsbereitschaften auf die Bun sich die in Übersicht 11.3 zusammengefaßten Wert

Die Schätzung der Zahlungsbereitschaft der ge weltzustand "wenig Lärm"[372] lag zwischen 15,5 u fluß hatte der Informiertheitsgrad der Befragten.[3 gen des Lärms informierte Personen äußerten im Zahlungsbereitschaft als wenig Informierte.

Eine umfassende Untersuchung der Zahlungsbe weltgüter wurde von *Holm-Müller u.a.* (1991) vor wurde der Möglichkeit Rechnung getragen, da überhöhten Zahlungsbereitschaften führen kann. ten die Zahlungsbereitschaften für die Umweltber

- Luft,

372 In der genannten Umfrage wurden die Zahlungsber Lärm" und "wenig Lärm" erfragt. Derartige Fragen die Befragten nicht (ausreichend) in der Lage gew objektiv gemessenen Schalldruckpegeln (dB(A)) zu äu

373 Vgl. auch Abschnitt 11.2.2.1.

- Gewäs
- Lärm,
- Naherh
- Leitung
- Artens

mittels Int Sommer 19 Lärm Mar 11.4 zusam

Aus Übe das Ergeb lierten eine ben sich b führen letz nehmer zu sentiert.

Der Wer von *Hampi* eine posta individuel zung, die z

Vergleich mittelte We *massen/Wi* Zwar wird den Befrag ist aber, da publik höh besserunge die Berline verunreinig die gesamte

Insgesam tential für V

374 Vgl. z.B.

Vergleichende Untersuchungen, bei denen verschiedene Bewertungsansätze zur Evaluierung jeweils gleicher Projekte herangezogen wurden, stehen nicht in Widerspruch zur Vermutung ähnlicher Fehlertoleranzen. Übersicht 11.2 gibt einen Überblick über 7 Vergleichsstudien. Auf den ersten Blick scheinen die dort aufgeführten Ergebnisunterschiede sehr groß zu sein. Legt man jedoch Wertetoleranzen von ±50% zugrunde, kann man feststellen, daß sich die durch die Anwendung verschiedener Verfahren gewonnenen Resultate in fast allen Fällen überschneiden.[367] Beim gegenwärtigen Erkenntnisstand sind Meßungenauigkeiten in dieser Größenordnung wohl unvermeidbar.

Man kann aufgrund der gegenwärtig vorliegenden Erkenntnisse davon ausgehen, daß die erreichbare Qualität von direkten und indirekten Bewertungsverfahren bei sorgfältiger Anwendung im Regelfall in etwa gleich ist. In der Praxis dürfte die Güte der Untersuchungsergebnisse davon abhängen, inwieweit es gelingt, die weiter oben beschriebenen Fehlerquellen auszuschalten.

11.3.2 Der monetäre Wert von Umweltgütern in der Bundesrepublik Deutschland

Im internationalen Vergleich fällt auf, daß in Deutschland bisher nur wenige Arbeiten verfügbar sind, in denen die vorgestellten Verfahren angewandt wurden. So haben insbesondere die direkten Befragungstechniken noch - von Ausnahmen abgesehen - keinen Eingang in die Bewertungspraxis öffentlicher Projekte gefunden.[368] Selbst bei neueren Kosten-Nutzen-Untersuchungen wird zumeist völlig auf eine Präferenzerfassung der Betroffenen verzichtet.

Hervorzuheben ist aber der vom Bundesumweltministeriums geförderte und 1991 abgeschlossene Forschungsschwerpunkt "Kosten der Umweltverschmutzung/Nutzen des Umweltschutzes". Im Rahmen dieses Forschungsprojektes wurden interessante Ergebnisse erzielt.[369] Im folgenden werden die wesentlichen Resultate aus vier ausgewählten Untersuchungen vorgestellt, in denen der monetäre Wert von Umweltgütern mit Hilfe von direkten Personenbefragungen ermittelt wurde. Drei dieser Untersuchungen zählten zum genannten Forschungsschwerpunkt.

---

367 "The ranges of values all overlap if accuracy is expressed as ±60 per cent of the estimates shown, and overlap in 13 of the 15 comparisons if the range is ±50 per cent. These are familiar ranges of error in estimates of demand functions in economics" [*Pearce/Markandya* (1989), S. 37].

368 Vgl. auch die Ausführungen von *Faber* (1986), S. 286.

369 Einen Überblick und eine Ergebniszusammenfassung aller zehn zum Projekt gehörenden Einzeluntersuchungen geben *Endres u.a.* (1991).

Zu den ersten Veröffentlichungen in der Bundesrepublik, die auf eine geldliche Bewertung nichtmarktlicher Güter zielen, gehört eine Arbeit von *Schulz* (1985). *Schulz* führte 1982/83 in Berlin eine schriftliche Repräsentativbefragung zum Wert sauberer Luft durch.[370] Der Wert sauberer Luft - wie sie in Erholungsgebieten vorkommt - war danach für die Berliner Bevölkerung - in damaligen Preisen - mit ca. 4 Mrd. DM zu quantifizieren. Dieser Betrag entsprach einem ca. 7%igen Anteil des Bruttoinlandsprodukts [vgl. *Schulz* (1985), S. 256 ff.]. Die Herstellung von Kleinstadtluft wurde mit ca. 3,5 Mrd. DM bewertet. Die Schaffung von Kleinstadtluftverhältnissen wäre nach den Berechnungen von *Schulz* wohlfahrtsoptimal gewesen, da bei dieser Luftqualität die marginale Zahlungsbereitschaft der Berliner den Grenzkosten der Luftreinhaltung entsprochen hätte. Hochgerechnet auf die Bundesrepublik wäre der ökonomische Wert sauberer Luft (in damaligen Preisen) mit ca. 138 Mrd. DM anzusetzen, was einem Sozialproduktsanteil von 8,3% entsprochen hätte.[371] Insgesamt bezifferte *Schulz* die 1983 entstandenen Wohlfahrtsverluste durch die nicht den individuellen Präferenzen entsprechende Luftreinhaltepolitik in der Bundesrepublik Deutschland mit ca. 20 Mrd. DM.

Die individuellen Zahlungsbereitschaften für Lärmreduktionen untersuchten *Weinberger/Thomassen/Willeke* (1991) anhand einer schriftlichen Befragung mit zufälliger Adressenauswahl in ausgewählten Kommunen. Umfragezeitraum war April-Juni 1989. Es wurde zwischen den Lärmarten

- Straßenverkehrslärm,
- Schienenverkehrslärm,
- Fluglärm,
- Industrie- und Gewerbelärm,

unterschieden. Gleichzeitig wurde durch Kontrollfragen berücksichtigt, daß "Ruhe" nur eines von mehreren zu wählenden Umweltgütern ist, um Budgetrestriktionen zu erfassen. Bei einer isolierten Erfragung der Zahlungsbereitschaft für nur ein Umweltgut besteht nämlich die Gefahr der Ermittlung einer zu hohen Wertschätzung, weil die Befragungsteilnehmer möglicherweise die Ressourcenknappheit vernachlässigen

370 Als Referenzmaßstab für den Wert "sauberer Luft" diente die individuelle Zahlungsbereitschaft für die Verbesserung der Berliner Luft auf ein in Feriengebieten anzutreffendes Sauberkeitsniveau.

371 Der unterschiedliche Anteil des Sozialproduktes erklärt sich aus Unterschieden der Altersstruktur. Die Berliner Bevölkerung war im Durchschnitt älter als die Bevölkerung der übrigen Bundesrepublik. Ältere Leute neigen zu einer niedrigeren Bewertung sauberer Luft als junge Menschen.

Übersicht 11.3: Hochrechnung der Zahlungsbereitschaften der Bevölkerung der Bundesrepublik Deutschland für den Zustand "wenig Lärm" (pro Jahr) in Mrd. DM

Lärmarten:	bei durchschnittlichem Informationsstand der Befragten	bei gutem Informationsstand der Befragten
Straßenverkehrslärm	10,646	12,757
Schienenlärm	4,028	5,339
Fluglärm	0,323	0,400
Industrie- und Gewerbelärm	3,529	5,211
insgesamt	15,526	23,707

Quelle: *Weinberger/Thomassen/Willeke* (1991), S. 189 ff.

oder mit dem Geldwert für Ruhe auch die Zahlungsbereitschaft für andere Umweltgüter ausdrücken, die sie mit Ruhe in Zusammenhang bringen.

Aus den Hochrechnungen der von *Weinberger/Thomassen/Willeke* (1991) ermittelten individuellen Zahlungsbereitschaften auf die Bundesrepublik Deutschland ergeben sich die in Übersicht 11.3 zusammengefaßten Werte.

Die Schätzung der Zahlungsbereitschaft der gesamten Bevölkerung für den Umweltzustand "wenig Lärm"[372] lag zwischen 15,5 und 23,7 Mrd. Einen deutlichen Einfluß hatte der Informiertheitsgrad der Befragten.[373] Besser über die Gesundheitsfolgen des Lärms informierte Personen äußerten im Durchschnitt eine deutlich höhere Zahlungsbereitschaft als wenig Informierte.

Eine umfassende Untersuchung der Zahlungsbereitschaften für verschiedene Umweltgüter wurde von *Holm-Müller u.a.* (1991) vorgenommen. Auch in dieser Arbeit wurde der Möglichkeit Rechnung getragen, daß eine isolierte Wertermittlung zu überhöhten Zahlungsbereitschaften führen kann. *Holm-Müller u.a.* (1991) analysierten die Zahlungsbereitschaften für die Umweltbereiche

- Luft,

372 In der genannten Umfrage wurden die Zahlungsbereitschaften für die Zustände "nahezu kein Lärm" und "wenig Lärm" erfragt. Derartige Fragen wurden gewählt, da vermutet wurde, daß die Befragten nicht (ausreichend) in der Lage gewesen wären, exakte Zahlungsangaben zu objektiv gemessenen Schalldruckpegeln (dB(A)) zu äußern.

373 Vgl. auch Abschnitt 11.2.2.1.

- Gewässer,
- Lärm,
- Naherholung,
- Leitungswasser und
- Artenschutz

mittels Interviews von repräsentativen Personengruppen. Die Interviews fanden im Sommer 1988 statt. Darüber hinaus wurden für die Umweltgüter Luft, Gewässer und Lärm Marktsimulationsexperimente durchgeführt. Die Ergebnisse sind in Übersicht 11.4 zusammengefaßt.

Aus Übersicht 11.4 geht hervor, daß wiederum der Informationsgrad der Befragten das Ergebnis beeinflußt. Besser über Umweltschäden informierte Personen artikulierten eine höhere Zahlungsbereitschaft. Noch höhere Zahlungsbereitschaften ergaben sich bei den Marktsimulationsexperimenten. *Holm-Müller u.a.* [(1991), S. 117 f.] führen letzteres im wesentlichen auf die Nichtrepräsentativität der Experimentteilnehmer zurück. Bildungsärmere Schichten und ältere Personen waren unterrepräsentiert.

Der Wertschätzung des Arten- und Biotopschutzes widmet sich die vierte Arbeit von *Hampicke u.a.* (1991). Die Autoren nahmen dazu u.a. im September/Oktober 1989 eine postalische Repräsentativbefragung vor. Aus einer groben Hochrechnung der individuellen Zahlungsbereitschaften ergab sich eine gesellschaftliche Wertschätzung, die zwischen 3 und 7,5 Mrd. DM zu veranschlagen ist.

Vergleicht man die Resultate der vier zitierten Studien, ist der von *Schulz* (1985) ermittelte Wert sauberer Luft gegenüber den neueren Ergebnissen von *Weinberger/Thomassen/Willeke* (1991), *Holm-Müller u.a.* (1991) und *Hampicke u.a.* (1991) sehr hoch. Zwar wird der Luftverschmutzung im Vergleich zu anderen Umweltbereichen von den Befragten in allen Untersuchungen ein hohes Gewicht verliehen,[374] erstaunlich ist aber, daß der alleinige Wert der Luft bei *Schulz* (1985) bezogen auf die Bundesrepublik höher ist als der von *Holm-Müller u.a.* (1991) ermittelte Wert von Qualitätsverbesserungen in allen anderen Umweltbereichen zusammen. Möglicherweise waren die Berliner angesichts der besonders schlechten Luft in ihrer Stadt gegenüber Luftverunreinigungen überdurchschnittlich sensibilisiert, so daß die Ergebnisse nicht auf die gesamte Bundesrepublik übertragbar sind.

Insgesamt offenbaren alle vier Arbeiten ein erhebliches Zahlungsbereitschaftspotential für *Verbesserungen* der Umweltsituationen. *Hampicke u.a.* (1991) beziffern z.B.

---

374 Vgl. z.B. *Weinberger/Thomassen/Willeke* (1991), S. 166 ff.

Übersicht 11.4: Hochrechnung der Zahlungsbereitschaften für Verbesserungen der Umweltqualität in allen Umweltbereichen in der Bundesrepublik Deutschland

Berechnungsbasis:	durchschnittliche Zahlungsbereitschaft der Befragten je Haushalt und Monat		jährliche Zahlungsbereitschaft hochgerechnet auf alle Haushalte	
	a) für eine Verbesserung um eine Qualitätsstufe	b) für eine ideale Umweltsituation in allen Bereichen	a) für Verbesserung um eine Qualitätsstufe	b) für eine ideale Umweltsituation in allen Bereichen
standardisierte Befragung	67 DM	105 DM	21,6 Mrd. DM	33,7 Mrd. DM
um Informationsdefizite korrigierte Ergebnisse der standardisierten Befragung	72 DM	113 DM	23,2 Mrd. DM	36,3 Mrd. DM
Marktsimulationsexperimente*	116 DM	144 DM	37,2 Mrd. DM	46,2 Mrd. DM

* Bei den Marktsimulationsexperimenten wurde nur der Wert von Luft, Gewässern und Lärm erfaßt.

Quelle: *Holm-Müller u.a.* [(1991), S. 114 ff.]. Auf die dort ebenfalls zu findende Ergebnisdarstellung bei unterschiedlichen Verteilungsannahmen wird hier verzichtet.

die *absoluten* Kosten für biotop- und artenerhaltende Maßnahmen deutlich niedriger als die *absolute* Zahlungsbereitschaft der Bevölkerung. An dieser Stelle sei dazu der Hinweis erlaubt, daß zur Bestimmung der optimalen Projektgröße jedoch *Grenz*kosten und *Grenz*nutzen betrachtet werden müssen. Sofern die Grenzkosten der Vermeidung bzw. Beseitigung von Umweltschäden unter der zusätzlichen Zahlungsbereitschaft der Bevölkerung liegen - was beim derzeitigen Stand der Dinge zu vermuten ist - sind entsprechende umweltpolitische Maßnahmen aus wohlfahrts- und umweltökonomischer Sicht dringend zu begrüßen.

Es sei abschließend auch noch darauf hingewiesen, daß in allen bundesrepublikanischen Studien die Zahlungsbereitschaft ("willingness to pay") untersucht wurde. Damit wurden die Eigentumsrechte an der Luft implizit den Verunreinigern zuerkannt. Unter Berücksichtigung der Ausführungen in Abschnitt 11.2.3 wären demzufolge Kompensationslösungen zugunsten der Umweltverschmutzer bedenklich. Anders formuliert: Bei der Berechnung der Kosten der Verminderung der Umweltverschmutzung dürfen nicht die Kompensationsforderungen der Verschmutzer zugrundegelegt werden, wenn man ein verzerrtes Ergebnis vermeiden will.

11.4 Resümee

Bei der monetären Bewertung nichtmarktlicher Güter ist zwischen den beiden indirekten Verfahren "Marktpreismethode" und "Aufwandmethode" sowie der direkten Bewertung durch "Marktsimulationsexperimente" und "Feldbefragungen" zu unterscheiden.

Eine Schätzung von hedonischen Preisen und daraus abgeleiteter Zahlungsbereitschaftsfunktionen - wie bei der Marktpreismethode üblich - kommt prinzipiell mit geringem Datenerhebungsaufwand aus, sofern auf bereits vorliegende Statistiken verschiedenster Art zurückgegriffen werden kann. Dies mag zunächst als Vorteil erscheinen. Dabei ist aber zu prüfen, ob wirklich alle benötigten Daten verfügbar sind. Ferner ist zu bedenken, daß an die Berechnung marginaler Zahlungsbereitschaften mittels hedonischer Preisfunktionen recht strenge theoretische Voraussetzungen geknüpft sind, die von der Realität nicht zwangsläufig erfüllt werden. Schließlich treten leicht ökonometrische Schwierigkeiten auf, wodurch der Erfolg dieser Vorgehensweise a priori nicht gesichert ist.

Im Rahmen der Aufwandmethode können einerseits die Aufwendungen für substitutive Güter und andererseits die Aufwendungen für Komplementärgüter untersucht werden. Die Aufwendungen für substitutive Güter und damit auch die Kosten der Schadenvermeidung sind in der Regel schlechte Nutzenindikatoren, da die notwendigen Voraussetzungen in der Praxis kaum erfüllt sein dürften.

Eher dürfte die Ermittlung von Aufwendungen für Komplementärgüter zum Erfolg führen, obwohl auch diese Technik nicht immer ohne Schwierigkeiten handhabbar ist. Hauptprobleme der Reisekostenmethode liegen in der korrekten Bewertung der Fahrt- und Zeitkosten (woraus sich Spielräume für willkürliche Bewertungen ergeben), in fehlenden Kenntnissen über evtl. separate Nutzen der Anfahrten und über Besuche anderer Ziele, die in Verbindung mit dem Besuch der zu bewertenden Einrichtung unternommen werden. Datentechnische Probleme dürften insbesondere dann hinzukommen, wenn Nachfrageinterdependenzen zwischen mehreren Einrichtungen zu berücksichtigen sind. Wie auch bei der hedonischen Preisermittlung können dann ökonometrische Probleme auftreten.

Direkte Befragungen (contingent valuation) weisen gegenüber der Anwendung indirekter Bewertungsverfahren zwei grundsätzliche Vorzüge auf. Erstens erlauben sie eine Erfassung von Options-, Existenz- und Vermächtniswerten. Daher scheint die direkte Bewertung vor allem dort angezeigt, wo mit einem erheblichen Nutzen zu rechnen ist, der den letztgenannten Kategorien zuzurechnen ist. Zweitens ermöglichen direkte Befragungen die Ermittlung der einkommensvariierten Nachfrage, die sich indirekt niemals beobachten läßt.

Weniger geeignet scheint die CVM z.B. dann, wenn die Individuen Anreize zu verzerrten Präferenzäußerungen haben, schlecht informiert sind und über keine Erfahrung mit den zu bewertenden Gütern verfügen. Gerade bei der Erfragung von Optionswerten und intrinsischen Werten sind geringe Erfahrungen und stark hypothetische Situationen zu vermuten. Somit tritt ein Dilemma zutage: Auf der einen Seite stellt die CVM die einzige Alternative zur Kalkulation von Optionswerten und intrinsischen Nutzen dar, auf der anderen Seite kann die Zuverlässigkeit dieser Werte nur schwer eingeschätzt werden, da die geforderten Referenzbedingungen nicht eingehalten werden können.

Auf jeden Fall kann angesichts der Weiterentwicklung der Bewertungsmethoden für nichtmarktliche Güter kaum mehr von "intangiblen" Kosten und Nutzen gesprochen werden. Die Frage lautet also nicht mehr, ob nichtmarktliche Güter monetär bewertbar sind oder nicht, sondern ob sich die zuständigen Planer den der Bewertung zugrunde liegenden Werturteilen anschließen und eine geldliche Bewertung vornehmen möchten oder nicht. Für eine Bewertung der hier vorgestellten Art spricht die Tatsache, daß dabei Zusammenhänge und Bewertungen transparent werden, die ansonsten implizit vorgenommen würden. Damit gibt die Anwendung oder Nichtanwendung der monetären Bewertungsverfahren auch auf eine Antwort auf die Frage, ob man eine implizite (unausgesprochene) - aber gleichwohl immer vorhandene Bewertung - einer expliziten (ausgesprochenen) Bewertung vorzieht.

Vielleicht führt eine bessere Berücksichtigung der Präferenzen der Betroffenen durch die Verwendung der diskutierten Methoden auch zu einer gesteigerten Akzeptanz staatlicher Maßnahmen. Jedenfalls könnte den Betroffenen das Gefühl genommen werden, daß wichtige Entscheidungen aufgrund ihnen fremder und intransparenter Präferenzen getroffen werden.

Die neueren Arbeiten auf dem Gebiet der direkten Bewertung von Umweltgütern können Vorbildcharakter für die Durchführung von Kosten-Nutzen-Analysen zumindest bei größeren staatlichen Projekten haben. In einer Zeit, in der die Knappheit von Ressourcen immer deutlicher geworden sein dürfte, stellt die monetäre Bewertung öffentlicher Projekte schließlich auch einen Weg zur Erhöhung der Rationalität der Mittelverwendung öffentlicher Haushalte dar.

6. Literaturverzeichnis

Ajzen, I. (1991): The Theory of Planned Behavior, in: Organizational Behavior and Human Decision Process, Vol. 50, S. 179-211.

Akerlof, G./Dickens, W.T. (1982): The Economic Consequences of Cognitive Dissonance, in: American Economic Review, Vol. 72, S. 307-319.

Andel, N. (1977): Nutzen-Kosten-Analysen, in: Handbuch der Finanzwissenschaft, Bd. I, 3. Aufl., Tübingen, S. 475-518.

Andel, N. (1983): Finanzwissenschaft, 3. Aufl., Tübingen.

Arnold, V. (1975): Methoden der Entscheidungsfindung bei staatlichen Allokationsaktivitäten - ein kritischer Vergleich, in: Finanzarchiv, Bd. 33, S. 418-434.

Arnold, V. (1980): Nutzen-Kosten-Analyse II: Anwendung, in: Handwörterbuch der Wirtschaftswissenschaften, Bd. 5, S. 382-399.

Arnould, R./Nichols, L. (1983): Wage Risks Premiums and Worker's Compensation - A Refinement of Estimates of Compensating Wage Differential, in: Journal of Political Economy, Vol. 91, S. 332-340.

Arrow, K.J. (1963): Social Choice and Individual Values, 2nd. ed. New Haven/ London.

Arrow, K.J. (1986): Comments, in: *Cummings, R.G./Brookshire, D.S./Schulze, W.D. (Eds.)* (1986): Valuing Environmental Goods - An Assessment of the Contingent Valuation Method, Ottawa, S. 180-185.

Bartik, T.J. (1987): The Estimation of Demand Parameters in Hedonic Price Models, in: Journal of Political Economy, Vol. 95, No. 1, S. 81-88.

Baumol, W. (1968): On the Social Rate of Discount, in: American Economic Review, Vol. 58, S. 788-802.

Baumol, W./Oates, W. (1975): The Theory of Environmental Policy, New Jersey.

Becker, W./Gretschmann, K./Mackscheidt, K. (1992): Präferenzen für Staatsausgaben, Baden-Baden.

Bernholz, P./Breyer, F. (1984): Grundlagen der Politischen Ökonomie, 2. Aufl., Tübingen.

Bishop, R.C. (1982): Option Value - An Exposition and Extension, in: Land Economics, Vol. 58, S. 1-15.

Bishop, R.C./Heberlein, T.A./Kealey, M.J. (1983): Contingent Valuation of Environmental Assets - Comparisons with a Simulated Market, in: Natural Resources Journal, Vol. 23, S. 619-633.

Bishop, R.C./Heberlein, T.A. (1979): Measuring Values of Extramarket Goods - Are Indirect Measures Biased?, in: American Journal of Agricultural Economics, Vol. 61, S. 926-930.

Bishop, R.C./Heberlein, T.A. (1986): Does Contingent Valuation Work?, in: *Cummings, R.G./ Brookshire, D.S./Schulze, W.D. (Eds.)*: Valuing Environmental Goods - An Assessment of the Contingent Valuation Method, Ottawa, S. 123-147.

Blankart, C.B. (1991): Öffentliche Finanzen in der Demokratie, München.

Blohm, H./Lüder, K. (1991): Investition, 7. Aufl., München.

Boadway, R.W. (1974): The Welfare Foundations of Cost-Benefit Analysis, in: Economic Journal, Vol. 84, S. 426-39.

Boadway, R.W./Bruce, N. (1984): Welfare Economics, Oxford u. Cambridge/Ma.

Boadway, R.W./Wildasin, D.E. (1984) : Public Sector Economics, Boston/Toronto, 2nd. ed.

Bohm, P. (1972): Revealing the Demand for Public Goods - An Experiment, in: European Economic Review, Vol. 3, S. 111- 130.

Bohm, P. (1979): Estimating Willingness to Pay - Why and How?, in: Scandinavian Journal of Economics, Vol. 81, S. 142- 153.

Bohm, P. (1984): Estimating Demand for an Actual Public Good, in: Journal of Public Economics, Vol. 24, S. 131- 151.

Borjans, R. (1983): Immobilienpreise als Indikatoren der Umweltbelastungen durch den städtischen Kraftverkehr, Düsseldorf.

Boyle, K./Bishop, R./Walsh, M. (1985): Starting Point Bias in Contingent Valuation Bidding Games, in: Land Economics, Vol. 61, S. 188-194.

Brent, R.J. (1984): Use of Distributional Weights in Cost-Benefit Analysis: A Survey of Schools, in: Public Finance Quarterly, Vol. 12, S. 213-230.

Brookshire, D.S./Crocker, T.D. (1981): The Advances of Contingent Valuation Methods for Benefit-Cost Analysis, in: Public Choice, Vol. 36, No. 2, S. 235-252.

Brookshire, D.S./d'Arge, R.C./Schulze, W.D./Thayer, M.A. (1981): Experiments in Valuing Public Goods, in: *Smith, V.K. (Ed.)*: Advances in Applied Microeconomics, Vol. I, S. 123-172.

Brookshire, D.S./Schulze, W.D./Thayer, M.A./d'Arge, R.C. (1982): Valuing Public Goods - A Comparison of Survey and Hedonic Approaches, in: American Economic Review, Vol. 71, No. 1, S. 165-177.

Brookshire, D.S./Schulze, W.D./Thayer, M.A. (1985): Some Unusual Aspects of Valuing a Unique Natural Resource, University of Wyoming, Manuscript.

Broome, J. (1978): Trying to Value a Life, in: Journal of Public Economics, Vol. 9, S. 91-100.

Brown, J./Rosen, S. (1982): On Estimation of Structural Hedonic Price Models, in: Econometrica, Vol. 50, No. 3, S. 765-768.

Brubaker, E. (1982): Sixty-Eight Percent Free Revelation and Thirty-Two Percent Free Ride? - Demand Disclosures Under Varying Conditions of Exclusion, in: *Smith, V.L. (ed.)*: Research in Experimental Economics, Vol. 2, Greenwich, S. 151-166.

Brümmerhoff, D. (1991): Finanzwissenschaft, 5. Aufl., München/Wien.

Buchanan, J.M./Faith, R.L. (1979): Trying Again to Value a Life, in: Journal of Public Economics, Vol. 12, S. 245-248.

Caulkins, P.P./Bishop, R.C./Bouwes, N.W. (1985): Omitted Cross-Price Variable Biases in the Linear Travel Cost Model - Correcting Common Misperceptions, in: Land Economics, Vol. 61, S. 182-187.

Chamberlin, J.R. (1978): The Logic of Collective Action - Some Experimental Results, in: Behavioral Science, Vol. 23, S. 441-445.

Chiang, A.C. (1984): Fundamental Methods of Mathematical Economics, 3rd. ed., Singapur u.a.

Christianson, J.B. (1976): Evaluating Locations for Outpatient Medical Care Facilities, in: Land Economics, Vol. 52, S. 299-313.

Cicchetti, C.J./Fisher, A.C./Smith, V.K. (1976): An Econometric Evaluation of a Generalized Consumer Surplus Measure - The Mineral King Controversy, in: Econometrica, Vol. 44, S. 1259-1276.

Clawson, M./Knetsch, J.L. (1966): Economics of Outdoor Recreation, Washington/DC. [2. Auflage 1974, Baltimore/London].

Coase, R.H. (1960): The Problem of Social Cost, in: Journal of Law and Economics, Vol. 3, S. 1-44.

Cooter, R./Rappoport, P. (1984): Were the Ordinalists Wrong About Welfare Economics, in: Journal of Economic Literature, Vol. 22, S. 507-530.

Coursey, D.L./Nyquist, H. (1983): Application of Robust Estimation Techniques in Demand Analysis, Manuscript, University of Umea, Sweden.

Cronin, F.J./Herzeg, K. (1982): Valuing Nonmarket Goods through Contingent Markets, Pacific Northwest Laboratory, Richland/Washington.

Cummings, R.G./Brookshire, D.S./Schulze, W.D. (Eds.) (1986): Valuing Environmental Goods - An Assessment of the Contingent Valuation Method, Ottawa.

Daubert, J./Young, R. (1981): Recreational Demands for Maintaining Instreams Flows - A Contingent Valuation Approach, in: American Journal of Agriculture Economics, Vol. 63, No. 4, S. 666-676.

Dillingham, A. (1985): The Influence of Risk Variable Definition on Value-of-Life Estimates, in: Economic Inquiry, Vol. 14, S. 277-294.

Dinkel, R. (1986): Mortalitätsindikatoren und ihre Eignung zur Beurteilung der Effizienz von Gesundheitsmaßnahmen, in: *Gäfgen, G.* (Hrsg.), Ökonomie des Gesundheitswesens, Berlin.

Dupuit, J. (1844): De la Mesure de l'Utilité des Travaux Publics, in der englischen Übersetzung "On the Measurement of the Utility of Public Works" wiederabgedruckt in: *American Economic Association (ed.)* (1969): Readings in Welfare Economics, London, S. 255-283.

Eckstein, O. (1961): A Survey of the Theory of Public Expenditure Criteria, in: *National Bureau of Economic Research (ed.)*, Public Finances: Needs, Sources and Utilisation, Princeton, S. 439-594.

Endres, A. (1988): Der "Stand der Technik" in der Umweltpolitik, in: Wirtschaftswissenschaftliches Studium (WiSt), H. 2, S. 83-84.

Endres, A./Jarre, J./Klemmer, P./Zimmermann, K. (1991): Der Nutzen des Umweltschutzes - Synthese der Ergebnisse des Forschungsschwerpunktprogramms "Kosten der Umweltverschmutzung/Nutzen des Umweltschutzes", Berichte des Umweltbundesamts 12/91, Berlin.

Epple, D. (1987): Hedonic Prices and Implicit Markets - Estimating Demand and Supply Functions for Differentiated Products, in: Journal of Political Economy, Vol. 95, No. 1, S. 59-80.

Erlei, M. (1992): Meritorische Güter - Die theoretische Konzeption und ihre Anwendung auf Rauschgifte als demeritorische Güter, Münster/Hamburg.

Ewers, H.-J/Schulz, W. (1982): Die monetären Nutzen gewässergüteverbessernder Maßnahmen, Berlin.

Faber, M. (1986): Mikroökonomische Methoden der Präferenzerfassung bei Freizeiteinrichtungen, München.

Fehm, K./Lerch, B. (1978): Alternative Methoden zur Quantifizierung des Nutzens von Erholungsprojekten - Ein Überblick, in: Raumforschung und Raumplanung, 36. Jg., S. 38-44.

Feldstein, M.S. (1964): Opportunity Cost Calculations in Cost-Benefit Analysis, in: Public Finance, Vol. 19, S. 117-139.

Finsinger, J. (1991): Wettbewerb und Regulierung, München.

Fishbein, M./Ajzen, I. (1975a): Belief, Attitude, Intention and Behavior - An Introduction to Theory and Research, Reading/Mass.

Fishbein, M./Ajzen, I. (1975b): Attitudes Toward Objects as Predictors of Single and Multiple Behavioral Criteria, in: Psychology Review , Vol. 81 , S. 59-74.

Freeman, A.M. (1979a): The Benefits of Environmental Improvement Theory and Practice, Baltimore.

Freeman, A.M. (1979b): Hedonic Prices, Property Values and Measurung Environmental Benefits - A Survey of Issues, in: Scandinavian Journal of Economics, Vol. 81, S. 154-173.

Gramlich, E.M. (1990): A Guide to Benefit-Cost Analysis, 2nd. ed., Englewood Cliffs/N.J.

Greene, W.H. (1990): Econometric Analysis, New York.

Greenley, D.A./Walsh, R.G./Young, R.A. (1981): Option Value - Empirical Evidence from a Case Study of Recreation and Water Quality, in: Quarterly Journal of Economics, Vol. 96, S. 657-673.

Grüske, K.-D. (1978): Die personale Budgetinzidenz, Göttingen.

Gührs, E./Lindner, K./Pagels, J./Reißmann, W. (o.J.): Leitfaden für Nutzen-Kosten-Untersuchungen, Hamburg.

Halvorsen, R./Pollakowski, H. (1981): Choice of Functional Forms for Hedonic Price Equations, in: Journal of Urban Economics, Vol. 10, S. 37-49.

Hampicke, U./Tampe, K./Kiemstädt, H./Horlitz, Th./Walters, M./Timp, D. (1991): Kosten und Wertschätzung des Arten- und Biotopschutzes, Berichte des Umweltbundesamts 3/91, Berlin.

Hanemann, W.M. (1991): Willingness to Pay and Willingness to Accept - How Much Can They Differ?, in: American Economic Review, Vol. 81, S. 635-647.

Hanusch, H. (1976): Verteilung öffentlicher Leistungen, Göttingen.

Hanusch, H. (1987), Nutzen-Kosten-Analyse, München.

Harberger, A.C. (1969): Professor Arrow on the Social Discount Rate, in: *Somers, G.G./ Wood, W.D. (Eds.)*, Cost Benefit Analysis of Manpower Policies, Kingston/Ontario.

Harberger, A.C. (1971): On Measuring the Social Opportunity Cost of Labour, in: International Labour Review, Vol. 103, S. 559-579.

Harris, J.R./Todaro, M.P. (1970): Migration, Unemployment and Development - A Two Sector Analysis, in: American Economic Review, Vol. 60, S. 126-142.

Harrison, A.J./Quarmby, D.A. (1976): The Value of Time, in: Layard, R. (Ed.): Cost-Benefit Analysis, S. 173-208.

Harrison, D./Rubinfeld, D.L. (1978): Hedonic Housing Prices and the Demand for Clean Air, in: Journal of Environmental Economics and Management, Vol. 5, S. 81-102.

Harsanyi, J.C. (1953): Cardinal Utility in Welfare Economics and in the Theory of Risk-Taking, in: Journal of Political Economy, Vol. 61, S. 434-435.

Harsanyi, J.C. (1955): Cardinal Welfare, Individualistic Ethics and Interpersonal Comparisons of Utility, in: Journal of Political Economy, Vol. 63, S. 309-321.

Harsanyi, J.C. (1975): Can the Maximin Principle Serve as a Basis for Morality? - A Critique of John Rawls Theory, in: The American Political Science Review, Vol. 69, S. 594-606.

Haspel, A.E./Johnson, F.R. (1982): Multiple Destination Trip Bias in Recreation Benefit Estimation, in: Land Economics, Vol. 58, No. 3, S. 364-372.

Haveman, R.H. (1965): Water Resource Investment and the Public Interest.

Haveman, R.D. (1968): Comments, in: *Chase, S.B. (Ed.)* (1968): Problems in Public Expenditure Analysis, Washington, S. 209.

Henderson, J.M./Quandt, R.E. (1980): Microeconomic Theory - A Mathematical Approach, 3rd. ed., New York u.a.

Hesse, H. (1980): Nutzen-Kosten-Analyse I: Theorie, in: Handwörterbuch der Wirtschaftswissenschaften, Bd. 5, S. 361-382.

Hicks, J.R. (1939): Foundations of Welfare Economics, in: Economic Journal, Vol. 49, S. 696-712.

Hicks, J.R. (1943): The Four Consumer's Surpluses, in: Review of Economic Studies, Vol. 11, S. 31-41.

Holm-Müller, K./Hansen, H./Klockmann, M./Luther, P. (1991): Die Nachfrage nach Umweltqualität in der Bundesrepublik Deutschland, Berichte des Umweltbundesamts 4/91, Berlin.

Hoppe, W./Appold, W. (1991): Umweltverträglichkeitsprüfung - Bewertung und Standards aus rechtlicher Sicht, in: Deutsches Verwaltungsblatt, H. 22, S. 1221-1225.

Hotelling, H. (1949): The Economics of Public Recreation - An Economic Survey of the Monetary Evaluation of Recreation in the National Parks, A Report by R.A. Prewitt, National Parks Service, Washington/DC.

Jarass, H.D. (1991): Grundstrukturen des Gesetzes über die Umweltverträglichkeitsprüfung, in: Natur und Recht, H. 5, S. 201-207.

Jones-Lee, M.W. (1979): Trying to Value a Life - Why Broome Does not Sweep Clean, in: Journal of Public Economics, Vol. 12, S. 249-256.

Just, R.E./Hueth, D.L./Schmitz, A. (1982): Applied Welfare Economics and Public Policy, Englewood Cliffs.

Kahneman, D./Knetsch, J.L./Thaler, R.H. (1990): Experimental Tests of the Endowment Effect and the Coase Theorem, in: Journal of Political Economy, Vol. 98, S. 1325-1348.

Kahneman, D./Tversky, A. (1979): Prospect Theory - An Analysis of Decision under Risk, in: Econometrica, Vol. 47, S. 263-291.

Kaldor, N. (1939): Welfare Propositions and Interpersonal Comparisons of Utility, in: Economic Journal, Vol. 49, S. 549-552.

Klepper, S./Leamer, E.E. (1984): Consistent Sets of Estimates for Regressions with Errors in all Variables, in: Econometrica, Vol. 52, No. 1, S. 163-183.

Knetsch, J.L. (1977): Displaced Facilities and Benefit Calculations, in: Land Economics, Vol. 53, No. 1, S. 123-129.

Krutilla, J.V. (1961): Welfare Aspects of Benefit-Cost Analysis, in: Journal of Political Economy, Vol. 69, S. 226-235.

Krutilla, J.V. (1967): Conservation Reconsidered, in: American Economic Review, Vol. 57, S. 777-786.

Krutilla, J.V./Eckstein, O. (1958): Multiple Purpose River Development, Baltimore.

Layard, P.R.G./Walters, A.A. (1978): Microeconomic Theory, 2nd. ed., New York u.a.

Leigh, J.P. (1987): Gender, Firm Size, Industry, and Estimates of the Value-of-Life, in: Journal of Health Economics, Vol. 6, S. 255-273.

Lindahl, E. (1958): Just Taxation - A Positive Solution, in: *Musgrave, R.A./Peacock, A. (eds.)*: Classics in the Theory of Public Finance, London 1985, S. 168-177.

Linde, R. (1991): Allokations- und Verteilungseffekte des Wasserpfennigs, in: Agrarökonomische Diskussionsbeiträge des Instituts für Agrarpolitik und Marktforschung der Justus-Liebig-Universität Gießen, Nr. 14.

Linde, R. (1992): Einführung in die Mikroökonomie, 2. Aufl., Stuttgart u.a.

Lüder, K./Dubber, O. (1984): Investitionsrechnungen für öffentliche Investitionen, dargestellt am Beispiel eines Hallenbades, in: Zeitschrift für öffentliche und gemeinwirtschaftliche Unternehmen (ZögU), Bd. 7, H. 3, S. 360-376.

Mähler, K.-G. (1974): Environmental Economics - A Theoretical Inquiry, Baltimore/London.

Marglin, S. (1967): Public Investment Criteria, London.

Marin, A./Psacharopoulos, G. (1982): The Reward for Risk in the Labor Market - Evidence from United Kingdom and a Reconcilation with other Studies, in: Journal of Political Economy, Vol. 90, No. 4, S. 827-853.

Marshall, A. (1920): Principles of Economics, London.

Marwell, G./Ames, R.E. (1979): Experiments on the Provision of Public Goods I - Resources, Interests, Group Size, and the Free-Rider Problem, in: American Journal of Sociology, Vol. 84, S. 1335-1360.

Marwell, G./Ames, R.E. (1980): Experiments on the Provision of Public Goods II - Provision Points, Stakes, Experience, and the Free-Rider Problem, in: American Journal of Sociology, Vol. 85, S. 926-937.

Meade, J.E. (1952): External Economies and Diseconomies in a Competitive Situation, in: Economic Journal, Vol. 62, S. 54-67.

Mera, K. (1969): Experimental Determination of Relative Marginal Utilities, in: Quarterly Journal of Economics, Vol. 83, S. 464-477.

Mishan, E.J. (1981): The Value of Trying to Value Life, in: Journal of Public Economics, Vol. 15, S. 133-137.

Mishan, E.J. (1988): Cost-Benefit Analysis - An Informal Introduction, 4th. ed., London.

Mitchell, R.C./Carson, R.T. (1989): Using Surveys to Value Public Goods - The Contingent Valuation Method, Washington.

Musgrave, R.A./Musgrave, P.G. (1989): Public Finance in Theory and Practice, 5 th. ed., New York u.a.

Musgrave, R.A./Musgrave, P.G./Kullmer, L. (1987): Die öffentlichen Finanzen in Theorie und Praxis, Bd. 1, 4. Aufl., Tübingen.

Musgrave, R.A./Musgrave, P.G./Kullmer, L. (1988): Die öffentlichen Finanzen in Theorie und Praxis, Bd. 2, 4. Aufl., Tübingen.

Ng, Y.-K. (1981): Bentham or Nash? - On the Acceptable Form of Social Welfare Functions, in: Economic Record, Vol. 57, S. 238-250.

Ohsfeldt, R.L. (1988): Implicit Markets and the Demand for Housing Characteristics, in: Regional Science and Urban Economics, Vol. 18, S. 321-343.

Olson, C.A. (1981): An Analysis of Wage Differentials Received by Workers on Dangerous Jobs, in: Journal of Human Resources, Vol. 14, No. 2, S. 167-185.

Pearce, D.W. (1983): Cost-Benefit-Analysis, 2nd. ed., New York.

Pearce, D.W./Markandaya, A. (1989): Environmental Policy Benefits: Monetary Valuation (editor: Organization for Economic Cooperation and Development - OECD), Paris.

Pearce, D.W./Nash, C.A. (1981): The Social Appraisal of Projects - A Text in Cost-benefit Analysis, London .

Pearce, D.W./Turner, R.K. (1990): Economics of Natural Resources and the Environment, New York u.a.

Pflügner, W. (1988): Nutzen-Analysen im Umweltschutz. Der ökonomische Wert von Wasser und Luft, Göttingen.

Pigou, A.C. (1932): The Economics of Welfare, 4th. ed., London.

Pommerehne, W.W. (1987): Präferenzen für öffentliche Güter - Ansätze zu ihrer Erfassung, Tübingen.

Pommerehne, W.W./Schneider, F. (1980): Wie steht's mit dem Tritbrettfahren? - Eine experimentelle Untersuchung, in: Zeitschrift für die gesamte Staatswissenschaft, 136. Jg., H. 2, S. 286-308.

Posner, R.A. (1977): Economic Analysis of Law, 2nd. ed., Boston.

Randall, A./Hoehn, J.P./Brookshire, D. (1983): Contingent Valuation Surveys for Evaluating Environmental Assets, in: Natural Resources Journal, Vol. 23, No. 3, S. 635-648.

Randall, A./Stoll, J.R. (1980): Consumer's Surplus in Commodity Space, in: American Economic Review, Vol. 71, S. 449-457.

Rawls, J. (1971): A Theory of Justice, Cambridge/Ma.

Ray, A. (1984): Cost-Benefit Analysis, Washington.

Reichard, C. (1987): Betriebswirtschaftslehre der öffentlichen Betriebe und Verwaltungen, 2. Auflage, Berlin/New York.

Rosen, S. (1974): Hedonic Prices and Implicit Markets - Product Differentiation in Pure Competition, in: Journal of Political Economy, Vol. 82, S. 34-55.

Rowe, R.D./d'Arge, R.C./Brookshire, D.S. (1980): An Experiment on the Economic Value of Visibility, in: Journal of Environmental Economics and Management, Vol. 7, S. 1-19.

Rürup, B./Hansmeyer, K.-H. (1984): Staatswirtschaftliche Planungsinstrumente, 3. Auflage, Düsseldorf.

Samuelson, P.A. (1942): Constancy of the Marginal Utility of Income, wiederabgedruckt in: *Stiglitz, E. (ed.)* (1966): The Collected Scientific Papers of Paul A. Samuelson, Cambridge/Ma., S. 37-53.

Samuelson, P.A. (1954): The Pure Theory of Public Expenditures, in: Review of Economics and Statistics, Vol. 36, S. 387-389.

Samuelson, P.A. (1955): Diagrammatic Exposition of a Theory of Public Expenditures, in: Review of Economics and Statistics, Vol. 37, S. 350-356.

Saxonhouse, G.R. (1977): Regressions from Samples Having Different Characteristics, in: Review of Economics and Statistics, Vol. 59, No. 2, S. 234-237.

Schäfer, H.-B./Ott, C. (1986): Lehrbuch der ökonomischen Analyse des Zivilrechts, Berlin u.a.

Schelling, T. (1984): The Life You Safe May be Your Own, in: *derselbe (ed.)*, Choices and Consequences, Cambridge/Ma.

Schmid, F.A. (1992): Legal Policy, the Compensation Principle and Property Rights, Manuskript, Universität Wien.

Schulz, W. (1985): Der monetäre Wert besserer Luft: Eine empirische Analyse individueller Zahlungsbereitschaften und ihrer Determinanten auf der Basis von Repräsentativumfragen, Frankfurt/M.

Schulz, W./Schulz, E. (1989): Zur umweltpolitischen Relevanz von Kosten-Nutzen-Analysen in der Bundesrepublik Deutschland, Deutsche Fassung einer von der OECD in Auftrag gegebenen Fallstudie "The Use of Environmental Benefits Estimates in Decision-Making - The Case of Germany", Berlin.

Schulze, W.D./Cummings, R.G./Brookshire, D.S./Thayer, M.A./Witworth, R./Rahmatian, M. (1983): Methods Development in Measuring Benefits of Environmental Improvements - Experimental Approaches for Valuing Environmental Commodities, Vol. 2, draft manuskript of a report to the office of policy analysis and resource management, U.S. Environmental Protection Agency, Washington, D.C.

Schulze, W.D./d'Arge, R.C./Brookshire, D.S. (1981): Valuing Environmental Commodities - Some Recent Experiments, in: Land Economics, Vol. 57, S. 151-172.

Scitovsky, T. (1941): A Note on Welfare Propositions in Economics, in: Review of Economic Studies, Vol. 9, S. 77-88.

Scott, A. (1965): The Valuation of Game Resources - Some Theoretical Aspects, in: Canadian Fisheries Report, No. 4, S. 27-47.

Sen, A.K. (1977): Social Choice Theory - A Re-examination, in: Econometrica, Vol. 45, S. 53-89.

Sinn, G./Sinn, H.-W. (1991): Kaltstart - Volkswirtschaftliche Aspekte der deutschen Wiedervereinigung, Tübingen.

Smith, V.K. (1983): The Role of Site and Job Charateristics in Hedonic Wage Models, in: Journal of Urban Economics, Vol. 13, S. 296-321.

Smith, V.K./Desvousges, W.H. (1985): The Generalised Travel Cost Model and Water Quality Benefits - A Reconsideration, in: Southern Economic Journal, Vol. 52, S. 371-382.

Smith, V.K./Desvousges, W.H./McGivney, M.P. (1983a): Estimating Water Quality Benefits - An Econometric Analysis, in: Southern Economic Journal, Vol. 50, S. 422-437.

Smith, V.K./Desvousges, W.H./McGivney, M.P. (1983b): The Opportunity Cost of the Travel Time in Recreation Demand Models, in: Land Economics, Vol. 59, S. 259-277.

Smith, V.K./Gilbert, C.C.S. (1984): The Implicit Valuation of Risks to Life - A Comparative Analysis, in: Econonic Letters, Vol. 16, S. 393-399.

Smith, V.K./Kopp, R.K. (1980): The Spatial Limits of the Travel Cost Recreational Demand Model, in: Land Economics, Vol. 56, S. 259-278.

Sohmen, E. (1976): Allokationstheorie und Wirtschaftspolitik, Tübingen.

Stiglitz, J.E. (1988): Economics of the Public Sector, New York/London, 2nd. ed.

Sugden, R./Williams, A. (1978): The Principles of Practical Cost-Benefit Analysis, Oxford.

Takayama, A. (1984): Consumer's Surplus, Path Independence, Compensating and Equivalent Variations, in: Zeitschrift für die gesamte Staatswissenschaft, 140. Jg., H. 4, S. 594-625.

Thaler, R. (1980): Toward a Positive Theory of Consumer Choice, in: Journal of Economic Behavior and Organization, Vol. 1, S. 39-60.

Thaler, R./Rosen, S. (1976): The Value of Saving a Life - Evidence from the Labor Market, in: *Terleckyj, N.E. (ed.)*: Household Production and Consumption, New York, S. 263-298.

Thayer, M. (1981): Contingent Valuation Techniques for Assessing Environmental Impacts - Further Evidence, in: Journal of Environmental Economics and Management, Vol. 8, S. 27-44.

Theil, H./Brooks, R.B. (1970): How Does the Marginal Utility of Income Change When Real Income Changes?, in: European Economic Review , Vol. 2, S. 218-240.

Thompson, M. (1980): Benefit-Cost Analysis for Program Evaluation, New York.

U.S. Water Resources Council (ed.) (1979): Principles and Standards for Planning Water and Related Land Resources, in: Federal Register, Vol. 44, No. 242, v. 14.12.1979, S. 72978 ff.

Ulph, A. (1982): The Role of Ex Ante and Ex Post Decisions in the Valuation of Life, in: Journal of Public Economics, Vol. 18, S. 265-276.

van Suntum, U. (1986): Konsumentenrente und Verkehrssektor - Der soziale Überschuß als Basis für öffentliche Allokationsentscheidungen, Berlin.

von Weizsäcker, C.C. (1983): Effizienz und Gerechtigkeit, Diskussionsbeiträge des Volkswirtschaftlichen Instituts der Universität Bern, Abt. Angewandte Mikroökonomie, Nr. 9.

Varian, H.R. (1984): Microeconomic Analysis, 2nd. ed., New York/London.

Viscusi, W.K. (1978a): Health Effects and Earning Premiums for Job Hazards, in: Review of Economics and Statistics, Vol. 60, S. 408-416.

Viscusi, W.K. (1978b): Labour Market Valuations of Life and Limb - Empirical Evidence and Policy Implications, in: Public Policy, Vol. 26, S. 359-386.

Viscusi, W.K. (1983): Risk by Choice - Regulating Health and Safety in the Workplace, Cambridge/Ma.

Viscusi, W.K. (1986): The Valuation of Risks to Life and Health - Guidelines for Policy Analysis, in: *Bentkofer, J.D./Covello, V.T./Mumpower, J. (eds.)*: Benefit Assessment - The State of the Art, Boston, S. 193-210.

Weimann, J. (1990): Umweltökonomik - Eine theorieorientierte Einführung, 2. Aufl., Berlin u.a.

Weinberger, M./Thomassen, G./Willeke, R. (1991): Kosten des Lärms in der Bundesrepublik Deutschland, Berichte des Umweltbundesamts, 9/91, Berlin.

Weisbrod, B.A. (1964): Collective-Consumption Services of Individual-Consumption Goods, in: Quarterly Journal of Economics, Vol. 78, S. 471-477.

Weisbrod, B.A. (1968): Income Redistribution Effects and Benefit-Cost Analysis, in: *Chase, S.B. (ed.)*, Problems in Public Expenditure Analysis, Washington.

Wicke, L. (1993): Umweltökonomie, 4. Aufl., München.

Willig, R. (1976): Consumer's Surplus Without Apology, in: American Economic Review, Vol. 66, S. 589-597.

Witte, A.D./Sumka, H.J./Erekson, H. (1979): An Estimate of a Structural Hedonic Price Model of the Housing Market - An Application of Rosen's Theory of Implicit Markets, in: Econometrica, Vol. 47, S. 1151-1173.

Zavelberg, H.G. (1990): Erfolgskontrolle finanzwirksamer Maßnahmen in der öffentlichen Verwaltung, Stuttgart u.a.

Zimmermann, H./Henke, K.-D. (1990): Einführung in die Finanzwissenschaft, 6. Aufl., München.

Stichwortverzeichnis